# Vorwort

Computer und Internet sind mit ihren vielfältigen Möglichkeiten aus den heutigen Alltag nicht mehr wegzudenken. Um diese Technik sinnvoll zu nutzen, zum Beispiel im Umgang mit gängigen Programmen, sollten Sie die grundlegenden Funktionen von Windows kennen und verstehen. Dieses Buch basiert auf Windows 10, der neuesten Version, die seit Anfang August 2015 auf dem Markt ist.

**An wen wendet sich dieses Buch?**
Sie verfügen über keine oder geringe Vorkenntnisse und benötigen für Ihren Computer mit Windows 10, egal ob Laptop, PC oder Tablet, Hilfe und Anleitungen? Vielleicht haben Sie auch bereits erste Erfahrungen mit einer früheren Windows Version, beispielsweise Windows XP oder Windows 7 gesammelt und möchten nun umsteigen auf Windows 10. Dann ist dieses Buch für Sie der richtige Begleiter. Schritt für Schritt und mit zahlreichen Bildern lernen Sie, wie Sie Windows 10 im Alltag sicher und effizient einsetzen. Es spielt dabei keine Rolle, ob Sie Ihren Computer privat, beruflich oder für Schule und Studium benutzen.

**Über dieses Buch**
Das Buch beginnt mit einem Überblick über die wichtigsten Neuerungen von Windows 10 sowie mit der grundlegenden Bedienung des Computers mit Maus, Tastatur und Touchscreen und erklärt ausführlich die ersten Schritte mit Windows 10. Sind Sie mit einzelnen Punkten zu diesen Themen bereits vertraut, können Sie diese Kapitel einfach übergehen.

Sie erfahren außerdem, wie Sie mithilfe der Sprachassistentin Cortana mit Ihrem Computer sprechen. In weiteren Kapiteln lernen Sie, wie Sie Ordnung auf Ihrer Festplatte schaffen, den kostenlosen Cloud-Speicher OneDrive nutzen und effizient die Bedienoberfläche an Ihre Bedürfnisse anpassen. Ein gesondertes Kapitel erklärt, wie Sie Ihre Fotos von der Kamera auf den Computer übertragen, verwalten und auf CD brennen. Natürlich kommen auch nützliche und beliebte Apps wie der neue Browser Microsoft Edge, Mail, und Kalender nicht zu kurz. Viele Tipps und Tricks, die die Autorinnen in jahrelanger Lehrtätigkeit gesammelt haben, helfen Anfängerfehler und typische Missverständnisse zu vermeiden.

Am Anfang jedes Kapitels erhalten Sie eine kurze Übersicht über vermittelte Inhalte und welche Kenntnisse dazu bereits vorausgesetzt werden.

**Und noch etwas**
Wie schon seine Vorgänger, bringt Windows 10 eine Vielzahl individueller Anpassungsmöglichkeiten mit, angefangen vom Hintergrundbild bis hin zu den verwendeten Farben. Daher kann sich auch Ihr Windows von den Abbildungen im Buch unterscheiden. Haben Sie beispielsweise Ihr Microsoft-Konto bereits in Verbindung mit Windows 8.1 genutzt, so werden Ihre Einstellungen auch für Windows 10 übernommen.

**Updates**
Windows 10 und die meisten der beschriebenen Apps werden von Microsoft laufend durch Updates aktualisiert. Dadurch können sich ihr Aussehen im Vergleich zu den Abbildungen im Buch und ihr Funktionsumfang geringfügig ändern, dies gilt auch für den Windows Store. Auf unserer Homepage unter www.bildner-verlag.de/00139 informieren wir Sie laufend und kostenlos über aktuelle Neuerungen.

**Schreibweise**
Befehle, Bezeichnungen von Schaltflächen und Beschriftungen von Dialogfenstern sind zur besseren Unterscheidung farbig und kursiv hervorgehoben, zum Beispiel Register *Ansicht*, Schaltfläche *Kopieren*.

**Verwendete Symbole**

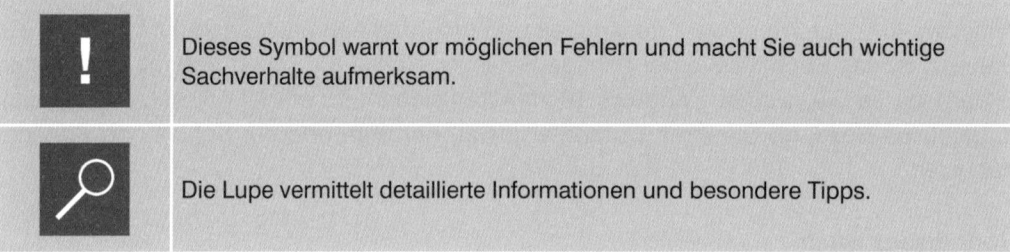

| | |
|---|---|
| ! | Dieses Symbol warnt vor möglichen Fehlern und macht Sie auch wichtige Sachverhalte aufmerksam. |
| 🔍 | Die Lupe vermittelt detaillierte Informationen und besondere Tipps. |

# Inhalt

| | | | |
|---|---|---|---|
| **1** | **Windows 10 - ein Überblick** | | **15** |
| | 1.1 | Was ist ein Betriebssystem? | 16 |
| | | Grundlegende Aufgaben | 16 |
| | | Der Startvorgang des Betriebssystems | 17 |
| | | Welche Betriebssysteme gibt es? | 17 |
| | 1.2 | Die Windows-Versionen | 18 |
| | | Ältere Versionen | 18 |
| | | Die Windows 10 Editionen | 18 |
| | | 32 Bit oder 64 Bit? | 19 |
| | 1.3 | Installation bzw. Update von Windows 10 | 19 |
| | | Update | 19 |
| | | Neuinstallation | 20 |
| | 1.4 | Die wichtigsten Neuerungen im Überblick | 21 |
| | | | |
| **2** | **Maus, Tastatur und Touchscreen** | | **23** |
| | 2.1 | Techniken im Umgang mit Maus und Touchpad | 24 |
| | | Die Maustasten | 24 |
| | | Der Mauszeiger | 26 |
| | 2.2 | Die Tastatur | 27 |
| | | Wichtige Tasten und Funktionen | 27 |
| | | Cursorsteuerung | 29 |
| | | Tastenkombinationen und Funktionstasten | 30 |
| | 2.3 | Touchscreen | 31 |
| | | Gestensteuerung | 31 |
| | | Bildschirmtastatur verwenden | 31 |
| | 2.4 | Grundlagen der Texteingabe und -korrektur | 33 |
| | | Cursor | 33 |
| | | Nachträgliche Korrekturen | 34 |
| | | Text markieren | 34 |
| | 2.5 | Zusammenfassung | 36 |

# Inhalt

## 3 Der erste Einstieg ........................................................................... 37

- 3.1 Windows beim ersten Start einrichten .............................................. 38
  - Schnelleinstieg mit den Express-Einstellungen ..................................... 38
  - Microsoft-Konto .................................................................................. 39
  - PIN zuweisen und Standardspeicher festlegen ................................... 40
- 3.2 Sperrbildschirm und Anmeldung ....................................................... 42
- 3.3 Der Desktop ........................................................................................ 43
- 3.4 Das Startmenü .................................................................................... 44
  - Die Bereiche des Startmenüs .............................................................. 44
  - Das Startmenü im Tabletmodus ........................................................... 45
- 3.5 Taskleiste und Info-Center ................................................................. 46
  - Die Bereiche der Taskleiste im Überblick ............................................ 46
  - Das Info-Center .................................................................................... 47
- 3.6 Zwischen Tablet- und Desktopmodus wechseln ............................. 49
- 3.7 Apps starten und beenden ................................................................. 50
  - App starten ........................................................................................... 50
  - App bzw. Anwendung beenden ........................................................... 52
- 3.8 Die Windows Suche nutzen ............................................................... 52
- 3.9 Die Sprachassistentin Cortana .......................................................... 54
  - Cortana einrichten ................................................................................ 54
  - Cortana fragen ..................................................................................... 56
  - Weitere Einstellungen zu Cortana ....................................................... 57
- 3.10 Tätigkeit am Computer beenden ..................................................... 58
  - Bei Unterbrechungen automatisch Energie sparen ............................ 58
  - Windows beenden (herunterfahren) .................................................... 58
  - Abmelden und Benutzer wechseln ...................................................... 60
- 3.11 Zusammenfassung ........................................................................... 61

## 4 Mit Apps und Anwendungen arbeiten ........................................ 63

- 4.1 Grundlegende Fenstertechniken ....................................................... 64
  - Fenster schließen, Größe ändern ........................................................ 64
  - Individuelle Fenstergröße und -position .............................................. 65
  - Durch umfangreiche Fenster scrollen .................................................. 66
- 4.2 Mit mehreren geöffneten Apps arbeiten ........................................... 67
  - Was Sie wissen sollten ........................................................................ 67
  - Zwischen Apps wechseln ..................................................................... 68

|  |  | Die Taskansicht nutzen | 69 |
|---|---|---|---|
|  |  | Fenster auf verschiedenen Desktops anordnen | 70 |
|  |  | Einstellungen zu virtuellen Desktops | 72 |
|  | 4.3 | **Apps automatisch andocken (Snap)** | **73** |
|  | 4.4 | **Der Umgang mit Windows-Apps** | **75** |
|  |  | Menüleiste und Navigation | 75 |
|  |  | Automatische Positionsermittlung und Datenschutz | 77 |
|  | 4.5 | **Befehlseingabe in Anwendungen** | **78** |
|  |  | Klassisches Menü | 78 |
|  |  | Kontextmenü der rechten Maustaste | 79 |
|  |  | Menüband | 79 |
|  |  | Symbolleiste für den Schnellzugriff | 81 |
|  |  | Dialog- und Meldungsfenster | 81 |
|  | 4.6 | **Apps mit dem Taskmanager beenden** | **82** |
|  | 4.7 | **Hilfe bei Problemen** | **84** |
|  |  | Die integrierte Hilfe-App | 84 |
|  |  | Hilfe online erhalten | 86 |
|  | 4.8 | **Zusammenfassung** | **87** |
| **5** | | **Grundlagen der Datenspeicherung** | **89** |
|  | 5.1 | **Begriffe und Speicherorte** | **90** |
|  |  | Dateien | 90 |
|  |  | Ordner | 91 |
|  |  | Laufwerke und externe Datenträger | 92 |
|  |  | Internet (Cloud) | 92 |
|  | 5.2 | **Der Datei-Explorer** | **93** |
|  |  | Explorer starten | 93 |
|  |  | Wesentliche Elemente des Explorers | 94 |
|  |  | Befehle über das Menüband aufrufen | 95 |
|  | 5.3 | **Speicherorte auswählen und anzeigen** | **95** |
|  |  | Inhalte anzeigen | 95 |
|  |  | Schnelle Navigation im Navigationsbereich | 96 |
|  |  | Adressen und Suchpfade | 99 |
|  |  | Übersicht: Navigationsmöglichkeiten | 102 |
|  | 5.4 | **Inhalte von Wechseldatenträgern** | **102** |
|  |  | CD, DVD oder USB-Stick anzeigen | 102 |
|  |  | Die automatische Wiedergabe steuern | 103 |
|  |  | Datenträger abmelden | 104 |

| | 5.5 | **Die Anzeige im Griff** .................................................................. | 104 |
|---|---|---|---|
| | | Datei- und Ordnersymbole ................................................................ | 104 |
| | | Die Ansichten des Explorers ............................................................ | 105 |
| | | Vorschau und Details anzeigen ........................................................ | 108 |
| | | Ordnerinhalte gruppieren und sortieren .......................................... | 109 |
| | | Die Detailansicht anpassen ............................................................... | 110 |
| | 5.6 | **Zusammenfassung** ..................................................................... | 112 |

| **6** | | **Dateien speichern, öffnen und drucken** ................................. | **113** |
|---|---|---|---|
| | 6.1 | **Eine Datei speichern** .................................................................. | 114 |
| | | Was Sie über Dateinamen und Speicherort wissen müssen .......... | 114 |
| | | Das Dialogfenster Speichern unter ................................................. | 115 |
| | 6.2 | **Dateien aus einer Anwendung heraus öffnen** ........................... | 118 |
| | 6.3 | **Dateien im Explorer öffnen** ........................................................ | 119 |
| | | Mit der Standardanwendung öffnen ............................................... | 119 |
| | | Eine App oder Anwendung zum Öffnen auswählen ...................... | 120 |
| | | Standardanwendung zum Öffnen ändern ....................................... | 121 |
| | 6.4 | **Dateien und Dateitypen genauer betrachtet** ............................ | 122 |
| | | Dateinamenerweiterungen ............................................................... | 122 |
| | | Dateieigenschaften ............................................................................ | 123 |
| | 6.5 | **Dateien drucken** ........................................................................ | 124 |
| | | Mit einer Anwendung drucken ........................................................ | 124 |
| | | Im Explorer drucken ......................................................................... | 126 |
| | 6.6 | **Zusammenfassung** ..................................................................... | 127 |

| **7** | | **Dateien und Ordner verwalten** ............................................... | **129** |
|---|---|---|---|
| | 7.1 | **Objekte markieren** .................................................................... | 130 |
| | | Einfaches Markieren ......................................................................... | 130 |
| | | Mehrere Elemente markieren .......................................................... | 130 |
| | 7.2 | **Dateien und Ordner organisieren** ............................................. | 132 |
| | | Einen neuen Ordner erstellen .......................................................... | 132 |
| | | Ordner- und Dateinamen ändern .................................................... | 133 |
| | | Mehrere Dateien gleichzeitig umbenennen .................................... | 135 |
| | 7.3 | **Dateien und Ordner verschieben und kopieren** ...................... | 135 |
| | | Dateien und Ordner verschieben .................................................... | 135 |
| | | Dateien und Ordner kopieren ......................................................... | 137 |

|  |  |  |
|---|---|---|
|  | Die Standardeinstellungen beim Ziehen mit der Maus | 139 |
|  | Kopieren und Verschieben über die Zwischenablage | 140 |
|  | Konflikte beim Verschieben oder Kopieren | 142 |
| 7.4 | **Aktion rückgängig machen** | **143** |
| 7.5 | **Verknüpfungen erstellen** | **145** |
|  | Verknüpfungen im Schnellgriff des Explorers nutzen | 145 |
|  | Verknüpfungen an anderen Orten | 146 |
| 7.6 | **Dateien und Ordner löschen** | **148** |
|  | Löschen bzw. in den Papierkorb verschieben | 148 |
|  | Aus dem Papierkorb wiederherstellen | 149 |
|  | Elemente aus dem Papierkorb entfernen/leeren | 150 |
| 7.7 | **Dateien komprimieren** | **151** |
| 7.8 | **Nach Dateien und Ordnern suchen** | **153** |
|  | Im Explorer Ordner durchsuchen | 153 |
|  | Speicherort anzeigen | 154 |
|  | Die Suche verfeinern | 155 |
|  | Indizierungseinstellungen | 156 |
|  | Über die Desktop-Suche nach Dateien und Ordnern suchen | 158 |
| 7.9 | **Daten auf CD oder DVD brennen** | **159** |
|  | Datenträgerformate | 159 |
|  | Zur Wiedergabe mit einem CD/DVD-Player brennen | 159 |
|  | CD/DVD wie einen USB-Stick verwenden | 162 |
| 7.10 | **OneDrive näher betrachtet** | **163** |
|  | OneDrive Ordner und Dateien synchronisieren | 163 |
|  | OneDrive im Webbrowser | 165 |
|  | Dateien und Ordner über OneDrive mit anderen Personen teilen | 168 |
| 7.11 | **Spezialthema Bibliotheken** | **171** |
|  | Bibliotheken anzeigen | 171 |
|  | Ordner zu einer Bibliothek hinzufügen/entfernen | 172 |
|  | Eine neue Bibliothek erstellen | 173 |
| 7.12 | **Datenaustausch im Netzwerk** | **174** |
|  | Verbundene Netzlaufwerke | 174 |
|  | Heimnetzgruppe | 174 |
| 7.13 | **Zusammenfassung** | **178** |

# Inhalt

## 8 Benutzeroberfläche und persönliche Einstellungen .................. 179

### 8.1 Die Windows-Einstellungen öffnen ..................................................... 180

### 8.2 Den Desktop gestalten ........................................................................ 181
Hintergrundbild ........................................................................................... 181
Farben ......................................................................................................... 182
Designeinstellungen .................................................................................... 182
Desktopsymbole ......................................................................................... 183
Desktopverknüpfungen zu Programmen .................................................... 185

### 8.3 Das Startmenü anpassen .................................................................... 186
Apps hinzufügen/entfernen ......................................................................... 186
Aussehen und Anordnung der Kacheln ändern ......................................... 187
Größe des Startmenüs anpassen ............................................................... 188
Kacheln in Gruppen anordnen .................................................................... 189
Startmenü im Vollbildmodus öffnen und weitere Einstellungen ................ 190

### 8.4 Die Taskleiste optimieren .................................................................... 192
Programmsymbole hinzufügen ................................................................... 192
Sprunglisten ................................................................................................ 193
Eigenschaften der Taskleiste ..................................................................... 194
Symbolleisten hinzufügen ........................................................................... 196

### 8.5 Sperrbildschirm einrichten ................................................................... 197
Hintergrundbild ändern ............................................................................... 197
Weitere Einstellungen ................................................................................. 198

### 8.6 Persönliche Kontoeinstellungen ändern ............................................. 199
Kontoeinstellungen anzeigen ..................................................................... 199
Profilbild ändern und Microsoft-Konto verwalten ..................................... 200
Kennwort und Art der Anmeldung am PC ändern ................................... 201
Anmeldung per Bildcode ........................................................................... 203

### 8.7 Einstellungen synchronisieren ............................................................ 204

### 8.8 Aussehen und Verhalten des Explorers anpassen ........................... 205
Startverhalten und Schnellzugriffsliste steuern ......................................... 205
Ordneransichten ......................................................................................... 207

### 8.9 Zusammenfassung .............................................................................. 207

## 9 Einstellungen für Hard- und Software ........................................ 209

### 9.1 Einstellungen und Systemsteuerung ................................................. 210
Das sollten Sie zu den Einstellungen wissen ............................................ 210
Ein Überblick über die Systemsteuerung .................................................. 211
Einstellungen suchen .................................................................................. 212

| | | |
|---|---|---|
| 9.2 | **Benutzerkonten verwalten** | **213** |
| | Übersicht über die Benutzerberechtigungen | 213 |
| | Ein neues Benutzerkonto anlegen | 214 |
| | Typ/Berechtigung ändern, Konto löschen | 215 |
| | Benutzerkonten in der Systemsteuerung verwalten | 217 |
| 9.3 | **Energieeinstellungen** | **217** |
| 9.4 | **Länderspezifische Einstellungen** | **220** |
| | Datum und Uhrzeit | 220 |
| | Region und Tastatursprache | 221 |
| 9.5 | **Erleichterte Bedienung** | **223** |
| | Werkzeuge | 223 |
| | Die Maus für Linkshänder | 223 |
| 9.6 | **Einstellungen zum Datenschutz** | **224** |
| | Allgemeine Einstellungen | 224 |
| | Automatische Positionserkennung | 225 |
| | Zugriff auf Geräte und persönliche Daten | 226 |
| | Datenaustausch und Hintergrund-Apps | 227 |
| 9.7 | **Laufwerke und Speicherplatz verwalten** | **228** |
| | Einstellungen zur automatischen Wiedergabe | 228 |
| | Speicherplatz und Speicherorte kontrollieren | 229 |
| | Speicherplatz prüfen und freigeben | 230 |
| 9.8 | **Drucker** | **231** |
| | Drucker anschließen und verwalten | 231 |
| | Standarddrucker festlegen | 232 |
| | Druckaufträge verwalten | 233 |
| 9.9 | **Sicherheit und Datensicherung** | **234** |
| | Windows Defender | 234 |
| | Windows Firewall | 235 |
| | Sicherheits- und Wartungsmeldungen | 236 |
| | Benutzerkontensteuerung und Windows SmartScreen | 236 |
| | Windows Update | 238 |
| | Datensicherung | 239 |
| 9.10 | **Netzwerk- und Internetverbindung** | **243** |
| | Mit einem WLAN verbinden | 243 |
| | Netzwerkverbindungen und WLAN-Einstellungen | 244 |
| 9.11 | **Zusammenfassung** | **246** |

## 10 Programme und Apps installieren ............................................... 247

### 10.1 Apps aus dem Windows Store beziehen .......................................... 248
Den Store durchsuchen ................................................................... 248
App-Details anzeigen ...................................................................... 249
Apps installieren .............................................................................. 250

### 10.2 Andere Software installieren ........................................................ 252
Programm von Datenträger installieren .............................................. 252
Anwendungen und Apps von der Festplatte entfernen ...................... 254

### 10.3 Zusammenfassung ....................................................................... 256

## 11 Spezialthema Fotos und Windows 10 .......................................... 257

### 11.1 Digitalfotos - das sollten Sie wissen ............................................. 258

### 11.2 Fotos von der Kamera importieren ............................................... 259

### 11.3 Die App Fotos ............................................................................... 261
Bildanzeige und Navigation .............................................................. 261
Fotos verwalten ............................................................................... 266
Fotos bearbeiten ............................................................................. 268

### 11.4 Explorer und andere Programme verwenden .............................. 274
Fotos im Explorer betrachten ........................................................... 274
Windows Fotoanzeige ...................................................................... 275

### 11.5 Zusammenfassung ....................................................................... 276

## 12 Nützliche Apps ............................................................................... 277

### 12.1 Microsoft Edge .............................................................................. 278
Webseite aufrufen ............................................................................ 278
Tabs verwenden ............................................................................... 284
Favoriten und Leseliste .................................................................... 285
Webseitennotiz ................................................................................ 287

### 12.2 Mail ................................................................................................ 289
Überblick .......................................................................................... 289
E-Mail-Ordner .................................................................................. 290
E-Mails lesen ................................................................................... 291
E-Mails verfassen und senden ......................................................... 291
Verwaltung von E-Mails .................................................................... 294
Dateianlagen .................................................................................... 296
Weitere Einstellungen ...................................................................... 297
Mit mehreren E-Mail-Konten arbeiten ............................................... 298

| | | | |
|---|---|---|---|
| 12.3 | **Kontakte** | | **301** |
| | Neuen Kontakt anlegen | | 302 |
| | Kontakt anzeigen und bearbeiten | | 304 |
| | Kontaktdaten via Mail versenden | | 308 |
| | Kontakte synchronisieren | | 309 |
| 12.4 | **Kalender** | | **310** |
| | Überblick und Ansichten | | 310 |
| | Termine eintragen | | 313 |
| | Teilnehmer einladen | | 315 |
| | Termine im Browser anzeigen | | 316 |
| | Mehrere Konten synchronisieren | | 317 |
| 12.5 | **Zusammenfassung** | | **318** |

# Tastenkombinationen ............................................................................. 319

# Tastatur .................................................................................................. 322

# Glossar ................................................................................................... 323

# Index ...................................................................................................... 331

Inhalt

# 1 Windows 10 - ein Überblick

**In dieser Lektion erhalten Sie einen Überblick über ...**
- die grundlegenden Aufgaben eines Betriebssystems
- die verschiedenen Betriebssysteme und Windows-Versionen
- die Möglichkeiten eines Updates auf Windows 10
- die wichtigsten Neuerungen von Windows 10

# 1 Windows 10 - ein Überblick

## 1.1 Was ist ein Betriebssystem?

**Grundlegende Aufgaben**

Windows 10 ist, wie seine Vorgänger, ein Betriebssystem (engl. „operating system"). Ein Betriebssystem bildet die Verbindung zwischen den Bauteilen und angeschlossenen Geräten eines Computers, also der Hardware, und den Programmen und Apps, die Sie auf Ihrem Computer verwenden. Das Betriebssystem ist in der Regel auf einem, in den Computer integrierten, Speichermedium (der Festplatte) gespeichert. Es wird beim Einschalten des Computers automatisch gestartet und befindet sich dann während der Arbeit am Computer ständig im Arbeitsspeicher (RAM). Betriebssysteme sind für den Einsatz von Computern unverzichtbar, erst mit ihrer Hilfe kann ein Computer bedient werden und können wichtige Aufgaben wie beispielsweise das Speichern von Daten erfüllt werden. Dies sind in erster Linie die folgenden Funktionen:

> RAM = Random Access Memory („Direktzugriffsspeicher")

**Hardwaresteuerung**

Zu den grundlegenden Aufgaben eines Betriebssystems gehört die Steuerung der Hardwarekomponenten. Es sorgt dafür, dass beispielsweise Maus, Tastatur, Bildschirm und Drucker alle Befehle korrekt ausführen. Wenn Sie etwa über die Tastatur den Buchstaben A eingeben, muss auch auf dem Bildschirm ein A erscheinen. Anschließend muss das A in der gewünschten Größe und Farbe über den Drucker zu Papier gebracht werden können.

> Treiber sind kleine Programme für die korrekte Ansteuerung von Geräten

Jedes angeschlossene Gerät benötigt einen speziellen Gerätetreiber (kurz: Treiber). So ist beispielsweise für das Druckermodell XY des Herstellers Z ein anderer Treiber erforderlich als für den Drucker AB des Herstellers C. Treiber sind kleine Programme, die vom Betriebssystem verwaltet werden. Moderne Betriebssysteme wie Windows 10 erkennen ein angeschlossenes Gerät und installieren den entsprechenden Treiber automatisch.

Eine weitere wichtige Aufgabe des Betriebssystems ist die Verwaltung von Hardware-Ressourcen wie Rechenleistung und Arbeitsspeicher. Wenn Sie ein beliebiges Programm starten, so sorgt das Betriebssystem dafür, dass dieses Programm bis zum Beenden im Arbeitsspeicher verbleibt und überwacht alle laufenden Prozesse im Hintergrund.

**Datenverwaltung**

Eine weitere wichtige Aufgabe eines Betriebssystems besteht in der Speicherung und Verwaltung von Daten. Gemeint ist damit die Verwaltung der Daten auf Speichermedien wie der Festplatte, einer CD/DVD oder einem USB-Speicherstick. Haben Sie beispielsweise mit einem Textverarbeitungsprogramm einen Brief verfasst und wollen diesen auf der Festplatte speichern, so übernimmt das Betriebssystem diese Aufgabe. Dazu gehört auch, dass diese Daten später wieder gefunden werden.

**Bedienoberfläche**

Die Bedienung des Computers erfolgt über eine grafisch gestaltete Bedienoberfläche. Dazu verwenden Sie entweder die Maus und zeigen bzw. klicken auf die gewünschten Befehle oder benutzen das Touchpad eines Notebooks. Ist ein berührungsempfindlicher Bildschirm (Touchscreen) vorhanden, erfolgt die Bedienung mit dem Finger und durch Wischbewegungen. Eine weitere Möglichkeit ist die, in Windows 10 integrierte, Sprachsteuerung.

**Der Startvorgang des Betriebssystems**

Der Startvorgang von Windows wird auch als Booten bezeichnet und läuft nacheinander in mehreren Schritten ab: Nach dem Einschalten des Computers startet zunächst das sogenannte BIOS bzw. bei neueren Computern das UEFI, das den Nachfolger des BIOS darstellt. Das BIOS bzw. das UEFI kann als einfaches Betriebssystem betrachtet werden und ist fester Bestandteil des Computers. Es erkennt den Prozessor, die angeschlossenenen Laufwerke, den Arbeitsspeicher und weitere Hardware. Erst nach dem Starten des BIOS bzw. UEFI wird das Betriebssystem gestartet und in den Arbeitsspeicher geladen.

BIOS = Basic Input Output System, UEFI = United Extensible Firmware Interface

Meist erscheint auf dem Bildschirm auch noch die Aufforderung zur Anmeldung. Wenn mehrere Personen den Computer benutzen, werden durch die Anmeldung ihre benutzerdefinierten Einstellungen wiederhergestellt. Der Startvorgang ist abgeschlossen, wenn die grafische Bedienoberfläche erscheint.

**Welche Betriebssysteme gibt es?**

Neben Microsoft Windows gibt es noch andere Betriebssysteme mit grafischer Bedienoberfläche. Computer des Herstellers Apple verfügen über das Betriebssystem Mac OS. Ebenfalls weit verbreitet ist das Betriebssystem LINUX, das in verschiedenen Distributionen zur Verfügung steht. Auf Smartphones kommen häufig die Betriebssysteme Android oder iOS zum Einsatz.

Da alle weiteren Programme und Apps, beispielsweise Büroanwendungen oder Spiele, eng mit dem Betriebssystem zusammenarbeiten, muss die gesamte Software eines PCs aufeinander abgestimmt sein. Ein Wechsel des Betriebssystems kann zu Problemen mit bereits vorhandenen Programmen führen. Informieren Sie sich daher bereits beim Kauf eines Softwareprodukts über mögliche Kompatibilitätsprobleme!

Die Software muss auf das Betriebssystem abgestimmt sein!

## 1.2 Die Windows-Versionen

**Ältere Versionen**

Mit Windows 95 brachte das Unternehmen Microsoft im Jahr 1995 erstmals ein Betriebssystem mit einer wirklich benutzerfreundlichen grafischen Oberfläche auf den Markt. Seither wurden nacheinander verschiedene Versionen von Windows entwickelt, die zum Teil auch heute noch im Einsatz sind. Zuletzt wurden 2012 das Betriebssystem Windows 8 und ein Jahr später Windows 8.1 veröffentlicht. Aber auch die älteren Vorgängerversionen Windows XP, Windows Vista und Windows 7 sind noch auf vielen Rechnern in Privathaushalten und Unternehmen installiert.

**Die Windows 10 Editionen**

Windows 10 kann auf unterschiedlichen Geräten eingesetzt werden, angefangen vom herkömmlichen Bürocomputer über Laptops und Notebooks bis hin zu Tablet-PCs und Smartphones. Neben Maus und Tastatur werden auch die diversen Eingabemöglichkeiten dieser Geräte unterstützt. Näheres dazu erfahren Sie in Kapitel 2.

Genau wie frühere Versionen gibt es auch Windows 10 in verschiedenen Editionen, insgesamt sieben, von denen allerdings nicht alle für den normalen PC-Nutzer interessant sind. Hier ein Überblick über die wichtigsten:

**Windows 10 Home**
Diese Version ist, wie der Name bereits verrät, in erster Linie für Privat- oder Heimanwender gedacht und kann auf PCs, Laptops, Tablets sowie 2-in-1-Geräten eingesetzt werden. Zum Umfang gehören auch die Sprachassistentin Cortana, der neue Browser Microsoft Edge, der Tablet-Modus für Touch-Geräte sowie die üblichen Apps für Fotos, Videos, Musik, Mail, Karten und Kalender. Zudem existiert für Spiele eine integrierte Xbox-App.

**Windows 10 Pro**
In dieser Version für Profianwender und kleinere Unternehmen ist zusätzlich zu den oben genannten Funktionen von Windows 10 Home ein erweitertes Geräte- und Daten-Management enthalten, z. B. zum Verschlüsseln von Laufwerken.

**Windows 10 Enterprise**
Die Version für mittlere und große Firmen baut auf Windows 10 Pro auf und verfügt zusätzlich um umfangreiche Geräte- und App-Verwaltungs-Tools und weitergehende Sicherheitsfunktionen.

## Windows 10 Mobile

Daneben gibt es Windows 10 auch noch in zwei mobilen Varianten für Windows Phone 8.1-Geräte (Smartphones) und kleine Tablets. Zum Umfang von Windows 10 Mobile gehören Apps in speziell angepasster Optik und ein touch-optimiertes Office. Die Version Windows 10 Mobile Enterprise für Firmen-Handys enthält zusätzlich ein Update-Management, das es erlaubt, den Umfang von Updates und neuen Funktionen zu steuern. Auf diese Versionen wird in diesem Buch nicht näher eingegangen.

## 32 Bit oder 64 Bit?

Windows-Betriebssysteme gibt es sowohl in 32-Bit- als auch in 64-Bit-Versionen. Diese Angabe bezieht sich auf die Architektur des Prozessors: Während ein 32-Bit-Prozessor Daten in Einheiten zu 32 Bit verarbeitet, sind es bei einem 64-Bit-Prozessor 64 Bit. Für Sie wichtig zu wissen: Sie können mit einem 64-Bit-Prozessor auch ein 32-Bit-Betriebssystem nutzen, umgekehrt ist dies jedoch nicht der Fall. Bei einem Arbeitsspeicher von mehr als vier Gigabyte ist ein 64-Bit-Betriebssystem ein Muss.

## 1.3 Installation bzw. Update von Windows 10

Wenn Sie soeben einen neuen Computer erworben haben, ist normalerweise Windows 10 bereits installiert, das bedeutet, Sie können sofort nach dem Einschalten des Computers loslegen. Falls Sie sich mit einem Microsoft-Konto am PC anmelden, das Sie bereits in Verbindung mit Windows 8 oder 8.1 benutzt haben, so werden bei der Anmeldung mit diesem Konto alle Ihre Einstellungen auch für Windows 10 bzw. den neuen PC übernommen. Andernfalls müssen Sie ein neues Microsoft-Konto registrieren und beim ersten Start einige Einstellungen vornehmen, Näheres dazu in Kapitel „3.1 Windows beim ersten Start einrichten" auf Seite 38.

### Update

Falls der Kauf Ihres Computers länger zurückliegt, dürfte auf dem PC Windows 7 oder Windows 8.1 als Betriebssystem installiert sein. Beide Versionen können Sie kostenlos auf das jeweilige Windows 10 (Home bzw. Pro) aktualisieren. Dabei werden alle Ihre Dateien und Einstellungen beibehalten, nur das Aussehen von Windows ändert sich. Vor dem Upgrade auf Windows 10 sollten allerdings die jeweils aktuellen Servicepacks und Updates installiert sein.

# 1 Windows 10 - ein Überblick

**So erhalten Sie Ihr Update:**
Seit Juni 2015 erscheint im Infobereich der Taskleiste ein Windows-Symbol und beim Zeigen auf dieses Symbol erscheint der Text *Windows 10 herunterladen*. Dies bedeutet aber nicht, dass Windows sofort heruntergeladen wird, Sie können also beruhigt auf das Symbol klicken. Ein Fenster wird geöffnet, in dem Sie bereits vor dem Erscheinungstermin Windows 10 kostenlos reservieren können. Nach diesem Zeitpunkt wird über das Symbol die Installation angeboten.

**Was passiert, wenn Sie Windows 10 reservieren?**

- Sobald Windows 10 für Sie verfügbar ist, werden die Installationsdateien heruntergeladen, aber noch nicht installiert.

- Anschließend wird die Installation angeboten, startet aber nicht automatisch. Erst mit Klick auf *„Jetzt installieren"* wird die endgültige Version auf dem PC installiert.

- Achtung: Offizieller Starttermin ist der 29.06.2015, erste Downloads passieren aber schon vorher im Hintergrund.

- Möglicherweise wird die Installation auch erst einige Tage nach dem Starttermin angeboten, da Windows 10 in Wellen verteilt wird.

**Tipp:** *Benötigen Sie den PC zur täglichen produktiven Arbeit bzw. befinden sich hier wichtige Daten, so sollten Sie mit der endgültigen Installation noch etwas warten, bis feststeht, ob tatsächlich alles problemlos klappt. Das Angebot des kostenlosen Updates läuft noch bis Ende Juli 2016, Sie haben also noch Zeit.*

*Wichtige Daten sollten Sie außerdem auf einen externen Datenträger zusätzlich sichern. Wenn Sie bereits Windows 8.1 einsetzen, ist auch das Synchronisieren von Dateien, Ordnern und Einstellungen über OneDrive eine gute Möglichkeit.*

**Neuinstallation**

Sichern Sie vorher alle Daten!

Falls Sie Windows 10 auf dem Computer neu installieren möchten, legen Sie die DVD ins Laufwerk ein und folgen dann den Hinweisen, die auf dem Bildschirm ausgegeben werden. Beachten Sie aber, dass bei einer Neuinstallation alle bisherigen Einstellungen verlorengehen. Dies gilt auch für gespeicherte Daten, Sie sollten daher vor der Neuinstallation eines Betriebssystems grundsätzlich immer alle wichtigen Daten sichern.

Die Installation eines Windows-Betriebssystems ist einer Programminstallation nicht unähnlich. Zur Programminstallation erfahren Sie mehr in Kapitel 13.

Sollte auf Ihrem PC das wesentlich ältere Windows XP oder Windows Vista vorhanden sein, ist ein kostenloses Update leider nicht möglich. Allerdings ist insbesondere bei älteren Computern mit Windows XP auch der (kostenpflichtige)

# Windows 10 - ein Überblick

Erwerb und die anschließende Neuinstallation von Windows 10 nicht zu empfehlen, da oftmals die Hardware nicht mehr den Anforderungen von Windows 10 genügt.

## 1.4 Die wichtigsten Neuerungen im Überblick

- Windows 10 verfügt im Gegensatz zu Windows 7 oder Windows XP über ein erweitertes Startmenü. Benutzer können nach Belieben weitere Apps hinzufügen oder entfernen und die Größe des Startmenüs anpassen, bei Bedarf kann es auch im Vollbildmodus geöffnet werden. Im benutzerdefinierten Bereich des Startmenüs werden Apps in Form von Kacheln angeordnet, einige Kacheln können auch eine Live-Vorschau auf den Inhalt anzeigen.

- Windows 10 kann sowohl mit der Maus als auch per Touchscreen mit Fingergesten bedient werden, die Benutzeroberfläche unterscheidet sich im Tabletmodus nur durch größere Abstände zwischen den Symbolen und einem standardmäßigen Startmenü im Vollbildmodus vom Normalmodus. Normalerweise erkennt Windows 10, auf welche Weise die Eingabe erfolgt und wechselt automatisch in den entsprechenden Modus. Im Info-Center finden Sie eine Schaltfläche, mit der Sie ebenfalls schnell zwischen den beiden Modi wechseln können.

- Die Befehle zum Herunterfahren und Energiesparen finden Sie im Startmenü, wenn Sie auf den Schalter *Ein/Aus* klicken. An- und Abmelden oder den Benutzer wechseln können Sie dagegen, wenn Sie oben im Startmenü auf Ihren Benutzernamen klicken.

- Meldungen über Hardware- und Sicherheitsprobleme sowie Benachrichtigungen über eingegangene E-Mails oder Erinnerungen an Termine werden im neuen Info-Center am rechten Bildschirmrand zusammengefasst. Sie öffnen das Info-Center, indem Sie im Infobereich der Taskleiste auf das kleine Symbol Sprechblase klicken. Im Info-Center erhalten Sie über Schaltflächen auch schnell Zugriff auf häufig benötigte Einstellungen, z. B. WLAN oder Flugzeugmodus.

- Die Assistentin Cortana erlaubt auch Spracheingabe, sie unterstützt unter anderem bei der Suche im Web und erinnert an Termine.

- Zum Scrollen in Fenstern genügt es, wenn sich der Mauszeiger über dem betreffenden Fenster befindet, Sie brauchen also nicht mehr zuvor das Fenster mit einem Mausklick aktivieren.

- Um alle geöffneten Fenster in einer Miniaturvorschau anzuzeigen und schnell zwischen den Fenstern zu wechseln, verfügt Windows 10 zusätzlich zur bekannten Tastenkombination Alt+Tab über die neue Taskansicht. In der Taskansicht können Sie weitere virtuelle Desktops hinzufügen und geöffnete Fenster auf diese verteilen. Auf diese Weise lassen sich die Fenster bzw. geöffneten Apps nach Einsatzzweck gruppieren.

- Mit der Snap-Funktion können Fenster durch Ziehen schnell am linken oder rechten Bildschirmrand automatisch angeheftet werden, dies funktioniert mit zwei und vier Fenstern.

- Die wichtigsten Einstellungen zu Hard- und Software können Sie vornehmen, indem Sie im Startmenü oder im Info-Center auf Einstellungen klicken. Parallel dazu existiert auch noch die, aus älteren Versionen bekannte, Systemsteuerung. Im Gegensatz zur Systemsteuerung sind die Einstellungen für Fingersteuerung optimiert und sollen nach den Plänen von Microsoft die Systemsteuerung ablösen.

- Da Windows 10 eigentlich nur in Verbindung mit einem Microsoft-Konto seinen vollen Funktionsumfang erhält und zahlreiche Apps einschließlich Cortana Ihre Eingaben, Ihre aktuelle Position und weitere persönliche Daten verwenden, finden Sie in den Einstellungen den Punkt Datenschutz mit umfangreichen Optionen.

- Unter der Bezeichnung *OneDrive* steht Ihnen ein kostenloser Online-Speicher zur Verfügung, dieser ist auch vollständig in den Datei-Explorer integriert und wird wie jedes andere Laufwerk behandelt. Wenn nicht anderes vereinbart wurde, werden alle Daten auf OneDrive automatisch mit der Festplatte synchronisiert und sind somit auch dann verfügbar, wenn keine Verbindung zum Internet besteht. Für die Nutzung von *OneDrive* ist ein Microsoft-Konto erforderlich.

- Unter dem Namen *Microsoft Edge* bringt Windows 10 auch einen neu gestalteten Browser mit, das Symbol dazu finden Sie standardmäßig in der Taskleiste.

- Für Spieler verfügt Windows 10 über eine integrierte Xbox-App.

# 2 Maus, Tastatur und Touchscreen

**In dieser Lektion erfahren Sie, ...**
- wie Sie mit Maus und Touchpad arbeiten
- welche Tasten auf einer Tastatur besonders wichtig sind
- wie Sie Befehle mit Fingergesten auf einem Touchscreen ausführen

**Diese Kenntnisse sollten Sie bereits mitbringen...**
- allgemeine Kenntnisse über die Funktionsweise eines Betriebssystems aus Kap. 1

# 2 Maus, Tastatur und Touchscreen

Windows 10 lässt sich auf den unterschiedlichsten Geräten einsetzen: Vom herkömmlichen PC, wie er meist am Arbeitsplatz verwendet wird, über Laptops bzw. Notebooks, Tablet-PCs bis hin zum Smartphone. Alle diese Geräte verfügen über unterschiedliche Eingabemöglichkeiten, die ebenfalls von Windows unterstützt werden. In diesem Kapitel erhalten Sie einen Überblick über die grundlegenden Techniken im Umgang mit Maus, Touchpad, Touchscreen und Tastatur. Falls Sie bereits von einer früheren Version von Windows damit vertraut sind, können Sie dieses Kapitel einfach übergehen.

Und noch ein wichtiger Hinweis: Alle Angaben in diesem Buch beziehen sich auf den Einsatz von Maus und normaler Tastatur. Falls Sie ein Gerät mit Touchscreen bzw. einen Tablet-PC benutzen, verwenden Sie stattdessen die entsprechenden Gesten.

## 2.1 Techniken im Umgang mit Maus und Touchpad

Die Maus ist ein wichtiges Eingabegerät zur Bedienung eines PCs. Sie wird zum Zeigen und Ausführen von Befehlen verwendet. Notebooks haben in der Regel unterhalb der Tastatur eine berührungsempfindliche Fläche integriert, ein sogenanntes Touchpad. Das Touchpad wird mit dem Zeigefinger, ähnlich wie eine Maus bedient. Eine normale Maus kann problemlos zusätzlich angeschlossen werden.

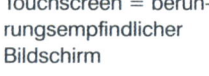
Touchscreen = berührungsempfindlicher Bildschirm

Wenn Sie die Maus auf einer festen Unterlage (idealerweise auf einem Mauspad) hin und her bewegen, so wandert auf dem Bildschirm ein kleiner Pfeil, der Mauszeiger, mit. Heutzutage kommt meist eine optische Maus zum Einsatz, in die ein kleiner Laser eingebaut ist, der die Bewegungen der Maus erkennt.

**Die Maustasten**

Gebräuchliche Computermäuse verfügen über mindestens zwei Tasten und in der Mitte ein Scroll-Rad. Legen Sie die rechte Handfläche so auf die Maus, dass sich der Zeigefinger über der linken Maustaste und der Mittelfinger über der rechten Maustaste befindet. Als Linkshänder ruht der Zeigefinger auf der rechten Maustaste und die im Folgenden beschriebenen Funktionen der beiden Maustasten lassen sich für diesen Fall vertauschen (siehe Kapitel 9.5, Erleichterte Bedienung).

Auch das Touchpad Ihres Laptops verfügt über zwei Tasten, mit denen Sie analog einen Links- bzw. Rechtsklick ausführen.

Manche Mäuse verfügen über weitere Tasten und Funktionen. Häufig wechseln Sie mit diesen Tasten zwischen den aufgerufenen Internetseiten im Browser. In der Regel kann die Funktionsweise der zusätzlichen Tasten mithilfe einer mitgelieferten Software festgelegt werden.

### Linke Maustaste

Die Bedienung von Windows erfolgt überwiegend mit der linken Maustaste. Die folgenden Aktionen führen Sie mit der linken Maustaste aus:

| Aktion | Bedeutung |
|---|---|
| Zeigen | Sie können den Mauszeiger auf einem Symbol oder Befehl positionieren. Damit werden Befehle jedoch nicht ausgeführt, sondern nur hervorgehoben. Häufig erscheint ein kurzer Infotext, manchmal auch eine kleine Vorschau. |
| Klicken | Wenn Sie auf einen Befehl zeigen und einmal kurz die linke Maustaste drücken, dann wird dieser Befehl ausgeführt. Symbole werden dagegen durch Anklicken markiert. Beim Drücken der Maustaste ist ein leises Klick-Geräusch zu hören, daher die Bezeichnung. |
| Doppelklick | Doppelklick bedeutet, Sie drücken zweimal kurz hintereinander die linke Maustaste. Damit können Sie beispielsweise schnell ein gespeichertes Dokument zusammen mit dem benötigen Programm öffnen. Achten Sie beim Doppelklick darauf, die Maus dabei nicht versehentlich zu bewegen. |
| Ziehen | Durch Ziehen können Sie die Anordnung von Symbolen und Objekten auf dem Bildschirm ändern. Zeigen Sie zuerst auf ein Symbol, drücken Sie anschließend die linke Maustaste und halten Sie diese gedrückt, während Sie gleichzeitig die Maus bewegen. Das markierte Element „hängt" am Mauszeiger und wird zusammen mit dem Mauszeiger über den Bildschirm verschoben. Lassen Sie die Maustaste erst los, wenn sich das Element an der gewünschten Position befindet. Durch Ziehen können Sie auch die Größe von Fenstern ändern. |

### Rechte Maustaste

Wenn Sie auf ein Objekt zeigen und einmal kurz die rechte Maustaste drücken (Rechtsklick), so wird kein Befehl ausgeführt, sondern es erscheint ein Kontextmenü zum Objekt. Als Kontextmenü bezeichnet man eine Zusammenstellung von Befehlen, bezogen auf das jeweils angeklickte Objekt. Zum Ausführen des gewählten Befehls, klicken Sie wieder mit der linken Maustaste.

### Das Scroll-Rad

Nützlich, aber nicht zwingend erforderlich ist das Scroll-Rad der Maus. Ist der Bildschirm oder ein Fenster zu klein, um den gesamten Inhalt anzuzeigen, genügt es, wenn Sie das Scroll-Rad der Maus drehen, um den sichtbaren Bildschirmausschnitt nach oben oder unten, manchmal auch nach rechts oder links, zu verschieben.

In einigen Programmen können Sie das Scroll-Rad der Maus auch benutzen, um die Anzeigegröße zu ändern (Zoomen). Drücken Sie dazu auf der Tastatur die Strg-Taste und halten Sie die Taste gedrückt, während Sie das Scroll-Rad drehen.

Das Scroll-Rad kann gleichzeitig als mittlere Maustaste dienen, mit der Sie weitere Funktionen erhalten, z. B. das Öffnen eines weiteren Fensters eines bereits geöffneten Programms, wenn Sie ein Programmsymbol anklicken.

**Der Mauszeiger**

Standard-Mauszeiger: Standardmäßig wird der Mauszeiger als Pfeil auf dem Bildschirm dargestellt. Ändert der Zeiger sein Aussehen, so signalisiert Windows damit, welche Aktionen Sie gerade mit der Maus ausführen können.

| Mauszeiger | Aktion |
|---|---|
| | Eine Hand als Mauszeiger bedeutet, dass Sie auf einen sogenannten Link, das bedeutet einen Verweis auf eine andere Stelle innerhalb des Dokuments oder an einem anderen Ort, zeigen. Mit einem einfachen Mausklick können Sie zu der entsprechenden Stelle wechseln. |
| | Wenn Sie auf den Rand eines Fensters zeigen, dann erscheint statt des normalen Zeigers ein Doppelpfeil. Dies bedeutet, dass Sie jetzt durch Ziehen mit gedrückter linker Maustaste in eine der Pfeilrichtungen die Größe des angezeigten Fensters ändern können. |
| | Zum Verschieben eines Objekts wird der Mauszeiger mit vier Pfeilen angezeigt. |
| | Während des Startvorgangs von Programmen zeigt ein kleiner Kreis am Mauszeiger, dass Windows im Hintergrund gerade beschäftigt ist. |

## 2.2 Die Tastatur

Normalerweise verwenden Sie am Computer eine Tastatur, die sich in folgende Bereiche aufteilen lässt:

*Komplette Tastaturübersicht im Anhang*

- Schreibmaschinentasten: Dieser Bereich entspricht im Wesentlichen der Aufteilung einer Schreibmaschine.
- Ziffernblock zur schnellen Eingabe von Ziffern.
- Cursorblock oder Pfeiltasten zur Steuerung der Eingabemarke.
- Funktionstasten zur schnellen Ausführung von Befehlen.

*Eingabemarke = Cursor, siehe Seite 29.*

Eine Laptoptastatur bietet weitere Funktionen über die Tastatur an, z. B. die Steuerung der Monitorhelligkeit oder der Lautstärke. Zu finden sind diese zusätzlichen Einstellungsmöglichkeiten in der Regel auf den Funktionstasten (F1, F2 etc.). Durch gleichzeitiges Drücken der Fn-Taste sind diese verfügbar.

*Laptops: Fn-Taste (vom englischen Wort „function")*

Aus Platzgründen wird bei Laptops außerdem oft auf einen seperaten Ziffernblock verzichtet. Bei manchen Laptoptastaturen wird dann der Ziffernblock in die „normale" Tastatur integriert, z. B. über die Taste J wird die 1 eingegeben, K ist die 2 und U die 4). In diesem Fall drücken Sie ebenfalls die Fn-Taste, um anstelle der Buchstaben die Zahlen einzugeben.

**Wichtige Tasten und Funktionen**

Im Bereich der Schreibmaschinentasten finden Sie neben den Buchstaben, Ziffern und Satzzeichen eine Reihe zusätzlicher Tasten, hier eine Übersicht:

| Taste | Bezeichnung | Bedeutung |
|---|---|---|
| ⏎ | Eingabetaste | Mit dieser Taste beginnen Sie bei der Texteingabe einen neuen Absatz und somit eine neue Zeile. Gleichzeitig können Sie auch eine Eingabe bestätigen oder einen markierten Befehl ausführen. Statt am Bildschirm auf die Schaltfläche OK zu klicken, können Sie auch die Eingabetaste der Tastatur verwenden. Weitere übliche englische Bezeichnungen für diese Taste sind Enter oder Return. |
| ⇧ | Umschalt-Taste | Die Umschalt-Taste (englisch: Shift-Taste) dient zur Eingabe von Großbuchstaben. Drücken Sie dazu die Umschalt-Taste und halten Sie die Taste gedrückt, während Sie den jeweiligen Buchstaben tippen. Die Umschalt-Taste kommt außerdem bei vielen Tastenkombinationen zum Einsatz. |
| | Leertaste | Die Leertaste fügt einen Abstand zwischen zwei Wörtern ein. |

## 2 Maus, Tastatur und Touchscreen

| Taste | Bezeichnung | Bedeutung |
|---|---|---|
| ⇩ | Feststelltaste | Die Feststelltaste (englisch: Caps Lock) aktiviert die Umschalt-Taste dauerhaft. Bei versehentlichem Betätigen erhalten Sie dieses eRGEBNIS. Deaktivieren Sie in diesem Fall die über der linken Umschalt-Taste befindliche Feststelltaste durch erneutes Drücken. |
| Esc | Escape-Taste | Die Escape-Taste (Esc) dient zum Abbrechen von Befehlen und kann anstelle der Abbrechen-Schaltfläche in Dialogen verwendet werden. In manchen Programmen wird diese Taste auch verwendet, um Bereiche zu verlassen. |
| ← | Rückschritt-Taste | Mit der Rückschritt-, Lösch- oder Korrektur-Taste (Backspace) können Sie während der Texteingabe die Zeichen links vom Cursor löschen. Auch bei nachträglichen Korrekturen löscht diese Taste Zeichen, die sich links von der Cursorposition befinden. |
| Alt | Alt-Taste | Die Alt-Taste (Alternate) wird immer zusammen mit anderen Tasten verwendet. Diese sogenannten Tastenkombinationen (englisch: Shortcuts) dienen, wie die Funktionstasten, der schnellen Befehlseingabe. |
| Strg | Steuerung-Taste | Die Strg-Taste (Steuerung) dient wie die Alt-Taste zur schnellen Befehlsausführung. Manche Tastaturen verwenden anstelle der deutschen Bezeichnung das englische Ctrl (Control). |
| ⊞ | Windows-Taste | Mit dieser Taste öffnen Sie das Startmenü von Windows. In Kombination mit anderen Tasten können ebenfalls schnell Befehle aufgerufen werden. |
| ⇥ | Tabulator-Taste | Mit der Tabulator-Taste (Tab-Taste) überspringen Sie bei der Texteingabe größere Leerräume. Der Cursor wird am nächsten Tabstopp, meist nach 1,25 cm, positioniert. Durch Verwendung der Tab-Taste erstellen Sie einen tabellarisch aufgebauten Text. Bei der Eingabe in Formularen wandert der Cursor durch Drücken der Tab-Taste zum nächsten Eingabefeld. |
| Entf | Entfernen-Taste | Die Entf-Taste löscht markierte Elemente bzw. das Zeichen rechts vom Cursor. Diese Taste ist auf manchen Tastaturen englisch mit Del (Delete) beschriftet. |

**Drittbelegung**

Einige Tasten der Computertastatur weisen ein drittes Zeichen auf. Beispielsweise finden Sie in der Ziffernreihe auch die eckigen Klammern [ ] oder die hochgestellte Ziffer ². Für die Eingabe dieser Zeichen verwenden Sie die Alt Gr-Taste

# Maus, Tastatur und Touchscreen 2

(für Alternate Graphics) rechts neben der Leertaste zusammen mit der entsprechenden Taste. Wichtige Beispiele für Drittbelegungen sind:

| Symbol | Bezeichnung | Tasten |
|---|---|---|
| @ | At-Zeichen | Alt Gr + Q |
| € | Euro-Symbol | Alt Gr + E |

Möchten Sie beispielsweise eine E-Mail-Adresse eingeben, so verwenden Sie die Tasten Alt Gr + Q und erhalten das @-Zeichen. Das Euro-Symbol finden Sie zusammen mit dem Buchstaben E ebenfalls auf der Tastatur.

## Ziffernblock

Ein separater Ziffernblock erleichtert zwar die Zahleneingabe, ist aber nicht auf jeder Laptop-Tastatur zu finden. Falls über den Ziffernblock keine Zahlen eingegeben werden können, muss dieser erst durch Drücken der Taste Num aktiviert werden, sonst stehen die Zweitbelegungen zur Verfügung, wie z. B. die Pfeiltasten, die Sie im nächsten Abschnitt kennenlernen.

## Cursorsteuerung

Als Cursor bezeichnet man am Computer die Einfügemarke oder Eingabeposition, an der die Eingabe über die Tastatur erfolgt. Die Pfeiltasten des Cursorblocks auf der Tastatur dienen dazu, den Cursor im Text zu bewegen. Bereits eingegebener Text wird dabei nicht gelöscht. Eine Übersicht der Tasten sehen Sie im Bild 2.1.

Cursor = Einfügemarke

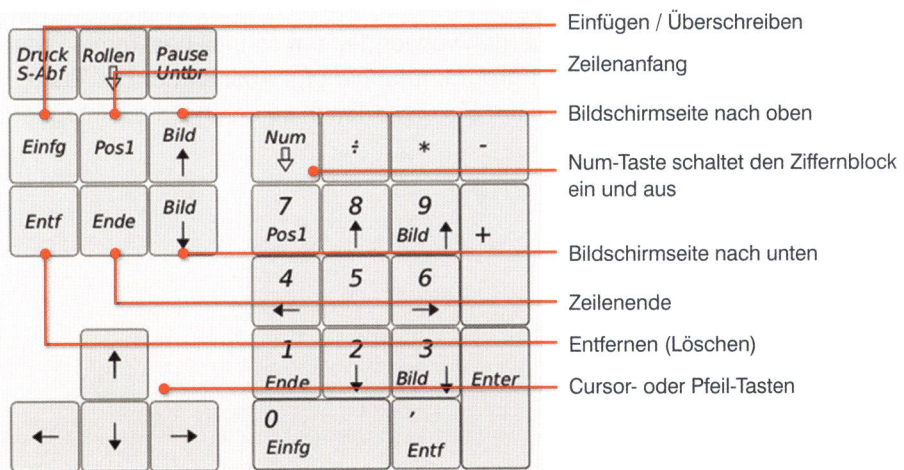

*Bild 2.1 Cursorblock und Ziffernblock im Überblick*

### Die Bedeutung der Einfügen-Taste

Durch Drücken der Einfg-Taste wechseln Sie zwischen Überschreib- und Einfügemodus. Diese Taste ist auf manchen Tastaturen englisch mit Ins (Insert) beschriftet. Wenn Text im Überschreibmodus eingegeben wird, wird der nachfolgende Text überschrieben, was in den meisten Fällen nicht gewünscht ist. Aus diesem Grund ignoriert z. B. Microsoft Word 2013 standardmäßig die Verwendung der Einfügen-Taste und fügt den Text auch im Überschreibmodus ein.

### Tastenkombinationen und Funktionstasten

Eine Zusammenstellung wichtiger Tastenkombinationen finden Sie am Ende dieses Buches.

Viele Befehle lassen sich nicht nur per Mausklick, sondern auch über sogenannte Tastenkombinationen ausführen. Diese werden auch als Shortcuts bezeichnet. Um beispielsweise einen Text zu speichern, verwenden Sie die Tastenkombination Strg+S. Dazu müssen Sie zuerst die Strg-Taste gedrückt halten und dann die Taste S drücken. Anschließend lassen Sie beide Tasten wieder los. Tastenkombinationen bestehen in der Regel aus einem Buchstaben in Verbindung mit der Strg-, Umschalt-, Alt- oder Windows-Taste.

**Erscheinen auf dem Bildschirm plötzlich völlig andere Zeichen?**

*Gar nicht so selten kommt es vor, dass auf dem Bildschirm plötzlich andere Zeichen erscheinen, als eingegeben. So erscheint auf dem Bildschirm beispielsweise ein z, wenn Sie den Buchstaben y eingeben und umgekehrt.*

*Ursache und Abhilfe sind in diesem Fall einfach: Sie haben versehentlich das Tastatur-Layout vom deutschen Layout zum englischen Layout umgeschaltet. Dies passiert mit den Tastenkombinationen Windows+Leertaste oder Umschalt+Alt. Drücken Sie einfach nochmals dieselbe Tastenkombination, um zurück zum deutschen Tastaturlayout zu wechseln.*

### Funktionstasten

F1 = Hilfetaste

Die Funktionstasten (F-Tasten) werden verwendet, um schnell bestimmte Befehle auszuführen; die Belegung ist programmabhängig. Ausnahme: Die Taste F1 ist fast immer die Hilfetaste. Drücken Sie diese Taste, so erscheint die integrierte Hilfe für das jeweilige Programm.

## 2.3 Touchscreen

Bei einem Touchscreen, einem berührungsempfindlichen Bildschirm (das Wort kommt vom englischen „touch" für „Berührung"), ersetzt der Finger die Maus und statt einer physischen Tastatur kann eine Bildschirmtastatur eingesetzt werden. Im Alltag begegnen Sie Touchscreens beispielsweise, wenn Sie am Geldautomaten Geld abheben oder sich am Fahrscheinautomaten eine Zugfahrkarte besorgen. Wenn Sie einen Tablet-PC benutzen, erfolgt die Steuerung der Bildschirmeingaben ebenfalls über einen Touchscreen.

*Touchscreen = berührungsempfindlicher Bildschirm*

### Gestensteuerung

Wenn die Bedienung auf einem Touchscreen erfolgt, wird auf dem Bildschirm kein Mauszeiger angezeigt. Sie tippen eine Option direkt mit dem Zeigefinger an, um sie auszuwählen. Eine Zusammenstellung weiterer wichtiger Gesten finden Sie in der Tabelle.

| Geste/Bewegung | Bedeutung/Ausführung |
|---|---|
| Doppeltipp | Tippen Sie zweimal schnell hintereinander auf ein Element, um denselben Effekt zu bewirken wie bei einem Doppelklick. |
| Rechtsklick | Um auf dem Touchscreen einen Rechtsklick zu imitieren, drücken Sie mit dem Finger etwas länger auf ein Element. |
| Streichen/Wischen | Um Bildschirminhalte rechts, links, oben oder unten sichtbar zu machen, streichen Sie mit dem Finger in die gewünschte Richtung. Streichen oder Wischen dient außerdem dazu, Elemente am Bildschirmrand einzublenden. |
| Zoomen | Bewegen Sie auf dem Touchscreen Daumen und Zeigefinger auseinander, um die Ansicht zu vergrößern. Um die Ansicht zu verkleinern, bewegen Sie Daumen und Zeigefinger aufeinander zu. Das Kneifen mit Daumen und Zeigefinger bezeichnet man auch als Pinchen (vom englischen to pinch = kneifen, zwicken) |
| Drehen | Manche Elemente können gedreht werden: Führen Sie mit Daumen und Zeigefinger eine Drehbewegung aus. |

### Bildschirmtastatur verwenden

Die Texteingabe an einem PC mit Touchscreen, z. B. einem Tablet-PC, kann auch ohne angeschlossene Tastatur erfolgen. Sie verwenden dann die Bildschirmtastatur. Diese wird automatisch eingeblendet, wenn Sie mit dem Finger auf ein Texteingabefeld tippen, beispielsweise zur Eingabe des Kennworts.

*Je nach Eingabefeld kann die Tastatur geringfügige Unterschiede aufweisen.*

## 2 Maus, Tastatur und Touchscreen

Zudem finden Sie in der rechten unteren Ecke des Bildschirms ein Tastatursymbol, welches Sie zur Anzeige der Bildschirmtastatur antippen. Die auf dem Touchscreen eingeblendete Tastatur ist in drei Ebenen untergliedert:

- **Hauptebene:** Auf der Hauptebene werden Ihnen die wichtigsten Schreibmaschinentasten sowie einige weitere wichtige Tasten (Umschalt-Taste, Backspace usw.) angezeigt.

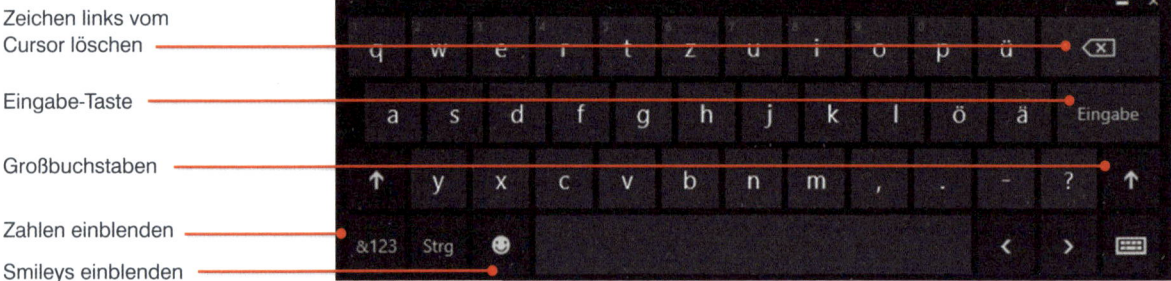

*Bild 2.2 Hauptebene*

Zeichen links vom Cursor löschen
Eingabe-Taste
Großbuchstaben
Zahlen einblenden
Smileys einblenden

- **Zeichenebene:** Wenn Sie links unten auf der Bildschirmtastatur auf die Taste *&123* tippen, so wird Ihnen die Zeichenebene angezeigt. Auf dieser Ebene der Bildschirmtastatur finden Sie Sonderzeichen und Ziffern. Um von der Zeichenebene wieder zur Hauptebene zu wechseln, tippen Sie die Taste *&123* einfach erneut an.

*Bild 2.3 Zeichenebene*

- **Symbolebene:** Diese Ebene rufen Sie durch Antippen des Smileysymbols (Bild 2.2) auf. Hier erhalten Sie verschiedene Smileys und andere Symbole, die Sie in Ihre Texte einbauen können. Smileys sind besonders bei der Kommunikation in sozialen Netzwerken sehr beliebt. Um von der Symbolebene wieder zur Hauptebene zu wechseln, tippen Sie das Smileysymbol erneut an.

**Tipp: Die Bildschirmtastatur teilen**
Falls Sie Ihre Texte auf einem Tablet-PC gerne mit beiden Daumen eintippen möchten: Tippen Sie auf das Tastatursymbol rechts unten in der Bildschirmtastatur. Sie erhalten verschiedene Tastaturoptionen, darunter eine Option zum Teilen

der Tastatur. Mit der geteilten Tastatur wird Ihnen die Texteingabe mit den Daumen viel leichter fallen.

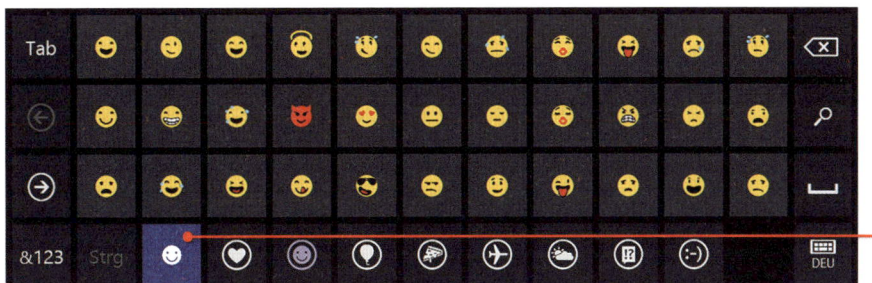

*Bild 2.4 Smileys in sozialen Netzwerken einsetzen*

zurück zur Hauptebene

## 2.4 Grundlagen der Texteingabe und -korrektur

Unabhängig davon, ob Sie einen Brief oder eine E-Mail schreiben oder in einem Eingabefeld beim Speichern einen Namen für die Datei eingeben - die Techniken für die Texteingabe sind immer gleich. Sie sollten deshalb mit den Grundlagen der Texteingabe und der nachträglichen Korrektur vertraut sein. An dieser Stelle daher eine Einführung in die wichtigsten Techniken.

*Falls Sie die Beispiele auf den folgenden Seiten nachvollziehen möchten, können Sie dazu ein beliebiges Textverarbeitungsprogramm, beispielsweise Microsoft Word oder das kostenlose Windows-Zubehörprogramm WordPad verwenden.*

### Cursor

In einem Textprogramm oder auch in einem Eingabefeld, für das eine Tastatureingabe erforderlich ist, sehen Sie am Beginn der Zeile einen senkrechten, blinkenden Strich. Dieser wird als Einfügemarke oder Cursor bezeichnet und markiert die aktuelle Schreibposition. Wenn Sie mit der Tastatureingabe beginnen, so erscheinen die Zeichen an der Cursorposition.

Cursor = aktuelle Eingabeposition

**Wichtig:** Da während der Texteingabe auch der Mauszeiger sein Aussehen verändert, sollten Sie den Mauszeiger nicht mit dem Cursor verwechseln!

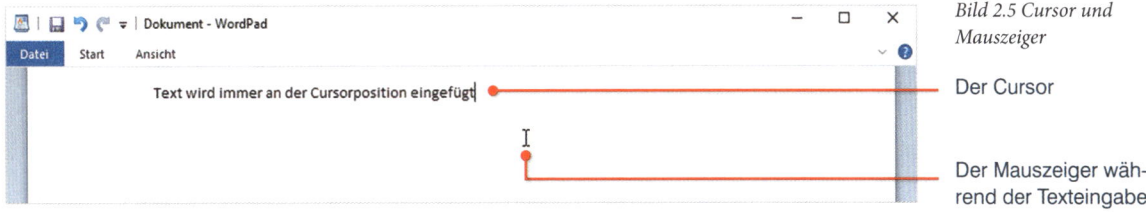

*Bild 2.5 Cursor und Mauszeiger*

Der Cursor

Der Mauszeiger während der Texteingabe

## Nachträgliche Korrekturen

Für nachträgliche Korrekturen den Cursor an die entsprechende Stelle bewegen.

Korrekturen, wie Eingeben oder Löschen von Zeichen, erfolgen immer an der Stelle, an der sich der Cursor gerade befindet. Daher müssen Sie immer zuerst den Cursor an die gewünschte Stelle bewegen, entweder über die Pfeiltasten der Tastatur oder klicken bzw. tippen Sie mit der Maus an die jeweilige Stelle. Wenn Sie nachträglich Zeichen im Text einfügen möchten, dann tippen Sie anschließend einfach die Zeichen oder Wörter über die Tastatur ein, der vorhandene Text wird dadurch nicht überschrieben, sondern rückt nach rechts.

*Standardmäßig wird Text eingefügt, ohne dass vorhandene Zeichen dabei gelöscht werden. Sollte dies doch einmal passieren, dann haben Sie versehentlich auf der Tastatur die Taste Einfg (englisch: Ins) betätigt und dadurch den Überschreibmodus aktiviert. Drücken Sie die Taste nochmals, um wieder in den Einfügemodus zu wechseln.*

Zeichen löschen

Zum Löschen von Zeichen stehen Ihnen auf der Tastatur zwei Tasten mit unterschiedlicher Funktionsweise zur Verfügung:

- ■ Die Korrektur- oder Rückschritt-Taste (englisch: Backspace) löscht Zeichen, die sich links vom Cursor befinden.

- ■ Die Taste Entf (Entfernen, englisch: Del) löscht Zeichen, die sich rechts vom Cursor befinden.

## Text markieren

Längere zusammenhängende Zeichenfolgen oder ganze Textpassagen lassen sich schneller löschen, wenn sie zuvor markiert wurden. Dazu positionieren Sie den Mauszeiger am Beginn des Textes, den Sie markieren wollen. Anschließend drücken Sie die linke Maustaste und halten die Taste gedrückt, während Sie den Zeiger über den Text bewegen. Markierter Text wird nur für die nächsten Befehle hervorgehoben und in fast allen Anwendungen farblich hinterlegt. Sobald Sie mit der Maus an eine andere beliebige Stelle klicken, wird die Markierung wieder aufgehoben.

Markierter Text kann gelöscht oder überschrieben werden.

Den markierten Text können Sie entweder mit der Entf-Taste oder mit der Rückschritt-Taste löschen. Oder Sie überschreiben den Text ohne vorheriges Löschen durch die Eingabe eines neuen Textes.

**Weitere Funktionen zum Markieren per Mausklick**
Zum Markieren von Text mit der Maus gibt es noch einige weitere nützliche Funktionen. Die Funktionen stehen in Microsoft Word, WordPad und vielen weiteren Programmen zur Verfügung, hier ein Überblick:

- ■ Doppelklicken Sie auf ein Wort, um dieses zu markieren.

# Maus, Tastatur und Touchscreen 2

- Zeigen Sie mit der Maus links neben eine Zeile, die Sie markieren möchten. Der Mauszeiger wird als waagrechter Pfeil dargestellt. Klicken Sie dann einmal mit der linken Maustaste, um die Zeile zu markieren.
- Klicken Sie einen Satz bei gedrückter Strg-Taste an, um ihn zu markieren.
- Klicken Sie dreimal schnell hintereinander in einen Absatz, um diesen zu markieren.

**Markieren per Tastatur**
Alternativ können Sie auch per Tastatur in Verbindung mit den Pfeiltasten markieren. Die folgenden Tastenkombinationen gelten in Microsoft Word, WordPad und in vielen weiteren Programmen.

| Tastenkombination | Aktion |
|---|---|
| Umschalt + Pfeiltaste* links | Markiert ein Zeichen links vom Cursor. |
| Umschalt + Pfeiltaste* rechts | Markiert ein Zeichen rechts vom Cursor. |
| Strg + Umschalt + Pfeiltaste links | Markiert ein Wort links vom Cursor. |
| Strg + Umschalt + Pfeiltaste rechts | Markiert ein Wort rechts vom Cursor. |
| Umschalt + Pfeiltaste nach unten | Markiert die aktuelle Zeile und die darunter befindlichen Zeilen. |
| Strg + Umschalt + Pfeiltaste nach unten | Markiert den aktuellen Absatz und die darunter befindlichen Absätze. |
| Umschalt + Bild nach unten | Markiert eine Seite nach unten. |
| Umschalt + Bild nach oben | Markiert eine Seite nach oben. |
| Strg + Umschalt + Pos1 | Markiert vom Cursor bis zum Anfang des Dokuments. |
| Strg + Umschalt + Ende | Markiert vom Cursor bis zum Ende des Dokuments. |
| Strg + A | Markiert das gesamte Dokument. |

\* Drücken Sie mehrfach die Pfeiltaste und verbleiben Sie auf der Umschalt-Taste, um mehrere Zeichen zu markieren.

35

## 2.5 Zusammenfassung

- Mit der Maus bzw. mit Mausgesten, die Sie auf einem Touchpad ausführen, können Sie am Computer verschiedene Aktionen steuern. Windows unterscheidet bei der linken Maustaste zwischen einmaligem und zweimaligem Klicken, dem Doppelklick. In einigen Fällen kann sogar ein Dreifachklick ausgeführt werden. Daneben können Sie bei gedrückter linker Maustaste auch Elemente verschieben; dieser Vorgang wird auch als Ziehen bezeichnet. Die rechte Maustaste zeigt ein Kontextmenü mit verfügbaren Befehlen an. Das Scrollrad zwischen den beiden Tasten verwenden Sie, um den Bildschirm- oder Fensterausschnitt zu verschieben (=scrollen).

- Der wichtigste Bereich einer Computertastatur unterscheidet sich nur wenig von einer Schreibmaschinentastatur. Weitere Tastaturbereiche sind die Pfeiltasten zur Steuerung des Cursors und die Funktionstasten. Tastaturen verfügen in der Regel über einen separaten Ziffernblock zur Zahleneingabe; Dieser Bereich fehlt bei den meisten tragbaren Computern.

- Mit Sondertasten, wie Strg-, Alt- und Windows-Taste, lassen sich über Tastenkombinationen weitere Funktionen aufrufen. Die Alt Gr-Taste benötigen Sie z. B., um das Euro-Zeichen und das @-Zeichen einzugeben.

- Auf einem Tablet-PC mit Touchscreen erfolgt die Befehlseingabe durch Fingergesten bzw. über eine Bildschirmtastatur. In den meisten Fällen können einfach die Eingaben mit Maus oder Tastatur durch Tippen auf den berührungsempfindlichen Bildschirm ersetzt werden. In einigen Fällen weichen die Bedienfunktionen allerdings ab: Der Rechtsklick erfolgt z. B. durch Gedrückthalten eines Elements.

# 3 Der erste Einstieg

**In dieser Lektion erfahren Sie, ...**
- was beim ersten Start von Windows zu beachten ist
- wie Sie Windows starten und korrekt wieder beenden
- wie Sie mit wichtigen Elementen der Bedienoberfläche von Windows umgehen
- wie Sie Programme oder Apps starten und wieder beenden
- wie Sie die Suchfunktion und die Sprachassistentin Cortana nutzen

**Diese Kenntnisse sollten Sie bereits mitbringen...**
- Sie kennen die Funktionsweise von Maus und Tastatur bzw. die Bedienung über einen Touchscreen

# 3 Der erste Einstieg

Um Windows 10 zu starten, muss lediglich der am Computer befindliche Ein-/Aus-Schalter betätigt werden. Windows wird daraufhin in den Arbeitsspeicher geladen und kurze Zeit später erscheint auf dem Bildschirm der Sperrbildschirm bzw. eine Aufforderung zur Anmeldung. Abweichend davon sind beim ersten Start von Windows einige persönliche Angaben erforderlich. Wurden diese Einstellungen bereits vorgenommen, so können Sie den nächsten Punkt übergehen und mit Kapitel 3.2 fortfahren.

## 3.1 Windows beim ersten Start einrichten

Wie bereits erwähnt, ist beim Kauf eines neuen Computers Windows 10 in der Regel bereits vorinstalliert. Nach dem ersten Einschalten des Computers, wie auch nach einer Neuinstallation, müssen Sie noch einige wichtige Einstellungen vornehmen. Dies betrifft vor allem die Verbindung zum Internet und Ihre persönlichen Einstellungen.

**Schnelleinstieg mit den Express-Einstellungen**

Zunächst sind verschiedene Einstellungen, z. B. zu Sprache, Sicherheit und Internetverbindung, vorzunehmen. Am schnellsten erledigen Sie dies, indem Sie auf *Express-Einstellungen verwenden* klicken. Alle hier vorgenommenen Einstellungen lassen sich jederzeit auch nachträglich von Ihnen ändern.

*Bild 3.1 Express-Einstellungen*

An dieser Stelle gleich ein Tipp: Alle diese Einstellungen können auch nachträglich wieder geändert werden, Näheres dazu in Kap. 8 und 9 dieses Buches.

Falls Sie dennoch die Einstellungen manuell vornehmen möchten, so klicken Sie auf *Einstellungen anpassen*.

Zum Herstellen der Internetverbindung brauchen Sie nur in der Liste der verfügbaren WLANs auf Ihr WLAN klicken oder tippen. Tippen Sie dann über die Tastatur Ihren Netzwerksicherheitsschlüssel (Kennwort Ihres Netzwerks) ein. Dies setzt natürlich voraus, dass Ihr Router bereits eingerichtet ist. Sollte zu diesem Zeitpunkt kein Internetanschluss verfügbar sein, können Sie trotzdem fortfahren.

Im nächsten Schritt geben Sie an, wem der PC gehört. Falls es sich um einen Firmen-PC handelt, erhalten Sie mit der Auswahl *Meiner Firma* und Angabe der Anmelde-ID Zugriff auf das Firmennetzwerk. In der Regel verwenden Sie die Standardeinstellung *Mir* (Ihr persönlicher PC) und klicken auf *Weiter*.

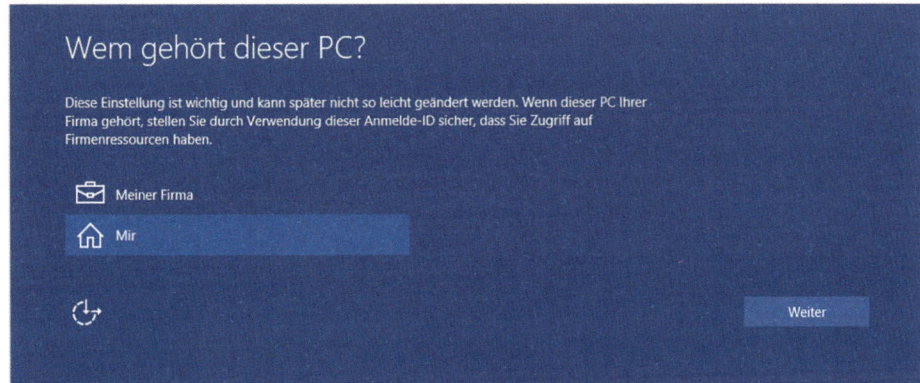

*Bild 3.2 Wem gehört dieser PC?*

## Microsoft-Konto

Im nächsten Schritt benötigen Sie ein Microsoft-Konto zur Anmeldung am Computer. Wenn Sie bereits über ein Microsoft-Konto verfügen, so geben Sie hier die E-Mail Adresse Ihres Kontos und das dazugehörige Kennwort an (Bild 3.3).

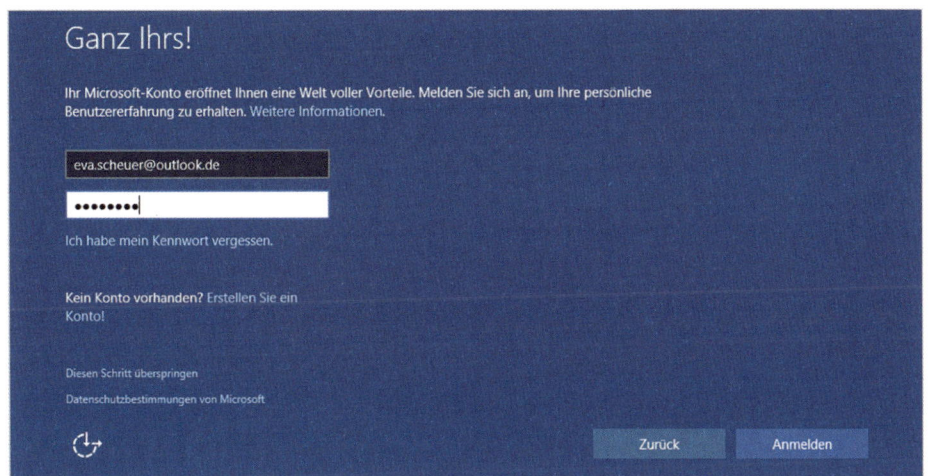

*Bild 3.3 Anmelden mit Microsoft-Konto*

**Microsoft-Konto anlegen**

Falls Sie noch über kein Microsoft-Konto verfügen, klicken Sie auf die Option *Erstellen Sie ein Konto*. Folgen Sie dann einfach jeweils den Hinweisen, die Sie auf dem Bildschirm erhalten und bestätigen Sie mit *Weiter*, um den Anmeldevorgang fortzusetzen. Für die Erstellung eines Microsoft-Kontos sind verschiedene Angaben erforderlich, unter anderem Vor- und Nachname sowie das Geburtsdatum. Sehr wichtig: Wählen Sie ein sicheres Kennwort, das möglichst aus einer willkürlichen Kombination von Groß- und Kleinbuchstaben, Ziffern sowie Sonderzeichen bestehen sollte. Dieses Kennwort ermöglicht den Zugriff auf Ihre Nutzerdaten, behandeln Sie es also wie die zu Ihrer Bankkarte gehörende Geheimzahl!

Ein Microsoft-Konto benötigen Sie außerdem für zahlreiche weitere Funktionen. Beispielsweise wenn Sie Spiele und andere Apps aus dem Windows-Store auf Ihrem Computer installieren möchten, zur Nutzung des kostenlosen Cloud-Speichers *OneDrive* oder zum Versenden von E-Mails mit der Mail-App von Windows 10 sowie zum Synchronisieren Ihrer Daten auf verschiedenen Geräten.

*Sollte während der ersten Einrichtung keine Internet-Verbindung verfügbar sein, wird an dieser Stelle ein lokales Benutzerkonto erstellt. Allerdings sind dann einige Funktionen, z. B. Ihr Kalender und der Zugriff auf den Cloudspeicher OneDrive, nicht verfügbar. Ein lokales Benutzerkonto kann jedoch nachträglich in ein Microsoft-Konto umgewandelt werden.*

**PIN zuweisen und Standardspeicher festlegen**

Die häufige Eingabe eines sicheren Kennworts, das aus Groß- und Kleinbuchstaben, Ziffern und Sonderzeichen besteht, kann zeitraubend sein, zudem sind sichere Kennwörter meist schwer zu merken. Aus diesem Grund bietet Windows im nächsten Schritt für künftige Anmeldungen am PC die Eingabe einer PIN anstelle eines Kennwortes an. Als PIN können Sie eine beliebige vierstellige Zahl wählen.

Eine PIN kann auch nachträglich erstellt oder geändert werden, siehe Kap. 8.6.

Achtung: Die PIN gilt ausschließlich für die Anmeldung am PC, das Kennwort Ihres Microsoft-Kontos wird dadurch nicht geändert! Zur Bestätigung wichtiger Änderungen ist nach wie vor Ihr Kennwort erforderlich.

Um eine PIN zu erstellen, klicken Sie auf *PIN zuweisen*. Geben Sie dann die gewünschte vierstellige Zahl ein, aus Sicherheitsgründen müssen Sie diese ein zweites Mal eingeben.

Möchten Sie keine PIN erstellen, so klicken Sie einfach auf *Diesen Schritt überspringen*.

3 Der erste Einstieg

Bild 3.4 Eine PIN zuweisen

Im nächsten Schritt erhalten Sie Informationen über den Cloudspeicher *OneDrive*. Unter Windows 10 ist dies der Standardspeicherort beim Speichern neuer Dateien. Soll stattdessen die Festplatte Ihres PCs als Standardspeicher verwendet werden, so klicken Sie auf *Neue Dateien standardmäßig nur auf diesem PC speichern* und dann auf *Weiter*.

Als Nächstes sehen Sie auf dem Bildschirm Informationen über die Sprachassistentin Cortana und von ihr genutzte Daten. Abschließend erscheint die Meldung, dass Ihr PC nun eingerichtet wird. Dies kann einige Zeit dauern, bringen Sie also etwas Geduld mit.

Bild 3.5 Standardspeicherort festlegen

Bild 3.6 Informationen zu Cortana

Falls Sie bereits mit Windows 8.1 und einem Microsoft-Konto gearbeitet haben und sich mit diesem Konto unter Windows 10 anmelden, werden bei der ersten Anmeldung automatisch Ihre bisherigen Einstellungen geladen und Sie finden beispielsweise auf dem Desktop Ihr zuletzt verwendetes Hintergrundbild vor. Zudem haben Sie über OneDrive Zugriff auf Ihre Daten. Dies gilt auch, wenn Sie Windows 10 komplett neu installiert haben oder sich an einem anderen PC anmelden.

## 3.2 Sperrbildschirm und Anmeldung

Wie Sie das Aussehen des Sperrbildschirms ändern können, erfahren Sie in Kap. 8.5.

Nach dem Einschalten des PCs bzw. dem Starten von Windows erscheint zunächst der Sperrbildschirm. Dieser zeigt neben aktueller Uhrzeit und Datum Informationen zur Internetverbindung und bei Laptops zum Ladezustand des Geräts an (Bild 3.7). Das Aussehen des Sperrbildschirms kann individuell geändert werden und sich daher auf Ihrem PC von der Abbildung unterscheiden. Um zur Anmeldung zu gelangen, klicken oder tippen Sie einmal auf eine beliebige Stelle des Bildschirms oder drücken eine beliebige Taste der Tastatur.

*Bild 3.7 Der Sperrbildschirm*

Auf der nachfolgenden Anmeldeseite geben Sie, falls vereinbart, Ihre PIN ein, ansonsten das zu Ihrem Benutzerkonto gehörende Kennwort. Schließen Sie dann mit der Eingabe-Taste ab oder klicken bzw. tippen Sie auf den Pfeil (Bild 3.8). Falls auf Ihrem PC mehrere Benutzerkonten existieren, wählen Sie zunächst per Mausklick Ihr Konto aus.

Achten Sie bei Kennwörtern auf Groß- und Kleinschreibung, bei Bedarf können Sie mit Klick auf das Symbol  das Kennwort in Klarschrift anzeigen.

In der rechten unteren Ecke des Anmeldebildschirms finden Sie das Symbol *Ein/Aus* ⏻, über das Sie bei Bedarf auch ohne vorherige Anmeldung den Computer in den Energiesparmodus versetzen oder herunterfahren können.

*Bild 3.8 Anmeldung*

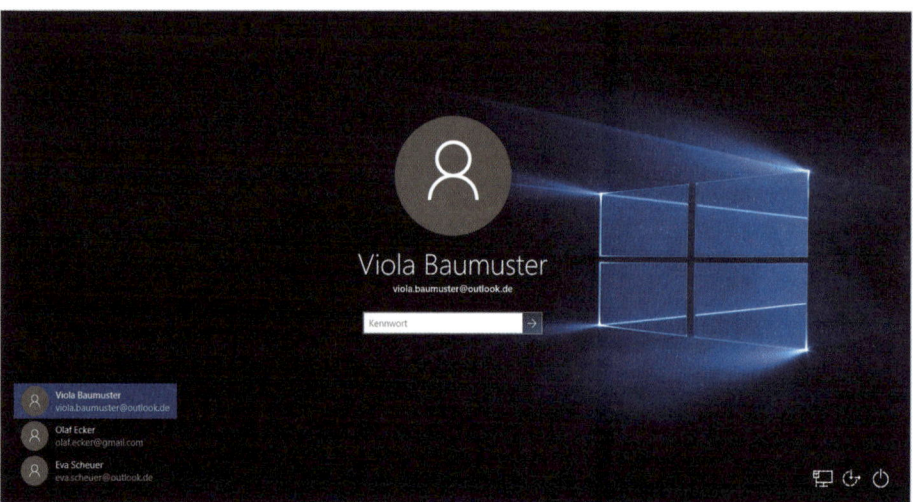

## 3.3 Der Desktop

Nach erfolgreicher Anmeldung erscheint auf dem Bildschirm der Desktop (dt. Schreibtischoberfläche). Er ist die Bedienoberfläche von Windows, auf ihm werden die verschiedenen Apps und Programme geöffnet und hier verwalten Sie Ihre Daten und sonstigen Einstellungen. Hier finden Sie alle wesentlichen Elemente zur Bedienung von Windows 10 (Bild 3.9):

- Den größten Teil des Bildschirms nimmt der Desktophintergrund ein. Farben und Hintergrundbild Ihres Desktops sind frei wählbar und unterscheiden sich daher wahrscheinlich von der Abbildung. Auch Aussehen, Anzahl und Position der Symbole vor dem Hintergrundbild sind benutzerabhängig und dürften auf Ihrem Gerät von der Abbildung abweichen. Die Symbole dienen zum schnelleren Starten von Apps, standardmäßig finden Sie hier zunächst nur ein einziges Symbol vor, den Papierkorb.

- Am unteren Rand des Bildschirms befindet sich die Taskleiste. Sie erfüllt gleich mehrere Funktionen, dazu gehören das Starten von Apps, ein Überblick über geöffnete Apps und die Anzeige von Statusinformationen. Unter Umständen kann die Taskleiste auch am oberen oder seitlichen Bildschirmrand angeordnet sein.

- In der Taskleiste finden Sie ganz links auch das Startsymbol ■, über das Sie per Klick das Startmenü zum Starten von Apps öffnen.

*Bild 3.9 Der Desktop*

Papierkorb

Hintergrundbild des Desktops

Startmenü anzeigen

Taskleiste

*Standardmäßig öffnet sich nach der Anmeldung auf dem Desktop das Startmenü und Sie können sofort Apps starten (Bild 3.10 auf der nächsten Seite).*

## 3 Der erste Einstieg

### 3.4 Das Startmenü

Das Startmenü ist in Windows 10 die wichtigste Anlaufstelle, um Apps und Anwendungen zu starten. Zum Öffnen des Startmenüs klicken oder tippen Sie ganz links in der Taskleiste auf das Symbol mit dem Windows-Logo. Alternativ drücken Sie zum Öffnen des Startmenüs auf der Tastatur die Taste mit dem Windows-Logo.

Falls Sie das Startmenü versehentlich geöffnet haben, klicken oder tippen Sie entweder an eine beliebige Stelle außerhalb des Startmenüs oder drücken die Esc-Taste der Tastatur. Auch die Windows-Taste schließt das geöffnete Startmenü wieder.

*Bild 3.10 Das geöffnete Startmenü*

Benutzername

Meistverwendete Apps

Kacheln (angeheftete Apps)

Alle Apps

### Die Bereiche des Startmenüs

Da das Startmenü beliebig angepasst werden kann, unterscheidet es sich auf Ihrem Gerät vermutlich von den Abbildungen.

Im Startmenü finden Sie alle Apps und Anwendungen, die auf Ihrem PC installiert sind. Neu hinzugekommene Apps werden dem Startmenü automatisch hinzugefügt und farbig hervorgehoben. Das Startmenü enthält die folgenden Bereiche:

- Ganz oben sehen Sie Ihren Benutzernamen, mit dem Sie am Computer angemeldet sind, zusammen mit einem Profilbild, falls vorhanden.

- Unter *Meistverwendet* listet Windows häufig verwendete Programme und Apps auf, diese sind mit kleinen Kachelsymbolen versehen.

- Unterhalb davon befinden sich die Standardeinträge *Explorer*, *Einstellungen* und der Schalter *Ein/Aus*.

- Ein Klick auf *Alle Apps* zeigt alle installierten Apps anstelle der meistverwendeten an, alphabetisch nach Namen sortiert. Zeigen Sie in diesen Bereich und drehen Sie das Mausrad, um durch die gesamte Liste zu scrollen. Ein Klick auf die Schaltfläche *Zurück* zeigt wieder das ursprüngliche Startmenü an.

- Der größte, benutzerdefinierte Teil des Startmenüs wird von Kacheln unterschiedlicher Größe eingenommen, diese stehen ebenfalls für Apps. Einige davon zeigen anstelle eines Symbols auch eine Live-Vorschau an, z. B. die App *Nachrichten*. Diesen Bereich können Sie nach Belieben vergrößern und verkleinern sowie weitere Apps hinzufügen und nicht benötigte entfernen. Näheres dazu in Kap. 8.3.

- Im Startmenü finden Sie auch die Schaltfläche *Ein/Aus*, mit der Sie entweder den Computer in den Energiesparmodus versetzen oder Windows beenden und das Gerät ausschalten.

## Das Startmenü im Tabletmodus

Arbeiten Sie mit einem Tablet-PC bzw. befindet sich Windows im Tabletmodus, so ändern sich Aussehen und Verhalten des Startmenüs etwas:

- Das Startmenü füllt automatisch des gesamten Bildschirm aus (Vollbild) und bleibt dauerhaft geöffnet, ersetzt also den Desktophintergrund.

- Standardmäßig werden nur die Kacheln sowie die Symbole *Ein/Aus* und *Alle Apps* (Bild 3.11) angezeigt.

*Alle Apps anzeigen: Wischen Sie nach oben oder tippen Sie auf das Symbol*

- Der Rest des Startmenüs, *Meistverwendet*, *Explorer*, *Einstellungen* und Ihr Benutzername erscheint mit den dazugehörigen Beschriftungen erst, wenn Sie auf das Menü-Symbol in der oberen linken Ecke tippen.

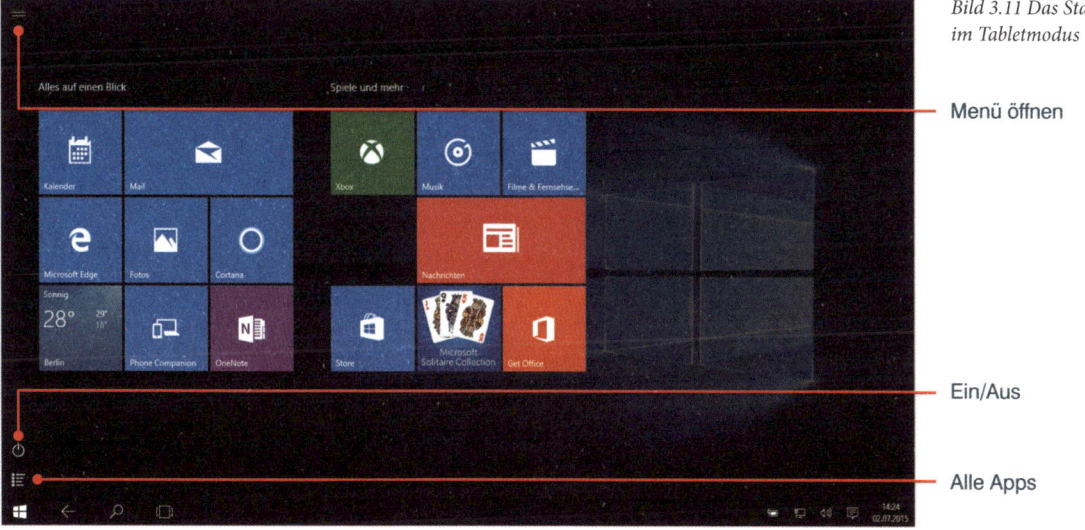

*Bild 3.11 Das Startmenü im Tabletmodus*

## 3.5 Taskleiste und Info-Center

**Die Bereiche der Taskleiste im Überblick**

Task = dt. Anwendung

Am unteren Rand des Bildschirms (Bild 3.9 und Bild 3.12) befindet sich eine Leiste, die als Taskleiste bezeichnet wird. Die Taskleiste erfüllt gleich mehrere Aufgaben:

- Ganz links befindet sich die Schaltfläche *Start*, erkennbar auch am Windows-Logo. Durch Anklicken oder Antippen der Schaltfläche öffnen Sie das Startmenü, um Programme und Apps zu starten.

- Über das Suchfeld durchsuchen Sie das Web oder Ihren Computer nach einem Suchbegriff. Ist die Sprachassistentin Cortana aktiviert, können Sie Ihre Suchanfrage auch mündlich formulieren, Näheres dazu weiter unten.

- Ein weiterer Bereich enthält Symbole, über die Sie per Mausklick schnell häufig benötigte Programme starten können. Standardmäßig finden Sie hier die Symbole *Taskansicht*, *Microsoft Edge*, *Datei-Explorer* und *Windows-Store*. Weitere Symbole können jederzeit hinzugefügt werden.

- Auch aktuell geöffnete Programme und Apps werden in der Taskleiste angezeigt. Diese sind, im Gegensatz zu den fest angehefteten, unterstrichen hervorgehoben.

- Ganz rechts in der Taskleiste befindet sich der Infobereich mit Datum und Uhrzeit. Ein Klick auf das Datum öffnet ein Kalenderblatt mit dem aktuellen Monat (Bild 3.12).

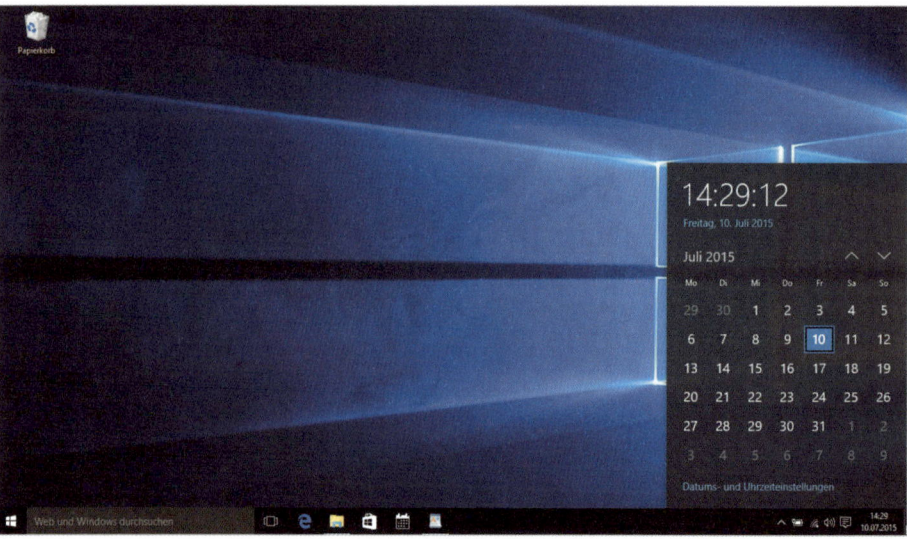

*Bild 3.12 Taskleiste mit Infobereich und Kalender*

Neben Datum und Uhrzeit weist der Infobereich noch weitere Symbole auf. Einige stehen für Programme, die im Hintergrund aktiv sind, beispielsweise ein Antivirenprogramm. Andere Symbole erlauben per Mausklick die Regelung der Lautstärke oder zeigen den Ladezustand des Akkus an. Hier sehen Sie außerdem, ob Ihr Gerät mit einem Netzwerk verbunden ist.

Sollten in diesem Bereich nicht alle Symbole Platz finden, öffnet ein Mausklick auf den kleinen, nach oben weisenden Pfeil ein Feld mit den restlichen Symbolen.

**Das Info-Center**

Im Info-Center von Windows 10 erhalten Sie Benachrichtigungen, z. B. über kürzlich erfolgte Updates oder das Anschließen eines externen Datenträgers und haben die Möglichkeit, schnell häufig benötigte Einstellungen zu kontrollieren und zu ändern (Bild 3.13). Sie öffnen das Info Center, indem Sie entweder im Infobereich der Taskleiste auf das Symbol *Info-Center* klicken oder bei Touchbedienung vom rechten Bildschirmrand nach innen wischen.

Touchbedienung: Wischen Sie vom rechten Bildschirmrand nach innen.

Das Info-Center erscheint am rechten Bildschirmrand in Form einer Leiste und zeigt aktuelle Meldungen und Benachrichtigungen an (Bild 3.13).

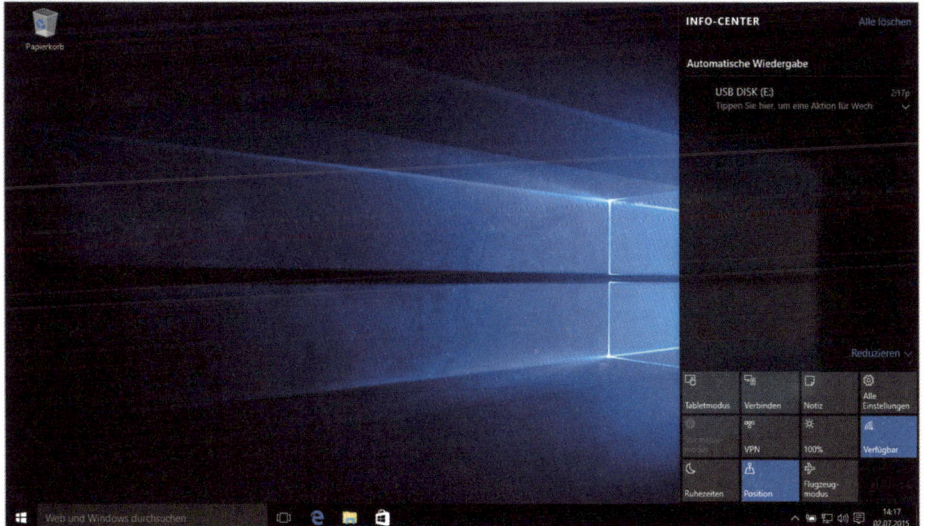

*Bild 3.13 Das Info-Center von Windows 10*

**Benachrichtigungen**
Die Benachrichtigungen erscheinen zunächst in verkürzter Form, den gesamten Text können Sie lesen, wenn Sie auf den nach unten weisenden Pfeil der Meldung klicken. Ein Klick direkt auf die Meldung öffnet das dazugehörige Fenster,

# 3 Der erste Einstieg

z. B. in den Einstellungen (siehe Kapitel 9). Um eine Benachrichtigung zu löschen, klicken Sie auf das x-Symbol.

*Sind neue Benachrichtigungen vorhanden, erkennen Sie dies bereits am Symbol, es ändert seine Farbe 🗩 und wenn Sie auf das Symbol zeigen, erscheint eine entsprechende Information.*

*Bild 3.14 Benachrichtigungen im Info-Center*

### Schnelle Einstellungen im Info-Center

Im unteren Bereich finden Sie Schaltflächen mit Symbolen, über die Sie schnell häufig benötigte Einstellungen vornehmen können, z. B. *Flugzeugmodus*, *WLAN*, *Bildschirmhelligkeit* und *Tabletmodus* (Bild 3.15). Sollten hier nur vier Schaltflächen angezeigt werden, so klicken Sie auf *Erweitern*, mit *Reduzieren* dagegen blenden Sie die übrigen wieder aus.

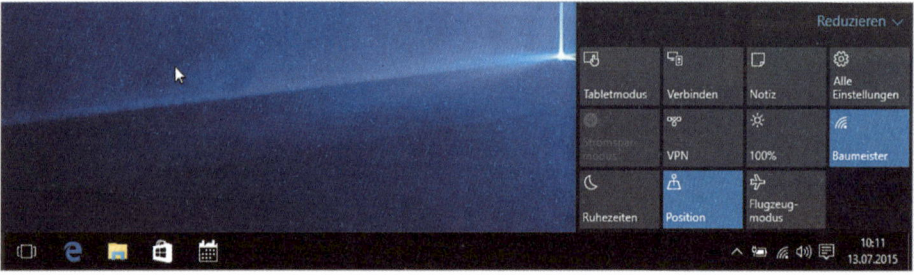

*Bild 3.15 Schnelle Aktionen im Info-Center*

- Einige Schaltflächen besitzen Ein-/Ausschaltfunktion, wie beispielsweise *Position*, *WLAN* und *Flugzeugmodus*. Ein Klick auf die Schaltfläche deaktiviert bzw. aktiviert die WLAN-Verbindung oder wechselt in den Flugzeugmodus. Eingeschaltete Funktionen sind farbig hervorgehoben und so leicht zu erkennen.

- Die Bildschirmhelligkeit regeln Sie dagegen in mehreren Stufen: Der erste Klick auf die Schaltfläche setzt die Helligkeit auf 25% herab, weitere Klicks erhöhen sie wieder schrittweise um jeweils 25%.

## 3.6 Zwischen Tablet- und Desktopmodus wechseln

Windows 10 verfügt über eine einheitliche Bedienoberfläche, egal ob Sie Ihren PC mit Maus bzw. Touchpad oder mit dem Finger bedienen, z. B. auf einem Tablet-PC. Für Fingerbedienung können Sie in den Tabletmodus mit vergrößerten Abständen zwischen den Symbolen oder Menüeinträgen wechseln.

Dazu klicken Sie im Infobereich der Taskleiste auf das Symbol *Info-Center* 🗐. Klicken Sie dann im unteren Bereich auf die Schaltfläche *Tabletmodus*, ein weiterer Klick auf diese Schaltfläche deaktiviert den Tabletmodus wieder.

Im Tabletmodus weicht die Anzeige etwas ab, so werden beispielsweise in der Taskleiste Symbole und Abstände vergrößert und das Startmenü nimmt den gesamten Bildschirm ein (Bild 3.16). Auch werden alle Apps im Vollbildmodus geöffnet. Hier eine Übersicht über die wichtigsten Gesten:

- Taskleiste anzeigen: Wischen Sie vom unteren Bildschirmrand.
- Info-Center öffnen: Wischen Sie vom rechten Bildschirmrand.
- Alle geöffneten Apps anzeigen: Wischen Sie vom linken Bildschirmrand

Siehe Kapitel 4.2

- App beenden: Wischen Sie vom oberen Bildschirmrand ganz nach unten.

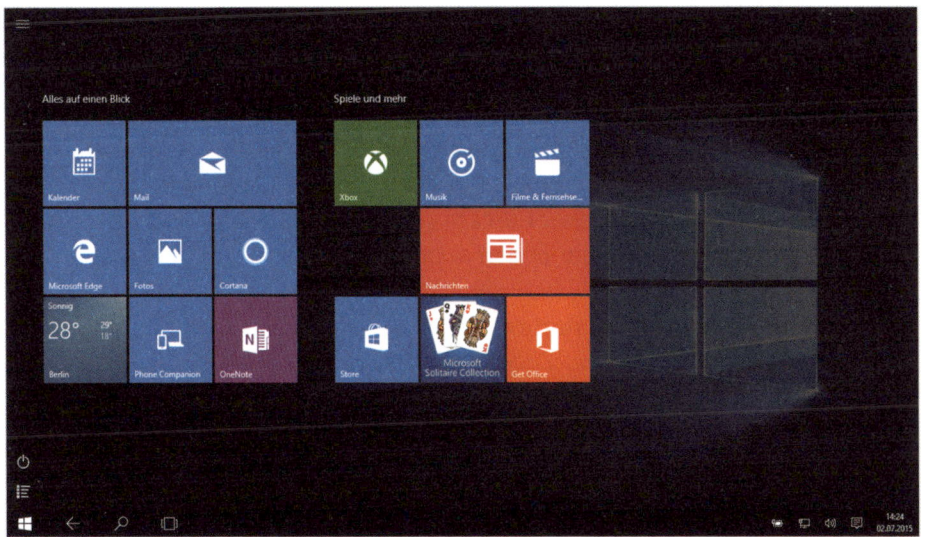

*Bild 3.16 Der Tabletmodus*

## 3.7 Apps starten und beenden

App ist eine Abkürzung von Application, dt. Anwendung.

> **App oder Anwendung?**
> Apps im engeren Sinne sind kleine Programme, die für die Fingersteuerung optimiert sind. Sie sind sehr einfach zu bedienen, da sie nur für bestimmte Aufgaben konzipiert sind und über einen beschränkten Befehlsumfang verfügen. Im Gegensatz dazu werden klassische Büroanwendungen wie etwa Microsoft Word oder Excel häufig auch als Anwendungen bezeichnet.
>
> Windows 10 verwendet den Begriff App einheitlich für alle Programme, egal ob es sich um typische Apps, wie beispielsweise den Kalender, oder um komplexe Anwendungen handelt. Dieses Buch schließt sich dem an und verwendet, unabhängig von Funktion und Umfang, den Begriff App. Auf Ausnahmen wird gesondert hingewiesen.

**App starten**

Zum Starten einer App öffnen Sie das Startmenü, entweder mit Klick auf das Symbol *Start* oder mit der Windows-Taste der Tastatur. Dann klicken oder tippen Sie auf das Symbol der App bzw. des Programms. Da allerdings das Startmenü nicht alle vorhandenen Apps auf Anhieb anzeigt, gehen Sie am besten so vor:

- Befindet sich die gesuchte App in der Liste *Meistverwendet* oder als Kachel im rechten Bereich, so klicken Sie einfach auf die Kachel oder das Symbol.

- Wird die App hier nicht angezeigt, so klicken Sie auf *Alle Apps*. Zeigen Sie dann mit der Maus in die Liste und drehen Sie das Mausrad, um durch die gesamte Liste zu blättern bzw. wischen Sie entsprechend. Klicken Sie dann auf das Symbol der gewünschten App.

- **Tipp:** Wenn die gesuchte App nicht in der Liste *Alle Apps* erscheint, dann befindet sie sich möglicherweise in einer Gruppe. Programmgruppen haben ein einheitliches Symbol und sind mit einem kleinen, nach unten weisenden Pfeilsymbol versehen. Ein Klick auf das Gruppensymbol startet keine App, sondern blendet unterhalb und etwas eingerückt die dazugehörigen Apps ein und bei Bedarf auch wieder aus.

**Beispiel: Die App WordPad starten:** WordPad ist ein kleines Schreibprogramm, es gehört zur Gruppe *Windows-Zubehör* und ist daher standardmäßig auf jedem Windows-PC installiert. Sollte WordPad im Startmenü nicht bei den meistverwendeten Apps angezeigt werden, dann gehen Sie wie folgt vor:

1. Öffnen Sie das Startmenü.
2. Klicken Sie auf *Alle Apps* und scrollen Sie bis zum Buchstaben *W*. Hier finden Sie neben einzelnen Apps auch die Gruppe *Windows-Zubehör*.
3. Klicken Sie auf die Gruppe, um die dazugehörigen Apps einzublenden.

**4** Scrollen Sie nun in der Liste wiederum nach unten bis zum Buchstaben W und klicken Sie dann auf das Symbol *WordPad*.

*Bild 3.17 Die App WordPad aus der Gruppe Windows-Zubehör starten*

Das Startmenü verschwindet automatisch, WordPad wird gestartet und vor dem Hintergrund des Desktops angezeigt. Je nach App kann noch ein Teil des Hintergrunds sichtbar sein oder aber völlig von der App verdeckt werden.

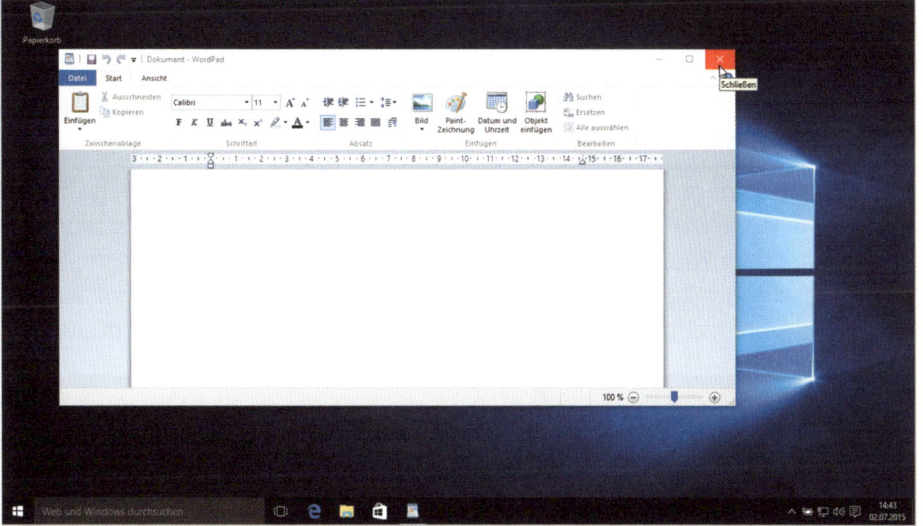

*Bild 3.18 Die App Word-Pad vor dem Hintergrund des Desktops*

### App bzw. Anwendung beenden

Fenster = engl. Windows, daher der Name des Betriebssystems

Jede App und Anwendung wird in einem Rahmen oder Fenster geöffnet (Bild 3.18). Rechts oben in der Titelleiste des Fensters befindet sich ein x-Symbol, dieses Symbol steht für Schließen des Fensters und damit das Beenden der App. Verwenden Sie eine Maus, so ändert die dazugehörige Schaltfläche ihre Farbe und wird rot, wenn Sie mit der Maus darauf zeigen.

Klicken oder tippen Sie zum Beenden der App auf die Schaltfläche (Bild 3.19). Alternativ können Sie zum Beenden auch die Tastenkombination Alt+F4 verwenden. Eventuell erscheint vor dem eigentlichen Beenden noch eine Rückfrage, ob Sie nicht gespeicherte Daten speichern möchten.

*Bild 3.19 App beenden/schließen*

 Achtung: Füllt eine App den gesamten Bildschirm aus oder arbeiten Sie im Tabletmodus, dann ist die Leiste eventuell nicht sichtbar. In diesem Fall erscheint sie erst, wenn Sie mit der Maus an den oberen Rand des Bildschirms zeigen oder bei Touchbedienung vom oberen Bildschirmrand nach unten wischen.

*Info: Nicht mehr benötigte Anwendungen sollten beendet werden, um Arbeitsspeicher freizugeben. Jede geöffnete Anwendung, auch im Hintergrund, belegt einen Teil dieses Speichers und kann die Gesamtleistung des Geräts verlangsamen. Zudem erhalten Sie wieder mehr Übersicht in der Taskleiste. Auch vor dem Herunterfahren des PCs müssen noch geöffnete Anwendungen beendet werden. Dadurch wird unter anderem auch sichergestellt, dass vorgenommene Änderungen an Dateien gespeichert wurden.*

## 3.8  Die Windows Suche nutzen

Windows 10 verfügt über eine äußerst komfortable und leistungsfähige Suchfunktion, mit der Sie nicht nur nach Apps, Anwendungen und Einstellungen, sondern auch im Web suchen können. Hierzu verwenden Sie das Suchfeld der Taskleiste; klicken Sie in das Feld und tippen Sie dann einen Suchbegriff ein. Als Alternative steht hier die Sprachassistentin Cortana (siehe 3.9) zur Verfügung.

*Bild 3.20 Das Suchfeld der Taskleiste*
Klicken Sie hier und geben Sie Ihren Suchbegriff ein

## Der erste Einstieg 3

*Die Anzeige des Suchfeldes ist abhängig davon, ob Sie im Tablet- oder Desktopmodus arbeiten sowie von individuellen Einstellungen der Taskleiste. Möglicherweise erscheint daher auf Ihrem PC in der Taskleiste nur eine Lupe. In diesem Fall öffnet sich das Suchfeld zusammen mit dem Suchbereich, wenn Sie auf die Lupe klicken. Näheres zu den Einstellungen der Taskleiste erfahren Sie in Kap. 8.4, Die Taskleiste optimieren.*

*Sollte hier die Aufforderung „Frag mich etwas" stehen, so ist die Sprachassistentin von Windows 10, Cortana, aktiviert, Näheres hierzu in Kapitel 3.9.*

**Apps und Anwendungen anhand eines Suchbegriffs suchen**

Zum Starten einer App ist die Suche häufig die komfortablere und schnellere Alternative zum Startmenü. Klicken Sie einfach in das Suchfeld der Taskleiste und tippen Sie dann einige Zeichen der gesuchten App, beispielsweise „wor" ein, wenn Sie Microsoft Word starten möchten (Bild 3.22). Alternativ aktivieren Sie das Suchfeld mit der Tastenkombination Windows+S. Im Tabletmodus öffnen Sie das Suchfeld, indem Sie in der Taskleiste auf das Symbol *Suchen* (Lupe) tippen.

Ist das Startmenü geöffnet, befindet sich der Cursor automatisch im Suchfeld und Sie können Ihren Suchbegriff auch ohne vorheriges Anklicken eintippen.

Sobald Sie in das Suchfeld klicken, erweitert sich der Suchbereich und bereits während der Eingabe eines Suchbegriffs erscheinen die ersten Ergebnisse. Ist Cortana nicht aktiviert, wird Ihnen hier die Einrichtung angeboten (Bild 3.21).

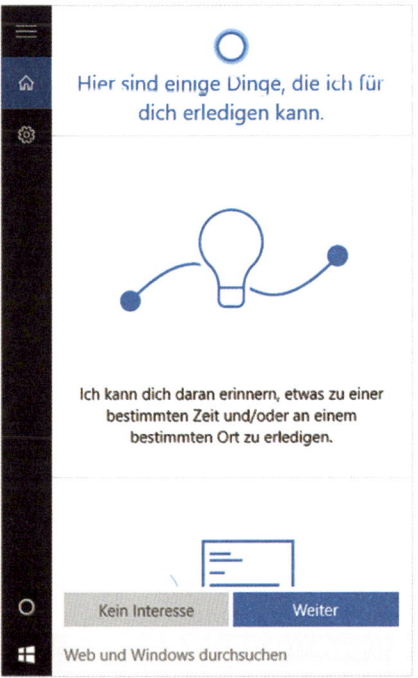

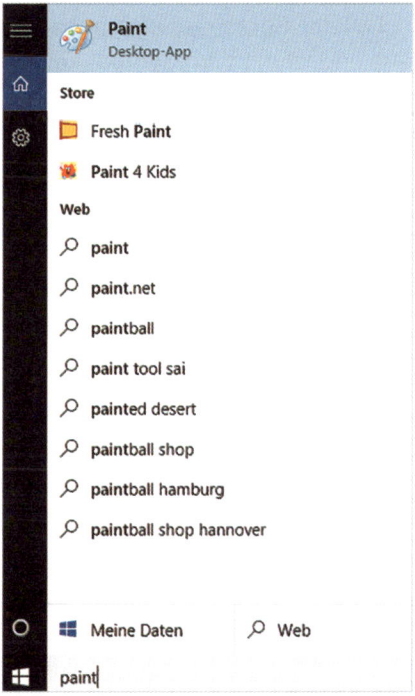

*Bild 3.21 Cortana einrichten*

*Bild 3.22 Nach Apps suchen*

53

- Die Liste der Suchergebnisse umfasst nicht nur auf dem PC installierte Apps und Anwendungen, sondern auch im Windows-Store verfügbare (Bild 3.22). Installierte Apps starten Sie einfach durch Anklicken oder Antippen.

- Unter *Web* werden außerdem weitere Vorschläge zur Suche im Internet aufgeführt; ein Klick auf einen Begriff startet Ihren Standardbrowser, z. B. Microsoft Edge, und listet entsprechende Webseiten auf.

- Ein weiterer, eventuell enthaltener Abschnitt *Einstellungen* zeigt dem Suchbegriff entsprechende Windows-Einstellungen für Hard- und Software an, Näheres dazu in Kap. 9.1.

*Hier erscheint auch die Sprachassistentin von Windows, Cortana. Falls diese noch nicht eingerichtet wurde, erhalten Sie hier einen entsprechenden Hinweis und mit Klick auf die Schaltfläche Weiter (Bild 3.21) beginnen Sie mit der Aktivierung. Näheres dazu im nächsten Punkt.*

## 3.9 Die Sprachassistentin Cortana

Neu in Windows 10 ist die Sprachassistentin Cortana, mit der Sie die Suche anstelle einer Tastatureingabe auch mündlich formulieren können. Bei eingeschalteter Sprachassistentin sieht das Suchfeld in der Taskleiste etwas anders aus und ist mit dem Symbol für Cortana ⭕ versehen.

*Bild 3.23 Suche mit Spracheingabe*

### Cortana einrichten

Im Tabletmodus erscheint in der Taskleiste das Symbol für Cortana anstelle der Lupe.

Vor der ersten Nutzung müssen Sie verschiedene Einstellungen zu Cortana vornehmen. Ist dies bereits geschehen und Cortana aktiviert, erkennen Sie dies am Hinweistext im Suchfeld, dann steht hier die Aufforderung *„Frag mich etwas"* oder Ähnliches.

1  Öffnen Sie zunächst den Suchbereich: Klicken Sie dazu entweder in das Suchfeld oder verwenden Sie die Tasten Windows+S.

2  Starten Sie Cortana zum ersten Mal, so klicken Sie auf die Schaltfläche *Weiter* (siehe oben bzw. Bild 3.21). Um eventuell Cortana erneut zu aktivieren, klicken Sie auf das Symbol *Einstellungen* ⚙ und ändern den Schalter *Cortana kann Vorschläge, Ideen, Erinnerungen, Warnungen und vieles mehr anbieten* durch Anklicken auf *Ein* (Bild 3.24). Auf dieselbe Weise können Sie Cortana bei Bedarf auch wieder deaktivieren.

Der erste Einstieg **3**

**3** Anschließend werden Sie darüber informiert, dass Cortana zur optimalen Arbeitsweise Informationen wie Position, Suchverlauf und Spracheingaben erfasst und nutzt (Bild 3.25). Die Datenschutzbestimmungen können Sie über einen Link einsehen. Klicken Sie auf *Ich stimme zu*.

Nähere Informationen zu Positionsbestimmung und Datenschutz erhalten Sie in Kapitel 9.9.

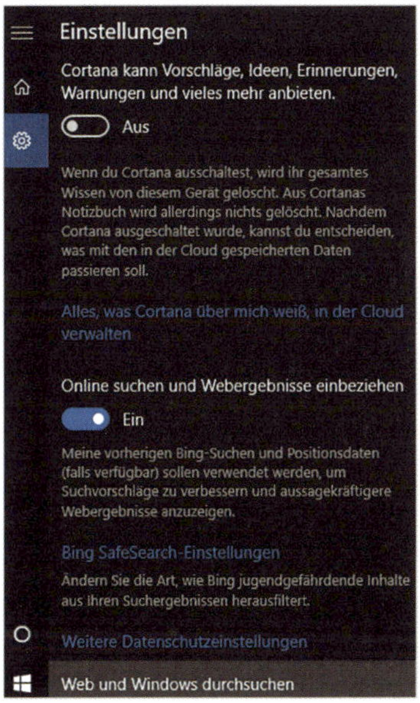

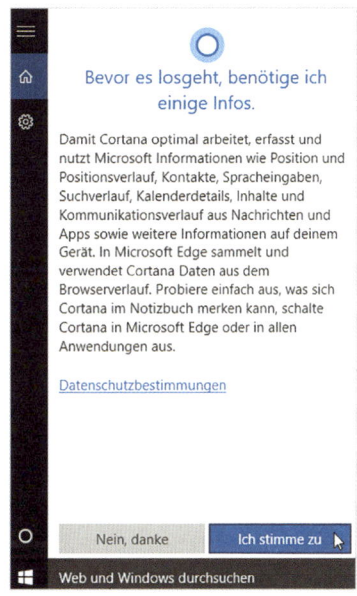

*Bild 3.24 Cortana einschalten*

*Bild 3.25 Hinweise auf Datenschutz*

**4** Im nächsten Schritt geben Sie an, wie Sie angesprochen werden möchten und klicken dann auf *Weiter* (Bild 3.26). Cortana begrüßt Sie nun mit ihrer Startseite und den aktuellen Schlagzeilen und im Suchfeld steht die Aufforderung *„Frag mich etwas"* (Bild 3.27) oder ein ähnlicher Text.

*Bild 3.26 Geben Sie Ihren Vornamen ein*

*Bild 3.27 Die Startseite von Cortana*

55

Um Cortana zu schließen, klicken Sie entweder auf das *Schließen*-Symbol in der rechten oberen Ecke oder klicken bzw. tippen an eine beliebige Stelle des Hintergrunds.

**Cortana fragen**

Sollte die zweite Option nicht funktionieren, müssen Sie dies in den Einstellungen erst einschalten, Näheres dazu weiter unten.

Um Cortana eine Frage zu stellen bzw. *Zuhören* zu aktivieren, nutzen Sie eine der folgenden Möglichkeiten:

- Klicken Sie im Suchfeld der Taskleiste auf das Mikrofonsymbol .

- Oder sprechen Sie ohne Maus bzw. Antippen Cortana direkt mit der Aufforderung *„Hey Cortana"* an.

*Möglicherweise erscheint beim ersten Klick auf das Mikrofonsymbol eine Meldung, dass zuerst das Mikrofon eingerichtet werden muss. In diesem Fall klicken Sie auf Weiter und folgen den Anweisungen.*

Cortana wird geöffnet und begrüßt Sie mit Ihrem eingangs angegebenen Namen. Formulieren Sie nun Ihre Frage, z. B. „Wettervorhersage" oder „Wie ist das Wetter". Dass Cortana auf Ihre Frage wartet bzw. Ihnen zuhört, erkennen Sie am kreisförmigen Symbol (Bild 3.28 und Bild 3.29). Haben Sie *Zuhören* über das Mikrofonsymbol aktiviert, so erscheint im Eingabefeld der Hinweis *Zuhören aktiv...*.

*Bild 3.28 Zuhören über Mikrofonsymbol aktivieren*

*Bild 3.29 Zuhören mit mündlicher Aufforderung aktivieren*

Der erste Einstieg  **3**

*Wenn Cortana zuhört, erscheint im Suchfeld der Hinweis Zuhören aktiv..., andernfalls müssen Sie vor einer Frage erneut auf das Mikrofonsymbol klicken. Mit dem Pfeil nach rechts brechen Sie ab, ohne eine Suchanfrage zu formulieren.*

*Trotz aktivierter Sprachassistentin können Sie natürlich jederzeit, wie unter Punkt 3.8 beschrieben, einen Suchbegriff in das Suchfeld eintippen.*

Um beispielsweise mit Cortanas Unterstützung eine App zu öffnen, beginnen Sie Ihre Anfrage mit *„Öffne App"* oder mit *„Öffne ..."* gefolgt vom Namen der App. Zeigt sich Cortana etwas begriffsstutzig, dann tippen Sie anschließend einfach den Namen der App in das Suchfeld ein.

*Cortana kann noch mehr; beispielsweise Termine im Kalender eintragen, E-Mails erstellen usw.. Näheres dazu finden Sie bei den Erläuterungen der einzelnen Apps.*

### Weitere Einstellungen zu Cortana

Öffnen Sie Cortana, indem Sie in das Suchfeld klicken oder tippen. Klicken Sie dann auf das Symbol *Notizbuch* und hier auf *Einstellungen* (Bild 3.30). Tipp: Ein Klick auf das Menüsymbol ≡ verbreitert die Leiste und blendet zu den Symbolen die Beschriftung ein.

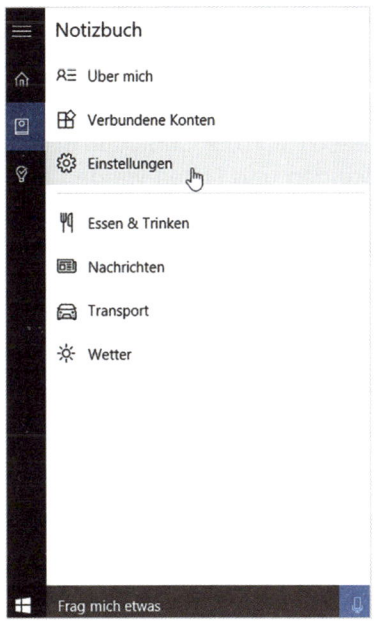

*Bild 3.30 Klicken Sie auf Notizbuch und auf Einstellungen*

*Bild 3.31 Einstellungen ändern*

57

- Damit Cortana auch auf die mündliche Aufforderung „Hey Cortana" reagiert, muss der entsprechende Schalter auf *Ein* gesetzt sein (Bild 3.31).

- Soll Cortana ausschließlich auf Ihre Stimme reagieren, so klicken Sie auf die Schaltfläche *Meine Stimme erlernen* und folgen den Anweisungen (Bild 3.31).

**Namen ändern**

Möchten Sie Ihren Namen ändern, mit dem Cortana Sie anspricht, so öffnen Sie Cortana mit Klick in das Suchfeld und klicken auf das Symbol *Notizbuch* (Bild 3.30). Klicken Sie dann auf *Über mich*. Mit der Schaltfläche *Meinen Namen ändern* können Sie einen neuen Namen eingeben und anschließend testen, ob er von Cortana korrekt ausgesprochen wird.

## 3.10   Tätigkeit am Computer beenden

**Bei Unterbrechungen automatisch Energie sparen**

Erfolgt am PC über einen Zeitraum zwischen 5 und 10 Minuten keine Eingabe bzw. Mausbewegung dann wird, abhängig vom jeweiligen Gerät, der Energieverbrauch automatisch verringert.

- Zunächst wird der Bildschirm dunkler bzw. schaltet sich automatisch aus. In diesem Fall bewegen Sie zur Wiederaufnahme der Arbeit einfach die Maus oder betätigen eine Taste der Tastatur.

- Nach längerer Dauer (15 bis 30 Minuten) versetzt sich der Computer in den Energiesparmodus (Standby): Alle Einstellungen und Daten werden zwischengespeichert, nicht benötigte Geräte wie Bildschirm und Lüfter abgeschaltet und so der Stromverbrauch auf ein Minimum reduziert. Wenn Sie den Deckel eines Laptops einfach schließen, wird dieser ebenfalls in den Energiesparmodus versetzt. Um den Computer aus dem Energiesparmodus heraus wieder in Betrieb zu nehmen, betätigen Sie die Einschalttaste am Gerät.

**Windows beenden (herunterfahren)**

Beim Beenden der Tätigkeit am Computer oder wenn Sie eine längere Pause einlegen, sollten Sie den PC nie mit der Ein/Aus-Taste am Gerät ausschalten oder die Stromzufuhr unterbrechen. Ein Computer muss entweder in den Energiesparmodus versetzt (siehe oben) oder ordnungsgemäß heruntergefahren werden. Achten Sie auch darauf, vor dem Herunterfahren alle Programme zu beenden und wichtige Daten zu speichern, da diese sonst verloren gehen.

So gehen Sie vor:

1   Öffnen Sie das Startmenü, indem Sie links in der Taskleiste auf das Symbol mit dem Windows-Logo klicken.

2   Klicken Sie dann auf *Ein/Aus* ⏻ (Bild 3.32).

3   Wählen Sie nun *Herunterfahren*. Mit der Auswahl *Energie sparen* können Sie das Gerät manuell in den Energiesparmodus versetzen.

Alternativ können Sie Windows mit einer der folgenden Methoden beenden:

- Klicken Sie mit der rechten Maustaste auf die Schaltfläche mit dem Windows-Logo. Es erscheint ein Kontextmenü, zeigen Sie auf *Herunterfahren und abmelden* und wählen Sie dann *Herunterfahren* oder *Energie sparen*.

- Oder verwenden Sie die Tastenkombination Alt+F4, beachten Sie aber, dass diese Tastenkombination zuvor der Reihe nach die geöffneten Fenster schließt und erst dann den Computer herunterfährt.

*Bild 3.32 Windows beenden*

Haben Sie *Herunterfahren* gewählt, so dauert dieser Vorgang nur wenige Sekunden. Anschließend schaltet sich der Computer selbst ab, dann können Sie bei einem Desktop-PC das Gerät auch vom Netz nehmen. Sollten allerdings noch Anwendungen geöffnet sein, wird das Herunterfahren unterbrochen. Klicken Sie in diesem Fall am besten auf *Abbrechen* und beenden Sie die betreffende Anwendung bzw. speichern Sie eventuell noch nicht gespeicherten Änderungen.

**Computer neu starten**

Über die Schaltfläche *Ein/Aus* wird auch die Option *Neu starten* angeboten. Damit wird der Computer heruntergefahren und anschließend sofort wieder automatisch gestartet. Dies ist z. B. erforderlich nach der Installation von Updates oder Programmen, oder wenn das System aufgrund von Fehlern nicht mehr stabil läuft.

**Abmelden und Benutzer wechseln**

Benutzen mehrere Personen denselben Computer und melden sich mit ihrem jeweiligen Benutzerkonto an, dann kann jederzeit zwischen den verschiedenen Benutzern gewechselt werden.

Dazu öffnen Sie das Startmenü und klicken auf Ihren Namen, mit dem Sie am Computer angemeldet sind. Es erscheint ein kleines Menü zusammen mit einer Liste der vorhandenen Benutzerkonten (Bild 3.33).

*Bild 3.33 Abmelden/Benutzer wechseln*

Die folgenden Möglichkeiten sind verfügbar:

- Mit der Auswahl *Abmelden* werden alle zu Ihrem Benutzerkonto gehörenden Einstellungen gespeichert, der Sperrbildschirm erscheint wieder und ein anderer Benutzer kann sich nun anmelden.

Mit Windows+L den Computer sperren

- Mit der Option *Sperren* lässt sich der Computer vorübergehend sperren, z. B. während einer Kaffeepause. Der Sperrbildschirm wird angezeigt und erst nach Eingabe Ihres Kennworts finden Sie die Arbeitsoberfläche wieder so vor, wie Sie sie verlassen haben. Tipp: Noch schneller sperren Sie den Bildschirm mit der Tastenkombination Windows+L (engl. Lock).

- Durch Anklicken eines anderen Benutzernamens kann schnell zu diesem Benutzerkonto ohne vorheriges Abmelden gewechselt werden. Nachteil: Fährt ein anderer Nutzer den Computer herunter, gehen nicht gespeicherte Daten des Benutzers verloren, allerdings erst nach einer entsprechenden Warnung.

Mit der Auswahl *Kontoeinstellungen ändern* können Sie beispielsweise ein Benutzerbild angeben oder die Art der Anmeldung ändern, Näheres dazu erfahren Sie in Kapitel 8.6 dieses Buches. Weitere Einstellungen zum Energiesparen werden Sie in Kapitel 9.3 dieses Buches kennenlernen. Dort legen Sie z. B. auch fest, welche Aktion beim Drücken des Ein-/Aus-Schalters durchgeführt werden soll oder beim Zuklappen des Deckels, falls Sie ein Notebook nutzen.

## 3.11 Zusammenfassung

- Unmittelbar nach der Anmeldung erscheint die Benutzeroberfläche von Windows, der Desktop. Bis auf den Papierkorb und die Taskleiste am unteren Bildschirmrand ist dieser zumeist leer. Der Start von Apps erfolgt über das Startmenü, das Sie mit Klick auf das Windows-Logo ganz links in der Taskleiste öffnen. Alternativ verwenden Sie auf der Tastatur die Taste mit demselben Logo.

- Das Startmenü enthält verschiedene Bereiche. Unter *Meistverwendet* werden automatisch alle häufig verwendeten Apps aufgeführt, diese lassen sich mit einem Klick auf das Symbol schnell wieder starten. Unterhalb erhalten Sie Zugriff auf alle Einstellungen Ihres Computers und finden den Schalter *Ein/Aus*. Den größten Bereich des Startmenüs nimmt der benutzerdefinierte Bereich mit Kacheln verschiedener Größe ein, auch diese stehen für Apps und mit einem Mausklick oder durch Antippen der Kachel starten Sie die App.

- Die vollständige Liste aller installierten Apps und Programme erhalten Sie, wenn Sie im Startmenü auf *Alle Apps* klicken. Um durch die Liste zu blättern, zeigen Sie mit der Maus in diesen Bereich und drehen das Mausrädchen. Manche Apps gehören zu einer Gruppe, diese sind mit einem nach unten weisenden Pfeil gekennzeichnet. Ein Klick auf die Gruppe zeigt die dazugehörigen Apps an und ein weiterer Klick schließt die Gruppe wieder. Möchten Sie z. B. Paint starten, so müssen Sie die Gruppe *Windows-Zubehör* öffnen. Ein Klick auf den Pfeil *Zurück* bringt Sie wieder zurück zum ursprünglichen Startmenü.

- Windows öffnet alle Apps und Anwendungen in Fenstern. Ein Fenster kann entweder im Vollbildmodus oder verkleinert vor dem Hintergrund des Desktops angezeigt werden. Zum Schließen und damit Beenden der App klicken Sie in der rechten oberen Ecke des Fensters auf das x-Symbol.

- Im Tabletmodus unterscheidet sich das Aussehen von Startmenü und Apps etwas. So nimmt das Startmenü im Tabletmodus den gesamten Bildschirm ein und auch Apps werden im Vollbildmodus geöffnet. Die Titelleiste einer App und damit das *Schließen*-Symbol erscheinen unter Umständen erst, wenn Sie an den oberen Bildschirmrand zeigen oder vom oberen Rand nach unten wischen.

- Das Info-Center öffnen Sie über ein Symbol am rechten Rand der Taskleiste. Hier finden Sie Meldungen und Benachrichtigungen vor, z. B. über ein kürzlich erfolgtes Update. Über Schaltflächen im unteren Bereich können Sie schnell zwischen Tablet- und Desktopmodus wechseln oder den Flugzeugmodus ein- und ausschalten.

- Die schnellste Methode, eine App zu finden, ist die Suche. Windows 10 bringt eine komfortable Suchfunktion mit; die Taskleiste enthält standardmäßig ein Suchfeld, in das Sie einfach den Namen der gesuchten App eingeben. Die Trefferliste umfasst nicht nur Apps und Einstellungen, sondern auch Begriffe für die Suche im Web. Ein Klick darauf öffnet den Browser mit weiteren Treffern zum Suchbegriff.

- Neu in Windows 10 ist die Sprachassistentin Cortana, die Sie ebenfalls zur Suche einsetzen können. Vor der ersten Nutzung müssen Sie Cortana einrichten. Um später eine Frage an Cortana zu richten, klicken Sie entweder im Suchfeld auf das Mikrofonsymbol oder aktivieren Cortana mit den Worten „Hey Cortana". Dann können Sie Ihre Frage formulieren.

- Beim Beenden der Tätigkeit am PC sollten Sie entweder den Computer vollständig herunterfahren oder in den Energiesparmodus versetzen. Dazu klicken Sie im Startmenü auf *Ein/Aus*, möchten Sie sich dagegen nur abmelden oder den Benutzer wechseln, so klicken Sie im Startmenü auf Ihren Benutzernamen.

# 4 Mit Apps und Anwendungen arbeiten

**In dieser Lektion erfahren Sie...**

- grundlegende Techniken im Umgang mit Apps und Fenstern
- wie Sie mit mehreren Apps gleichzeitig arbeiten
- wie Sie Fenster auf dem Bildschirm automatisch anordnen können
- wie Sie typische Elemente der Befehlseingabe in Apps und Anwendungen verwenden

**Diese Kenntnisse sollten Sie bereits mitbringen...**

- Sie kennen die grundlegenden Funktionen des Startbildschirms und wissen, wie Sie eine App starten und wieder beenden.

# 4 Mit Apps und Anwendungen arbeiten

## 4.1 Grundlegende Fenstertechniken

Für jede Anwendung und App, die Sie starten, öffnet Windows ein eigenes Fenster auf dem Desktop. Ein Fenster kann im Hintergrund noch Platz lassen für den Desktop (Bild 4.1); sind mehrere Fenster gleichzeitig geöffnet, werden diese überlappend angeordnet. Eine im Vollbildmodus geöffnete App füllt dagegen den gesamten Bildschirm aus (Bild 4.2). Aufbau und Bedienung der Fenster sind immer gleich.

*Bild 4.1 Die App Karten verkleinert*

*Bild 4.2 Die App Karten im Vollbildmodus*

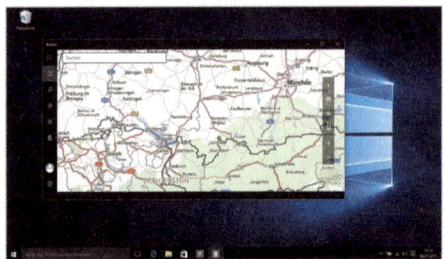

### Fenster schließen, Größe ändern

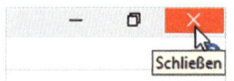

Jedes Fenster besitzt am oberen Rand eine Titelleiste mit dem Namen der geöffneten App und gegebenenfalls dem Namen der geöffneten Datei. In dieser Titelleiste befindet sich ganz rechts die Schließen-Schaltfläche mit dem Symbol ×. Benutzen Sie eine Maus, so ändert die Schaltfläche ihre Farbe und wird rot, wenn Sie mit der Maus darauf zeigen. Ein Klick auf diese Schaltfläche schließt das Fenster und beendet damit die App.

- Für klassische Anwendungen, z. B. Microsoft Word, gilt: Haben Sie Daten geändert und noch nicht gespeichert, so erscheint eine Meldung, die Sie zum Speichern auffordert.

- Bei den modernen Apps, beispielsweise Fotos oder Kalender, müssen Änderungen vor dem Schließen gespeichert werden, hier erfolgt keine Rückfrage.

### Fenster maximieren/verkleinern

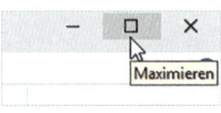

Links neben dem Schließen-Symbol befinden sich in der Regel noch zwei weitere Symbole bzw. Schaltflächen. Mit einem Mausklick auf das mittlere der drei Symbole wechselt das Fenster seine Größe zwischen individueller und maximaler Größe. Maximieren bedeutet, das Fenster füllt automatisch den gesamten Bildschirm aus (Vollbild), seine Größe richtet sich nach der Bildschirmgröße.

Ist das Fenster bereits maximiert, dann erscheint anstelle des Symbols *Maximieren* das Symbol *Verkleinern*, mit dem Sie die vorherige Größe wiederherstellen. Damit wird im Hintergrund auch der Desktop sichtbar.

Mit Apps und Anwendungen arbeiten 4

**Tipp:** Auch mit einem Doppelklick in die Titelleiste können Sie ein Fenster maximieren bzw. die vorherige Größe wiederherstellen.

**Fenster minimieren**

Minimieren Sie ein Fenster, so reduzieren Sie es auf die Größe einer Schaltfläche in der Taskleiste und und mit einem Mausklick auf diese Schaltfläche holen Sie das Fenster in seiner ursprünglichen Größe und mit seinem Inhalt wieder auf den Desktop. Die App wird dabei nicht geschlossen (siehe auch Punkt 4.2, Mit mehreren geöffneten Apps arbeiten). Erscheint ein Fenster nicht mehr auf dem Bildschirm, so sollten Sie daher immer zunächst die Taskleiste kontrollieren, bevor Sie die App neu starten!

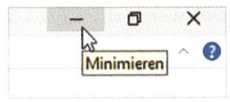

**Achtung Tabletmodus!**
*Im Tabletmodus verhalten sich die Fenster von Apps und herkömmlichen Anwendungen etwas anders: Einfache Apps werden im Vollbildmodus geöffnet. Bei einigen Apps erscheint die Titelleiste erst, wenn Sie mit der Maus an den oberen Bildschirmrand zeigen oder vom oberen Rand her nach unten wischen. Die Titelleiste enthält nur die Schaltfläche Schließen und weist keine Schaltflächen zum Verkleinern oder Minimieren des Fensters auf. Alternativ schließen Sie auch ein Fenster, indem Sie es von oben ganz nach unten ziehen. Die Fenster von Büroanwendungen lassen sich dagegen auch im Tabletmodus vergrößern und verkleinern. Zum Einblenden der Taskleiste wischen Sie von unten nach oben.*

**Individuelle Fenstergröße und -position**

Größe und Position der meisten Fenster können beliebig verändert werden. Allerdings ist dies nur möglich, wenn das Fenster nicht den gesamten Bildschirm ausfüllt, also nicht maximiert ist. Achtung, dies gilt nicht für einige Apps im Tabletmodus.

*Bild 4.3 Fenster verschieben, Größe ändern*

Verschieben

Vergrößern/Verkleinern

65

# 4 Mit Apps und Anwendungen arbeiten

Ein maximiertes Fenster nimmt bereits den Desktop ein und kann deshalb nicht verschoben werden.

**Fenster verschieben**

Zum Verschieben eines Fensters positionieren Sie den Mauszeiger in einem freien Bereich der Titelleiste, drücken die linke Maustaste und halten die Taste gedrückt, während Sie die Maus bewegen und so das Fenster an die gewünschte Stelle ziehen (Bild 4.3).

**Größe ändern**

Sie können auch die Größe eines Fensters beliebig anpassen. Zeigen Sie dazu mit der Maus auf die untere rechte Ecke des Fensters (Bild 4.3) und beachten Sie den Mauszeiger: Sobald dieser als Doppelpfeil sichtbar wird, können Sie mit gedrückter linker Maustaste das Fenster in die gewünschte Größe ziehen. Zur Größenänderung können Sie auch an jede beliebige Stelle des Rahmens zeigen; sobald der Mauszeiger sich in einen Doppelpfeil verwandelt, kann die Größe verändert werden.

**Durch umfangreiche Fenster scrollen**

Nicht immer reicht die Größe des Bildschirms oder eines Fensters aus, um den Inhalt, beispielsweise Seiten im Internet, vollständig anzuzeigen. In diesem Fall sehen Sie im Fenster nur einen Teil des Inhalts. Gleichzeitig erscheinen automatisch am unteren und/oder rechten Fensterrand vertikale bzw. horizontale Bildlaufleisten (Bild 4.4), allerdings nur, wenn Bedarf besteht.

Zum Verschieben des sichtbaren Fensterausschnitts zeigen Sie mit der Maus in das Fenster und drehen das Mausrädchen in die gewünschte Richtung. Auf diese Weise verschieben Sie den Fensterinhalt nach oben oder unten. Dies bezeichnet man auch als Scrollen.

*Bild 4.4 Senkrechte und waagrechte Bildlaufleisten*

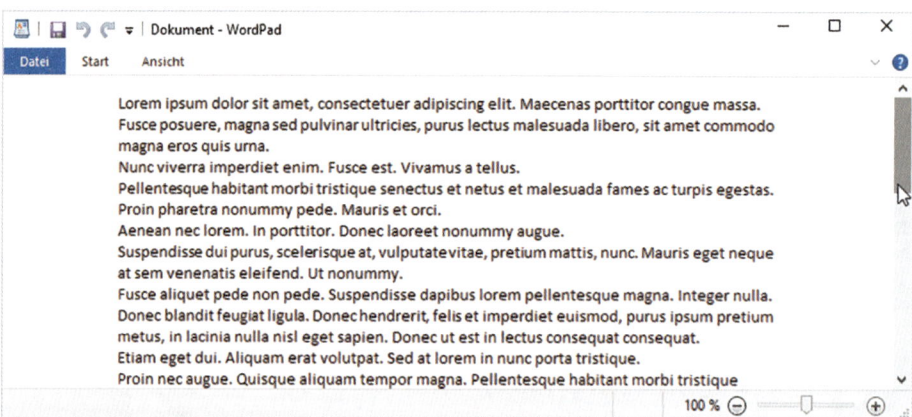

Alternativ benutzen Sie die Bildlaufleiste: Ziehen Sie mit gedrückter linker Maustaste den Balken der Bildlaufleiste nach oben oder unten bzw. nach links oder rechts. Wenn Sie mit der linken Maustaste auf die Pfeile am Ende der Bildlaufleiste klicken, dann wird der Fensterinhalt zeilenweise verschoben (Bild 4.4).

## 4.2 Mit mehreren geöffneten Apps arbeiten

**Was Sie wissen sollten**

Oftmals werden bei der Arbeit am Computer mehrere Apps gleichzeitig benötigt, beispielsweise wenn Sie mit einem Bildbearbeitungsprogramm Fotos bearbeiten und diese anschließend gleich in den Text eines Textverarbeitungsprogramms einfügen möchten.

- Auch bei mehreren gleichzeitig geöffneten Apps ist immer nur eine App bzw. ein Fenster aktiv und befindet sich im Vordergrund. Fenster können beliebig neben- oder übereinander angeordnet sowie auf verschiedenen Desktops gruppiert werden.

- Von manchen Anwendungen können auch mehrere Fenster geöffnet werden. So kann z. B. ein Textverarbeitungsprogramm mehrmals mit jeweils verschiedenen Dateien geöffnet werden. Für einfache Apps gilt das in der Regel nicht, diese können nur einmal geöffnet werden. Eine Ausnahme bilden Browser, mit denen Sie im Internet surfen, z. B. *Microsoft Edge*. Hier können verschiedene Internetseiten in Registern gleichzeitig angezeigt werden.

- Einen Überblick über aktuell geöffnete Apps und Anwendungen erhalten Sie in der Taskleiste sowie in der Taskansicht.

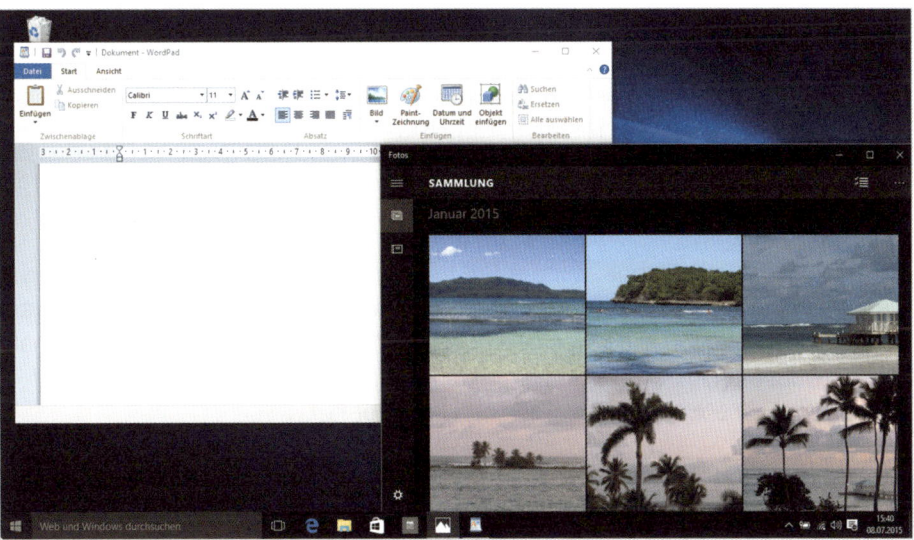

*Bild 4.5 Die Apps Fotos und WordPad als überlappende Fenster*

# 4 Mit Apps und Anwendungen arbeiten

## Zwischen Apps wechseln

Sind die geöffneten Apps wie in Bild 4.5 nebeneinander oder überlappend auf dem Desktop angeordnet, genügt einfaches Antippen oder ein Mausklick, um ein Fenster zu aktivieren bzw. in den Vordergrund zu holen.

## Die Taskleiste

Die Taskleiste zeigt für jedes geöffnete Fenster ein Symbol an. Im Gegensatz zu den fest angehefteten Symbolen sind die Symbole geöffneter Fenster unterstrichen gekennzeichnet und die App im Vordergrund ist zudem heller hervorgehoben. Klicken Sie dann einfach auf das Symbol der gewünschten App, damit diese in den Vordergrund geholt und aktiviert wird. Wenn Sie eine Vorschau auf die App erhalten möchten, dann zeigen Sie nur auf das Symbol. Sind von einer Anwendung mehrere Fenster gleichzeitig geöffnet, dann erkennen Sie dies am gestapelten Symbol. Zudem erhalten Sie beim Zeigen eine Vorschau auf alle Fenster dieser Anwendung (Bild 4.6).

*Bild 4.6 Miniaturvorschau*

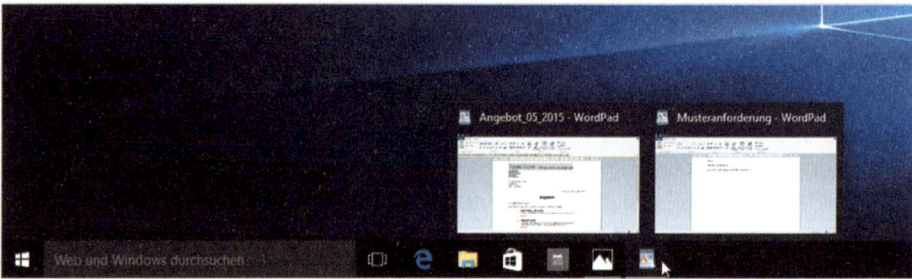

Normalerweise ist die Taskleiste ständig, d.h. auch bei geöffneten Apps im Vollbildmodus, am unteren Bildschirmrand sichtbar. Sollte sie trotzdem einmal nicht erscheinen, so zeigen Sie auf den unteren Bildschirmrand bzw. wischen bei Touchbedienung vom unteren Bildschirmrand nach oben, um sie einzublenden.

**Tipp:** Sie können über die Taskleiste auch eine Anwendung schließen bzw. beenden, indem Sie mit der rechten Maustaste auf das Symbol der Anwendung und dann auf das Symbol *Schließen* klicken.

## Desktop anzeigen

Eine nützliche Schaltfläche, mit der Sie, unabhängig von Größe und Anzahl der geöffneten Fenster, den leeren Desktop anzeigen, finden Sie etwas versteckt am äußersten rechten Rand der Taskleiste (Bild 4.7). Ein Mausklick auf diese Schaltfläche minimiert alle Fenster und ein weiterer Mausklick auf die Schaltfläche stellt die ursprüngliche Anordnung der Fenster wieder her.

*Bild 4.7 Die Schaltfläche Desktop anzeigen*

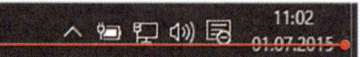

Alternativ erhalten Sie diese Funktion auch, wenn Sie mit der rechten Maustaste an eine freie Stelle der Taskleiste klicken (Bild 4.8).

*Bild 4.8 Desktop anzeigen*

### Die Taskansicht nutzen

Als Alternative zur Taskleiste benutzen Sie die Taskansicht von Windows 10. Dazu klicken Sie in der Taskleiste auf das Symbol *Taskansicht*  oder verwenden die Tastenkombination Windows+Tab. Auf Geräten mit Touchbedienung erhalten Sie die Taskansicht auch, wenn Sie vom linken Bildschirmrand nach innen wischen.

Wischen Sie vom linken Bildschirmrand nach innen oder benutzen Sie die Tasten Windows +Tab.

In der Taskansicht werden vor dem inaktiven (abgedunkelten) Desktophintergrund sämtliche geöffneten Fenster verkleinert angeordnet (Bild 4.9) und durch Antippen oder mit einem Klick holen Sie das gewünschte Fenster in den Vordergrund. Auf der Tastatur benutzen Sie stattdessen die Pfeiltasten nach rechts/ nach links, um ein Fenster auszuwählen und die Eingabe-Taste, um zum markierten Fenster zu wechseln.

*Bild 4.9 Geöffnete Apps in der Taskansicht*

Neuer Desktop

# 4 Mit Apps und Anwendungen arbeiten

**Fenster in der Taskansicht schließen**

Falls Sie in der Taskansicht ein einzelnes Fenster schließen möchten, so klicken Sie auf das Symbol *Schließen* des entsprechenden Fensters. Achtung, das Symbol erscheint erst, wenn Sie in das Vorschaufenster zeigen.

> Anwender älterer Windows-Versionen kennen wahrscheinlich die Möglichkeit, mit der Tastenkombination Alt+Tab eine Übersicht geöffneter Fenster einzublenden und anschließend mit der Tab-Taste durch die Fenster zu blättern bzw. ein Fenster auszuwählen. Diese Möglichkeit existiert in Windows 10 nach wie vor.

**Fenster auf verschiedenen Desktops anordnen**

Neu ist in Windows 10 die Möglichkeit, mehrere virtuelle Desktops zu nutzen. Auf diesen können Sie Apps öffnen und zwischen den Desktops verschieben. Damit behalten Sie auch bei einer Vielzahl geöffneter Fenster den Überblick und können zudem die Apps nach Einsatzzweck, z. B. Büroanwendungen und Kommunikation, anordnen. Eine Übersicht über die verwendeten Desktops liefert ebenfalls die Taskansicht.

**Desktop hinzufügen**

Klicken Sie in der Taskleiste auf das Symbol *Taskansicht* . Unmittelbar oberhalb der Taskleiste erscheint eine Leiste mit allen derzeit verwendeten Desktops. Klicken Sie ganz rechts auf + *Neuer Desktop* (Bild 4.9 und Bild 4.10). Der Desktop erscheint sofort unter dem Namen *Desktop 2* in der Leiste. Mit diesem Symbol können Sie noch beliebig viele weitere Desktops hinzufügen, die Anzahl ist nur durch die Bildschirmauflösung begrenzt. Wenn Sie in der Taskansicht auf einen Desktop zeigen, erhalten Sie eine Vorschau und durch Anklicken wechseln Sie zwischen den Desktops.

*Bild 4.10 Taskansicht - Neuer Desktop*

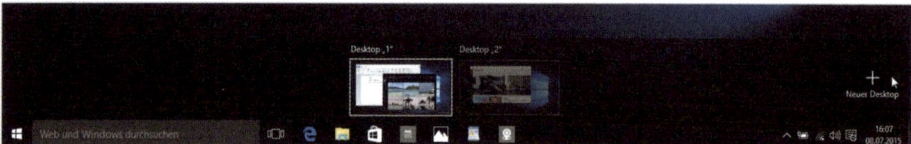

**App zwischen Desktops verschieben**

Nun können Sie die Apps bzw. Fenster zwischen den Desktops verschieben, entweder über das Kontextmenü der rechten Maustaste oder durch Ziehen mit gedrückter linker Maustaste.

**1** Wechseln Sie zum Desktop mit der App, die Sie verschieben möchten.

**2** Klicken Sie auf das Symbol *Taskansicht*.

# 4 Mit Apps und Anwendungen arbeiten

**3** Ziehen Sie die betreffende App mit gedrückter linker Maustaste auf den zweiten Desktop (Bild 4.11). Lassen Sie die Maustaste erst los, wenn auf diesem die Vorschau der App verkleinert wird.

*Bild 4.11 App zwischen den Desktops verschieben*

**Tipp:** Sie können ein Fenster auch direkt auf das Symbol *Neuer Desktop* ziehen, dann legt Windows einen neuen Desktop für dieses Fenster an.

Als zweite Möglichkeit öffnen Sie die Taskansicht und klicken mit der rechten Maustaste auf die zu verschiebende App. Zeigen Sie im Kontextmenü auf *Verschieben nach* und klicken Sie dann entweder auf den gewünschten Desktop oder auf *Neuer Desktop*, falls dieser noch nicht existiert (Bild 4.12).

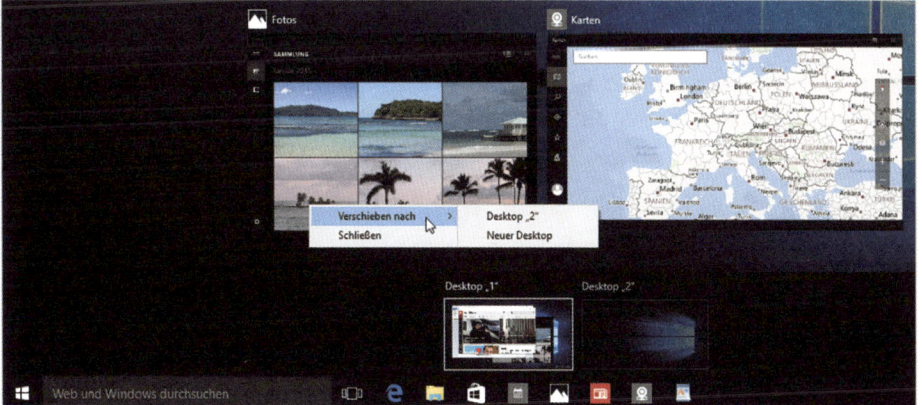

*Bild 4.12 Kontextmenü zum Verschieben von Apps*

### Desktop schließen

Klicken Sie auf das Symbol *Taskansicht* und zeigen Sie in der Desktop-Leiste auf den Desktop, den Sie schließen möchten. In der rechten oberen Ecke erscheint das Symbol *Schließen* und mit einem Klick auf das Symbol verschwindet der

Desktop wieder. Auf diesem Desktop geöffnete Apps werden nicht geschlossen, sondern auf den anderen Desktop verschoben.

*Bild 4.13 Desktop in der Taskansicht schließen*

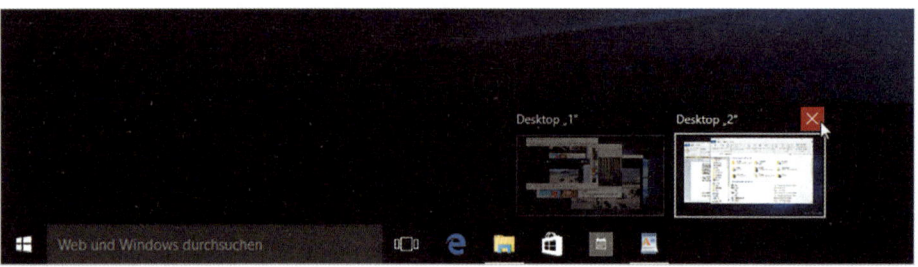

**Tastenkombinationen**

Zum Umgang mit mehreren Desktops stehen folgende Tastenkombinationen zur Verfügung:

| Tasten | Bedeutung |
| --- | --- |
| Win + Strg + D | Neuen Desktop erstellen |
| Win + Strg + Pfeil nach links/rechts | Zum vorherigen/nächsten Desktop wechseln |
| Win + Strg + F4 | Aktuellen Desktop schließen |
| Win + Tab | Aktive (ausgewählte Anwendung öffnen) |

**Einstellungen zu virtuellen Desktops**

Falls Sie möchten, können Sie bei Verwendung mehrer Desktops die Anzeige der geöffneten Fenster in der Taskleiste steuern. Klicken Sie dazu im Startmenü auf *Einstellungen* und hier auf *System*. Wählen Sie dann links *Multitasking*.

*Bild 4.14 Virtuelle Desktops*

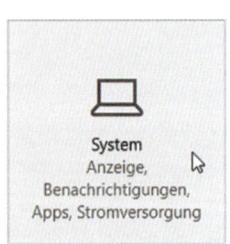

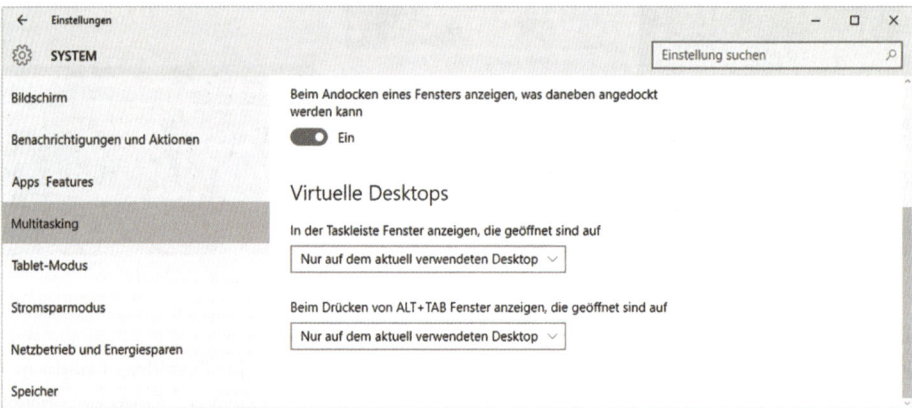

Unter *Virtuelle Desktops* (Bild 4.14) können Sie nun für die Taskleiste auswählen, ob nur Fenster auf dem aktuell verwendeten Desktop angezeigt werden sollen, oder die Fenster aller Desktops. Enthält die Taskleiste alle geöffneten Fenster, so wechseln Sie durch Anklicken des Symbols einer geöffneten App gleichzeitig zum entsprechenden Desktop.

Unterhalb können Sie dieselbe Einstellung auch für die Tastenkombination Alt+Tab vornehmen.

## 4.3  Apps automatisch andocken (Snap)

Geöffnete Fenster lassen sich durch Ziehen mit der Maus auf sehr einfache Weise am Bildschirmrand andocken, von Windows auch als snapping bezeichnet.

1    Zeigen Sie dazu in die Titelleiste eines geöffneten Fensters und ziehen Sie das Fenster an den linken oder rechten Bildschirmrand.

2    Auf dem Bildschirm erscheinen die Umrisse (Bild 4.15) und zeigen an, wo das Fenster angeheftet wird, wenn Sie die Maustaste loslassen.

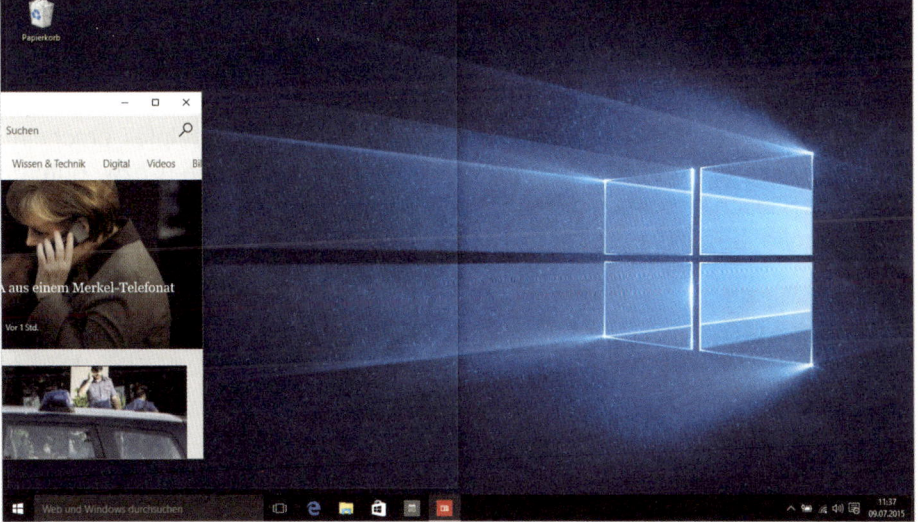

*Bild 4.15 Fenster andocken*

Mit der Tastenkombination Windows+Pfeil rechts (am linken Bildschirmrand) bzw. Windows+Pfeil links erhält das Fenster seine alte Größe und Position zurück.

Mit dieser Methode können Sie auch zwei oder vier Fenster anordnen. Sind mehrere Fenster geöffnet, so erscheinen nach dem Andocken des ersten Fensters in der zweiten Bildschirmhälfte die übrigen geöffneten Fenster in der Miniaturvorschau, ähnlich wie in der Taskansicht (Bild 4.16). Um die zweite Bildschimhälfte auszufüllen, klicken Sie auf das gewünschte Fenster.

# 4 Mit Apps und Anwendungen arbeiten

Um vier Fenster anzuordnen, ziehen Sie die Fenster nacheinander in die Ecken des Bildschirms. Da diese Funktion von Monitorgröße und Bildschirmauflösung abhängig ist, steht sie aber nicht auf jedem Gerät zur Verfügung.

*Bild 4.16 Fenster mit Windows Snap anordnen*

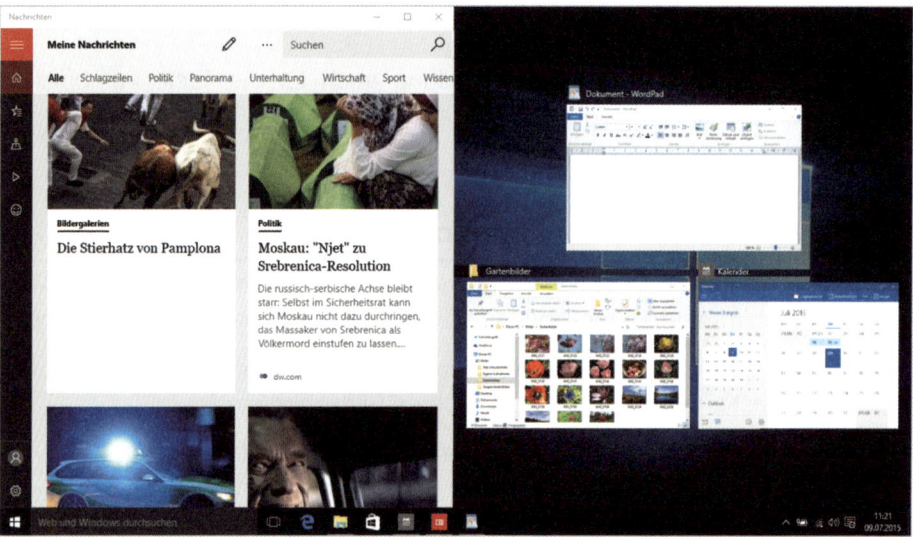

Mit dieser Methode können Sie auch die Höhe eines nicht maximierten Fensters an die Bildschirmhöhe anpassen. Zeigen Sie mit der Maus auf den oberen oder unteren Rand des Fensters, wenn der Mauszeiger als Doppelpfeil erscheint, dann vergrößern Sie durch Ziehen das Fenster bis zum oberen bzw. unteren Rand des Bildschirms. Auch hier erhalten Sie eine transparente Vorschau auf die Fenstergröße, bevor Sie die Maustaste loslassen (Bild 4.17).

*Bild 4.17 Fenstergröße anpassen*

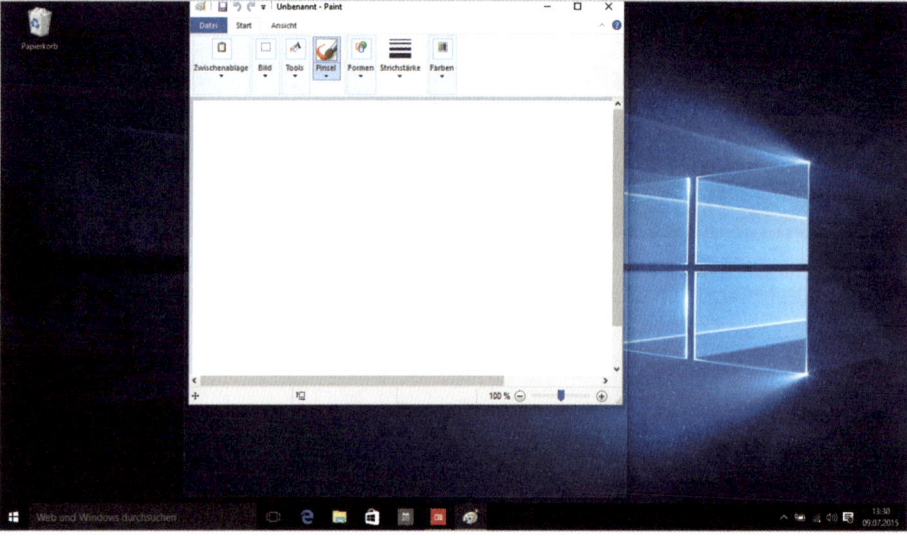

74

## Fenster mit der Tastatur steuern

*Zum Aufteilen des Bildschirms und Andocken eines geöffneten Fensters können Sie auch Tastenkombinationen benutzen: Halten Sie die Windows-Taste gedrückt und drücken Sie eine der vier Pfeiltasten, um das aktuelle Fenster zu minimieren, maximieren und am linken oder rechten Bildschirmrand anzudocken.*

### Fenster mithilfe der Taskleiste anordnen

Über die Taskleiste können Sie ebenfalls mehrere geöffnete Fenster automatisch auf dem Desktop anordnen lassen. Klicken Sie dazu mit der rechten Maustaste an eine freie Stelle der Taskleiste. Im Kontextmenü finden Sie verschiedene Möglichkeiten, mit dem Befehl *Desktop anzeigen* minimieren Sie alle geöffneten Fenster (siehe auch Seite 68).

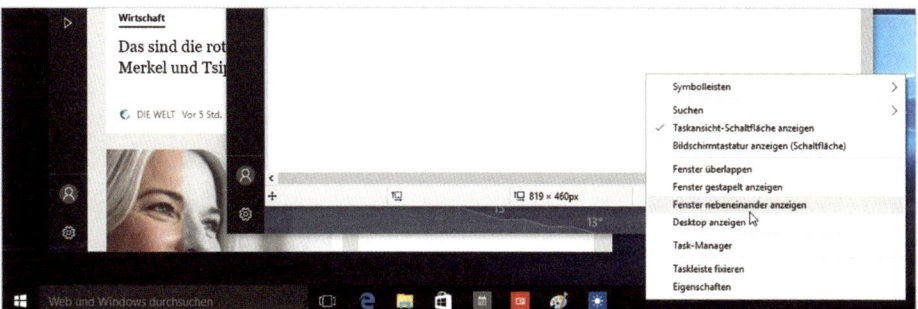

*Bild 4.18 Fenster über das Kontextmenü der Taskleiste anordnen*

## 4.4 Der Umgang mit Windows-Apps

Im Startmenü bzw. im benutzerdefinierten Bereich des Startmenüs von Windows 10 sind standardmäßig auch Kacheln für verschiedene integrierte Apps enthalten. Dazu gehören beispielsweise die Apps *Karten*, *Wetter*, *Nachrichten* und *Finanzen*, weitere finden Sie, wenn Sie auf *Alle Apps* klicken. Sie alle verfügen über einige gemeinsame Elemente, die wir an dieser Stelle am Beispiel der Apps *Nachrichten*, *Wetter* und *Karten* etwas genauer betrachten wollen.

*Auf die Funktionsweise der Apps Mail, Kontakte und Kalender wird im letzten Kapitel dieses Buches genauer eingegangen.*

### Menüleiste und Navigation

Die Windows-Apps von Microsoft verfügen in der Regel über eine Menüleiste am linken Rand. Um Platz zu sparen, sind hier standardmäßig nur die Symbole sichtbar, erst ein Klick auf das Symbol *Menü* ☰ in der linken oberen Ecke der App verbreitert die Leiste und zeigt die dazugehörigen Beschriftungen an, wie das Beispiel der App *Nachrichten* in Bild 4.19 zeigt. Ein erneuter Klick auf das Symbol reduziert die Leiste wieder.

*Bild 4.19 Die Menüleiste anzeigen*

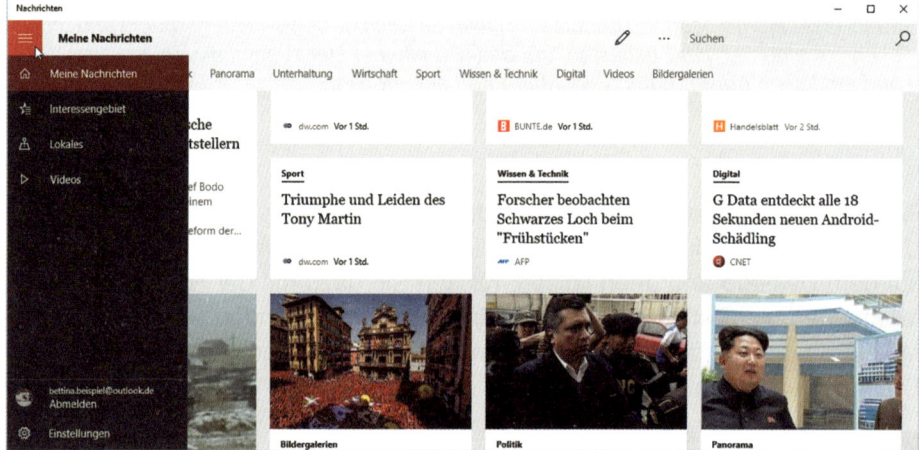

- In der Regel finden Sie in der Menüleiste Möglichkeiten, schnell eine bestimmte Kategorie auszuwählen oder über das Symbol *Einstellungen* einzelne Optionen, z. B. um Land und Standort festzulegen bzw. zu ändern.

- Beim Klicken auf einen Link erhalten Sie nähere Informationen zum Thema. Zur vertikalen Navigation drehen Sie einfach das Mausrad bzw. wischen von oben nach unten, um durch den gesamten Inhalt zu scrollen.

- Sobald Sie auf einen Link geklickt haben, erscheint links oben ein Pfeil, der Sie wieder zurück zur vorherigen Seite bringt. Zurück zur Startseite einer App gelangen Sie am schnellsten, indem Sie in der Menüleiste auf das Symbol *Startseite* klicken oder tippen. Über die nach rechts bzw. links weisenden Pfeile blättern Sie weiter zum nächsten/vorherigen Artikel (Bild 4.20).

*Bild 4.20 Zurück zur letzten Seite*

# Mit Apps und Anwendungen arbeiten 4

- Die meisten Apps verfügen in der rechten oberen Ecke über ein Eingabefeld und Lupensymbol zur Suche: Klicken Sie einfach in das Feld und tippen Sie einen Suchbegriff ein. Bereits während der Eingabe erscheinen verschiedene Vorschläge, die Sie anklicken können. Sollte der gesuchte Begriff nicht darunter sein, so klicken Sie anschließend auf das Symbol *Lupe* oder drücken die Eingabe-Taste, um die Suche zu starten.

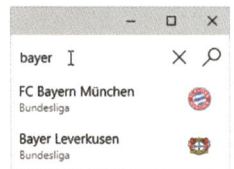
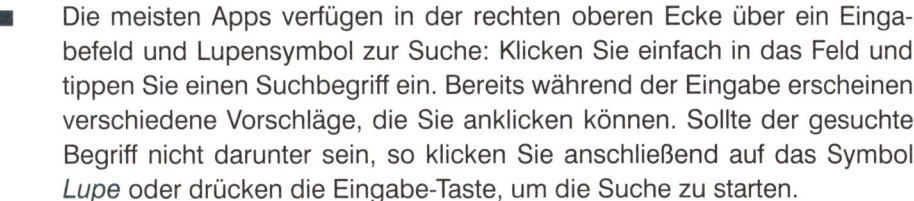

- Einige Apps weisen ein Symbol mit drei Punkten ••• auf, über das Sie weitere Befehle, z. B. zum Drucken, erhalten.

### Automatische Positionsermittlung und Datenschutz

Viele Apps erfordern für aktuelle Informationen eine Internetverbindung. Um noch gezielter auf Ihre Bedürfnisse einzugehen, ermitteln und nutzen einige davon auch Ihre aktuelle Position, allerdings nicht ohne Ihre vorherige Zustimmung.

Starten Sie beispielsweise die App *Karten*, so erscheint beim ersten Start der App die Frage, ob Sie die automatische Ermittlung Ihrer Position erlauben möchten (Bild 4.21). Natürlich kann die App auch ohne Positionsermittlung gestartet und verwendet werden. Stimmen Sie dagegen zu, so wird Ihre Position beim Öffnen auf der Karte mit einem Symbol gekennzeichnet, die Positionsermittlung kann nachträglich jederzeit wieder geändert oder ausgeschaltet werden.

Auch die App Wetter möchte beim ersten Start Ihren Standort wissen oder die App Nachrichten, wenn Sie auf Lokalnachrichten zugreifen möchten.

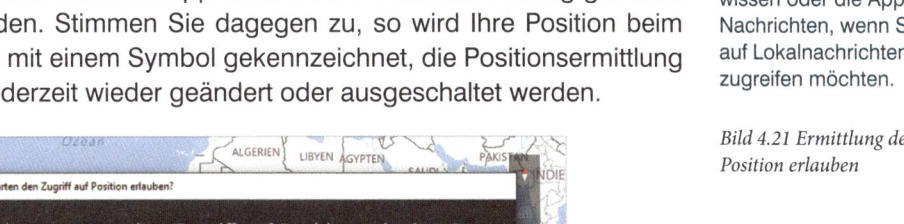

*Bild 4.21 Ermittlung der Position erlauben*

Um den aktuellen Standort zu ändern oder die Positionsermittlung zu deaktivieren, klicken Sie in der Menüleiste der jeweiligen App auf das Symbol *Einstellungen* ⚙. Je nach App können Sie hier die Datenschutzbestimmungen einsehen sowie die Standorteinstellungen ändern. Oder öffnen Sie das *Info-Center*: Hier können Sie über die Schaltfläche *Position* schnell die automatische Positionsermittlung aktivieren und deaktivieren. Ist die automatische Positionsermittlung aktiv, so erscheint beim Öffnen einer App, die diese Information nutzt, z. B. *Karten*, im Infobereich der Taskleiste ein kleines Symbol. Beim Klick auf das Symbol erhalten Sie die Möglichkeit, die Datenschutzeinstellungen zu öffnen.

Nähere Informationen zum Thema Datenschutz und Standortbestimmung finden Sie in diesem Buch in Kapitel 9.6.

*Bild 4.22 Datenschutzeinstellungen öffnen*

## 4.5 Befehlseingabe in Anwendungen

Klassische Anwendungen verfügen im Vergleich zu Apps über wesentlich mehr Funktionen. Sie sind in erster Linie für Maus und Tastatureingabe konzipiert und entsprechend unterscheiden sich die Möglichkeiten der Befehlseingabe. Hier ein Überblick über typische Elemente.

**Klassisches Menü**

In vielen Anwendungen erfolgt die Befehlseingabe über Menüs. Meist am oberen Rand des Arbeitsbereichs befindet sich eine Leiste mit verschiedenen Menüs, ein Klick auf ein Menü öffnet die Liste der dazugehörigen Befehle und Klick startet die Ausführung eines Befehls. Man bezeichnet diese klassischen Menüs auch als Pulldown-Menüs, als Beispiel in Bild 4.23 LibreOffice Writer. In manchen Fällen gehören zu einem Menü auch noch Untermenüs, diese erscheinen, wenn Sie auf einen Eintrag zeigen. Zusätzlich zu den Menüs verfügen die meisten Anwendungen noch über mehrere Symbolleisten, über die sich häufig benötigte Befehle schneller aufrufen lassen.

*Bild 4.23 Beispiel LibreOffice Writer*

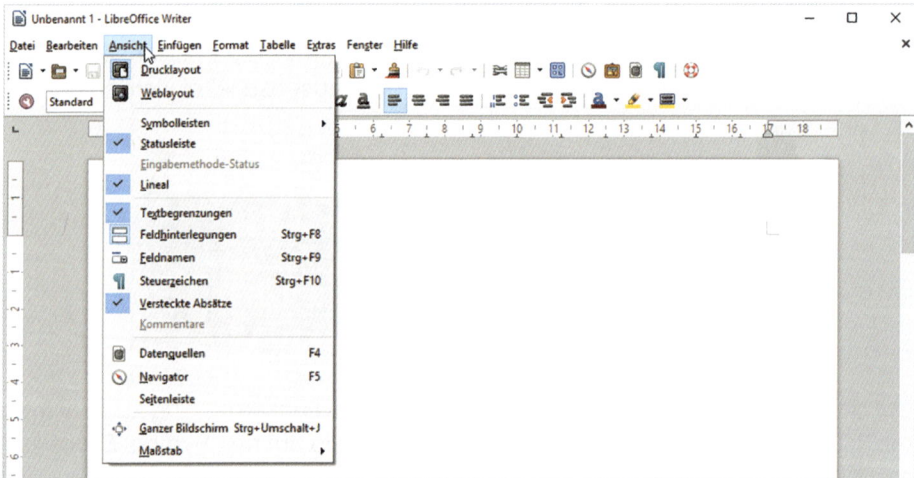

Möchten Sie ein Menü wieder schließen, ohne einen Befehl auszuführen, so klicken Sie entweder mit der linken Maustaste auf einen freien Bereich außerhalb des Menüs oder Sie verwenden auf der Tastatur die Esc-Taste.

*Manche Menübefehle lassen sich auch per Tastatur aufrufen: Die Tastenkombinationen dazu werden im Menü neben den Befehlen angezeigt, beispielsweise Strg+H neben dem Befehl Verlauf.*

*Wenn Sie die Alt-Taste drücken, werden die Anfangsbuchstaben der einzelnen Menüeinträge unterstrichen dargestellt. Sie können dann auch durch die Eingabe des jeweiligen Buchstabens ein Menü öffnen und einen Befehl aufrufen.*

## Kontextmenü der rechten Maustaste

Der Begriff Kontextmenü wurde bereits mehrmals verwendet. Kontextmenüs stellen neben Symbolen, Schaltflächen und Menübefehlen eine weitere wichtige Möglichkeit dar, Befehle aufzurufen. Kontextmenü bedeutet, die angezeigten Befehle stehen im Kontext (Zusammenhang) mit dem angeklickten Objekt. Das Kontextmenü erscheint, wenn Sie mit der rechten Maustaste auf ein Element klicken. Auf einem Tablet-PC verweilen Sie mit dem Finger etwas länger auf einem angetippten Element. Die Befehlsauswahl erfolgt, wie in klassischen Menüs, per Klick mit der linken Maustaste.

Ein Kontextmenü wird per Rechtsklick auf ein Element aufgerufen.

Beispiel: Klicken Sie mit der rechten Maustaste auf einen beliebigen, freien Bereich des Desktops, so zeigt das Kontextmenü für den Desktop verfügbare Befehle an. Klicken Sie dagegen auf dem Desktop mit der rechten Maustaste auf das Symbol *Papierkorb*, so erhalten Sie im Kontextmenü Befehle, mit denen Sie den Papierkorb steuern können (Bild 4.24).

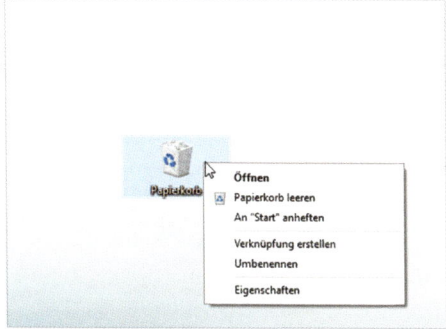
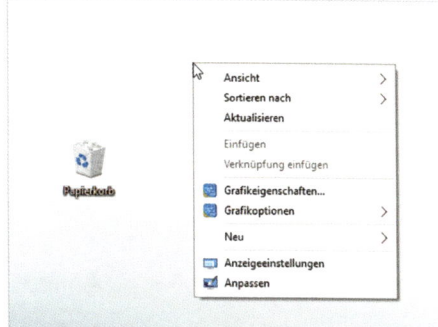

Bild 4.24 Beispiele für Kontextmenüs

**Tipp:** *Das Kontextmenü erspart Ihnen die, manchmal umständliche, Suche nach dem gewünschten Befehl und listet gleichzeitig alle zum Objekt verfügbaren Befehle auf. In einigen Fällen, z. B. auf dem Desktop, stellt es zudem die einzige Möglichkeit der Befehlseingabe dar.*

## Menüband

Etliche Programme, darunter WordPad, der Datei-Explorer von Windows 10 und sämtliche Microsoft-Office Anwendungen seit der Version 2007, verwenden eine etwas andere Form von Menüs und Schaltflächen: Das Menüband (englisch „Ribbon"). Vereinfacht lässt sich ein Menüband als Zusammenfassung von klassischen Menüs und Symbolleisten bezeichnen.

Im Menüband sind die Befehle nach Aufgaben geordnet und in Registern zusammengefasst, vergleichbar mit den Reitern in einer Kartei. Um die dazugehörigen Befehle anzuzeigen, klicken Sie einfach auf den Reiter bzw. das Register. Beispielsweise stellt Ihnen das Menüband des Windows-Zubehörprogramms Word-Pad im Register *Start* Schaltflächen oder Symbole zur Verfügung, über die Sie grundlegende Aufgaben eines Textverarbeitungsprogramms erledigen können. Über die Befehle des Registers *Ansicht* steuern Sie dagegen die Anzeige auf dem Bildschirm. Innerhalb eines Registers sind die Symbole und Schaltflächen nochmals zu Gruppen zusammengefasst, beispielsweise die Gruppe *Schriftart* zum Ändern der Schriftgestaltung in WordPad. Befehle zum Speichern, Öffnen, Drucken usw. erhalten Sie über das Register *Datei*. Auch die meisten klassischen Menüs enthalten ein Menü *Datei* mit entsprechenden Befehlen.

> **Übrigens:** *Auch mit dem Scroll-Rad der Maus blättern Sie durch die Register des Menübandes, vorausgesetzt der Mauszeiger befindet sich über diesem Bereich.*

Beachten Sie, dass das Menüband dynamisch der Fenstergröße angepasst wird. Reicht die Fenstergröße nicht zur vollständigen Anzeige aller Befehle aus, so erscheinen für einige Gruppen anstelle der Schaltflächen kleine, nach unten weisende Pfeile. Klicken Sie auf die Pfeile, um die übrigen Symbole anzuzeigen. Bild 4.25 unten zeigt zweimal das Menüband von WordPad mit dem Register *Start*. Im zweiten kleineren Fenster wurde auch die Gruppe *Einfügen* verkleinert.

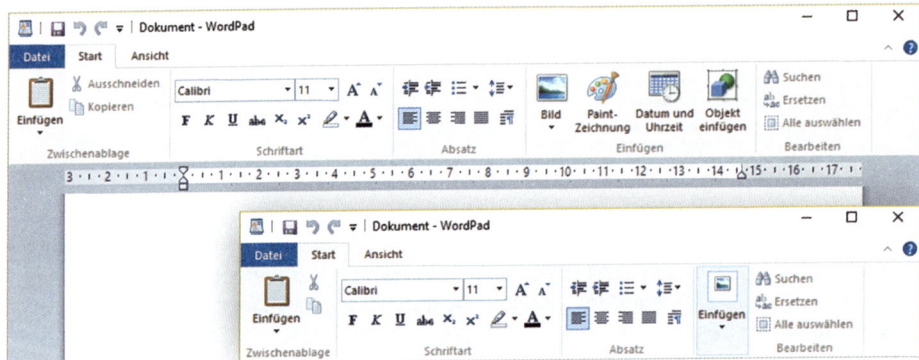

*Bild 4.25 Beispiel Menüband in WordPad*

### Menüband anzeigen/ausblenden
Möglicherweise ist das Menüband auch bis auf die Registerbezeichnungen ausgeblendet (Bild 4.26).

*Bild 4.26 Menüband erweitern*

Dann erscheinen die dazugehörigen Befehle und Schaltflächen erst, wenn Sie auf ein Register klicken und verschwinden dann automatisch wieder. Um das Menüband dauerhaft einzublenden, klicken Sie rechts neben den Registern auf die kleine Schaltfläche *Menüband erweitern* (Bild 4.26). Ein weiterer Klick auf diese Schaltfläche reduziert das Menüband wieder. Alternativ genügt auch ein Doppelklick auf ein beliebiges Register, um das Menüband zu erweitern oder zu reduzieren.

**Symbolleiste für den Schnellzugriff**

Ein weiteres wichtiges Element in Verbindung mit dem Menüband stellt die *Symbolleiste für den Schnellzugriff* dar, kurz auch als Schnellzugriffsleiste bezeichnet. Diese kann um weitere Befehle ergänzt werden.

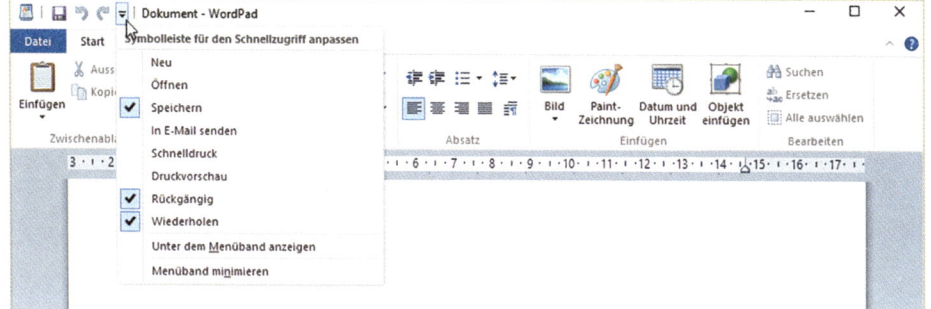

Bild 4.27 Symbolleiste für den Schnellzugriff anpassen

Standardmäßig enthält sie im Fall von WordPad nur die Befehle *Speichern*, *Rückgängig* (die letzte Aktion rückgängig machen) sowie *Wiederholen* (die letzte Aktion wiederholen). Um der Leiste weitere Befehle hinzuzufügen, klicken Sie auf die Pfeilschaltfläche am Ende der Leiste. Es öffnet sich eine Liste weiterer verfügbarer Befehle, klicken Sie auf den Befehl, den Sie der Leiste hinzufügen möchten; bereits enthaltene Befehle sind mit einem Häkchen versehen.

Tastenkombination für Rückgängig: Strg+Z, Tastenkombination für Wiederholen: Strg+Y.

Eine weitere Methode, um Symbole der Symbolleiste für den Schnellzugriff hinzuzufügen: Klicken Sie einen Befehl im Menüband mit der rechten Maustaste an und verwenden Sie im Kontextmenü den Eintrag *Zur Symbolleiste für den Schnellzugriff hinzufügen*.

**Dialog- und Meldungsfenster**

Anwendungen verwenden auch noch Meldungs- und Dialogfenster für allgemeine Informationen und um wichtige Angaben bzw. Bestätigungen anzufordern. Erscheint ein Dialog- oder Meldungsfenster auf dem Bildschirm, so können Sie erst fortfahren, nachdem Sie entweder die erforderliche Eingabe getätigt oder die Meldung per Mausklick (meist auf die Schaltfläche *OK*) bestätigt haben.

# 4 Mit Apps und Anwendungen arbeiten

Wird eine Eingabe erwartet, so können Sie erst nach entsprechender Eingabe mit der Arbeit fortfahren.

- Wenn Sie auf die Schaltfläche *Abbrechen* klicken, so bedeutet dies, das Meldungsfenster wird geschlossen und der ursprüngliche Befehl nicht ausgeführt bzw. Einstellungen werden nicht gespeichert.

- Sind in einem Dialogfenster mehrere Eingaben vorzunehmen, so wird häufig auch noch die Schaltfläche *Übernehmen* angeboten. Mit ihr werden die vorgenommenen Eingaben gespeichert, das Fenster bleibt aber geöffnet und Sie können weitere Einstellungen vornehmen (Bild 4.29).

*Bild 4.28 Meldungsfenster*

*Bild 4.29 Dialogfenster*

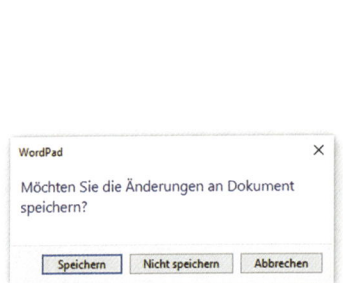
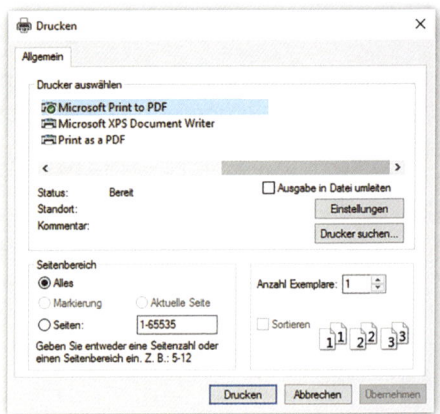

## 4.6 Apps mit dem Taskmanager beenden

Manchmal kann es vorkommen, dass eine App oder ein Programm nicht mehr richtig funktioniert oder überhaupt nicht mehr reagiert. In solchen Fällen benutzen Sie den Task-Manager zum Beenden. Der Task-Manager ist ein wichtiges Instrument zum Verwalten und Kontrollieren von laufenden Apps, Programmen und Prozessen, aber auch weiterer Systemfunktionen. Den Task-Manager können Sie auf unterschiedliche Weise aufrufen:

Strg+Umschalt+Esc öffnet den Task-Manager.

- **Tastenkombination:** Drücken Sie die Tasten Strg+Umschalt+Esc.

- **Kontextmenü:** Klicken Sie mit der rechten Maustaste entweder in einen freien Bereich der Taskleiste oder auf die Start-Schaltfläche (Bild 4.30). Im Kontextmenü klicken Sie dann auf den Eintrag *Task-Manager*.

Der Task-Manager wird anschließend in einem Fenster auf dem Desktop geöffnet. Sie erhalten in der einfachen Ansicht eine Übersicht über die aktuell geöffneten Apps. Um eine App zu beenden, markieren Sie diese in der Übersicht mit einem Mausklick und klicken anschließend auf *Task beenden* (Bild 4.31). Den

# Mit Apps und Anwendungen arbeiten  4

Task-Manager selbst schließen Sie mit Klick auf die Schließen-Schaltfläche in der rechten oberen Ecke des Fensters.

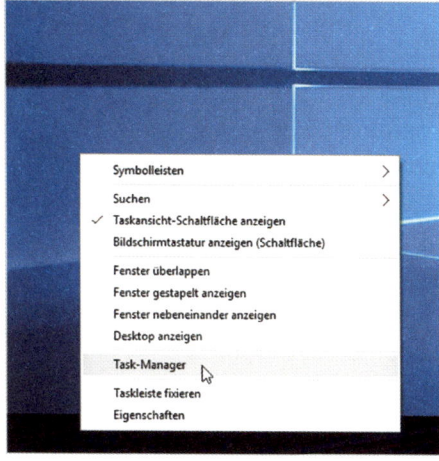
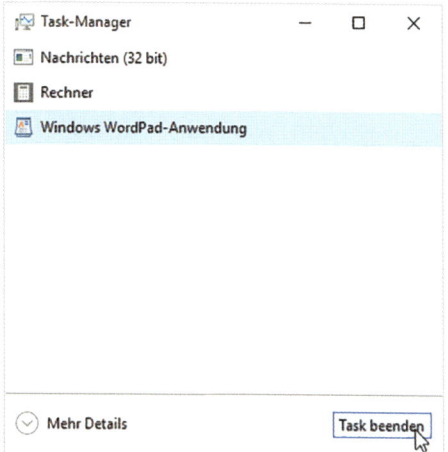

*Bild 4.30 Task-Manager starten*

*Bild 4.31 App im Task-Manager beenden*

Im Task-Manager finden Sie auch noch den Pfeil *Mehr Details*. Damit werden in Registern weitere Funktionen und Aufgaben des Task-Managers angezeigt, die Sie allerdings in der Regel nicht benötigen. Falls Sie trotzdem die verschiedenen Funktionen kennen lernen möchten, hier ein Überblick:

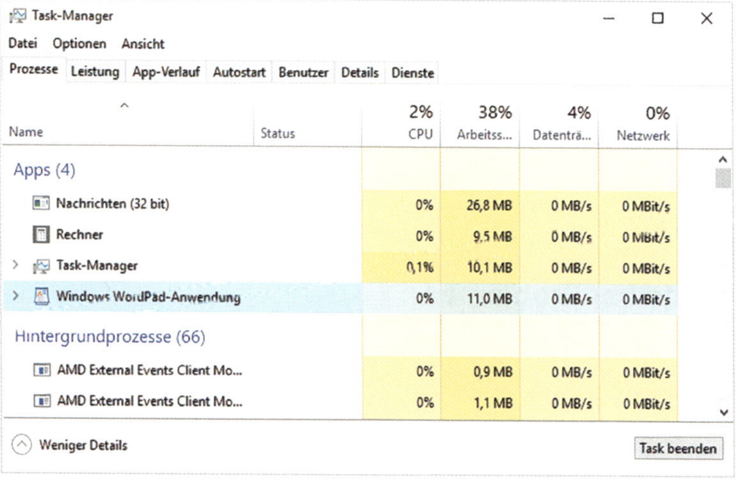

*Bild 4.32 Details des Task-Managers*

- Registerkarte *Prozesse*: Hier erhalten Sie einen Überblick über die laufenden Apps und Anwendungen, aber auch über verschiedene Prozesse im Hintergrund. Rechts neben der Anwendung oder dem Prozess sehen Sie Angaben, welche Kapazitäten in welchem Maß beansprucht werden.

- Registerkarte *Leistung*: Hier erhalten Sie, grafisch aufbereitet, allgemeine Informationen zu Prozessorleistung, Arbeitsspeicher, Festplattenspeicher sowie Netzwerkkapazität.

83

# 4 Mit Apps und Anwendungen arbeiten

- Registerkarte *App-Verlauf*: Erhalten Sie hier verschiedene Statistiken zu den von Ihnen auf dem Computer installierten Apps, z. B. eine Angabe, welche Datenmenge von einer App bereits übers Netzwerk (Internet) versandt wurde.
- Registerkarte *Autostart*: Diese Registerkarte bietet einen Überblick über Programme, die von Windows automatisch beim Startvorgang geladen werden. Wenn Sie dies bei einem Programm nicht wünschen, klicken Sie es in der Übersicht an und wählen anschließend rechts unten in der Bedienoberfläche *Deaktivieren*.
- Registerkarte *Benutzer*: Hier werden die angemeldeten Benutzer des Computers angezeigt inklusive der Daten zu den von ihnen verwendeten Apps und Prozessen. Ein Benutzer kann hier per Mausklick ausgewählt und dann per *Trennen*-Schaltfläche abgemeldet werden.

*Siehe Kap. 9.2, Benutzerkonten verwalten.*

- Registerkarte *Details*: Sie wünschen sich Details zu den geöffneten Apps, Programmen und Prozessen? Diese finden Sie hier.
- Registerkarte *Dienste*: Hier finden Sie schließlich eine Übersicht über die von Windows verwendeten Dienste. Bei den Diensten handelt es sich, grob gesagt, um Prozesse, die für das Betriebssystem selbst relevant sind.

*Vorsicht beim Beenden Ihnen nicht bekannter Prozesse und Dienste! Hierbei handelt es sich oft um systemrelevante Prozesse und Dienste und deren Beenden führt dazu, dass das gesamte System nicht mehr korrekt arbeitet und Windows neu gestartet werden muss.*

## 4.7 Hilfe bei Problemen

### Die integrierte Hilfe-App

Windows verfügt unter der Bezeichnung *Erste Schritte* über eine integrierte Hilfe in Form einer App, die Sie über das Startmenü aufrufen. Sie finden die Kachel im Startmenü entweder unter *Meistverwendet* oder indem Sie auf *Alle Apps* klicken.

Die App verfügt am linken Rand über eine Menüleiste mit Symbolen für die verschiedenen Hilfethemen und wie in allen Windows-Apps blendet ein Klick auf das Menüsymbol ▤ die dazugehörigen Beschriftungen ein.

- Um ein bestimmtes Thema anzuzeigen, klicken Sie einfach links auf die entsprechende Kategorie, z. B. *Cortana*. Rechts erscheinen nun Schalt-

# 4 Mit Apps und Anwendungen arbeiten

flächen mit weiteren Hilfethemen, klicken Sie auf das gewünschte Thema, z. B. *Personalisieren von Cortana*.

- Ein Klick auf den Pfeil *Zurück* in der linken oberen Ecke der App bringt Sie wieder zurück zum vorherigen Thema.

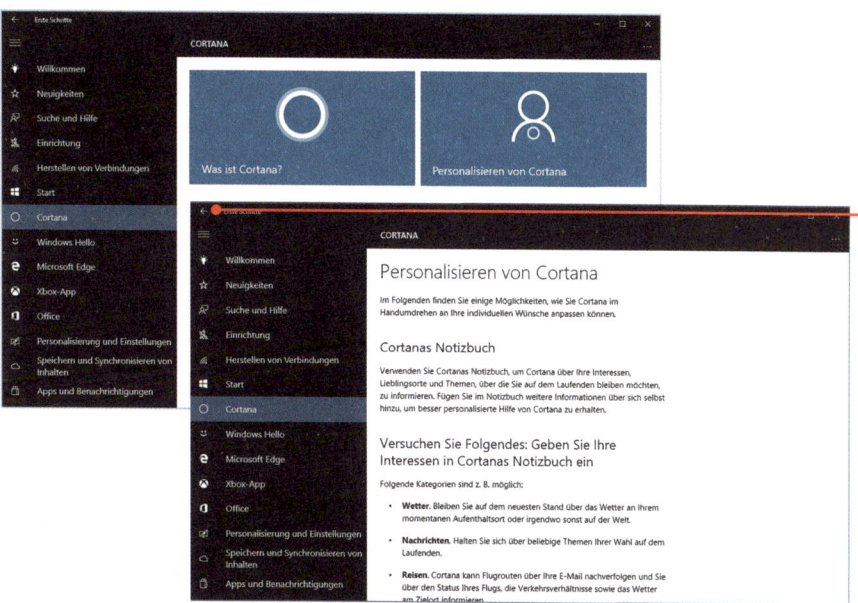

*Bild 4.33 Hilfethema aufrufen, z. B. Cortana*

Zurück

- Falls Sie schnell nach einem Hilfethema zu einem bestimmten Begriff suchen möchten, so klicken Sie auf *Suche und Hilfe*.

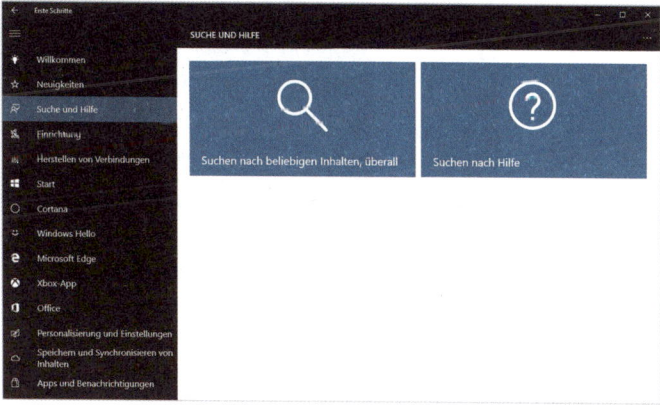

*Bild 4.34 Nach Hilfe suchen*

# Hilfe online erhalten

### Cortana und Suche

Auch über Cortana bzw. das Suchfeld der Taskleiste können Sie gezielt Hilfe erhalten. Beide liefern Ihnen als Ergebnis der Suche Verweise auf entsprechende Themen im Internet.

- Wenn Sie in das Suchfeld eintippen, wozu Sie Hilfe benötigen, beispielsweise „Windows beenden", dann erhalten Sie unter *Web* eine Liste verschiedener Suchvorschläge, die Sie anklicken können. Ihr Standardbrowser, z. B. Microsoft Edge, wird gestartet und der Microsoft-Suchdienst Bing listet passende Webseiten auf.

- Sie können Ihre Anfrage an Cortana mündlich formulieren, etwa „Wie beende ich Windows", dann wird der Browser sofort mit einer Liste entsprechender Seiten geöffnet.

Zum Drucken eines Hilfethemas verwenden Sie die Druckfunktion Ihres Browsers, z. B. über die Schaltfläche mit den drei Punkten.

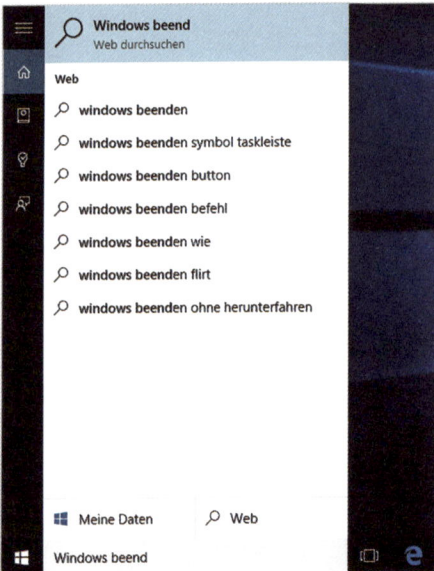

*Bild 4.35 Suchbegriff eingeben*

*Bild 4.36 Über Cortana Hilfe erhalten*

### Hilfe in Apps und Fenstern

Auch Apps verfügen über eine eigene Hilfefunktion, insbesondere wenn es sich um komplexe Anwendungen wie beispielsweise WordPad oder Microsoft Word handelt. Hier rufen Sie die Hilfe auf, indem Sie auf das Fragezeichensymbol in der rechten oberen Ecke des Fensters klicken.

# 4 Mit Apps und Anwendungen arbeiten

Diese Möglichkeit steht auch im Datei-Explorer von Windows zur Verfügung: Klicken Sie auf das Fragezeichen unterhalb der Schließen-Schaltfläche des Fensters (Bild 4.37).

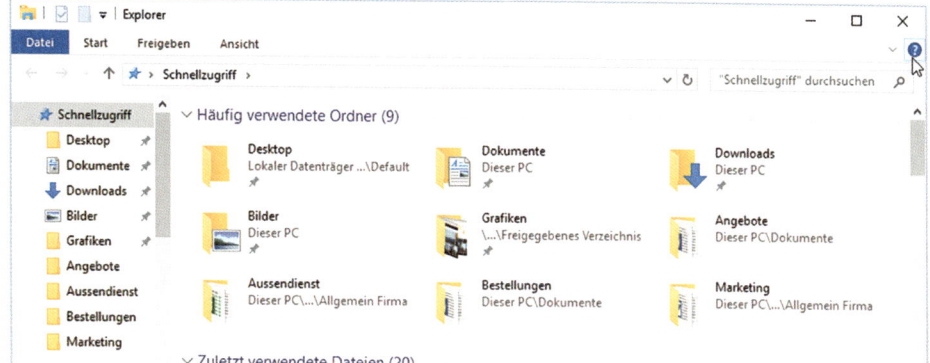

Bild 4.37 Hilfe in Anwendungen

Der Standardbrowser, z. B. Microsoft Edge, wird mit dem Windows-Support geöffnet und Sie können hier entweder gezielt nach einem Suchbegriff suchen oder unter *Weitere Informationen* auf einen weiterführenden Link klicken.

## 4.8 Zusammenfassung

- Für jede Anwendung, die Sie starten, öffnet Windows ein eigenes Fenster auf dem Desktop. Es können mehrere Programme und/oder Apps gleichzeitig geöffnet sein, allerdings ist immer nur eine Anwendung aktiv bzw. befindet sich im Vordergrund.

- In der Taskleiste erhalten Sie einen Überblick über geöffnete Apps und können per Mausklick schnell zwischen den Anwendungen wechseln. Alternativ benutzen Sie die Taskansicht, die Sie mit Klick auf das Symbol in der Taskleiste öffnen. In dieser Ansicht können Sie auch weitere virtuelle Desktops hinzufügen und Fenster zwischen den Desktops verschieben.

- Alle Fenster verfügen über eine Titelleiste, in der Sie das Symbol *Schließen* zum Beenden der Anwendung finden. Fenster können außerdem vergrößert und verkleinert, beliebig verschoben und angeordnet werden. Sie Snap-Funktion von Windows erlaubt das Aufteilen und automatische Anheften von Fenstern am linken und rechten Bildschirmrand.

- Die typischen Windows-Apps sind für die Fingersteuerung optimiert und verfügen daher nur über einfache Bedienelemente. Diese sind zunächst nur als Symbole sichtbar und werden erst vollständig eingeblendet, wenn Sie auf das Menüsymbol in der linken oberen Ecke der App klicken.

- Die Befehlseingabe in klassichen Programmen, z. B. Büroanwendungen, erfolgt entweder über Menüs und Symbolleisten oder ein Menüband, das sämtliche Befehle und Schaltflächen in Registern zusammenfasst. Weitere Möglichkeiten der Befehlseingabe sind die Schnellzugriffsleiste, das Kontextmenü der rechten Maustaste und Tastenkombinationen.

- Meldungs- und Dialogfenster werden von Anwendungen verwendet, um wichtige Meldungen anzuzeigen oder Benutzereingaben anzufordern. Zu diesem Zweck enthalten Dialogfenster verschiedene Elemente, wie z. B. Kontrollkästchen oder Auswahlfelder.

- Nicht mehr reagierende Anwendungen können mit Hilfe des Task-Managers beendet werden. Hier erhalten Sie auch eine Übersicht über Systemauslastung und Prozesse im Hintergrund.

- Hilfe zu Windows 10 erhalten Sie entweder über die integrierte Hilfe-App, die Sie unter dem Namen *Erste Schritte* im Startmenü finden oder über die Suche. In diesem Fall erhalten Sie Verweise auf passende Hilfethemen im Web. Auch Cortana kann Sie bei der Suche nach Hilfe unterstützen.

# 5 Grundlagen der Datenspeicherung

**In dieser Lektion erfahren Sie...**
- wie Daten auf Ihrem Computer gespeichert werden
- welche Speicherorte zur Verfügung stehen
- wie Sie den Datei-Explorer zur Verwaltung Ihrer Dateien einsetzen
- wie Sie sich im Explorer zurecht finden

**Diese Kenntnisse sollten Sie bereits mitbringen...**
- Sie wissen bereits, wie man verschiedene Apps und Programme anwendet und wie man mit Fenstern arbeitet.

# 5 Grundlagen der Datenspeicherung

## 5.1 Begriffe und Speicherorte

Die Speicherung und Verwaltung von Daten zählt zu den grundlegenden Aufgaben eines Computers bzw. Betriebssystems. Gespeicherte Daten werden als Dateien bezeichnet und können nicht nur Text oder Zahlen, sondern z. B. auch Bilder, Videos oder Musikstücke, enthalten. Um das Auffinden von Daten zu erleichtern, werden die Dateien, je nach Inhalt und Zweck, in Ordnern organisiert.

**Dateien**

Daten, die auf einem Computer erstellt, bearbeitet und gespeichert werden, bezeichnet man als Dateien. Jede Datei bildet eine Einheit, kann jedoch ganz unterschiedliche Informationen enthalten, vergleichbar einem Umschlag. So kann eine Datei z. B. ein Dokument enthalten, aber auch ein Foto, ein Video oder ein Musikstück. Der Umfang spielt keine Rolle; ein Textdokument beispielsweise kann einen kurzen Brief bis hin zu einem kompletten Buch mit hundert und noch mehr Seiten umfassen. Mit Ausnahme von Fotos und Musik erhält eine Datei beim Speichern meist das Symbol derjenigen App, mit der sie erstellt wurde. Daher lässt sich mit etwas Übung am Symbol bereits erkennen, um welchen Dateityp es sich handelt, im Bild unten sehen Sie einige Beispiele. Allerdings ist das Symbol auch abhängig von der gewählten Anzeigegröße, bei kleiner Darstellung erhalten beispielsweise Bilder anstelle einer Vorschau ein einheitliches Symbol.

*Musikstücke können auch mit dem Cover des jeweiligen Albums versehen sein.*

*Bild 5.1 Beispiele für verschiedene Dateiarten*

Damit die Inhalte von Dateien auf dem Bildschirm dargestellt werden können, ist immer auch eine dazugehörige Anwendung bzw. App erforderlich. Den Inhalt auf dem Bildschirm anzuzeigen, bezeichnet man als Öffnen der Datei. Schließen Sie eine Datei wieder, so wird sie nur vom Bildschirm bzw. aus dem Arbeitsspeicher entfernt, bleibt aber auf der Festplatte des Computers gespeichert. Zum Thema Öffnen und Speichern von Dateien erfahren Sie mehr in Kapitel 7.

*Auch Programme sind als Dateien auf dem Computer gespeichert.*

Auch Apps bzw. Computerprogramme sind in Form von Dateien gespeichert, diese werden auch als ausführbare Dateien bezeichnet. Beim Öffnen solcher Dateien wird nicht deren Inhalt angezeigt, sondern das jeweilige Programm wird gestartet (ausgeführt). Komplexe Apps, wie beispielsweise Microsoft Word, bestehen allerdings nicht nur aus einer einzigen Datei, sondern benötigen zur Ausführung eine Vielzahl weiterer Dateien.

## Ordner

Um die Vielzahl der gespeicherten Dateien übersichtlich zu verwalten, verwendet Windows Ordner. Wie in einem Büro können Sie beliebig Ordner anlegen und mit Namen versehen. Wenn Sie dann beim Speichern darauf achten, zusammengehörende Dateien in diesen Ordnern zu speichern, sind Ihre Dateien wesentlich schneller wieder auffindbar. Ordner unterscheiden sich durch ihr Symbol von Dateien und sind so leicht zu erkennen, Beispiele sehen Sie in der Spalte außen und in Bild 5.2.

Einige Standardordner sind unter Windows bereits vorhanden, so z. B. je ein Ordner für Dokumente, Bilder, Videos, Musikstücke sowie für Dateien, die Sie aus dem Internet laden (Download) usw. Diese werden bei der ersten Anmeldung am Computer automatisch für jeden Benutzer erstellt.

Weitere Ordner können jederzeit angelegt werden, am besten als Unterordner in einem der Standardordner. Diese Ordner können ihrerseits wiederum Unterordner enthalten, vergleichbar den Registerblättern in einem normalen Büroordner. Auf diese Weise können Sie eine persönliche, Ihrer Arbeitsweise angepasste Ordnerstruktur entwickeln. Je nach Anzeige können Sie bereits am Aussehen eines Ordners erkennen, ob dieser leer ist, wie in Bild 5.2 der Ordner *Verschiedenes*, oder Unterordner enthält wie der Ordner *Angebote*.

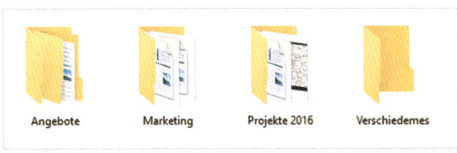

*Bild 5.2 Beispiele für Unterordner*

Ein Beispiel für die sinnvolle Nutzung von Unterordnern ist das Speichern von Briefen: Speichern Sie die gesamte Kundenkorrespondenz einer Firma in einem einzigen Ordner, so behalten Sie nur schwer einen Überblick über alle vorhandenen Dokumente. Besser ist es, wenn Sie innerhalb eines Ordners für jeden Kunden oder bestimmte Kategorien einen eigenen Ordner anlegen und die Dateien dort speichern.

### Bibliotheken

*Falls Sie bereits mit Windows 7 gearbeitet haben, werden Ihnen wahrscheinlich auch die Bibliotheken bekannt sein. Diese fassen zusammengehörige Ordner zusammen, auf diese Weise lassen sich mehrere Ordner gleichzeitig durchsuchen. Bibliotheken existieren auch in Windows 10, sind aber standardmäßig nicht sichtbar. Daher wird an dieser Stelle auch nicht näher auf Bibliotheken eingegangen. Wie Sie diese bei Bedarf einblenden und mit ihnen arbeiten, erfahren Sie in Kapitel 7.11, Spezialthema Bibliotheken.*

## 5  Grundlagen der Datenspeicherung

**Laufwerke und externe Datenträger**

Als Laufwerke bezeichnet man alle an den Computer angeschlossenen bzw. in diesem eingebauten Datenträger. Dazu gehören die Festplatte und andere eingebaute Speichermedien, CD- und DVD-Laufwerke (= optische Laufwerke), externe Festplatten, USB-Speichersticks sowie eventuell vorhandene Kartenlesegeräte. In einer Netzwerkumgebung (Verbindung mehrerer Computer) zählen auch noch verbundene Netzwerklaufwerke dazu.

Für jedes Laufwerk bzw. jeden Datenträger kann optional ein Name vergeben werden. So kann beispielsweise die Festplatte den Namen „Windows" erhalten oder Sie können einer DVD den Namen „Urlaubsfotos" zuweisen.

Intern benutzt Windows zur Laufwerkskennzeichnung Buchstaben gefolgt von einem Doppelpunkt. So wird das Speichermedium, auf dem Windows installiert wurde, normalerweise die Festplatte, in der Regel über den Laufwerksbuchstaben *C:* angesprochen und alle anderen Laufwerke erhalten nacheinander die weiteren Buchstaben des Alphabets. Dem DVD-Laufwerk kann beispielsweise der Buchstabe *D:* zugewiesen werden und ein USB-Speicherstick erhält dann beim Anschließen automatisch den nächsten Buchstaben *E:*. Dasselbe gilt auch für alle weiteren, extern angeschlossenen Speichermedien, z. B. Speicherkarte bzw. digitale Kamera. Die Buchstaben *A:* und *B:* waren ursprünglich reserviert für erstes und zweites Diskettenlaufwerk und werden daher heute nicht mehr verwendet.

**Hinweis:** *Eine Festplatte lässt sich auch in mehrere Partitionen aufteilen. Dann entspricht jede Partition einem gesonderten Laufwerk mit eigenem Laufwerksbuchstaben und Namen.*

**Internet (Cloud)**

Das Internet als Speicherort für Dateien

Sie können Ihre Dateien nicht nur lokal auf dem Computer speichern, sondern auch im Internet. Man spricht in diesem Zusammenhang auch vom Speichern in der Cloud (übersetzt „Wolke"). Der Vorteil: Sie haben von verschiedenen Geräten aus Zugriff auf Ihre Daten und können trotzdem bei Bedarf die Dateien mit Ihrer Festplatte synchronisieren. Wenn Sie die Dateien freigeben, können Sie auch anderen Personen Zugriff gewähren.

Zum Speichern von Dateien im Internet steht Ihnen in Verbindung mit einem Microsoft-Konto und Windows 10 unter dem Namen *OneDrive* kostenloser Speicherplatz zur Verfügung. Dieser Speicherplatz kann wie jedes andere Laufwerk, z. B. ein USB-Speicherstift, genutzt werden. In den Office-Anwendungen, ab der Version 2013, ist OneDrive sogar fest als Speicherort integriert.

# 5 Grundlagen der Datenspeicherung

*Es gibt auch noch weitere Cloud-Speicherdienste, die Sie nutzen können. Sehr beliebt sind z. B. die Dienste Dropbox und Google Drive. Bevor Sie einen Cloud-Speicherdienst zum Speichern Ihrer Dateien verwenden, sollten Sie mit der Computernutzung allerdings schon etwas besser vertraut sein.*

## 5.2 Der Datei-Explorer

Der Explorer, manchmal auch als Datei-Explorer (engl. File-Explorer) bezeichnet, ist eine Anwendung, mit der Sie nicht nur eine Übersicht über alle Speicherorte wie Laufwerke und Ordner sowie Dateien erhalten, Sie erledigen hier auch die gesamte Verwaltung Ihrer Ordner und Dateien. Laufwerke unterscheiden sich im Explorer nur durch ihr Symbol von Ordnern, nicht aber im Umgang. Sie können also hier mit Ordnern und Laufwerken, z. B. *OneDrive*, gleichermaßen arbeiten.

In früheren Versionen von Windows auch als Windows-Explorer bezeichnet,

**Explorer starten**

- Den Explorer finden Sie als festen Bestandteil im Startmenü sowie standardmäßig als Symbol in der Taskleiste.

- Alternativ benutzen Sie die Suche und tippen einfach die ersten Zeichen, z. B. *Expl*, als Suchbegriff ein oder beauftragen Cortana z. B. mit dem Befehl *„Öffne Explorer"*.

- Als dritte Möglichkeit öffnen Sie den Explorer mit der Tastenkombination Windows+E.

Explorer mit Windows +E starten

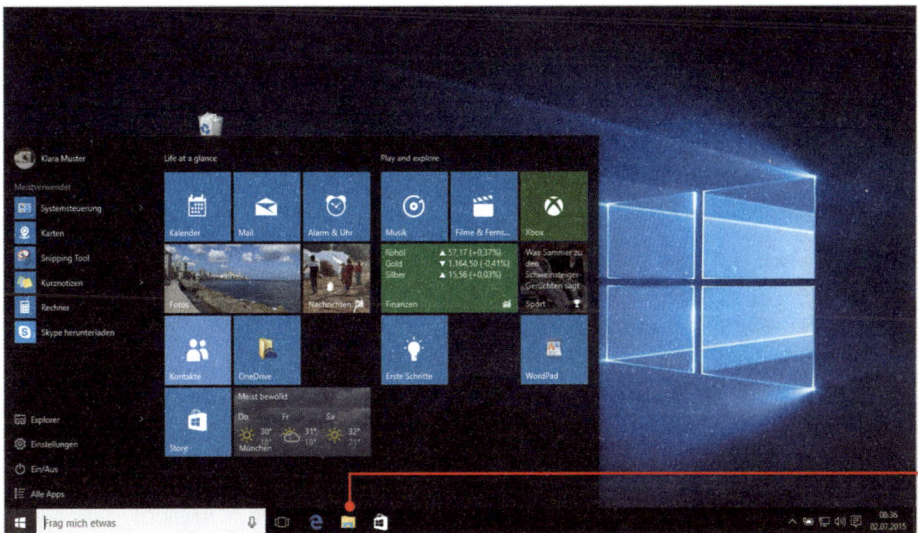

*Bild 5.3 Explorer im Startmenü starten*

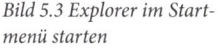

Explorersymbol in der Taskleiste

93

# 5 Grundlagen der Datenspeicherung

**Wesentliche Elemente des Explorers**

Betrachten wir zunächst die Bedienoberfläche des Explorers und seine Bereiche genauer. Die Titelleiste des Fensters zeigt den aktuellen Speicherort an. Unmittelbar nach dem Öffnen des Explorers bzw. wenn kein Speicherort ausgewählt ist, erscheint hier der Name der App *Explorer* (Bild 5.4).

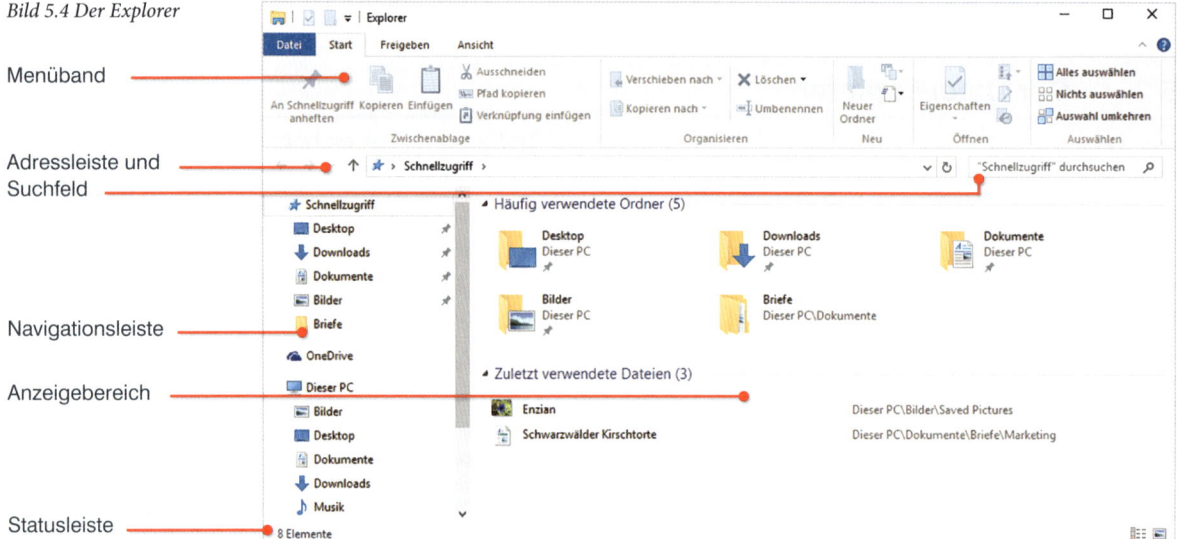

*Bild 5.4 Der Explorer*

Beschriftungen: Menüband, Adressleiste und Suchfeld, Navigationsleiste, Anzeigebereich, Statusleiste

- Im oberen Bereich des Fensters finden Sie das Menüband mit allen Befehlen, die Sie im Explorer benötigen.

- Die Adressleiste darunter zeigt den Namen bzw. Pfad des aktuell ausgewählten Speicherortes an und enthält links einige Symbole zur Navigation zwischen Speicherorten. Rechts in der Adressleiste befindet sich ein Suchfeld zum Durchsuchen des aktuellen Speicherorts.

- Das Explorer-Fenster selbst ist standardmäßig zweigeteilt. Der größere Bereich rechts wird als Inhalts- oder Anzeigebereich bezeichnet. Hier sehen Sie den Inhalt des aktuellen Speicherortes in Form von Symbolen und deren Bezeichnungen.

- Die linke Spalte des Explorers dient zur Navigation zwischen den verschiedenen Speicherorten und wird als Navigationsbereich bezeichnet. Klicken Sie im Navigationsbereich auf einen Speicherort, so erscheint dessen Inhalt sofort im Anzeigebereich. Im Anzeigebereich selbst ist zur Anzeige eines Ordnerinhaltes ein Doppelklick auf den Ordner erforderlich.

- Am unteren Rand des Windows-Explorers sehen Sie schließlich noch eine Statusleiste mit Informationen zum ausgewählten Element sowie in der rechten Ecke zwei Symbole zum schnellen Ändern der Ansicht.

## Befehle über das Menüband aufrufen

Das Menüband enthält alle Befehle des Explorers. Zusammengehörige Befehle sind in Registern, z. B. *Ansicht*, zusammengefasst. Zum Anzeigen der dazugehörigen Schaltflächen, klicken Sie auf den Namen des Registers.

Menüband, siehe Kapitel 4.5.

Häufig sind vom Menüband nur die Registernamen sichtbar, dann erscheinen die Schaltflächen erst, wenn Sie auf einen Namen klicken und verschwinden sofort wieder, nachdem Sie auf eine Schaltfläche oder eine beliebige andere Stelle geklickt haben. Um das Menüband dauerhaft einzublenden, klicken Sie auf das Symbol *Menüband erweitern*, ein weiterer Mausklick auf dieses Symbol reduziert das Menüband wieder (Bild 5.5). Auch ein Doppelklick auf einen Registernamen blendet das Menüband ein und wieder aus.

Das Menüband kann ausgeblendet sein!

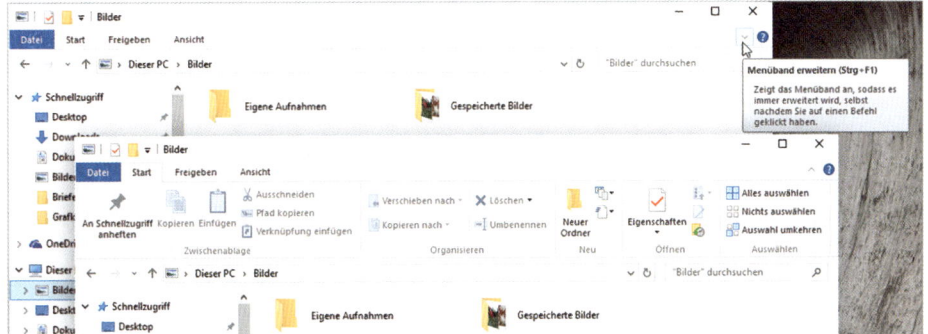

*Bild 5.5 Menüband erweitern / reduzieren*

Beachten Sie außerdem, dass die verfügbaren Register davon abhängig sind, welcher Speicherort gerade ausgewählt ist. So erscheint beispielsweise das Register *Bildtools - Verwalten* nur dann, wenn der Inhalt eines Bilderordners angezeigt wird. Diese Register bezeichnet man auch als kontextbezogene Register.

## 5.3   Speicherorte auswählen und anzeigen

Windows unterscheidet im Explorer bei der Auswahl und Anzeige von Speicherorten nicht zwischen Ordnern, Laufwerken, Wechseldatenträgern und OneDrive. Auswahl und Anzeige sind immer gleich.

### Inhalte anzeigen

Der Anzeige- oder Inhaltsbereich des Explorers zeigt immer nur den Inhalt des aktuellen Speicherortes, z. B. des Ordners *Dokumente*, an. Unmittelbar nach dem Öffnen des Explorers erscheint hier standardmäßig die Startseite mit dem *Schnellzugriff,* einer Zusammenstellung häufig verwendeter Ordner und Dateien (siehe Bild 5.6). Um eine der zuletzt verwendeten Dateien am Bildschirm anzuzeigen (Öffnen), genügt ein Doppelklick auf das Dateisymbol. Ein Doppelklick auf das Symbol eines zuletzt verwendeten Ordners, z. B. *Bilder*, öffnet dagegen den Ordner und zeigt im Anzeigebereich den Inhalt dieses Ordners in Form von Dateien und/oder weiteren Ordnern an. Welcher Speicherort aktuell ausgewählt ist, sehen Sie in der Titelleiste und in der Adressleiste des Explorerfensters (Bild 5.6).

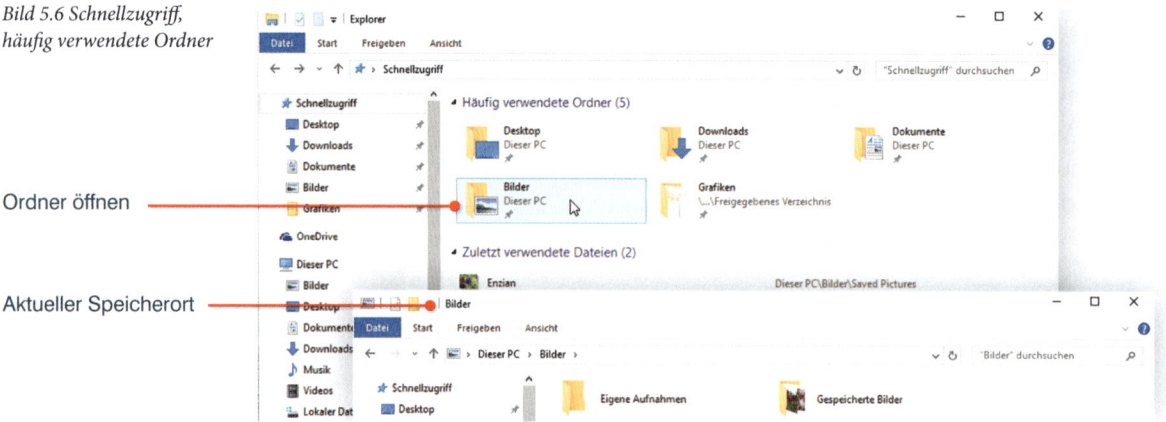

*Bild 5.6 Schnellzugriff, häufig verwendete Ordner*

Ordner öffnen

Aktueller Speicherort

**Verwechseln Sie Ordner nicht mit Dateien!**
*Der Anzeigebereich des Explorers kann Dateien, Ordner und Laufwerke enthalten, alle werden hier mit Doppelklick auf das jeweilige Symbol geöffnet. Beim Öffnen einer Datei startet automatisch auch die dazugehörige App und zeigt den Dateiinhalt an, ein Doppelklick auf ein Ordner- oder Lauswerkssymbol zeigt dagegen den Inhalt in Form von Dateisymbolen und eventuell weiteren Ordnern an.*

**Schnelle Navigation im Navigationsbereich**

Wenn Sie gezielt einen bestimmten Speicherort auswählen und dessen Inhalt anzeigen möchten, dann haben Sie dazu verschiedene Möglichkeiten. Am einfachsten benutzen Sie den Navigationsbereich des Explorers.

Über den Navigationsbereich haben Sie Zugriff auf alle Inhalte Ihres Computers sowie auf angeschlossene externe Speichermedien, einschließlich der Cloud und verbundene Netzlaufwerke. Im Gegensatz zum Anzeige- oder Inhaltsbereich enthält dieser Bereich keine Dateien, sondern ausschließlich Laufwerks- und Ordnersymbole. Ein einfacher Mausklick auf den Namen oder das Symbol genügt, um den dazugehörigen Inhalt im Anzeigebereich anzuzeigen.

Der Navigationsbereich ist in mehrere Abschnitte aufgeteilt und besteht standardmäßig aus den in Bild 5.7 gezeigten Abschnitten, wobei sich die Anzeige und die Laufwerksbezeichnungen bzw. Laufwerksbuchstaben auf Ihrem PC von der Abbildung etwas unterscheiden können:

- Der Abschnitt *Schnellzugriff* enthält standardmäßig die Ordner *Dokumente*, *Bilder*, *Downloads* sowie den *Desktop*. Weitere häufig benötigte Speicherorte können individuell hinzugefügt werden.

- Unter *OneDrive* finden Sie alle Ordner, die sich in der Cloud (Internet) befinden, Zugriff haben Sie allerdings nur, wenn Sie mit einem Microsoft-Konto angemeldet sind.

- *Dieser PC* fasst die Standardordner und alle Laufwerke zusammen, die sich auf Ihrem PC befinden bzw. daran angeschlossen sind.

- Falls eine *Heimnetzgruppe* eingerichtet wurde, können Sie hier auf freigegebene Ordner anderer PCs in dieser Gruppe zugreifen.

- Über *Netzwerk* haben Sie eventuell Zugriff auf zentrale freigegebene Laufwerke und Ordner innerhalb der Firma.

Je nach Größe des Explorerfensters kann der Navigationsbereich über eine gesonderte Bildlaufleiste verfügen. Die Breite des Navigationsbereichs können Sie mit der Maus ändern: Zeigen Sie mit der Maus auf die Trennlinie zwischen Navigations- und Anzeigebereich, bis der Mauszeiger als waagerechter Doppelpfeil erscheint. Verschieben Sie dann mit gedrückter linker Maustaste die Linie nach rechts (Vergrößern des Navigationsbereichs) oder nach links (Verkleinern).

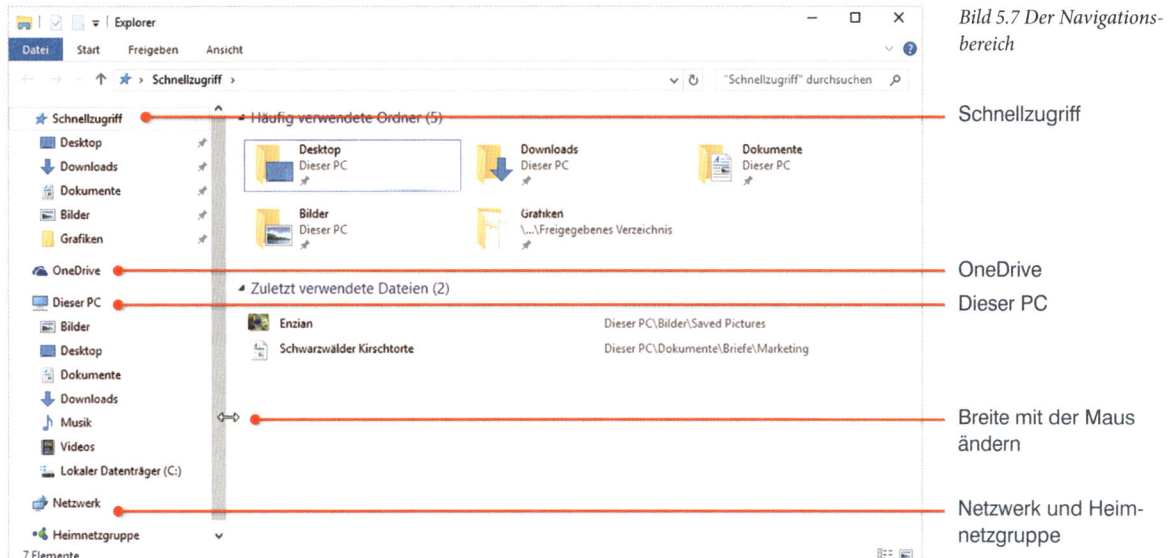

*Bild 5.7 Der Navigationsbereich*

### Unterordner ein- und ausblenden

Wenn Sie den Mauszeiger in den Navigationsbereich bewegen, erscheinen links von den Symbolen kleine, nach rechts oder unten weisende Pfeile. Diese Pfeile bedeuten, dass zu einem Abschnitt, Ordner oder Laufwerk weitere untergeord-

Die Pfeile sind nur sichtbar, wenn sich der Mauszeiger im Navigationsbereich befindet!

nete Elemente gehören. So umfasst beispielsweise der Abschnitt *Dieser PC* eine Reihe von Standardordnern sowie alle Laufwerke des PCs (Bild 5.8).

- Ein nach rechts weisender Pfeil signalisiert, dass die dazugehörigen untergeordneten Speicherorte ausgeblendet sind und mit einem einfachen Mausklick auf den Pfeil eingeblendet werden können. Diese erscheinen dann unterhalb und etwas eingerückt, wie z. B. die Unterordner des Ordners *Dokumente* in Bild 5.9.

- Ein nach unten weisender Pfeil bedeutet, die untergeordneten Speicherorte sind sichtbar und können per Mausklick auf den Pfeil wieder ausgeblendet werden. Klicken Sie hingegen auf den Namen oder das Symbol eines untergeordneten Speicherorts, so erscheinen die Inhalte rechts im Anzeigebereich.

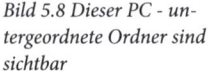

*Bild 5.8 Dieser PC - untergeordnete Ordner sind sichtbar*

*Bild 5.9 Der Ordner Dokumente mit untergeordneten Ordnern*

*Bild 5.10 Die Elemente aller Abschnitte sind ausgeblendet*

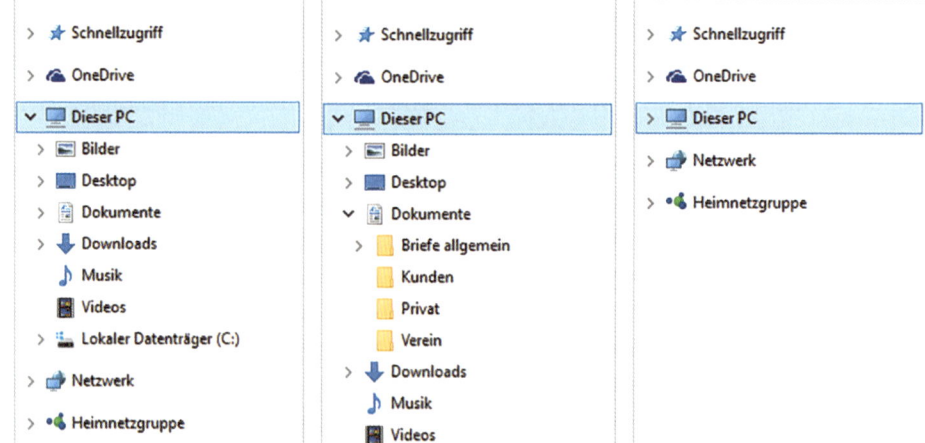

**Übersicht: Sie möchten...**
- Unterordner anzeigen: Klicken Sie auf den nach rechts weisenden Pfeil.
- Unterordner ausblenden: Klicken Sie auf den nach unten weisenden Pfeil.
- Inhalt (Dateien) im Anzeigebereich anzeigen: Klicken Sie auf den Namen oder das Symbol des Ordners oder Laufwerks.

**Navigationsbereich anzeigen**

Falls der Navigationsbereich nicht sichtbar sein sollte, so blenden Sie diesen über das Menüband ein: Klicken Sie auf das Register *Ansicht* und auf die Schaltfläche *Navigationsbereich*. Ein fehlendes Häkchen vor *Navigationsbereich* bedeutet, dass dieser ausgeblendet ist. Klicken Sie zum Anzeigen auf *Navigationsbereich*. Alle weiteren Einstellungen dieser Schaltfläche werden zunächst nicht benötigt.

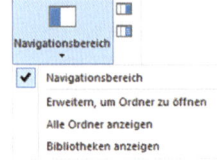

# Grundlagen der Datenspeicherung 5

**Die Bedeutung der Standardordner**

Unter *Dieser PC* finden Sie mehrere Ordner vor, dies sind die Standardordner von Windows 10. Sie werden bei der ersten Anmeldung am PC angelegt und sind gleichzeitig persönliche Ordner, das bedeutet, dass ausschließlich Sie auf diese Ordner und deren Inhalt Zugriff haben. Benutzen mehrere Personen denselben PC, sind aber unter anderem Namen angemeldet, so besitzt jeder Benutzer seine persönlichen Ordner. Ausnahme: Systemadministratoren verfügen in der Regel über alle Rechte am PC, können unter Umständen also auch auf die persönlichen Ordner aller Benutzer zugreifen.

Die Standardordner und ihr Einsatzzweck:

| Ordner | Einsatzzweck |
|---|---|
| Bilder | Hier speichern Sie Fotos, Grafiken und sonstige Bilddateien. |
| Desktop | Dieser Ordner enthält alle Elemente, die auf dem Desktop angezeigt werden. |
| Dokumente | Dies dürfte der am häufigsten verwendete Ordner sein, hier speichern Sie Texte aller Art, z. B. Briefe, Tabellen, Präsentationen, Webseiten usw.. |
| Downloads | Wenn Sie Dateien aus dem Internet herunterladen („downloaden"), werden diese standardmäßig im Ordner Downloads gespeichert. |
| Musik | Speichern Sie hier einzelne Songs oder ganze Musikalben. |
| Videos | Dieser Ordner dient zum Speichern von Videodateien aller Art, allerdings benötigen diese Dateien sehr viel Speicherplatz. |

Natürlich lassen sich auch im Ordner *Dokumente* Bilder speichern bzw. Unterordner für Bilder anlegen. Allerdings schlagen die meisten Anwendungsprogramme, wie z. B. Microsoft Word, beim Speichern gleich den passenden Speicherort vor, im Fall Word ist dies der Ordner *Dokumente*.

## Adressen und Suchpfade

**Die Adressleiste zur schnellen Navigation benutzen**

Die Adressleiste zeigt nicht nur den aktuellen Speicherort an, sondern enthält am linken Rand Pfeile zur schnellen Navigation zwischen Speicherorten.

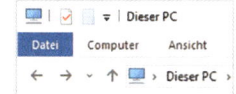

- Mit der Schaltfläche *Zurück* gelangen Sie zurück an den zuletzt ausgewählten Speicherort und mit jedem weiteren Mausklick auf diese Schaltfläche blättern Sie weiter zurück in der Liste der zuletzt betrachteten Speicherorte.

# 5 Grundlagen der Datenspeicherung

- Die Schaltfläche *Vorwärts* bringt Sie wieder zu dem Speicherort, den Sie mit *Zurück* verlassen haben bzw. blättert in der Liste der Speicherorte vorwärts.
- Die Liste zuletzt besuchter Speicherorte öffnen Sie mit einem Klick auf das kleine, nach unten weisende, Dreieck. In dieser Liste können Sie ebenfalls durch Anklicken schnell zu einem der letzten Speicherorte gelangen.
- Der nach oben weisende Pfeil führt zum übergeordneten Speicherort.

*Bild 5.11 Adressleiste*

Zurück zum letzten Ort
Vorwärts
Liste anzeigen
Eine Ebene höher

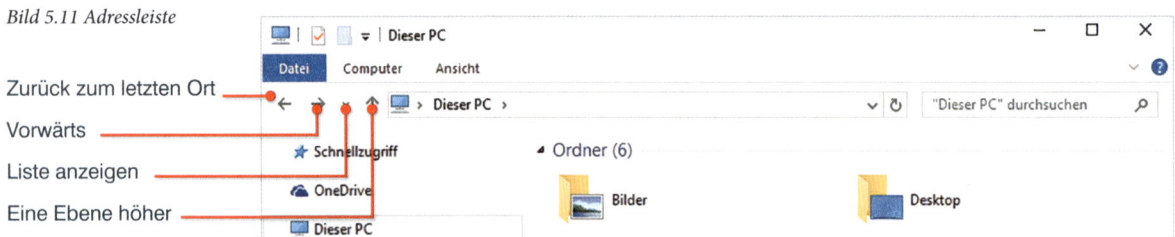

Beachten Sie, dass unmittelbar nach dem Start des Explorers die Symbole *Zurück* und *Vorwärts* grau, das bedeutet inaktiv, sind, da noch keine anderen Speicherorte besucht wurden.

**Navigation über das Adressfeld**

*Speicherorte folgen einer Hierarchie*

Auch das Adressfeld selbst kann zur Navigation benutzt werden. Es zeigt den aktuellen Speicherort an, zusammen mit der Angabe, wo dieser zu finden ist. Solche Adressen werden auch als Suchpfade oder einfach nur Pfade bezeichnet. Die Adresse *Dieser PC > Dokumente > Verein* bedeutet beispielsweise, dass im Anzeigebereich gerade der Inhalt des Ordners *Verein* angezeigt wird. Dieser befindet sich im Ordner *Dokumente*. Der Ordner *Dokumente* wiederum ist der Kategorie *Dieser PC* als übergeordnetem Speicherort zugeordnet. Mit einem Klick auf einen übergeordneten Speicherort, z. B. *Dokumente*, erscheint jetzt der Inhalt dieses Ortes im Anzeigebereich.

*Diese Dreiecke werden auch als Dropdown-Schaltflächen bezeichnet.*

Rechts von jedem der übergeordneten Speicherorte befindet sich ein kleines Dreieck. Ein Klick auf dieses Dreieck öffnet eine Liste der Ordner bzw. Speicherorte, die ebenfalls zum Element, z. B. *Dieser PC*, gehören (Bild 5.12). Der aktuelle Ordner ist fett gekennzeichnet und Sie können durch Anklicken schnell zu einem der anderen Ordner wechseln.

*Bild 5.12 Navigation im Adressfeld*

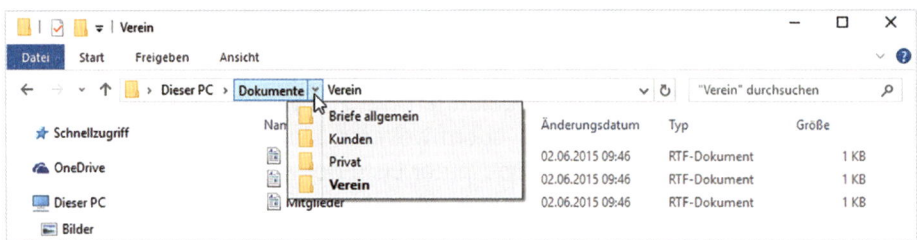

100

# Grundlagen der Datenspeicherung 5

**Tipp:** Wenn Sie den Namen eines Ordners kennen, dann können Sie ihn auch wie folgt öffnen, es spielt dabei keine Rolle, wo Sie sich gerade befinden bzw. welcher Ort gerade angezeigt wird:

1. Klicken Sie in einen freien Bereich des Adressfeldes, der Name des aktuellen Ordners wird markiert.
2. Tippen Sie nun den Namen des Ordners ein, die Markierung wird durch die Eingabe automatisch überschrieben, und drücken Sie abschließend die Eingabe-Taste.

*Bild 5.13 Ordnernamen eingeben*

## Pfadangaben genauer betrachtet

Pfadangaben oder Suchpfade beschreiben den genauen Speicherort von Ordnern und Dateien. Ein vollständiger Suchpfad enthält den Laufwerksbuchstaben einschließlich Doppelpunkt und die Namen aller übergeordneten Ordner, gegebenenfalls auch den Dateinamen. Die einzelnen Elemente werden durch einen rückwärts gewandten Schrägstrich, den Backslash (\), getrennt. So bedeutet beispielsweise der Pfad *H:\Daten\Kunden\Mailing\Anschreiben.docx*, dass sich die Datei *Anschreiben.docx* auf dem Laufwerk *H:* im Unterordner *Mailing* des Ordners *Kunden* befindet, dieser ist wiederum Inhalt des Ordners *Daten*.

Der Backslash (\) wird mit der Tastenkombination Alt Gr+ß erzeugt. Nicht mit dem normalen Schrägstrich verwechseln!

Das Adressfeld des Explorers zeigt den Pfad standardmäßig in der zuvor beschriebenen Form (ohne Backslash) an (Bild 5.14). Damit der tatsächliche Pfad (Bild 5.15) sichtbar wird, klicken Sie an eine freie Stelle des Adressfeldes. Diese Schreibweise verschwindet wieder, wenn Sie die Esc-Taste drücken oder an eine beliebige Stelle im Explorer-Fenster klicken.

*Bild 5.14 Suchpfad in der Standardschreibweise*

*Bild 5.15 Suchpfad in der exakten Schreibweise*

**Tipp:** Im Register *Start*, Gruppe *Zwischenablage*, finden Sie die Schaltfläche *Pfad kopieren*. Mit dieser kopieren Sie den vollständigen Pfad des markierten Elements in die Zwischenablage und können diesen anschließend, z. B. in einem Dokument oder einer E-Mail, mit Strg+V wieder einfügen.

**Übersicht: Navigationsmöglichkeiten**

Um im Anzeige- oder Inhaltsbereich schnell den Inhalt eines bestimmten Ordners, beispielsweise *Briefe*, anzuzeigen, stehen Ihnen somit die folgenden Möglichkeiten offen:

- Klicken Sie den Ordner im Navigationsbereich an, ggfs. müssen Sie hier den Ordner zuerst einblenden.

- Falls der Ordner im Anzeigebereich sichtbar ist, doppelklicken Sie zum Öffnen darauf.

- Oder wählen Sie im Adressfeld den gewünschten Ordner aus.

- Hatten Sie diesen Ordner zuvor bereits geöffnet, dann können Sie auch die Schaltflächen *Zurück* oder *Vorwärts* der Adressleiste benutzen.

## 5.4 Inhalte von Wechseldatenträgern

### CD, DVD oder USB-Stick anzeigen

Legen Sie eine CD oder DVD in das Laufwerk ein und warten Sie nach dem Schließen des Laufwerks einige Sekunden, bis der Inhalt gelesen wurde. Einen USB-Speicherstick stecken Sie in einen freien USB-Anschluss. Wurde der Datenträger erkannt, so erscheint in der rechten unteren Ecke des Bildschirms eine kurze Meldung, als Beispiel in Bild 5.16 die Meldung nach Einlegen einer CD.

*Bild 5.16 Meldung: Wählen Sie eine Aktion*

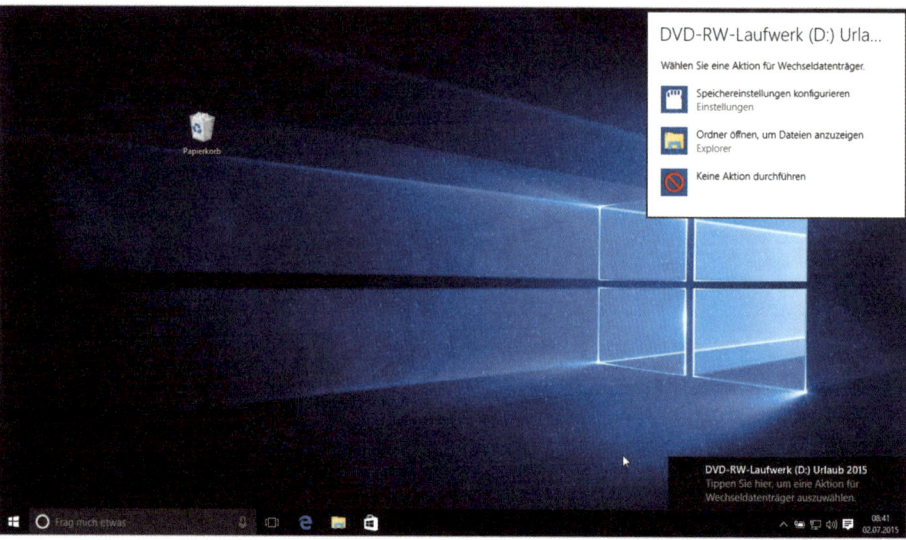

Klicken Sie auf die Meldung, abhängig vom Datenträgertyp schlägt Windows anschließend verschiedene Aktionen vor. Mit *Ordner öffnen, um Dateien anzuzei-*

Grundlagen der Datenspeicherung 5

*gen* zeigen Sie beispielsweise den Inhalt im Explorer an. Hier erscheint der Datenträger mit einem Laufwerksbuchstaben unter *Dieser PC*, gleichzeitig sehen Sie den Inhalt im Anzeigebereich.

*Die Meldung verschwindet nach einigen Sekunden automatisch wieder. Falls Sie die Meldung verpasst haben, kein Problem, dann können Sie diese im Info-Center einsehen, das Sie mit Klick auf das Symbol* 🖳 *in der Taskleiste öffnen. Der Inhalt des Datenträgers ist in jedem Fall im Explorer verfügbar.*

**Die automatische Wiedergabe steuern**

Die obige Meldung erscheint nur beim ersten Mal: Windows speichert die getroffene Auswahl und führt diese beim nächsten Anschließen des Datenträgers automatisch aus (Automatische Wiedergabe).

Die Einstellungen für die automatische Wiedergabe lassen sich kontrollieren und ggfs. nachträglich ändern. Klicken Sie dazu im Startmenü auf *Einstellungen* und anschließend auf *Geräte*. Klicken Sie dann auf *Automatische Wiedergabe* (Bild 5.17). Alternativ können Sie auch im Suchfeld der Taskleiste den Begriff „Wiedergabe" eintippen.

Rechts können Sie nun allen Wechseldatenträgern eine Aktion zuweisen: Klicken Sie auf den Dropdown-Pfeil *Wechseldatenträger* und wählen Sie eine Aktion aus (Bild 5.17). Bei Bedarf lässt sich mit Klick auf den Schalter *Ein/Aus* die *Automatische Wiedergabe für alle Medien und Geräte* auch komplett ausschalten. Schließen Sie dann das Fenster wieder, alle geänderten Einstellungen werden automatisch übernommen. Unterhalb können Sie auch noch eine Aktion für das Einlegen bzw. Anschließen einer Speicherkarte auswählen.

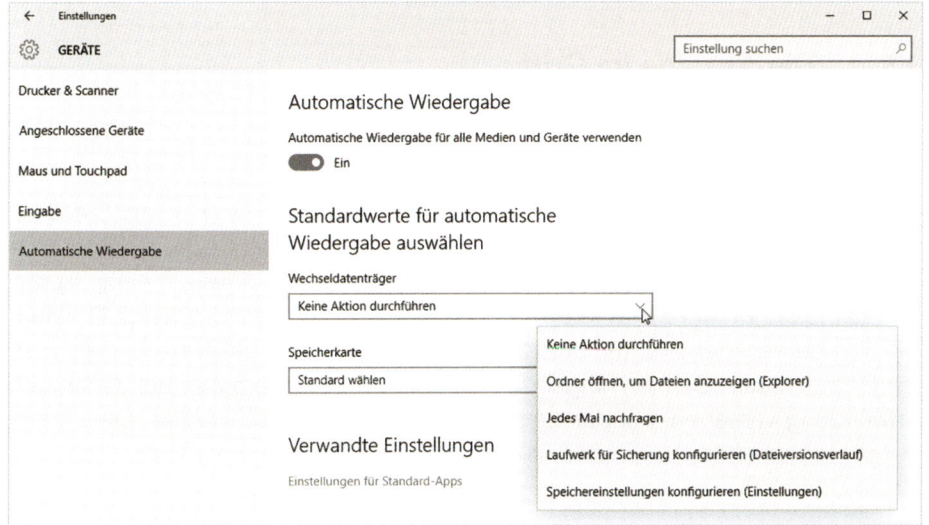

*Bild 5.17 Aktion für Wechseldatenträger auswählen*

103

# 5 Grundlagen der Datenspeicherung

**Datenträger abmelden**

Beim Umgang mit Wechseldatenträgern, dazu zählen auch externe Festplatten, sollten Sie darauf achten, den Datenträger nicht während eines Schreib- oder Lesevorgangs zu entnehmen, da sonst häufig ein Datenverlust die Folge ist, in vielen Fällen kann sogar der Datenträger anschließend nicht mehr gelesen werden. Besonders bei externen Festplatten, USB-Speichersticks und Speicherkarten sollten Sie daher den Datenträger vor dem Entnehmen abmelden und damit sicherstellen, dass kein Zugriff mehr auf den Datenträger erfolgt. So gehen Sie dabei vor:

*Hinweis: Bei einer Vielzahl von Symbolen im Infobereich müssen Sie eventuell zuerst ausgeblendete Symbole einblenden, damit dieses Symbol erscheint.*

Bei angeschlossenen USB-Speichergeräten enthält der Infobereich der Taskleiste das Symbol *Hardware sicher entfernen und Medium auswerfen* . Ein Mausklick auf das Symbol zeigt alle Geräte an, die Sie auf diese Weise abmelden können. Klicken Sie dann einfach auf das Laufwerk, das Sie entfernen möchten. Anschließend erscheint eine Meldung, dass nun der Datenträger entnommen werden kann. Wird der Datenträger noch verwendet, so macht Sie Windows ebenfalls darauf aufmerksam, in diesem Fall müssen Sie zuerst Dateien und Ordner schließen bzw. die Anwendung beenden.

*Bild 5.18 Hardware sicher entfernen*

*Bild 5.19 Klicken Sie auf das Laufwerk*

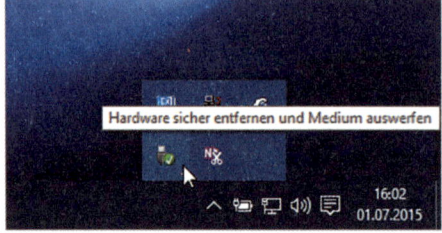

## 5.5 Die Anzeige im Griff

**Datei- und Ordnersymbole**

Betrachten wir nun den Inhaltsbereich des Explorerfensters bzw. die Symbole genauer: Je nach Ansicht finden Sie im Inhaltsbereich mehr oder weniger große Datei- und Ordnersymbole. Für Ordner verwendet Windows ein einheitliches Symbol, das nur wenig variiert und Rückschlüsse auf den Ordnerinhalt liefert. Die Standardordner sind mit einem zusätzlichen Symbol gekennzeichnet, z. B. der Ordner Musik. Dateien hingegen werden jeweils mit dem Symbol derjenigen Anwendung versehen, mit der sie standardmäßig geöffnet werden, bei einigen Dateitypen erhalten Sie sogar eine Vorschau auf den Inhalt der Datei. Hier eine kleine Übersicht:

| Symbol | Bedeutung |
|---|---|
| Musik | Der Standardordner Musik. |
| Verschiedenes | Dieser, vom Benutzer erstellte, Ordner ist leer, er enthält weder Dateien noch Unterordner. |
| Marketing | Dieses Symbol bedeutet, der Ordner enthält Dateien, in diesem Beispiel mindestens ein Dokument. |
| Angebote | Dieser Ordner enthält Unterordner. |
| Beitragsrechnung 2015 | Dateien werden in der Regel mit derjenigen Anwendung gekennzeichnet, mit der sie standardmäßig geöffnet werden, im Bild links WordPad. Bilddateien zeigen ab einer bestimmten Symbolgröße anstelle des Symbols eine Vorschau an. |

### Die Ansichten des Explorers

Der Explorer verfügt über verschiedene Ansichten, mit denen Sie Größe und Anordnung der Symbole im Inhaltsbereich steuern können. Einige Ansichten zeigen noch zusätzliche Informationen an. Die beiden wichtigsten, nämlich die Ansichten *Details* und *Große Symbole,* finden Sie in der unteren rechten Ecke des Explorer-Fensters.

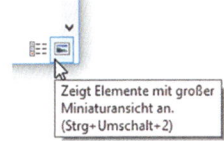

### Ansichten im Menüband

Für weitere Ansichten klicken Sie im Menüband auf das Register *Ansicht*. Sollten in der Gruppe *Layout* nicht alle Ansichten aufgeführt sein, so klicken Sie auf den kleinen Pfeil *Mehr*, um die vollständige Liste anzuzeigen (Bild 5.20).

**Tipp:** Wenn Sie mit der Maus auf eine der Ansichten zeigen, erhalten Sie im Inhaltsbereich eine Vorschau, erst mit einem Mausklick wird die Ansicht übernommen.

*Bild 5.20 Ansichten im Menüband*

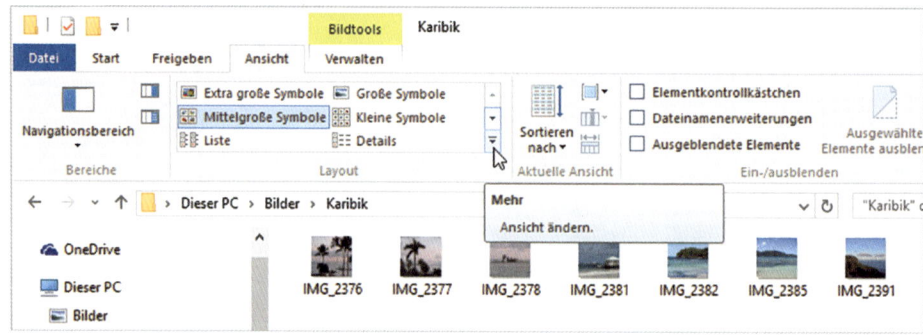

### Ansichten über das Kontextmenü ändern

Als Alternative ändern Sie die Ansicht über das Kontextmenü: Klicken Sie dazu mit der rechten Maustaste an eine freie Stelle des Inhaltsbereichs, das Kontextmenü erscheint. Zeigen Sie auf *Ansicht*, so erhalten Sie rechts davon die Liste der verfügbaren Ansichten, die aktuell verwendete Ansicht ist mit einem Punkt gekennzeichnet.

*Bild 5.21 Ansichten per Kontextmenü auswählen*

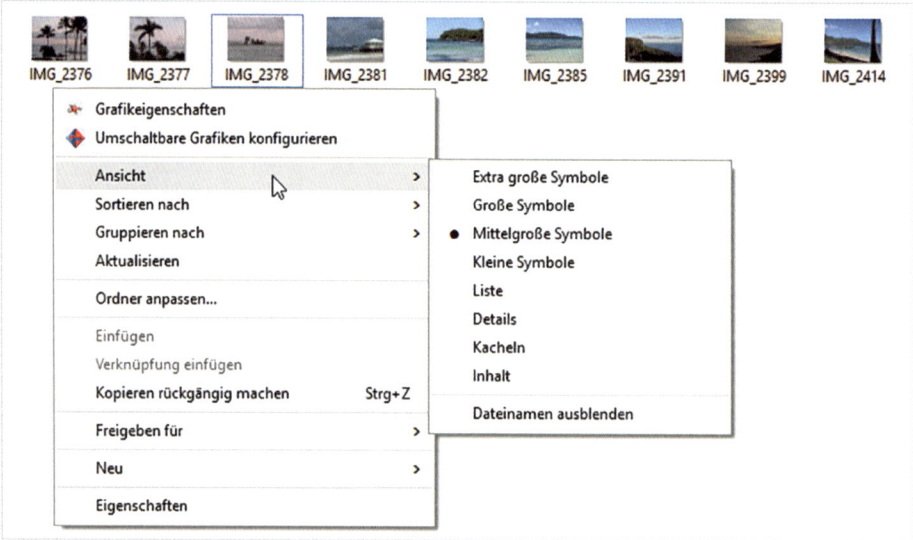

### Tipps zur Verwendung der Ansichten

Die ausgewählte Ansicht gilt, falls keine anderen Einstellungen festgelegt wurden, standardmäßig immer nur für den aktuellen Ordner bzw. Speicherort. Windows „merkt" sich für jeden Ordner die Ansicht, sodass Sie, z. B. in einem Ordner mit Urlaubsfotos, beim Anzeigen immer dieselbe Ansicht vorfinden. Nicht jede Ansicht eignet sich für jeden Ordnerinhalt, Sie können also jedem Ordner seine Ansicht zuweisen und so die Vorteile jeder Ansicht nutzen.

- Für Bilder eignen sich in erster Linie die Ansichten *Extra große Symbole*, *große* und *Mittelgroße Symbole*, da hier anstelle eines einheitlichen Symbols eine Miniaturansicht des Inhalts angezeigt wird. Beachten Sie aber, dass bei einer Vielzahl von Bildern in einem Ordner und der Ansicht *Extra große Symbole* die Anzeige unter Umständen sehr langsam sein kann.

  **Tipp:** Wenig aussagekräftige Dateinamen von Fotos können in Verbindung mit den Miniaturansichten auch ausgeblendet werden, den Befehl dazu finden Sie im Kontextmenü. Klicken Sie mit der rechten Maustaste an eine freie Stelle des Inhaltsbereichs, zeigen Sie auf *Ansicht* und klicken Sie dann auf *Dateinamen ausblenden* (Bild 5.21).

  |  | IMG_2376 | Typ: JPG-Datei | Aufnahmedatum: 19.01.2015 04:10 Größe: 2,41 MB |
  |---|---|---|---|
  |  | IMG_2377 | Typ: JPG-Datei | Aufnahmedatum: 19.01.2015 04:10 Größe: 2,20 MB |
  |  | IMG_2378 | Typ: JPG-Datei | Aufnahmedatum: 19.01.2015 04:10 Größe: 2,24 MB |

  *Bild 5.22 Ansicht Inhalt*

- Enthält ein Speicherort sehr viele Dateien, wählen Sie besser eine Ansicht mit kleineren Symbolen. Die Ansichten *Details*, *Kacheln* und *Inhalt* liefern Ihnen zusätzlich nützliche Details wie Dateityp, Speichergröße, letztes Änderungsdatum (*Details*) oder Abmessungen von Bildern (*Inhalt*) und erleichtern so das Auffinden bestimmter Dateien.

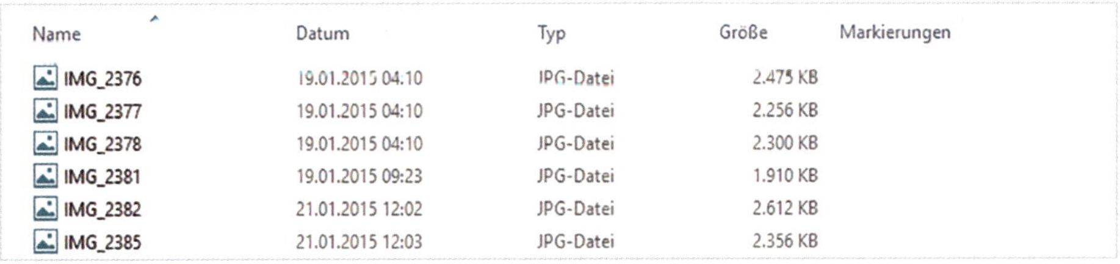

  | Name | Datum | Typ | Größe | Markierungen |
  |---|---|---|---|---|
  | IMG_2376 | 19.01.2015 04:10 | JPG-Datei | 2.475 KB |  |
  | IMG_2377 | 19.01.2015 04:10 | JPG-Datei | 2.256 KB |  |
  | IMG_2378 | 19.01.2015 04:10 | JPG-Datei | 2.300 KB |  |
  | IMG_2381 | 19.01.2015 09:23 | JPG-Datei | 1.910 KB |  |
  | IMG_2382 | 21.01.2015 12:02 | JPG-Datei | 2.612 KB |  |
  | IMG_2385 | 21.01.2015 12:03 | JPG-Datei | 2.356 KB |  |

  *Bild 5.23 Ansicht Details*

- Um lediglich eine Liste der an einem Speicherort verfügbaren Dateien zu erhalten, wählen Sie die Ansichten *Kleine Symbole* oder *Liste*. Diese verwenden dieselbe Symbolgröße wie die Ansicht *Details*, aber ohne Zusatzinformationen. Die Ansicht *Liste* ordnet die Symbole ausschließlich untereinander an, während mit der Darstellung *Kleine Symbole* die Symbole auch noch in Zeilen angezeigt werden und Sie die größtmögliche Anzahl an Elementen im Explorer-Fenster erhalten.

# 5 Grundlagen der Datenspeicherung

## Vorschau und Details anzeigen

Weitere Informationen zum Dateiinhalt liefern Ihnen Vorschaufenster und Detailbereich, beide öffnen sich im Explorer im Anzeigebereich am rechten Rand. Zum Ein- und Ausblenden benutzen Sie im Menüband, Register *Ansicht*, die gleichnamigen Schaltflächen. So nutzen Sie Vorschaufenster und Detailbereich:

### Vorschaufenster

Im Vorschaufenster erhalten Sie eine Vorschau auf den Inhalt der markierten Datei (Bild 5.24). Nützlich, insbesondere wenn es sich um Texte handelt, da Sie sich so in vielen Fällen das Öffnen einer Datei ersparen. Allerdings klappt das nicht mit allen Dateitypen.

*Vergessen Sie nicht, die gewünschte Datei durch Anklicken zu markieren!*

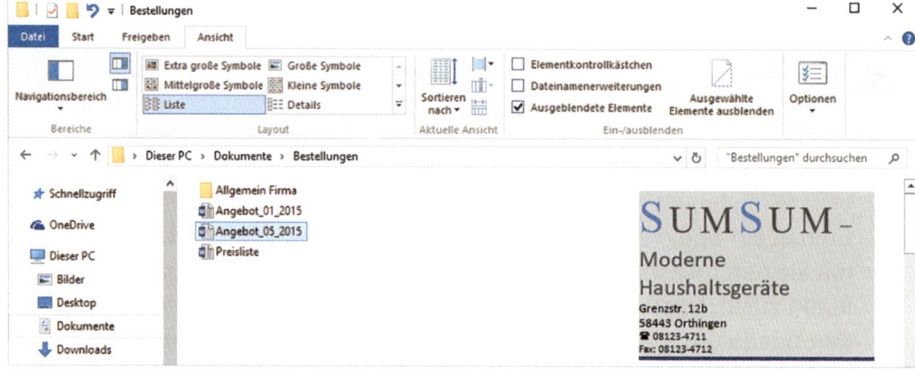

*Bild 5.24 Eingeblendetes Vorschaufenster*

### Detailbereich

Der Detailbereich erscheint an derselben Stelle wie das Vorschaufenster und enthält Detailinformationen zur markierten Datei (Bild 5.25). Die Breite der beiden Bereiche können Sie mit der Maus ändern. Zeigen Sie auf die Trennlinie zwischen Anzeige- und Vorschaubereich: Als Mauszeiger erscheint ein waagrechter Doppelpfeil und Sie verschieben nun die Linie mit gedrückter linker Maustaste in die gewünschte Richtung.

*Bild 5.25 Detailbereich anzeigen*

# Grundlagen der Datenspeicherung 5

## Ordnerinhalte gruppieren und sortieren

### Sortieren
Standardmäßig werden im Anzeigebereich Dateien und Ordner nach Namen aufsteigend sortiert, Ordner und Dateien bilden je eine eigene Gruppe.

Die Elemente im Navigationsbereich werden automatisch nach Namen sortiert, hier kann die Sortierung nicht geändert werden!

- Benötigen Sie eine andere Sortierfolge, z. B. nach Änderungsdatum, dann klicken Sie im Menüband auf das Register *Ansicht* und in der Gruppe *Aktuelle Ansicht* auf *Sortieren nach* (Bild 5.26). Wählen Sie das gewünschte Sortierkriterium, ggfs. können Sie hier auch die Sortierreihenfolge ändern.

- Als Alternative klicken Sie mit der rechten Maustaste an eine freie Stelle des Anzeigebereichs, zeigen im Kontextmenü auf den Eintrag *Sortieren nach* und klicken auf das gewünschte Sortierkriterium (Bild 5.27).

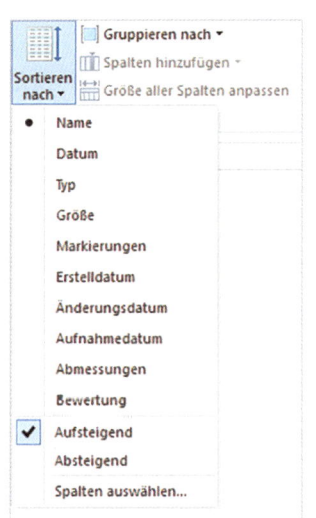

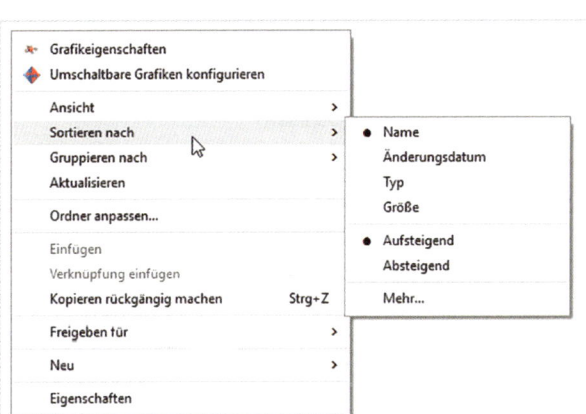

*Bild 5.26 Menüband: Sortieren nach*

*Bild 5.27 Kontextmenü: Sortieren nach*

### Elemente gruppieren
Als zweite Möglichkeit können Sie Elemente des Anzeigebereichs in Gruppen zusammenfassen (gruppieren). Den Befehl *Gruppieren nach* finden Sie ebenfalls im Menüband, Register *Ansicht* (Bild 5.28) oder im Kontextmenü der rechten Maustaste.

Nach dem Namen gruppierte Dateien werden nach Anfangsbuchstaben des Dateinamens zusammengefasst. Enthält ein Ordner unterschiedliche Dateitypen, kann auch eine Gruppierung nach Dateityp sinnvoll sein (Bild 5.29).

# 5 Grundlagen der Datenspeicherung

*Bild 5.28 Gruppieren*

*Bild 5.29 Gruppierung nach Dateityp*

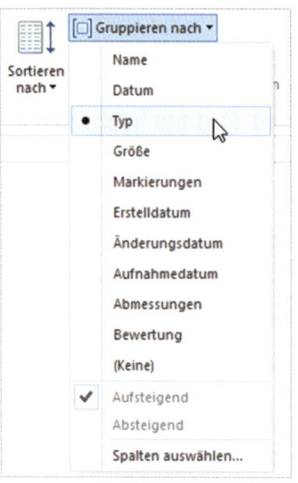

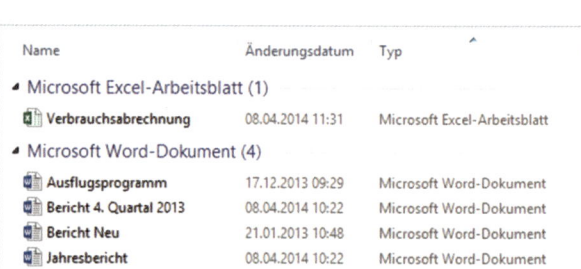

Zum Aufheben einer Gruppierung klicken Sie erneut auf *Gruppieren nach* und wählen den Eintrag *(Keine)*.

### Die Detailansicht anpassen

Die Detailansicht des Explorers ist eine besonders flexible Ansicht, die auch individuelle Anpassungen erlaubt.

**Schnelles Sortieren**

Zur schnellen Sortierung klicken Sie in dieser Ansicht einfach auf die jeweilige Spaltenüberschrift. Sie erkennen die aktuelle Sortierung am Pfeil und an der Pfeilrichtung in der Spaltenüberschrift (Bild 5.30). Um nach einer anderen Spalte zu sortieren, klicken Sie einfach in die entsprechende Spaltenüberschrift. Ein weiterer Klick in die Spaltenüberschrift kehrt die Sortierreihenfolge um.

**Spaltenbreite ändern**

Um die Spaltenbreite zu ändern, zeigen Sie mit der Maus auf den rechten Rand der Spaltenüberschrift und ziehen bei gedrückter linker Maustaste in die gewünschte Richtung (Bild 5.31).

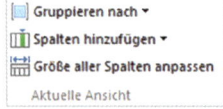

**Tipp:** Möchten Sie schnell alle Spaltenbreiten an den Inhalt automatisch anpassen, dann verwenden Sie dazu die Schaltfläche *Größe aller Spalten anpassen*, zu finden im Register *Start*, Gruppe *Aktuelle Ansicht*.

# 5 Grundlagen der Datenspeicherung

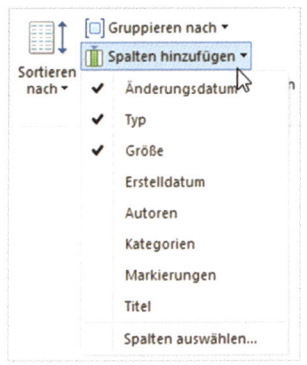

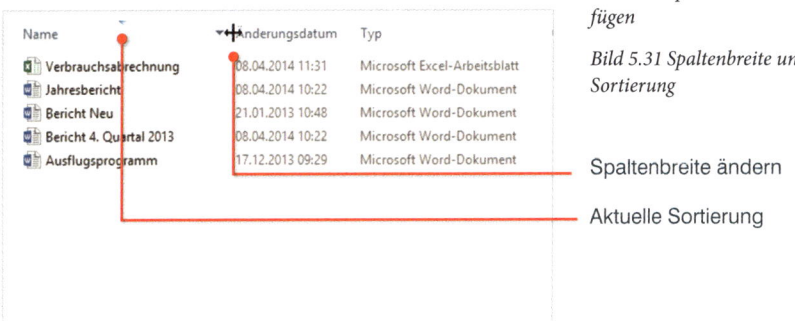

*Bild 5.30 Spalten hinzufügen*

*Bild 5.31 Spaltenbreite und Sortierung*

Spaltenbreite ändern

Aktuelle Sortierung

### Weitere Spalten hinzufügen
Standardmäßig enthält die Detailansicht des Explorers neben dem Dateinamen bereits weitere Spalten, bei Dokumenten z. B. *Änderungsdatum*, *Typ* und *Größe*. Sollen noch weitere Informationen angezeigt werden, so klicken Sie im Register *Ansicht*, Gruppe *Aktuelle Ansicht*, auf *Spalten hinzufügen* und aktiveren bzw. deaktivieren durch Anklicken die gewünschten Spalten (Bild 5.30). Diese Möglichkeit erhalten Sie auch im Kontextmenü, wenn Sie mit der rechten Maustaste in den Bereich der Spaltenüberschriften klicken.

Achtung, die Schaltflächen *Spalten hinzufügen* und *Größe aller Spalten anpassen* sind ausschließlich in der Ansicht *Details* verfügbar!

### Filtern
Eine weitere Möglichkeit bietet der kleine, nach unten weisende Pfeil (Dropdown-Pfeil) neben jeder Spaltenüberschrift. Hier können Sie durch Aktivieren der Kontrollkästchen die Inhalte nach bestimmten Anfangsbuchstaben oder nach einem bestimmten Datum filtern. Gefilterte Spalten zeigen anstelle des Drodown-Pfeils ein Häkchen an und sind so leicht zu erkennen. Zum Aufheben eines Filters deaktivieren Sie das Kontrollkästchen wieder.

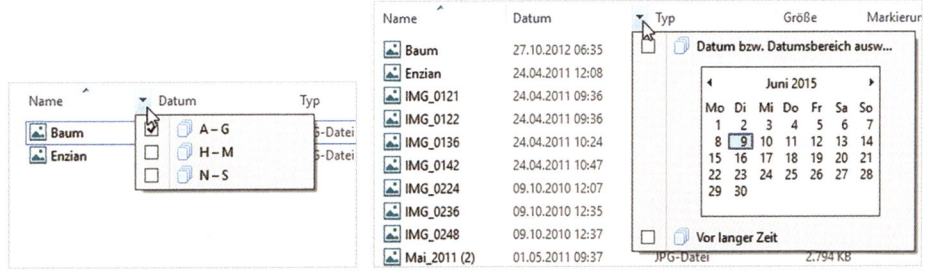

*Bild 5.32 Nach Name filtern*

*Bild 5.33 Nach Datum filtern*

## 5.6 Zusammenfassung

- Zur Verwaltung der gespeicherten Dateien verwendet Windows Ordner. Sie können vom Benutzer beliebig angelegt und benannt werden. Häufig bilden Ordner eine Hierarchie, vergleichbar mit Registern in einem Büroordner. Die Datenträger eines Computers werden als Laufwerke bezeichnet und zur eindeutigen Kennzeichnung mit einem Buchstaben alphabetisch durchnummeriert.

- Mit dem Datei-Explorer stellt Windows eine Anwendung zum Verwalten aller gespeicherten Daten zu Verfügung. Zur Navigation zwischen den verschiedenen Speicherorten verwenden Sie im Explorer die Adressleiste oder den Navigationsbereich, im Navigationsbereich genügt ein einfacher Mausklick zum Anzeigen des Ordnerinhalts. Im Anzeige- oder Inhaltsbereich sehen Sie den Inhalt des aktuellen Speicherortes, dies können Dateien und/oder Ordner sein. Um einen Ordner im Anzeigebereich zu öffnen, benutzen Sie den Doppelklick. Ein Doppelklick auf ein Dateisymbol öffnet hingegen die Datei zusammen mit der dazugehörigen Anwendung.

- Unter *Dieser PC* finden Sie im Explorer nicht nur sämtliche am PC angeschlossenen Laufwerke, sondern auch verschiedene Standardordner für unterschiedliche Zwecke. Die wichtigsten davon sind die Ordner *Bilder* und *Dokumente*. Die Standardordner sind gleichzeitig persönliche Ordner, d.h. deren Inhalt ist nur für den angemeldeten Benutzer sichtbar.

- Über den Navigationsbereich des Windows-Explorers haben Sie Zugriff auf alle Speicherorte Ihres Computers. Kleine Pfeile kennzeichnen, ob ein Ordner weitere Unterordner enthält. Diese Pfeile benutzen Sie auch, um enthaltene Unterordner ein- und wieder auszublenden.

- Im Anzeigebereich können Sie die Größe und Anordnung der Symbole ändern. Windows verfügt über verschiedene Ansichten, die nicht nur eine Vorschau auf den Inhalt erlauben, sondern auch weitere Informationen anzeigen. Die Detailansicht erlaubt das schnelle Sortieren nach Dateiname oder Änderungsdatum, bei Bedarf können Sie diese Ansicht um weitere Spalten ergänzen.

# 6 Dateien speichern, öffnen und drucken

**In dieser Lektion erfahren Sie...**
- wie Dateien gespeichert und wieder geöffnet werden
- was Sie bei der Vergabe von Dateinamen beachten sollten
- wie Sie Dateien drucken

**Diese Kenntnisse sollten Sie bereits mitbringen...**
- Sie haben sich mit den Speicherorten und dem Explorer vertraut gemacht

# 6 Dateien speichern, öffnen und drucken

## 6.1 Eine Datei speichern

Alle Daten, z. B. ein soeben eingetippter Brief, befinden sich zunächst im Arbeitsspeicher des Computers. Da diese beim Beenden und Schließen der Anwendung wieder aus dem Arbeitsspeicher entfernt werden, müssen Sie sie für eine spätere Verwendung speichern. Speichern bedeutet, die Daten werden auf einen dauerhaften Datenträger, meist die Festplatte, geschrieben.

**Was Sie über Dateinamen und Speicherort wissen müssen**

Beim Speichern müssen Sie einen Dateinamen und den Speicherort festlegen. Damit Sie Ihre gespeicherten Dateien schnell wieder auffinden, sollten Sie dabei einige Regeln beachten.

**Dateiname**

Zum Speichern ist für jede Datei ein Name erforderlich. Manche Anwendungen und Apps schlagen bereits einen Dateinamen vor, so verwendet beispielsweise Microsoft Word beim Speichern eines Textes zunächst einmal pauschal und unabhängig vom Inhalt die Namen „Dokument1", „Dokument2", usw.. Diese sollten Sie auf keinen Fall als Dateinamen beibehalten, sondern auf aussagekräftige Bezeichnungen achten. Ein Beispiel: „Brief" als Dateiname lässt wenig Rückschlüsse auf den Inhalt zu, besser wäre „Kündigung Zeitungsabo" oder „Haftpflichtversicherung - Schadensfall Januar 2015". Zusätzlich sind folgende Regeln für Dateinamen zu beachten:

- Der Name muss eindeutig sein und darf am selben Speicherort nicht bereits anderweitig vergeben sein.

- Ein Dateiname darf theoretisch bis zu 255 Zeichen lang sein. In der Praxis sollten Sie sich jedoch auf kürzere Namen beschränken, da sonst der Dateiname in vielen Fällen abgeschnitten erscheint. Außerdem ist zu beachten, dass zu einem vollständigen Dateinamen auch der gesamte Suchpfad gehört, also die Namen der übergeordneten Ordner.

- Ein Dateiname darf Groß- und Kleinbuchstaben sowie Leerzeichen, Zahlen und die meisten anderen Sonderzeichen enthalten. Nur die folgenden Zeichen sind für interne Zwecke reserviert und dürfen daher nicht verwendet werden: / \ : ? * < > |

*Groß- und Kleinschreibung wird von Windows 10 zwar unterstützt und entsprechend angezeigt, intern erfolgt aber keine Unterscheidung zwischen Groß- und Kleinbuchstaben. Der Dateiname Rechnung_4711 ist daher identisch mit dem Dateinamen RECHNUNG_4711.*

## Dateien mit anderen Betriebssystemen austauschen

*Falls Sie Dateien mit anderen Computern austauschen möchten, sollten Sie beachten, dass auf einigen, insbesondere Webservern, anstelle von Windows auch andere Betriebssysteme eingesetzt werden. Bei diesen gelten auch andere Regeln für Dateinamen. Vermeiden Sie daher in solchen Fällen speziell deutsche Zeichen wie ä, ü, ö, ß und verwenden Sie statt Bindestrich und Leerzeichen den Unterstrich _.*

### Speicherort

Beim Speichern müssen Sie auch festlegen, in welchem Ordner bzw. auf welchem Datenträger die Datei gespeichert werden soll. Geben Sie hier nichts an, so verwendet die jeweilige Anwendung entweder einen der Standardordner oder den zuletzt verwendeten Ordner. So erscheint z. B. beim Speichern mit WordPad oder Microsoft Word automatisch der Ordner *Dokumente* als Speicherort.

In jedem Fall sollten Sie den Speicherort vor dem Speichern kontrollieren und bei Bedarf ändern.

### Das Dialogfenster Speichern unter

Unabhängig von der jeweiligen Anwendung erscheint zum Speichern bzw. zur Eingabe des Dateinamens und Auswahl des Speicherortes immer dasselbe Dialogfenster *Speichern unter*. Nur wenige Anwendungen verwenden noch das Dialogfenster früherer Windows-Versionen, das Prinzip des Speicherns ist jedoch identisch.

Nehmen wir an, Sie haben mit WordPad einen Brief geschrieben und möchten diesen nun speichern. Klicken Sie dazu auf das kleine Diskettensymbol  in der linken oberen Ecke des Anwendungsfensters. Alternativ klicken Sie auf *Datei* und auf *Speichern* (Bild 6.1). Eine dritte Möglichkeit: Verwenden Sie zum Speichern die Tastenkombination Strg+S.

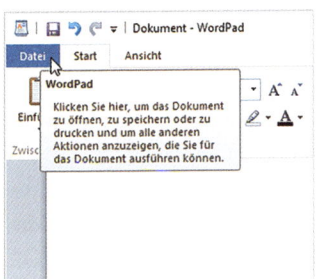
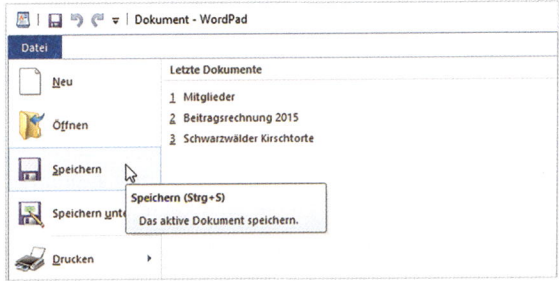

*Bild 6.1 Datei speichern*

Wurde die Datei noch nicht gespeichert, öffnet sich automatisch das Dialogfenster *Speichern unter* (Bild 6.2). Es unterscheidet sich vom Explorer eigentlich nur durch den Fenstertitel und den unteren Bereich zur Eingabe des Dateinamens.

# 6 Dateien speichern, öffnen und drucken

In der Adressleiste des Dialogfensters sehen Sie den aktuell ausgewählten Speicherort. Links können Sie wieder über den Navigationsbereich einen anderen Speicherort wählen und rechts sehen Sie im Anzeigebereich die vorhandenen Inhalte bzw. bereits gespeicherten Dokumente am ausgewählten Speicherort.

Wie im Explorer können Sie auch im Fenster *Speichern unter* Größe und Anordnung der Symbole ändern, siehe Kap. 5.5.

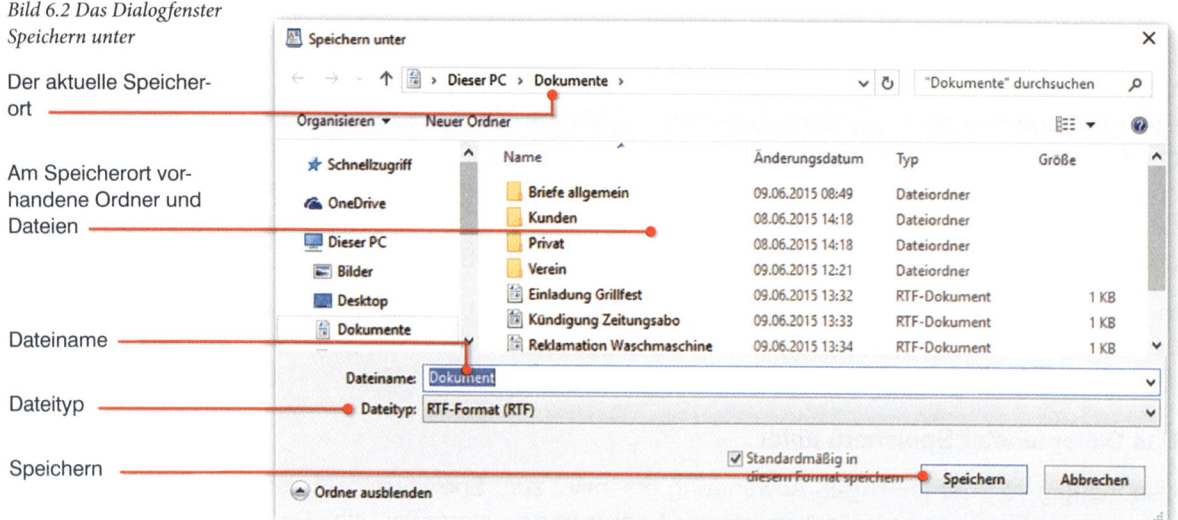

*Bild 6.2 Das Dialogfenster Speichern unter*

Der aktuelle Speicherort

Am Speicherort vorhandene Ordner und Dateien

Dateiname

Dateityp

Speichern

### Dateiname und Dateityp eingeben

Das Eingabefeld *Dateiname* enthält als Dateiname bereits entweder eine Standardvorgabe, z. B. bei einem Text die Bezeichnung *Dokument*, oder die ersten Wörter Ihres Textes. Meist ist dieser vorläufige Dateiname bereits markiert und kann daher durch Tastatureingabe einfach überschrieben werden. Ist dies nicht der Fall, so klicken Sie zum Markieren auf den Inhalt des Feldes und tippen dann Ihren Dateinamen ein. Im Feld *Dateityp* unterhalb sehen Sie den Typ, in dem die Datei gespeichert wird. Dieser ist abhängig von der jeweiligen Anwendung und wird beim Speichern automatisch gewählt. Optional könnten Sie über den Dropdown-Pfeil dieses Feldes einen anderen verfügbaren Dateityp auswählen.

### Speicherort festlegen

Für Texte wird in der Regel der Ordner *Dokumente* als Speicherort vorgeschlagen. Achtung: Häufig gibt es zwei Ordner mit diesem Namen; einen auf *OneDrive* und den persönlichen Ordner unter *Dieser PC* auf der Festplatte Ihres PCs. Kontrollieren Sie daher unbedingt den Speicherort in der Adressleiste.

- Bei der Auswahl eines anderen Speicherortes gehen Sie wie im Explorer vor, siehe Kap. 5.3, Speicherorte auswählen und anzeigen. Normalerweise verwenden Sie dazu den Navigationsbereich; wenn der gewünschte Ord-

- ner ein Unterordner des vorgeschlagenen Ordners, z. B. *Dokumente*, ist, dann können Sie diesen auch im Anzeigebereich mit Doppelklick öffnen.
- Zuletzt klicken Sie mit der Maus auf die Schaltfläche *Speichern*. Das Dialogfenster wird geschlossen und die Datei am angegebenen Ort gespeichert, eine Meldung erscheint nur, wenn die Datei nicht gespeichert werden konnte, z. B. aufgrund nicht zulässiger Zeichen im Dateinamen. Die Titelleiste des Anwendungsfensters zeigt nun den Dateinamen an.

Anschließend können Sie mit der Texteingabe und -bearbeitung fortfahren. Beim Schließen oder späteren Speichern genügt ein Klick auf *Speichern*, um zwischenzeitlich vorgenommene Änderungen ebenfalls zu speichern. Das Dialogfenster *Speichern unter* wird dazu nicht mehr geöffnet.

*Möglicherweise sind Navigations- und Anzeigebereich im Dialogfenster ausgeblendet. Dann klicken Sie zum Einblenden auf Ordner durchsuchen (Bild 6.3).*

*Bild 6.3 Das Dialogfenster kann auch so aussehen*

### Größe des Dialogfensters ändern
Über die rechte untere Ecke können Sie das Dialogfenster *Speichern unter* mit der Maus in jede beliebige Größe ziehen. Falls Sie das Fenster maximieren möchten, doppelklicken Sie einfach in die Titelleiste.

**Der Unterschied zwischen Speichern und Speichern unter**
*Vielleicht ist Ihnen aufgefallen, dass es im Register Datei zwei Befehle zum Speichern gibt (Bild 6.1): Speichern und Speichern unter. Speichern Sie eine Datei zum ersten Mal, dann ist es egal, welchen der beiden Sie verwenden, das Fenster Speichern unter wird in jedem Fall geöffnet. Wurde dagegen eine Datei bereits gespeichert, so öffnet der Befehl Speichern unter trotzdem wieder das Dialogfenster und erlaubt das erneute Speichern unter einem anderen Dateinamen und/oder an einem anderen Ort.*

## 6.2 Dateien aus einer Anwendung heraus öffnen

Den Inhalt einer Datei erneut auf dem Bildschirm anzuzeigen, bezeichnet man als Öffnen der Datei. Dazu stehen Ihnen verschiedene Möglichkeiten offen, in jedem Fall ist die passende Anwendung oder App erforderlich.

Ist eine Anwendung, beispielsweise WordPad, bereits geöffnet, so klicken Sie im Menüband auf *Datei*. Die meisten Anwendungen listen hier zuletzt verwendete Dateien bzw. Dokumente auf und ein Mausklick auf die gewünschte Datei genügt zum Öffnen. Befindet sich die gesuchte Datei nicht darunter, so klicken Sie auf *Öffnen* (Bild 6.4).

*Bild 6.4 Datei öffnen*

Letzte Dokumente
Öffnen

In den meisten Anwendungen können Sie das Dialogfenster Öffnen auch mit der Tastenkombination Strg+O aufrufen.

Mit dem Befehl *Öffnen* wird das gleichnamige Dialogfenster (Bild 6.5) geöffnet, es unterscheidet sich mit Ausnahme des Titels nur geringfügig vom Fenster *Speichern unter*. Auch beim Öffnen wird zuerst der Inhalt eines passenden Standardordners, im Fall WordPad der Ordner *Dokumente*, angezeigt.

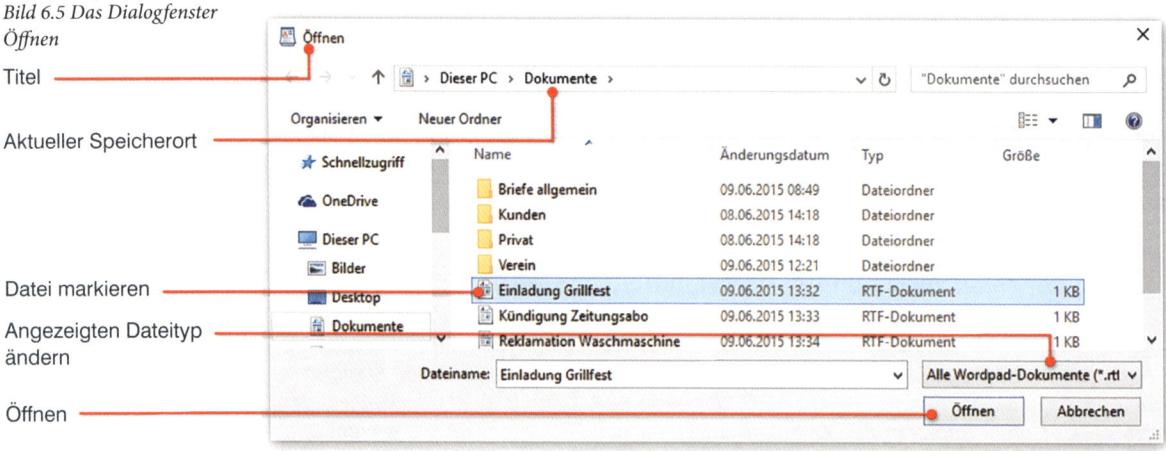

*Bild 6.5 Das Dialogfenster Öffnen*

Titel
Aktueller Speicherort
Datei markieren
Angezeigten Dateityp ändern
Öffnen

Sollte der vorgeschlagene Ordner nicht das gesuchte Dokument enthalten, so verwenden Sie wie im Explorer und beim Speichern den Navigationsbereich zur Auswahl des Speicherortes. Der Dateiname braucht nicht eingegeben werden, es genügt, wenn Sie im Anzeigebereich die Datei mit einem Mausklick auswählen bzw. markieren. Zuletzt klicken Sie auf die Schaltfläche *Öffnen*, alternativ doppelklicken Sie einfach auf die Datei. Das Dialogfenster wird geschlossen, der Dateiinhalt erscheint auf dem Bildschirm und kann weiter bearbeitet oder gedruckt werden.

*Beachten Sie: Beim Öffnen mit einer Anwendung erscheinen im Anzeigebereich nur diejenigen Dateien, die mit dieser Anwendung auch geöffnet werden können. Sollte trotz des korrekten Speicherortes die gesuchte Datei nicht im Anzeigebereich sichtbar sein, so können Sie über eine Schaltfläche (Bild 6.5) ändern, welcher Dateityp angezeigt wird.*

*Manche Programme erlauben das gleichzeitige Öffnen mehrerer Dateien. Dazu klicken Sie die einzelnen Dateien zum Markieren mit gleichzeitig gedrückter Strg-Taste an.*

## 6.3 Dateien im Explorer öffnen

**Mit der Standardanwendung öffnen**

Anstatt vorher eine Anwendung zu starten, können Sie Dateien auch im Explorer öffnen, die dazugehörige Anwendung wird automatisch mit gestartet. Daher ist diese Methode meist auch die schnellere, insbesondere wenn mehrere Dateien aus verschiedenen Anwendungen benötigt werden.

1 Öffnen Sie den Explorer, beispielsweise über das Symbol in der Taskleiste oder den Befehl im Startmenü und wählen Sie den Speicherort aus, an dem sich die Datei befindet.

2 Die gewünschte Datei sollte nun im Anzeigebereich sichtbar sein. Enthält ein Ordner sehr viele Symbole, müssen Sie mit dem Mausrad scrollen bzw. durch Wischen den Bildschirminhalt verschieben oder eine kleinere Symbolgröße zur Anzeige wählen.

*Bild 6.6 Datei (Word-Dokument) im Explorer öffnen*

3 Doppelklicken Sie im Anzeigebereich auf das Symbol der Datei. Die dazugehörige Standardanwendung, im Beispiel in Bild 6.6 Microsoft Word, wird

# 6  Dateien speichern, öffnen und drucken

geöffnet und zeigt den Inhalt der Datei an. Diese kann nun beliebig weiter bearbeitet oder gedruckt werden.

 Als Alternative können Sie auch die Datei mit einem einfachen Mausklick markieren und anschließend durch Drücken der Eingabe-Taste auf der Tastatur öffnen.

**Eine App oder Anwendung zum Öffnen auswählen**

In vielen Fällen kommen mehrere Anwendungen bzw. Apps zum Öffnen einer Datei in Frage. Beim Öffnen per Doppelklick wird die Datei immer mit der Standardanwendung geöffnet. Sind beispielsweise auf einem PC die Anwendungen WordPad und Microsoft Word installiert, so kann nur eine davon die Standardanwendung sein. In den meisten Fällen ist dies Word. Das bedeutet, dass auch Dokumente, die ursprünglich mit WordPad erstellt wurden, mit Word geöffnet werden. Auch zum Öffnen und Anzeigen von Bildern und Fotos kommen meist mehrere Apps in Frage. Wenn Sie die Anwendung zum Öffnen auswählen möchten, dann gehen Sie so vor:

1. Klicken Sie mit der rechten Maustaste auf das Symbol der betreffenden Datei und zeigen Sie im Kontextmenü auf *Öffnen mit*.

2. Es erscheint eine Liste mit installierten Anwendungen und Apps, die diesen Dateityp öffnen können.

*Bild 6.7 App auswählen*

3. Weitere verfügbare Apps werden angezeigt, wenn Sie am Ende der Liste auf *Andere App auswählen* klicken (Bild 6.7). Hier können Sie auch den Windows-Store nach einer geeigneten App durchsuchen.

4. Zum Öffnen klicken Sie auf die gewünschte Anwendung.

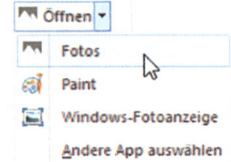

Eine zweite Möglichkeit zur Auswahl der Anwendung finden Sie im Menüband, Register *Start*, Gruppe *Öffnen*. Markieren Sie die betreffende Datei, klicken Sie auf den Dropdown-Pfeil der Schaltfläche *Öffnen* und wählen Sie hier die gewünschte App aus.

## Standardanwendung zum Öffnen ändern

Soll ein bestimmter Dateityp, z. B. Dateien mit der Dateinamenerweiterung .rtf, ab sofort immer mit der gewünschten Anwendung oder App geöffnet werden, dann müssen Sie diese als Standardanwendung festlegen.

1. Am einfachsten ändern Sie die Standardanwendung, indem Sie eine Datei dieses Typs mit der rechten Maustaste anklicken, im Kontextmenü auf *Öffnen mit* zeigen und dann auf *Andere App auswählen* klicken (siehe Bild 6.7). Oder klicken Sie im Menüband auf die Schaltfläche *Öffnen* und hier auf *Andere App auswählen*.

2. Es öffnet sich ein Fenster mit der Frage *Wie soll diese Datei weiterhin geöffnet werden?* Unterhalb erhalten Sie eine Liste verfügbarer bzw. installierter Apps, diese Liste kann auf Ihrem PC natürlich von der Abbildung erheblich abweichen. Unter *Diese App weiterhin verwenden* erscheint die bisherige Standardanwendung (Bild 6.8).

3. Zum Ändern klicken Sie auf die gewünschte App und aktivieren das Kontrollkästchen *Immer diese App zum Öffnen von ... Dateien verwenden* (Bild 6.9). Klicken Sie auf *OK*, um die Änderung zu übernehmen.

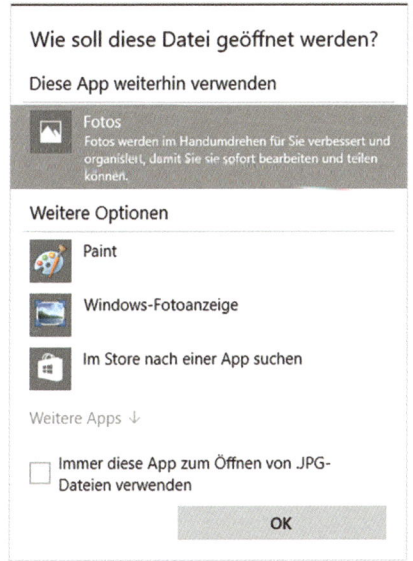
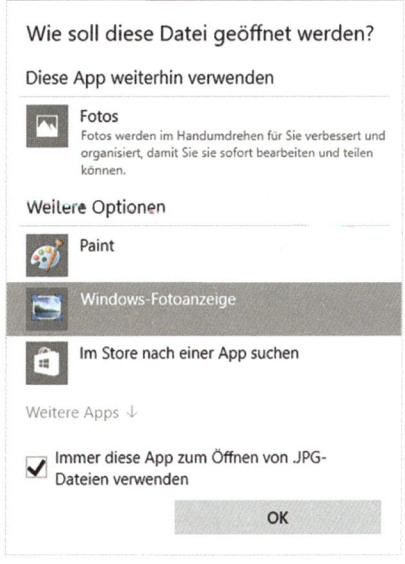

*Bild 6.8 Die bisherige Standardanwendung*

*Bild 6.9 Neue Standardanwendung wählen*

Mit der Standardanwendung ändert sich auch das Symbol, mit dem Dateien dieses Typs im Explorer angezeigt werden!

Eine weitere Möglichkeit zum Ändern der Standardanwendung finden Sie in den Dateieigenschaften, Näheres dazu unter Dateieigenschaften auf Seite 123.

## 6.4 Dateien und Dateitypen genauer betrachtet

**Dateinamenerweiterungen**

*Der Dateityp bestimmt, mit welcher Standardanwendung die Datei geöffnet wird.*

Beim Speichern einer Datei wird an den Dateinamen automatisch von der jeweiligen Anwendung, getrennt durch einen Punkt (.), eine sogenannte Dateinamenerweiterung (englisch: „Extension") angefügt. Diese Dateinamenerweiterung kennzeichnet den Dateityp, also ob es sich z. B. um einen Text, ein Bild oder ein Video handelt; häufig lässt sich an der Dateinamenerweiterung auch erkennen, mit welcher Anwendung die Datei erstellt und gespeichert wurde. Gleichzeitig legt der Dateityp auch fest, mit welcher Anwendung die Datei geöffnet wird.

Standardmäßig werden die Dateinamenerweiterungen im Explorer sowie beim Öffnen und Speichern nicht angezeigt.

**Beispiele für Dateinamenerweiterungen**
Es gibt unzählige Dateinamenerweiterungen, die Sie im Laufe der Zeit automatisch kennen lernen werden. Die Tabelle zeigt einige häufige Beispiele:

| Erweiterung | Wird verwendet für.. | Anwendung |
|---|---|---|
| .doc, .docx | „Document", Textdokumente, die auch Bilder enthalten können | Microsoft Word |
| .rtf | „Rich Text Format", Textdateien mit einfachen Formaten | WordPad |
| .xls, .xlsx | Tabellen und Berechnungen | Microsoft Excel |
| .pdf | „Portable File Document", ein Dateiformat, das Texte und Bilder enthalten kann, wird standardmäßig nur zum Lesen geöffnet | Adobe Reader (Lesen bzw. Anzeigen) |
| .jpg | „Joint Photographic Experts Group", ein häufig verwendetes Grafikformat für Fotos | |
| .gif | „Graphics Interchange Format", ein Format für Bilder mit geringer Farbtiefe | |
| .png | „Portable Network Graphics", ein weiteres häufiges Grafikformat | |
| .bmp | „Bitmap", ein speicherplatzintensives Dateiformat für Grafiken | Paint |
| .htm, .html | „Hypertext Markup Language", dieses Dateiformat wird für Webseiten verwendet | Alle Webbrowser, z. B. Microsoft Edge, Google Chrome, Firefox, u.a. |

| Erweiterung | Wird verwendet für.. | Anwendung |
|---|---|---|
| .exe | „Executable", eine ausführbare Datei bzw. ein Programm; ein Doppelklick auf das Dateisymbol zeigt nicht den Inhalt an, sondern führt den Programmcode aus | |
| .mp3 | Ein gängiges Dateiformat für Musikdateien | Media Player |

**Dateinamenerweiterungen einblenden**

Falls Sie die Dateinamenerweiterungen anzeigen möchten, klicken Sie im Menüband auf das Register *Ansicht* und aktivieren hier mit einem Mausklick das Kontrollkästchen *Dateinamenerweiterungen* (Bild 6.10). Durch Deaktivieren des Kontrollkästchens blenden Sie die Erweiterungen wieder aus.

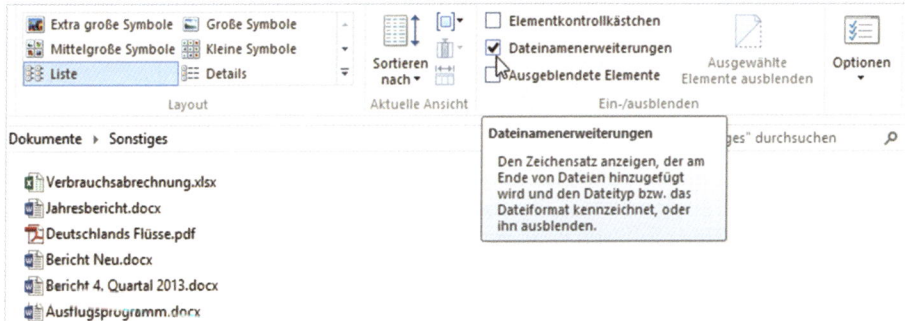

*Bild 6.10 Dateinamenerweiterungen anzeigen*

**Vorsicht bei eingeblendeten Dateinamenerweiterungen!**
Wenn diese sichtbar sind, dann dürfen sie beim Umbenennen der Datei nicht geändert werden, da sonst der Dateityp nicht mehr erkannt wird und die Datei nicht mehr geöffnet werden kann. Siehe auch Kap. 7.2, Dateien umbenennen. Aus Sicherheitsgründen sollten Sie daher, zumindest als Einsteiger, mit ausgeblendeten Dateinamenerweiterungen arbeiten.

**Dateieigenschaften**

Zusätzliche Informationen zu einer Datei erhalten Sie im Fenster *Eigenschaften*. Dazu klicken Sie im Explorer auf eine Datei bzw. markieren diese und klicken anschließend im Menüband, Register *Start*, auf das Symbol *Eigenschaften*. Alternativ klicken Sie mit der rechten Maustaste auf das Dateisymbol und verwenden den Befehl *Eigenschaften* des Kontextmenüs. Hier finden Sie im Register *Allge-*

*mein* neben Dateiname, Dateityp und Speicherort auch Informationen, wann die Datei erstellt und zuletzt geändert wurde und wann sie zuletzt geöffnet wurde.

*Bild 6.11 Eigenschaften anzeigen*

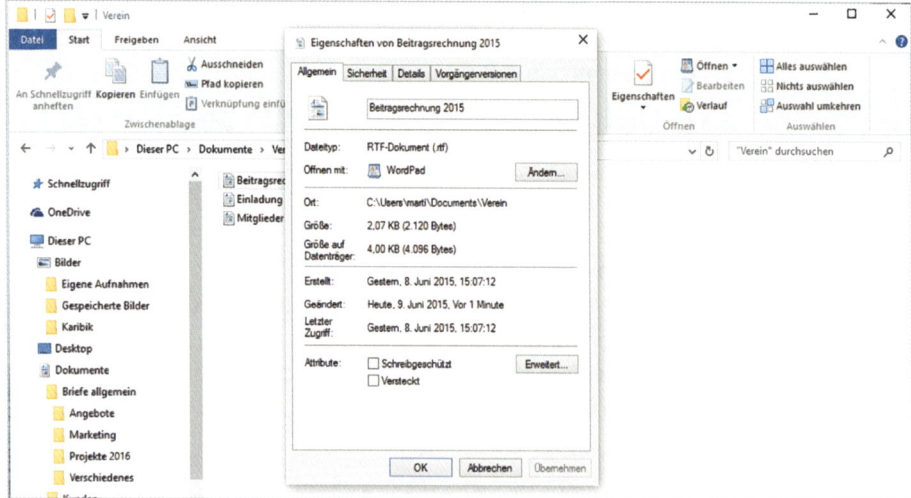

Unterhalb des Dateityps sehen Sie bei Öffnen mit ebenfalls, mit welcher Anwendung bzw. App dieser Dateityp standardmäßig geöffnet wird. Falls Sie eine andere App auswählen möchten, klicken Sie auf die nebenstehende Schaltfläche Ändern.... Beachten Sie aber, dass damit die Standardanwendung für diesen Dateityp geändert wird und somit nicht nur für die markierte Datei, sondern für alle Dateien dieses Typs gilt.

## 6.5 Dateien drucken

Wie Sie einen Drucker als Standarddrucker festlegen oder Druckaufträge verwalten, erfahren Sie in Kapitel 9.8, Drucker

Manche Dateien sollen nicht nur gespeichert, sondern auch gedruckt werden, inbesondere Texte, z. B. Briefe. Beim Drucken wird jeder Druckauftrag nicht direkt an den Drucker weitergeleitet, sondern am PC in der sogenannten Druckerwarteschlange zwischengespeichert und von dort aus gedruckt. Auf diese Weise können auch schnell nacheinander mehrere Druckaufträge erteilt werden und ein Druckauftrag geht nicht verloren, sollte der Drucker ausgeschaltet sein. Hierbei gibt es geringfügige Unterschiede zwischen Apps und Anwendungen.

**Mit einer Anwendung drucken**

Im Gegensatz zum Speichern verwenden die einzelnen Anwendungen etwas unterschiedliche Druck-Dialogfenster, die Druckoptionen sind jedoch weitgehend identisch. In der Folge wird das Drucken am Beispiel WordPad beschrieben, dabei wird vorausgesetzt, dass der Drucker bereits angeschlossen und konfiguriert wird. So gehen Sie vor, wenn Sie mit WordPad die aktuell geöffnete Datei drucken möchten:

1. Klicken Sie im Menüband auf *Datei* und zeigen Sie auf *Drucken* oder klicken Sie beim Befehl *Drucken* auf den, nach rechts weisenden, Pfeil.

2. Rechts davon erscheinen weitere Möglichkeiten (Bild 6.12), Sie können wählen zwischen *Drucken* und einer *Druckvorschau*, in der Sie abschließend überprüfen können, ob das Layout des Dokuments Ihren Vorstellungen entspricht. Mit der Auswahl *Schnelldruck* wird die Datei sofort an den Drucker gesendet, weitere Einstellungen sind nicht möglich.

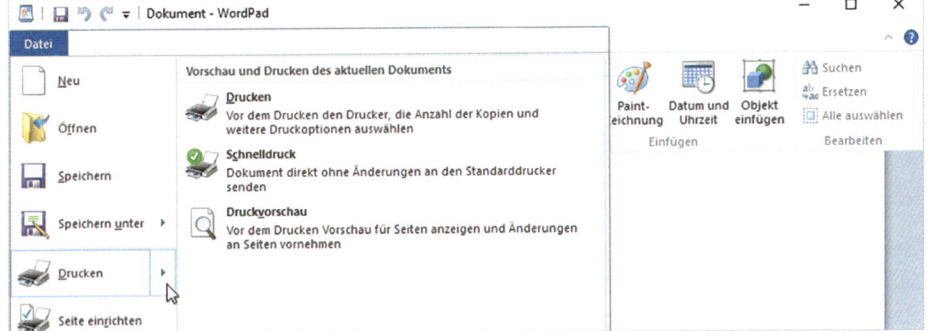

*Bild 6.12 WordPad: Datei drucken*

Die Auswahl *Drucken* (oder die Tastenkombination Strg+P) öffnet ein Dialogfenster, in dem Sie den verwendeten Drucker kontrollieren und ggfs. ändern können. Weitere Druckoptionen betreffen die Anzahl der Exemplare und Beschränkung auf bestimmte Seiten. Erst mit der Schaltfläche *Drucken* wird der Text auf dem Drucker ausgegeben.

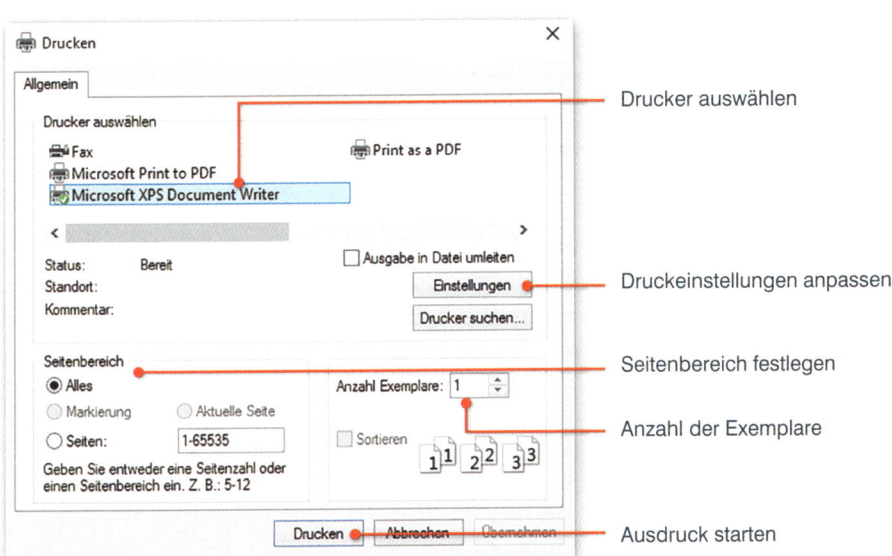

*Bild 6.13 Das Dialogfenster Drucken*

# 6 Dateien speichern, öffnen und drucken

**Tipp: Anstelle einer Ausgabe auf Papier eine PDF-Datei erzeugen**
*Auch eine PDF-Datei kann auf diesem Weg erzeugt werden. Windows 10 verfügt mit Microsoft Print to PDF über das entsprechende Werkzeug. Sie brauchen dazu nur auf Drucken klicken und Microsoft Print to PDF anstatt eines angeschlossenen Druckers auswählen. Anschließend werden Sie aufgefordert, Dateiname und Speicherort für die PDF-Datei anzugeben.*

**Mit einer App drucken**

Apps verfügen in der Regel nur über einfache Druckoptionen. Den Befehl zum Drucken erhalten Sie entweder direkt über ein Druckersymbol oder wenn Sie auf das Symbol mit den drei Punkten ▬ klicken.

**Im Explorer drucken**

Sie können eine Datei auch direkt aus dem Windows-Explorer heraus drucken. Markieren Sie dazu im Anzeigebereich mit einem Mausklick die Datei, klicken Sie anschließend im Menüband auf das Register *Freigeben* und klicken Sie auf *Drucken*.

*Bild 6.14 Im Explorer drucken*

Die Datei wird kurz mit der zugehörigen Standardanwendung, beispielsweise WordPad oder Microsoft Word, geöffnet, zum Standarddrucker gesendet und anschließend wieder geschlossen. Sie haben in diesem Fall keine Möglichkeiten, weitere Druckeinstellungen vorzunehmen.

## 6.6 Zusammenfassung

- Zum Speichern einer Datei sind Dateiname und Speicherort erforderlich. Dabei sollten Sie berücksichtigen, dass aussagekräftige Dateinamen und die sorgfältige Wahl des Speicherorts das spätere Wiederfinden erleichtern.

- Anwendungen und Apps öffnen zum Speichern das Dialogfenster *Speichern unter*. Es ist fast identisch mit dem Explorer-Fenster und verfügt über denselben Navigationsbereich zur Auswahl des Speicherorts sowie einen Anzeigebereich, in dem die Ordnerinhalte dargestellt werden. Der aktuelle Speicherort ist aus der Adressleiste ersichtlich. Ein ähnliches Fenster verwendet Windows auch zum Öffnen von Dateien.

- Alle Dateien werden beim Speichern automatisch mit einer Dateinamenerweiterung versehen. Sie kennzeichnet den Dateityp und legt damit auch fest, mit welchen Anwendungen die Datei wieder geöffnet werden kann. Wenn Sie eine Datei aus dem Explorer heraus per Doppelklick öffnen, so wird die Datei im dafür vorgesehenen Standardprogramm geöffnet und Sie können mit der Bearbeitung fortfahren. Um beim Öffnen eine andere Anwendung auszuwählen, klicken Sie mit der rechten Maustaste und im Kontextmenü auf *Öffnen mit....* Alternativ können Sie mit dem Befehl *Andere App auswählen* und Aktivieren des entsprechenden Kontrollkästchens festlegen, dass dieser Dateityp ab sofort immer mit der gewählten Anwendung geöffnet werden soll.

- Zum Drucken verwendet jede Anwendung ein eigenes Druckdialogfenster. Meist steht hier auch eine Druckvorschau zur Verfügung, in der Sie das Layout vor dem Drucken am Bildschirm kontrollieren können. Weitere Druckeinstellungen betreffen die Auswahl des Druckers, Anzahl der Exemplare und Auswahl bestimmter Seiten.

#  6

# 7 Dateien und Ordner verwalten

**In dieser Lektion erfahren Sie...**
- wie Sie im Explorer Ordner erstellen und umbenennen
- wie Sie Dateien und Ordner kopieren, verschieben, freigeben oder löschen
- wie Sie optional mit Bibliotheken arbeiten
- wie Sie Daten auf CD oder DVD brennen

**Diese Kenntnisse sollten Sie bereits mitbringen...**
- Sie haben sich bereits mit wichtigen Funktionen des Explorers vertraut gemacht.

# 7 Dateien und Ordner verwalten

Im vorangehenden Kapitel 5 haben Sie den Datei-Explorer bereits näher kennengelernt. Den Explorer benötigen Sie auch, wenn Sie am PC mit weiteren eigenen Ordnern Ordnung schaffen möchten oder bereits gespeicherte Elemente an einen anderen Ort verschieben, kopieren oder löschen möchten. Es macht dabei keinen Unterschied, ob sich die Dateien und Ordner auf der Festplatte, einem beliebigen Wechseldatenträger oder dem Cloud-Speicher *OneDrive* befinden.

## 7.1 Objekte markieren

**Einfaches Markieren**

Wie Sie in vorangegangenen Kapiteln in Zusammenhang mit dem Explorer gesehen haben, müssen Sie vor jeder Bearbeitung das betreffende Element markieren. Aus diesem Grund wollen wir uns zunächst mit verschiedenen Markierungstechniken im Explorer genauer befassen, dabei geht es immer um das Markieren von Dateien und Ordnern im Anzeigebereich des Explorers.

Ein einzelnes Element markieren Sie, indem Sie im Anzeigebereich einmal auf das Datei- oder Ordnersymbol klicken. Markierte Elemente werden farbig hinterlegt und sind so schnell zu erkennen. Achtung: Wenn Sie mit der Maus auf ein Element zeigen, wird dieses nur vorübergehend farbig hervorgehoben. Ein markiertes Element dagegen bleibt solange hervorgehoben, bis Sie an eine andere beliebige Stelle des Anzeigebereichs klicken.

*Bild 7.1 Zeigen und Markieren*

Markierte Datei
Auf Datei zeigen

**Mehrere Elemente markieren**

In vielen Fällen lässt sich die Bearbeitung vereinfachen, wenn Sie gleich mehrere Elemente markiert haben. Dazu verwenden Sie eine der folgenden Techniken.

**Den gesamten Ordnerinhalt markieren**

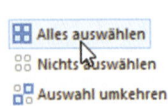

- Klicken Sie im Menüband auf das Register *Start* und in der Gruppe *Auswählen* auf *Alles auswählen*. Hier finden Sie auch noch *Nichts auswählen*, um die Markierung wieder aufzuheben und *Auswahl umkehren*.

- Oder verwenden Sie die Tastenkombination Strg+A. Dazu drücken Sie zuerst die Strg-Taste, halten diese gedrückt und betätigen kurz die Taste A. Dann lassen Sie auch die Strg-Taste wieder los.

## Mehrere zusammenhängende Elemente markieren

- Markieren Sie mit einem Klick das erste, zu markierende Element. Drücken Sie dann die Umschalt(Shift)-Taste und halten Sie die Taste gedrückt, während Sie gleichzeitig auf das letzte, zu markierende Element klicken. Danach lassen Sie die Taste wieder los.

- Oder ziehen Sie mit der Maus einen Rahmen um die Elemente: Dazu beginnen Sie an einer freien Stelle neben dem ersten Element, drücken die linke Maustaste und halten die Taste gedrückt, während Sie diagonal ein Rechteck um die Elemente ziehen. Dabei werden auch Elemente in die Markierung einbezogen, die sich nicht vollständig innerhalb des Rahmens befinden (Bild 7.2).

*Bild 7.2 Mehrere Elemente mit einem Markierungsrahmen markieren*

## Nicht zusammenhängende Elemente auswählen

Mehrere Elemente lassen sich am einfachsten markieren, wenn Sie zuvor im Register *Ansicht* das Kontrollkästchen *Elementkontrollkästchen* aktivieren (Bild 7.3). Dadurch erscheint beim Zeigen auf ein Dateisymbol in dessen linker oberer Ecke ein kleines Kästchen. Mit einem Klick in das Kästchen setzen Sie ein Häkchen, das Element ist markiert und Sie können nun weitere markieren. Um ein Häkchen zu entfernen, klicken Sie einfach erneut auf das Häkchen.

Alternativ markieren Sie mehrere Elemente durch Anklicken mit gleichzeitig gedrückter Strg-Taste.

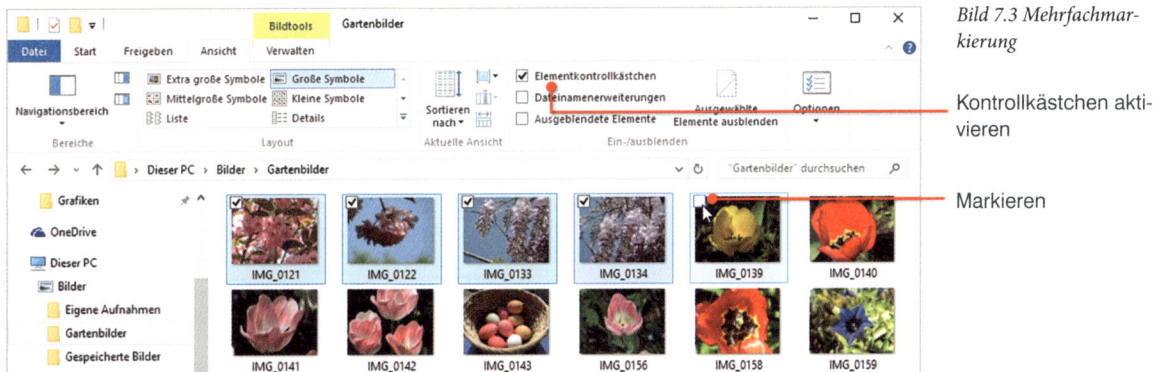

*Bild 7.3 Mehrfachmarkierung*

Kontrollkästchen aktivieren

Markieren

# 7 Dateien und Ordner verwalten

Für alle Markierungen gilt: Die Elemente bleiben nur bis zur nächsten Aktion, z. B. Kopieren oder Verschieben, markiert, auch bei einem Wechsel zu einem anderen Speicherort verschwindet die Markierung wieder.

## 7.2 Dateien und Ordner organisieren

**Einen neuen Ordner erstellen**

Ordner können im Explorer an jedem verfügbaren Speicherort erstellt werden, also beispielsweise als Unterordner eines Standardordners oder eines anderen beliebigen Ordners, auf dem Desktop, auf einem externen Laufwerk, z. B. einem USB-Speicherstick oder auf *OneDrive*. Hierzu einige Tipps:

- Sollen Ordner auf der Festplatte angelegt werden, so erhalten Sie später am schnellsten Zugriff auf Ihre Ordner, wenn Sie sie als Unterordner in einem der Standardordner, z. B. *Dokumente*, erstellen.

- Legen Sie dagegen keine Ordner direkt auf dem lokalen Datenträger C: (Festplatte) an. Dieser Ort sollte ausschließlich dem Betriebssystem Windows und den installierten Programmen vorbehalten bleiben, da ein versehentliches Löschen wichtiger Ordner dazu führen kann, dass einige Programme nicht mehr korrekt funktionieren.

*Genauso gehen Sie auch vor, wenn Sie auf OneDrive einen Ordner anlegen möchten.*

Die Vorgehensweise beim Anlegen eines Ordners ist immer gleich, als Beispiel erstellen wir einen neuen Ordner im Ordner *Dokumente*.

**1** Navigieren Sie im Explorer zum Speicherort, an dem Sie den neuen Ordner erstellen möchten. Der Inhalt dieses Ortes muss im Anzeigebereich sichtbar sein, ggfs. kontrollieren Sie die Adressleiste (Bild 7.4).

*Bild 7.4 Neuen Ordner erstellen*

*Klicken Sie auf Neuer Ordner*

*Der aktuelle Speicherort Dokumente*

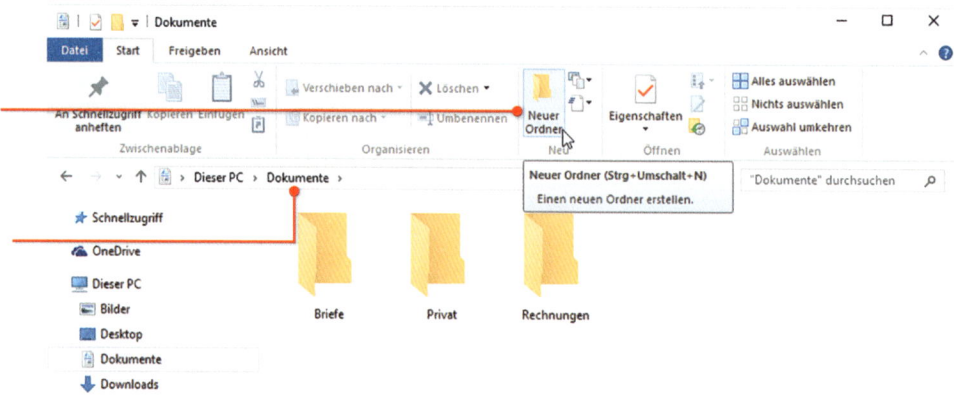

**2** Klicken Sie im Menüband auf das Register *Start* und auf *Neuer Ordner*. Der neue Ordner erscheint sofort im Anzeigebereich, sein vorläufiger Name

(*Neuer Ordner*) wird in einem kleinen Feld angezeigt und ist markiert, er braucht nur noch durch Ihre Tastatureingabe mit einem aussagefähigen Namen überschrieben werden (Bild 7.5).

**3** Zum Abschluss betätigen Sie die Eingabe-Taste oder klicken mit der Maus an eine beliebige Stelle des Anzeigebereichs.

Hinweis: Ein neuer Ordner erscheint bei der standardmäßigen Sortierung nach Namen im Anzeigebereich zunächst einmal unter dem Buchstaben N (*Neuer Ordner*). Nachdem er einen Namen erhalten hat, ändert sich seine Position automatisch wieder.

*Bild 7.5 Ordner benennen*

Der neue Ordner: Geben Sie über die Tastatur einen Namen ein

### Was Sie bei Ordnernamen beachten müssen
Für die Namen von Ordnern gelten dieselben Regeln wie für die Dateinamen:
- Ein vollständiger Suchpfad darf maximal 255 Zeichen umfassen.
- Ordnernamen dürfen alle Zeichen enthalten, mit Ausnahme der folgenden Sonderzeichen: / \ : ? * < > |
- Ein Ordnername muss eindeutig sein, darf also am selben Speicherort nicht bereits vorhanden sein.

### Ordner- und Dateinamen ändern

Namen von Ordnern können nachträglich geändert werden, falls z. B. beim Erstellen der Name *Neuer Ordner* versehentlich nicht geändert wurde. Eventuell bestehende Verknüpfungen mit diesem Ordner werden dabei von Windows automatisch angepasst. Auch die Namen von Dateien können jederzeit geändert werden. Beachten Sie beim Umbenennen folgendes:
- Falls die Dateinamenerweiterung im Explorer sichtbar ist, darf diese beim Umbenennen nicht geändert werden, da sonst die Datei nicht mehr geöff-

Verknüpfungen, siehe Kap. 7.5

net werden kann. Eine ausgeblendete Dateinamenerweiterung wird dagegen beim Umbenennen nie geändert.

- Eine Datei darf beim Umbenennen nicht gleichzeitig geöffnet sein. Auch Ordner können nicht umbenannt werden, wenn gleichzeitig eine Datei aus diesem Ordner geöffnet ist.
- Die Namen der Standardordner *Dokumente*, *Bilder* usw. können und sollten nicht ohne weiteres geändert werden.

Die Vorgehensweise beim Umbenennen unterscheidet nicht zwischen Ordnern und Dateien, am einfachsten verwenden Sie dazu folgende Methode:

**1** Klicken Sie einmal auf das Datei- bzw. Ordnersymbol, das Element ist nun markiert.

**2** Klicken Sie auf den Namen des markierten Elements, kein Doppelklick! Nach kurzer Verzögerung wechselt die Beschriftung in den Textmodus. Im Textmodus erscheint der Name in einem kleinen umrandeten Eingabefeld und ist markiert, kann also überschrieben werden. Im Textmodus können Sie außerdem sämtliche Techniken der Texteingabe und -korrektur anwenden (Bild 7.6).

Siehe Kap. 2

**3** Beenden Sie anschließend den Textmodus durch Drücken der Eingabe-Taste oder klicken Sie mit der Maus.

*Bild 7.6 Beispiel: Ordner umbenennen*

 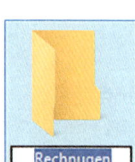  

Als Alternative markieren Sie den Ordner oder die Datei und klicken im Menüband auf das Register *Start*. Hier finden Sie in der Gruppe *Organisieren* den Befehl *Umbenennen* (Bild 7.7). Mit Drücken der Funktionstaste F2 erscheint der Name des markierten Elements ebenfalls im Textmodus. Im Kontextmenü der rechten Maustaste finden Sie ebenfalls den Befehl *Umbenennen*.

*Bild 7.7 Umbenennen über das Menüband*

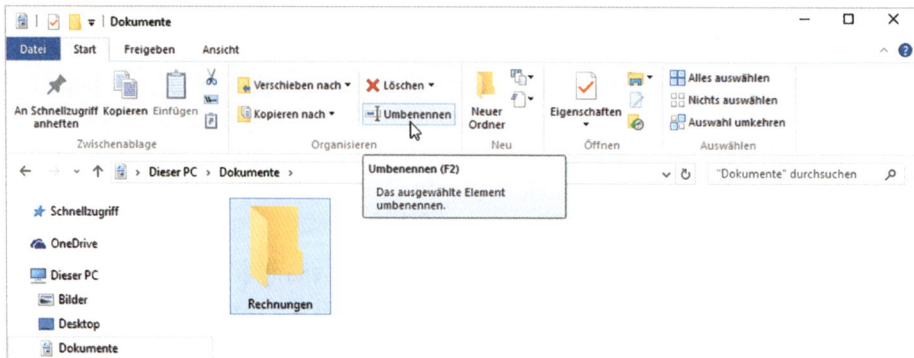

# Dateien und Ordner verwalten 7

Hinweis: Häufig erscheint der Textmodus auch, wenn beim Öffnen mit Doppelklick versehentlich auf den Namen geklickt wurde. Mit der Esc-Taste beenden Sie den Textmodus, ohne dass der Name geändert wird.

### Mehrere Dateien gleichzeitig umbenennen

Sie können auch mehrere Elemente in einem einzigen Arbeitsschritt umbenennen. Besonders interessant ist dies bei umfangreichen Fotosammlungen, da die Fotos in der Regel mit einem wenig aussagefähigen Namen versehen sind. Markieren Sie hierzu zunächst alle Dateien, die Sie umbenennen möchten. Klicken Sie dann im Menüband, Register *Start*, auf *Umbenennen* und geben Sie einen Dateinamen ein. Nach dem Drücken der Eingabe-Taste erhalten alle markierten Dateien den neuen Namen und werden zusätzlich durchnummeriert (Bild 7.8).

Dateien markieren, siehe Kap. 7.1

*Bild 7.8 Mehrere Dateien umbenennen*

## 7.3 Dateien und Ordner verschieben und kopieren

**Wann verschieben, wann kopieren?**
*Wenn Sie einen Ordner oder eine Datei von ihrem ursprünglichen Speicherort an einen anderen Ort verschieben, dann existiert das Element nach wie vor nur ein einziges Mal. Beim Kopieren dagegen verbleibt das Element am ursprünglichen Ort und am Zielort wird eine Kopie erstellt. Zielorte können andere Ordner und Laufwerke, z. B. CD/DVD-Laufwerk, USB-Speicherstick oder OneDrive, sein.*

### Dateien und Ordner verschieben

Die einfachste und schnellste Methode zum Verschieben ist das Ziehen eines Elements mit gedrückter linker Maustaste, auch als Drag & Drop (dt. „Ziehen und Ablegen") bezeichnet.

### Beispiel: Mit der Maus eine Datei in einen Ordner verschieben

Befinden sich die Datei und der Zielordner am selben Speicherort, z. B. im Ordner *Dokumente*, so brauchen Sie eigentlich nur im Anzeigebereich das Dateisymbol mit gedrückter linker Maustaste auf den Zielordner ziehen. Das Dateisymbol wandert mit dem Mauszeiger über den Bildschirm, lassen Sie die Maustaste erst wieder los, wenn ein entsprechender Hinweis auf den Zielort erscheint (Bild 7.9).

*Bild 7.9 Datei in Ordner verschieben*

Befinden sich Datei und Zielordner nicht am selben Ort, dann ziehen Sie die Datei aus dem Anzeigebereich heraus und im Navigationsbereich auf den Zielort. Es genügt, wenn die Datei im Anzeigebereich des Explorers sichtbar ist, im Navigationsbereich öffnen sich während des Ziehens die Ordner automatisch und zeigen alle Unterordner an. So gehen Sie vor:

1. Ziehen Sie das zu verschiebende Element aus dem Anzeigebereich in den Navigationsbereich und auf den übergeordneten Ordner, z. B. *Dokumente*. Lassen Sie die Maustaste nicht los, während Sie hier kurz über dem Ordner *Dokumente* verweilen (Bild 7.10).

*Bild 7.10 Im Navigationsbereich auf das übergeordnete Element ziehen*

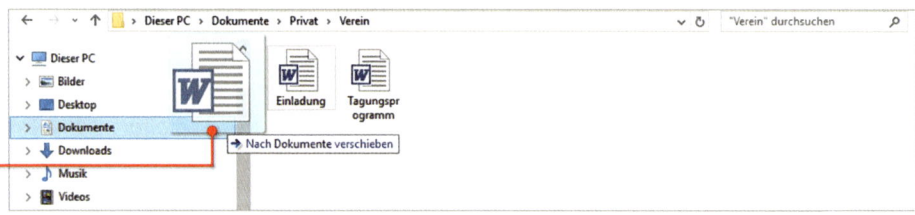

Zu verschiebende Datei

2. Die Unterordner werden nach kurzer Verzögerung automatisch unterhalb des Ordners *Dokumente* sichtbar.

3. Ziehen Sie nun die Datei weiter auf den Zielordner und lassen Sie die Maustaste erst los, wenn ein entsprechender Hinweis am Mauszeiger erscheint (Bild 7.11).

*Bild 7.11 Ziehen Sie die Datei auf den Zielordner*

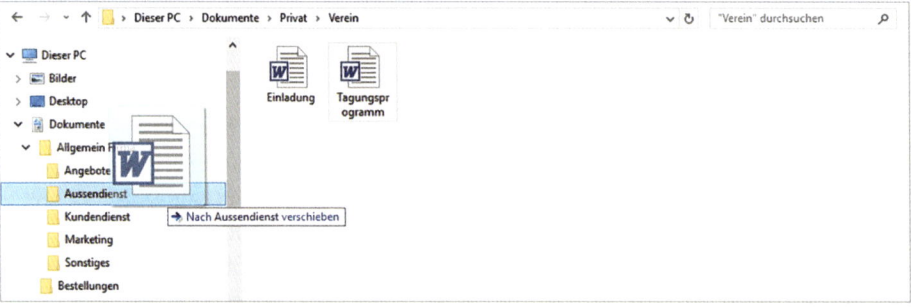

**4** Die Datei ist aus dem ursprünglichen Ordner verschwunden und befindet sich nun am Zielort, sie wurde verschoben.

Dieselbe Vorgehensweise wenden Sie auch an, wenn Sie anstelle einer Datei einen Ordner verschieben möchten. Zum Verschieben mehrerer markierter Elemente genügt es, wenn Sie daraus ein beliebiges Element auf den Zielort ziehen.

**Über Schaltfläche im Menüband verschieben**

Eine zweite Möglichkeit zum Verschieben finden Sie im Menüband:

**1** Markieren Sie das Element bzw. die Elemente.

**2** Klicken Sie auf das Register *Start* und hier auf *Verschieben nach*.

**3** Es erscheint eine Liste, die sowohl die Standardordner als auch zuletzt verwendete Ordner umfasst. Befindet sich der gewünschte Ordner darunter, so klicken Sie ihn einfach an.

**4** Ist dies nicht der Fall, so klicken Sie am Ende der Liste auf *Speicherort auswählen...*.

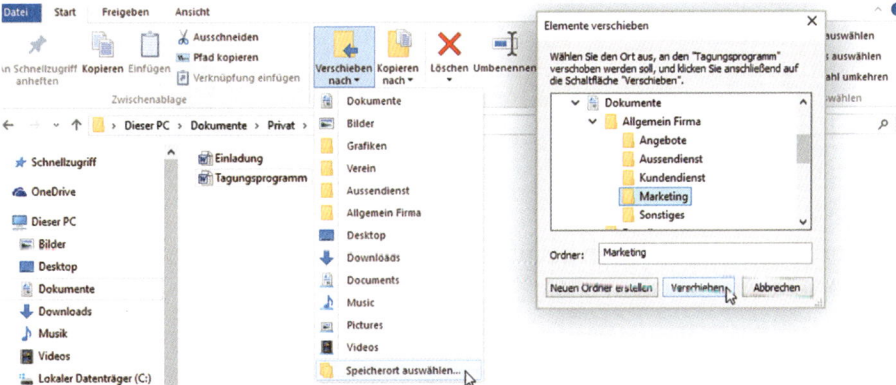

*Bild 7.12 Verschieben - Speicherort auswählen*

**5** Das Fenster *Elemente verschieben* (Bild 7.12) öffnet sich, klicken Sie auf den gewünschten Ordner. Angeschlossene Wechseldatenträger erscheinen hier ebenfalls und zwar am Ende der Liste.

**Dateien und Ordner kopieren**

Kopieren wird meist zum Sichern von Daten benutzt. Die Vorgehensweise unterscheidet sich nur wenig vom Verschieben. Zum Kopieren können Sie im Menüband die Schaltfläche *Kopieren* oder die Maus benutzen.

Beachten Sie: Wenn Sie die Kopie einer Datei im selben Ordner wie die Originaldatei einfügen, dann erhält die Kopie automatisch den Zusatz *Kopie*. Gleiches gilt auch für Ordner.

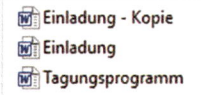

## 7 Dateien und Ordner verwalten

**Menüband: Schaltfläche Kopieren**

Neben *Verschieben* finden Sie im Menüband auch die Schaltfläche *Kopieren*, die Vorgehensweise ist dieselbe wie zuvor in Zusammenhang mit Verschieben beschrieben:

1   Markieren Sie das zu kopierende Element und klicken Sie im Menüband auf *Start* und hier auf *Kopieren nach*.

2   Wie beim Verschieben öffnet sich eine Liste von Ordnern (Bild 7.12), klicken Sie entweder hier auf den gewünschten Zielort oder auf *Speicherort auswählen...*.

**Ziehen mit der Maus**

*Anderes Laufwerk = automatisches Kopieren*

Beim Ziehen mit gedrückter linker Maustaste (siehe „Mit der Maus verschieben") wird ein Element automatisch kopiert, wenn Sie es auf ein anderes Laufwerk ziehen. Ob ein Element kopiert wird, erkennen Sie auch am Symbol während des Ziehens: Beim Kopieren erscheint am Symbol zusätzlich ein kleines +-Zeichen (Bild 7.13).

*Bild 7.13 Datei kopieren*

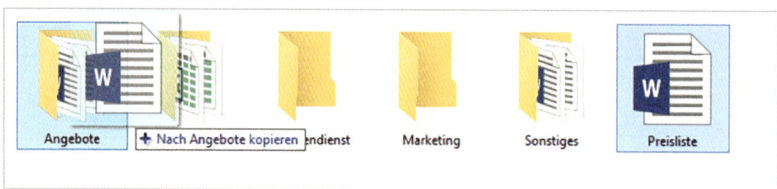

Darüber hinaus stehen Ihnen beim Ziehen mit der Maus folgende Möglichkeiten zum Kopieren/Verschieben offen:

■   Halten Sie während des Ziehens die Strg-Taste gedrückt, so wird unabhängig vom Quell- und Zielort immer kopiert. Mit gleichzeitig gedrückter Umschalt-Taste wird dagegen immer verschoben.

■   Oder verwenden Sie zum Ziehen die rechte Maustaste: Nach dem Loslassen der Maustaste erscheint am Zielort ein kleines Menü und Sie können zwischen *Verschieben* und *Kopieren* wählen. Als dritte Alternative wird eine Verknüpfung angeboten (siehe 7.5).

*Bild 7.14 Verschieben/ Kopieren mit der rechten Maustaste*

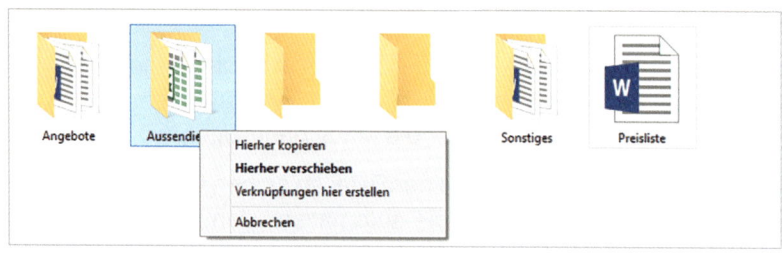

# Dateien und Ordner verwalten 7

## Die Standardeinstellungen beim Ziehen mit der Maus

Hier eine kleine Übersicht über die Standardeinstellungen beim Ziehen mit der Maus: Wann wird verschoben, wann automatisch kopiert?

Am Hinweistext während des Ziehens erkennen Sie schnell, ob ein Element verschoben oder kopiert wird.

**Ein Element wird automatisch verschoben, ...**
wenn sich Quell- und Zielort auf demselben Datenträger befinden. Ziehen Sie beispielsweise ein Foto aus dem Ordner *Dokumente* in den Ordner *Bilder*, so wird es verschoben.

**Ein Element wird automatisch kopiert, ...**
wenn sich Quell- und Zielort auf unterschiedlichen Datenträgern befinden. Ziehen Sie ein Foto aus dem Ordner *Bilder* auf einen angeschlossenen USB-Stick, so wird am Zielort automatisch eine Kopie erstellt.

**Ausnahme OneDrive**
Wenn Sie eine Datei oder einen Ordner nach *OneDrive* bzw. in einen *OneDrive* Ordner ziehen, wird das Element automatisch verschoben.

**Für das Kopieren und Verschieben auf andere Laufwerke, z. B. USB-Stick oder OneDrive, gilt:**

- Der Kopiervorgang, insbesondere umfangreicher Ordner, auf ein anderes Laufwerk dauert in der Regel etwas länger. Dann lässt sich der Kopierfortschritt in einem kleinen Fenster mitverfolgen und hier ggfs. mit Klick auf die beiden Schaltflächen unter- oder ganz abbrechen.

*Bild 7.15 Kopierfortschritt*

- Das Verschieben oder Kopieren umfangreicher Dateien und Ordner zwischen PC und *OneDrive* dauert ebenfalls länger, da dieser Vorgang über die vergleichsweise „langsame" Internet-Verbindung erfolgt. Man bezeichnet dies auch als „Upload" (Hochladen) bzw. „Download" (Herunterladen) von Daten. Auf *OneDrive* erkennen Sie an den Datei- und Ordnersymbolen den laufenden Aktualisierungsvorgang.

# 7 Dateien und Ordner verwalten

**Kopieren und Verschieben über die Zwischenablage**

Windows verfügt über einen temporären Speicher, die sogenannte Zwischenablage; diese kann ebenfalls zum Kopieren oder Verschieben verwendet werden. Beim Kopieren von Dateien oder Ordnern über die Zwischenablage gehen Sie im Explorer wie folgt vor:

1. Markieren Sie die Datei oder den Ordner und klicken Sie im Menüband, Register *Start*, auf *Kopieren* (Bild 7.16).

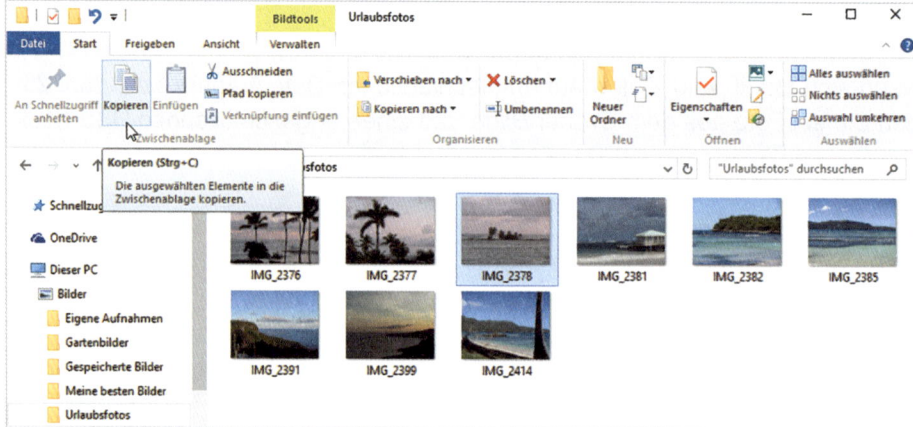

*Bild 7.16 Markiertes Element kopieren*

2. Wechseln Sie zum Zielort bzw. sorgen Sie dafür, dass der Inhalt des Zielortes im Anzeigebereich sichtbar ist.

3. Klicken Sie dann im Menüband auf *Start* und auf *Einfügen* (Bild 7.17).

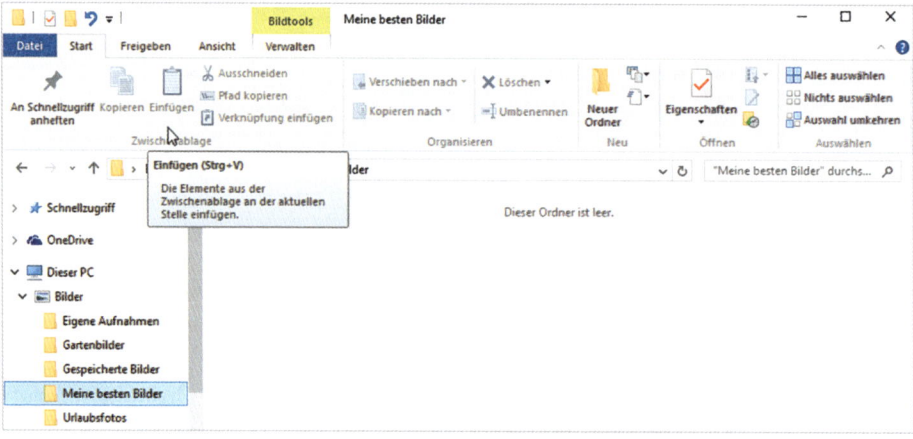

*Bild 7.17 Kopiertes Element einfügen*

140

# 7 Dateien und Ordner verwalten

### Element verschieben
Zum Verschieben eines Elements gehen Sie genauso vor, verwenden aber anstatt *Kopieren* die Schaltfläche *Ausschneiden*.

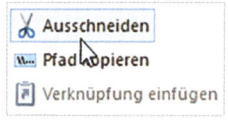

> **Nützlich zu wissen**
> *Im Gegensatz zur Drag & Drop Methode verbleibt ein Element so lange in der Zwischenablage, bis ein anderes Element ausgeschnitten oder kopiert wird. Das bedeutet, dass ein Element auch mehrmals nacheinander eingefügt werden kann.*
>
> *Die Zwischenablage kann auch von Anwendungen genutzt werden und stellt damit eine wichtige Möglichkeit zum Austausch von Daten zwischen verschiedenen Anwendungen dar. Über die Zwischenablage können Sie beispielsweise auch markierten Text oder eine Grafik ausschneiden und an anderer Stelle oder in einer anderen Anwendung wieder einfügen.*

Als Alternative zu den Schaltflächen im Menüband können Sie auch die beiden folgenden Methoden verwenden. Diese sind in der Praxis und mit etwas Übung meist schneller und werden daher auch häufiger eingesetzt.

### Kontextmenü der rechten Maustaste
Dieselben Befehle erhalten Sie auch, wenn Sie mit der rechten Maustaste auf ein Element klicken (Bild 7.18), zum Einfügen klicken Sie dann mit der rechten Maustaste entweder im Anzeigebereich an eine freie Stelle des Zielortes (Bild 7.19) oder im Navigationsbereich direkt auf den Zielordner.

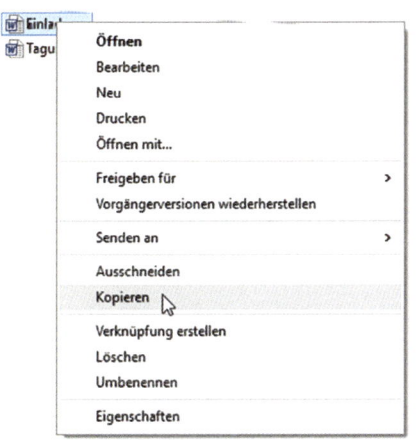
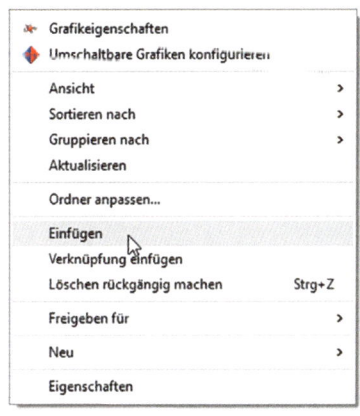

*Bild 7.18 Verschieben oder Kopieren über das Kontextmenü*

*Bild 7.19 Einfügen über das Kontextmenü*

### Tastenkombinationen
Schließlich lässt sich das Kopieren, Ausschneiden und Einfügen auch mit Tastenkombinationen bewerkstelligen, diese entnehmen Sie der nachfolgenden Tabelle.

Für das Kopieren und Ausschneiden verwendet man auch die englische Bezeichnung Copy & Paste.

# 7 Dateien und Ordner verwalten

| Aktion | Tasten | Beschreibung |
|---|---|---|
| Kopieren | Strg + C | Das markierte Element in die Zwischenablage kopieren. |
| Ausschneiden | Strg + X | Das markierte Element in die Zwischenablage ausschneiden. Ausgeschnittene Elemente verbleiben solange am Quellort, bis sie andernorts eingefügt werden. |
| Einfügen | Strg + V | Zuvor kopierte oder ausgeschnittene Elemente aus der Zwischenablage an der aktuellen Position einfügen. |

### Konflikte beim Verschieben oder Kopieren

Beim Verschieben oder Kopieren kann es vorkommen, dass Sie eine der folgenden Fehlermeldungen erhalten.

### Datei wird verwendet

*Datei vor dem Verschieben schließen!*

Diese Fehlermeldung (Bild 7.20) bedeutet, die betreffende Datei ist geöffnet und geöffnete Dateien können nicht verschoben werden. Dies gilt auch, wenn Sie einen Ordner verschieben und eine Datei aus diesem Ordner ist noch geöffnet.

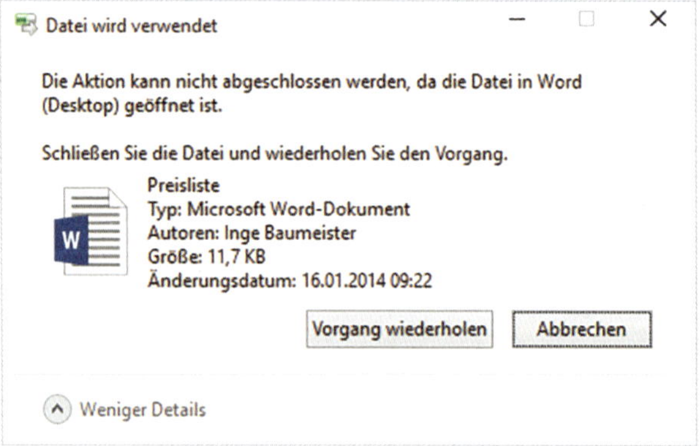

*Bild 7.20 Fehler: Datei wird verwendet*

### Dateien ersetzen oder überspringen

Die Meldung *Dateien ersetzen oder überspringen* erhalten Sie, wenn sich am Zielort bereits eine Datei mit gleichem Namen befindet. Dann erhalten Sie die in Bild 7.21 abgebildete Meldung mit folgenden Möglichkeiten:

- Handelt es sich um dieselbe Datei und der Inhalt der zu kopierenden Datei stellt die aktuellere Version dar, dann wählen Sie *Datei im Ziel ersetzen*. Dadurch wird die vorhandene Datei überschrieben.

# Dateien und Ordner verwalten 7

- Ist der Inhalt beider Dateien identisch oder möchten Sie die Datei lieber nicht kopieren bzw. verschieben, dann klicken Sie auf *Diese Datei überspringen*.

- *Info für beide Dateien vergleichen* öffnet ein weiteres Fenster (Bild 7.22) und Sie können entscheiden, welche der beiden Dateien Sie beibehalten möchten. Benutzen Sie dazu die kleinen Kästchen: Ein Häkchen bedeutet, die Datei wird beibehalten. Falls Sie beide beibehalten möchten, so erhält der Name der zweiten Datei eine zusätzliche Nummer.

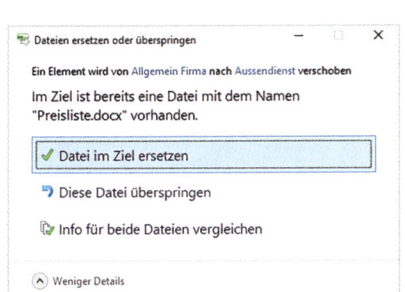
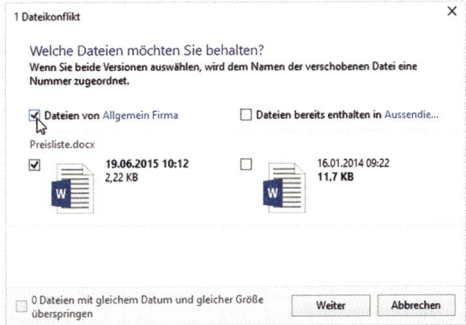

*Bild 7.21 Dateien ersetzen oder überspringen*

*Bild 7.22 Infos für beide Dateien vergleichen*

### Der Quell- und Zieldateiname sind identisch

Dies ist eine weitere häufige Fehlermeldung beim Verschieben. Sie bedeutet einfach nur, Sie haben versucht ein Element dorthin zu verschieben, wo es sich bereits befindet. Klicken Sie auf *Abbrechen*.

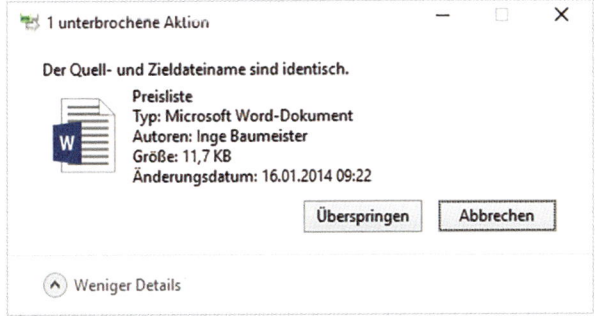

*Bild 7.23 Quelle und Ziel sind identisch*

## 7.4 Aktion rückgängig machen

Manchmal werden Dateien oder Ordner versehentlich verschoben, kopiert oder gelöscht. Dies lässt sich unmittelbar nach der Aktion wieder rückgängig machen.

- Den Befehl dazu finden Sie, wenn Sie mit der rechten Maustaste an eine freie Stelle des Anzeige- bzw. Inhaltsbereichs im Explorer klicken. Das

Kontextmenü zeigt auch die letzte Aktion mit an, z. B. *Verschieben rückgängig machen*.

- Alternativ verwenden Sie die Tastenkombination Strg+Z.

- Eine weitere Möglichkeit finden Sie in Form eines Symbols in der Schnellzugriffsleiste links in der Titelleiste des Explorerfensters. Tipp: Beim Zeigen auf das Symbol zeigt ein Infofeld die letzte Aktion an, erst mit einem Mausklick machen Sie diese rückgängig.

*Bild 7.24 Rückgängig machen*

### Symbol nicht in der Leiste enthalten?
Falls dieses Symbol in der Schnellzugriffsleiste des Explorers nicht angezeigt wird, so sollten Sie es hinzufügen. Klicken Sie dazu rechts in der Schnellzugriffsleiste auf den kleinen, nach unten weisenden, Pfeil. Es erscheint eine Liste der verfügbaren Befehle, bereits in der Leiste enthaltene Befehle sind mit einem Häkchen versehen. Klicken Sie zum Hinzufügen auf *Rückgängig*.

*Bild 7.25 Schnellzugriffsleiste anpassen*

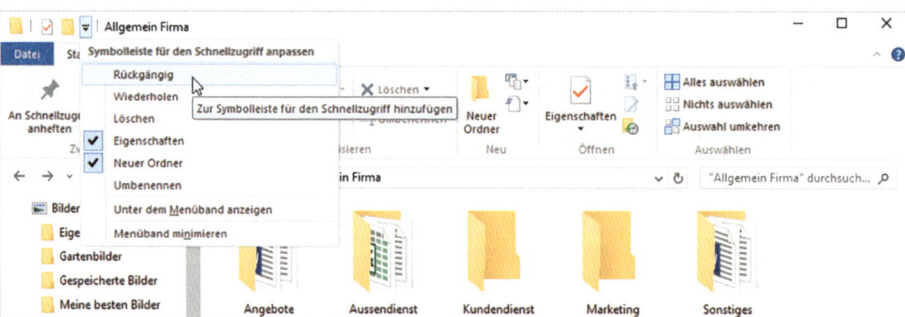

### Achtung!
*Mit diesem Symbol wird immer die zuletzt ausgeführte Aktion rückgängig gemacht. Sie sollten also eine Aktion unmittelbar nach der Ausführung rückgängig machen, später müssen Sie dazu auch alle übrigen, zwischenzeitlich erfolgten Aktionen rückgängig machen.*

*Auch versehentliches Löschen oder Umbenennen können auf diese Weise wieder rückgängig gemacht werden. Falls allerdings beim Verschieben oder Kopieren eine Datei ersetzt, also überschrieben, wurde (siehe Konflikte), lässt sich dies nicht mehr rückgängig machen.*

## 7.5 Verknüpfungen erstellen

### Was sind Verknüpfungen?

Über Verknüpfungen oder Verweise lassen sich Dateien und Ordner öffnen, ohne dass der genaue Speicherort bekannt sein muss. Verknüpfungen stellen damit eine komfortable Möglichkeit des schnellen Zugriffs auf Dateien und Ordner dar, auch von mehreren unterschiedlichen Orten aus.

*Über Verknüpfungen schnell auf Dateien und Ordner zugreifen*

> **Für alle Verknüpfungen gilt daher:**
> *Wenn Sie eine Verknüpfung erstellen, dann wird das Originalobjekt weder verschoben noch kopiert; die Verknüpfung enthält lediglich einen Verweis auf den Speicherort.*
>
> *Verknüpfungen können jederzeit problemlos wieder entfernt werden, ohne dass dabei Dateien und Ordner, auf welche die Verknüpfung verweist, gelöscht werden.*

### Verknüpfungen im Schnellgriff des Explorers nutzen

Im Explorer finden Sie im Navigationsbereich den Abschnitt *Schnellzugriff* mit Verknüpfungen zu verschiedenen Speicherorten. Dies können fest angeheftete Verknüpfungen oder Verknüpfungen zu häufig benutzten Ordnern sein. Angeheftete Verknüpfungen sind am Pin-Symbol leicht zu erkennen. Dies sind standardmäßig die Ordner *Downloads*, *Dokumente* und *Bilder* sowie *Desktop*.

Weitere Verknüpfungen lassen sich schnell hinzufügen: Markieren Sie den betreffenden Ordner und klicken Sie im Menüband, Register *Start*, auf *An Schnellzugriff anheften* (Bild 7.26). Denselben Befehl erhalten Sie auch im Kontextmenü, wenn Sie mit der rechten Maustaste auf einen Ordner klicken.

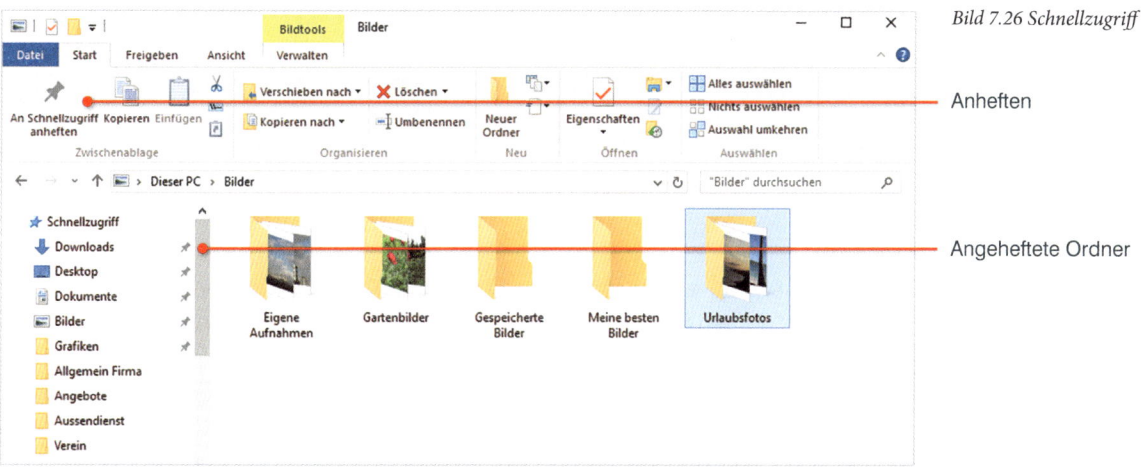

*Bild 7.26 Schnellzugriff*

Als Alternative ziehen Sie einen Ordner einfach mit gedrückter linker Maustaste auf *Schnellzugriff*. Das Element wird in diesem Fall nicht verschoben oder kopiert, sondern Windows erstellt eine Verknüpfung. Während des Ziehens erscheint der Hinweistest *An Schellzugriff anheften*.

**Achtung:** *Dem Schnellzugriff können nur Speicherorte, also Ordner oder Laufwerke, aber keine Dateien hinzugefügt werden.*

*Derselbe Schnellzugriff wird standardmäßig auch unmittelbar nach dem Öffnen des Datei-Explorers im Inhaltsbereich angezeigt, hier erscheinen auch die zuletzt verwendeten Dateien. Wie Sie diese Einstellung ändern können, erfahren Sie in Kap. 8.8, Aussehen und Verhalten des Explorers anpassen.*

### Verknüpfung aus Schnellzugriff entfernen

Um eine Verknüpfung aus dem Schnellzugriff zu entfernen, klicken Sie mit der rechten Maustaste auf die Verknüpfung und wählen im Kontextmenü den Befehl *Von Schnellzugriff lösen* (Bild 7.27). Dies funktioniert auch bei einer nicht angehefteten, zuletzt verwendeten Verknüpfung, dann lautet der Befehl *Aus Schnellzugriff entfernen*. In beiden Fällen löscht Windows die Verknüpfung, jedoch nicht den Ordner, auf den die Verknüpfung verweist.

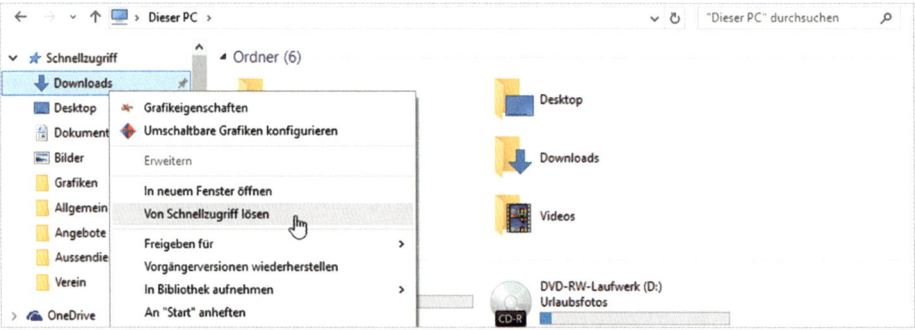

*Bild 7.27 Ordner von Schnellzugriff lösen*

### Verknüpfungen an anderen Orten

#### Desktop

Ebenfalls nützlich sind Verknüpfungen auf dem Desktop. Sie erhalten so per Doppelklick auf ein Symbol Zugriff auf häufig benötigte Dateien oder Ordner. Um eine Verknüpfung auf dem Desktop zu erstellen, klicken Sie ein Element mit der rechten Maustaste an. Zeigen Sie im Kontextmenü auf den Eintrag *Senden an* und klicken Sie auf die Option *Desktop (Verknüpfung erstellen)* (Bild 7.28). Dies funktioniert im Gegensatz zum Schnellzugriff des Explorers auch mit Dateien!

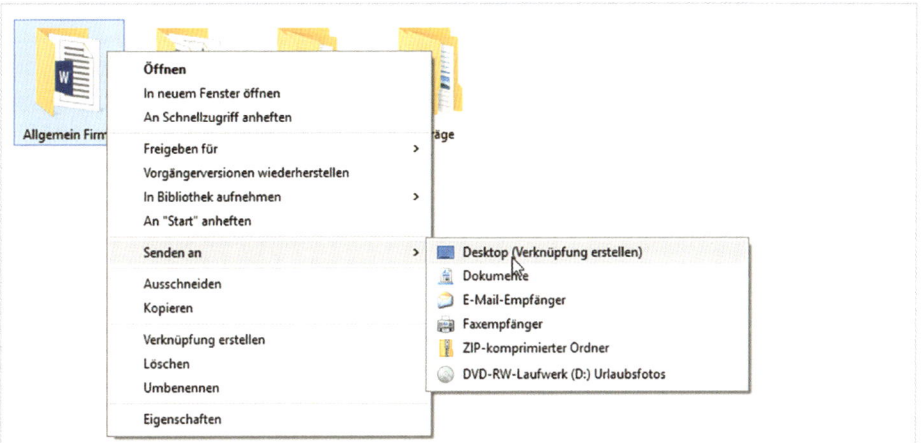

*Bild 7.28 Verknüpfung auf Desktop erstellen*

### Und noch zwei Möglichkeiten eine Verknüpfung zu erstellen

Ziehen Sie ein Element mit gedrückter rechter Maustaste an den gewünschten Speicherort. Nachdem Sie die Maustaste losgelassen haben, erscheint ein Kontextmenü, in dem Sie auf den Befehl *Verknüpfung hier erstellen* klicken.

Oder kopieren Sie das Element in die Zwischenablage, z. B. mit der rechten Maustaste und dem Befehl *Kopieren* oder der Tastenkombination Strg+C. Klicken Sie dann mit der rechten Maustaste auf den Zielort, an dem die Verknüpfung erstellt werden soll und verwenden Sie aus dem Kontextmenü den Befehl *Verknüpfung erstellen*.

Mit den genannten Methoden lassen sich Verknüpfungen an fast allen Speicherorten erstellen. Um eine Verknüpfung im selben Ordner zu erstellen, klicken Sie mit der rechten Maustaste auf ein Element und wählen im Kontextmenü *Verknüpfung erstellen*. Diese Verknüpfung lässt sich dann z. B. kopieren oder ausschneiden und andernorts einfügen.

Verknüpfungen auf dem Desktop und an anderen Orten sind leicht zu erkennen: Das Datei- oder Ordnersymbol erhält in der Ecke einen kleinen Pfeil und dem Namen wird standardmäßig der Zusatz *Verknüpfung* hinzugefügt. Verküpfungen können jedoch jederzeit umbenannt werden.

### Startmenü

Im Kontextmenü der rechten Maustaste finden Sie auch den Befehl *An „Start" anheften* (Bild 7.28), mit dem Sie eine Verknüpfung im Startmenü erstellen. Die Ordner bzw. Verknüpfungen erscheinen bei den Kacheln im benutzerdefinierten Bereich des Startmenüs. Wie Sie die Kacheln umstellen oder zu Gruppen zusammenfasen, erfahren Sie in Kapitel 8.3.

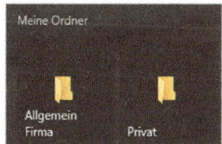

## 7.6 Dateien und Ordner löschen

Nicht mehr benötigte Dateien und Ordner können von der Festplatte bzw. vom Datenträger entfernt werden. Beim Löschen eines Ordners wird auch dessen gesamter Inhalt gelöscht. Allerdings wird ein gelöschtes Element standardmäßig nicht sofort vollständig vom Speicherort entfernt, sondern zunächst in den Papierkorb verschoben. Aus dem Papierkorb können gelöschte Objekte bei Bedarf wiederhergestellt werden.

**Löschen bzw. in den Papierkorb verschieben**

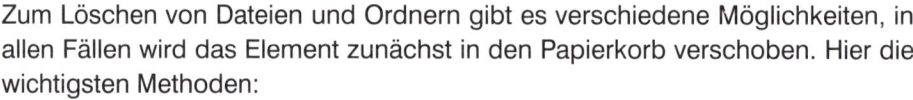

Zum Löschen von Dateien und Ordnern gibt es verschiedene Möglichkeiten, in allen Fällen wird das Element zunächst in den Papierkorb verschoben. Hier die wichtigsten Methoden:

- Markieren Sie im Explorer das zu löschende Element und klicken Sie im Menüband auf *Start* und auf die Schaltfläche *Löschen* (Bild 7.29).

- Oder klicken Sie mit der rechten Maustaste auf ein Element und wählen Sie im Kontextmenü den Befehl *Löschen*.

- Oder markieren Sie ein Element und drücken auf der Tastatur die Entf-Taste oder verwenden die Tastenkombination Strg+D.

- Falls der Papierkorb auf dem Desktop sichtbar ist, können Sie das Element auch mit gedrückter linker Maustaste auf das Papierkorbsymbol ziehen.

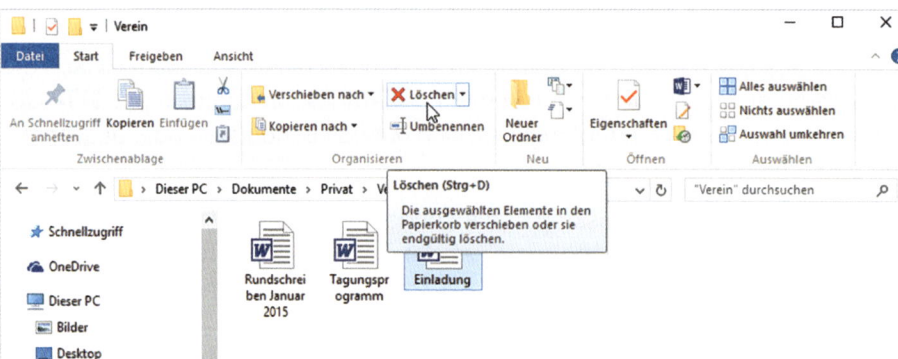

*Bild 7.29 Datei löschen*

**Mögliche Probleme beim Löschen**
*Eine Datei kann nicht gelöscht werden, während sie noch geöffnet ist. In diesem Fall erhalten Sie beim Löschen eine Meldung, dass die Datei noch verwendet wird. Dies gilt auch, wenn Sie einen Ordner löschen möchten und eine Datei aus diesem Ordner ist noch geöffnet. Damit der Ordner gelöscht werden kann, müssen Sie zuerst die Datei schließen.*

# 7 Dateien und Ordner verwalten

### Elemente endgültig löschen

Sie möchten ein Element nicht erst in den Papierkorb verschieben, sondern endgültig löschen? Auch das ist möglich: Im Datei-Explorer klicken Sie dazu auf den zur Schaltfläche *Löschen* gehörenden Dropdown-Pfeil und wählen *Endgültig löschen*. Hier finden Sie auch die Einstellung *Recycelbestätigung anzeigen*, mit der Windows vor jedem Löschvorgang eine Bestätigung anfordert. Alternativ markieren Sie das Element und drücken die Tastenkombination Umschalt+Entf. Oder ziehen Sie das Element mit gleichzeitig gedrückter Umschalt-Taste auf das Papierkorbsymbol auf dem Desktop.

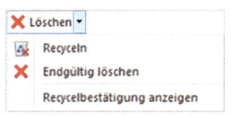

Unter Umständen lassen sich auch endgültig gelöschte Elemente wiederherstellen. Allerdings nicht mit „Bordmitteln" von Windows!

### Aus dem Papierkorb wiederherstellen

Gelöschte Dateien und Ordner verbleiben solange im Papierkorb, bis Sie den Papierkorb leeren oder dieser voll ist. Ist der Papierkorb voll, schafft Windows Platz, indem diejenigen Elemente, deren Löschdatum am weitesten zurückliegt, automatisch und ohne Rückfrage endgültig gelöscht werden.

Solange sich ein Element im Papierkorb befindet, lässt es sich auch zu einem späteren Zeitpunkt am ursprünglichen Speicherort wiederherstellen. So gehen Sie dabei vor:

*Bei versehentlichem Löschen können Sie die Aktion unmittelbar danach rückgängig machen, siehe Kap. 7.4*

**1** Sie finden den Papierkorb als Symbol auf dem Desktop. Öffnen Sie den Papierkorb mit Doppelklick auf das Symbol.

**2** Der Datei-Explorer wird geöffnet und zeigt im Anzeigebereich den Inhalt des Papierkorbs an. Markieren Sie hier das Element bzw. die Elemente, die Sie wiederherstellen möchten.

**3** Klicken Sie im Menüband auf das Register *Verwalten* (*Papierkorbtools*) und hier auf die Schaltfläche *Ausgewählte Elemente wiederherstellen*. Oder klicken Sie mit der rechten Maustaste auf ein Element und verwenden im Kontextmenü *Wiederherstellen*. In beiden Fällen verschwindet das Element aus dem Papierkorb und befindet sich jetzt wieder am ursprünglichen Speicherort.

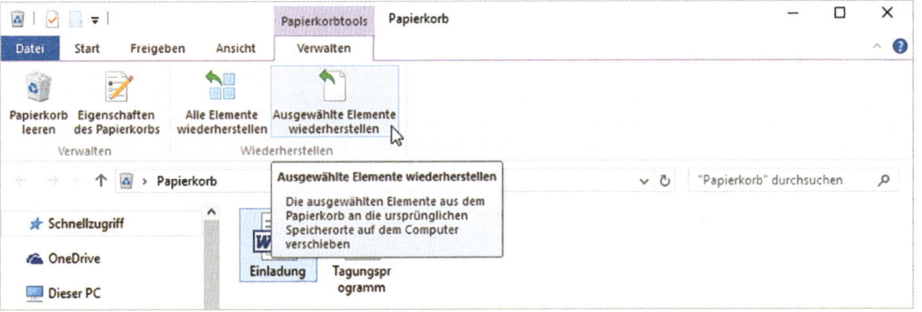

*Bild 7.30 Markiertes Element aus dem Papierkorb wiederherstellen*

Sollen hingegen sämtliche im Papierkorb vorhandene Elemente wiederhergestellt werden, wählen Sie die Schaltfläche *Alle Elemente wiederherstellen*. Bei diesem Befehl ist allerdings Vorsicht geboten, er kann „Aufräumaktionen" auf der Festplatte wieder zunichte machen!

*Das Öffnen einer Datei oder eines Ordners ist im Papierkorb nicht möglich, ein Doppelklick auf das Datei- oder Ordnersymbol öffnet lediglich das Fenster Eigenschaften. Um den Inhalt zu kontrollieren, müssen Sie das Element wiederherstellen.*

Achtung: Dateien, die von einem Wechseldatenträger, z. B. einem USB-Speicherstick, gelöscht werden, können nicht wiederhergestellt werden! Gleiches gilt auch für freigegebene Netzlaufwerke in einem Netzwerk. Beachten Sie in diesem Fall die Meldung, die beim Löschen erscheint.

**Elemente aus dem Papierkorb entfernen/leeren**

Falls Sie einzelne Elemente aus dem Papierkorb endgültig löschen möchten, so markieren Sie das betreffende Element und klicken im Menüband, Register *Start*, auf die Schaltfläche *Löschen* oder verwenden auf der Tastatur die Taste Entf. Diesen Löschvorgang müssen Sie anschließend nochmals bestätigen.

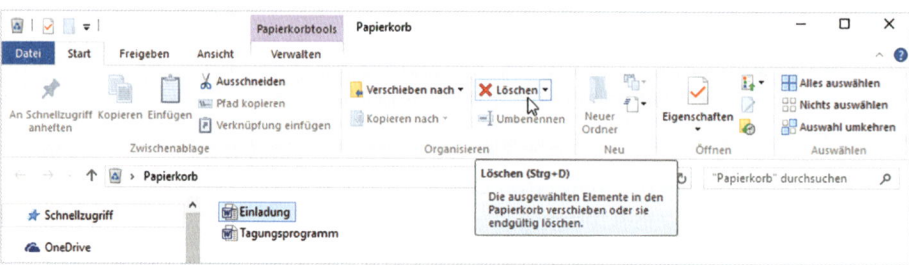

*Bild 7.31 Einzelne Elemente aus dem Papierkorb endgültig entfernen*

Möchten Sie den gesamten Papierkorbinhalt endgültig löschen, so klicken Sie im Menüband, Register *Papierkorbtools - Verwalten*, auf die Schaltfläche *Papierkorb leeren*. Der Papierkorbinhalt kann anschließend (zumindest mit Bordmitteln von Windows) nicht mehr wiederhergestellt werden, daher müssen Sie diese Aktion nochmals bestätigen (Bild 7.32).

*Bild 7.32 Papierkorb leeren*

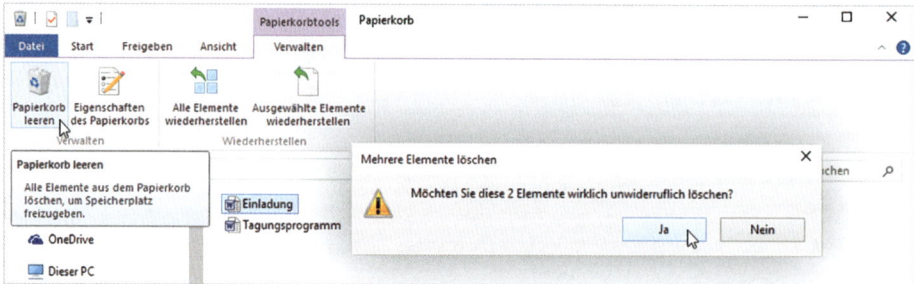

# 7 Dateien und Ordner verwalten

Eine weitere Möglichkeit zum Leeren des Papierkorbs erhalten Sie im Kontextmenü, wenn Sie auf dem Desktop mit der rechten Maustaste auf das Papierkorbsymbol klicken. In diesem Fall braucht der Papierkorb vorher nicht geöffnet werden.

## 7.7 Dateien komprimieren

Durch Komprimieren lässt sich der Speicherumfang von Dateien verringern. Dies ist vor allem beim Versenden umfangreicher Dateien per E-Mail nützlich. Dabei erzeugen Sie einen Ordner, der eine oder mehrere Dateien bzw. Ordner enthalten kann. Windows verwendet dazu das weit verbreitete ZIP-Dateiformat. Komprimierte Ordner erkennen Sie am Reißverschluss (englisch: zip).

So gehen Sie vor, wenn Sie mehrere Elemente komprimieren möchten, dies können Dateien und/oder Ordner sein:

1 Markieren Sie im Anzeigebereich des Explorers alle Elemente, die Sie komprimieren möchten.

2 Klicken Sie im Menüband auf das Register *Freigeben* und hier auf die Schaltfläche *ZIP* (Bild 7.33).

3 Der komprimierte Ordner wird erstellt, was bei umfangreichen Dateien einen Moment dauern kann und am aktuellen Speicherort eingefügt. Anschließend lässt sich der komprimierte Ordner noch, wie jeder Ordner, schlüssig umbenennen.

*Bild 7.33 Einen komprimierten Ordner erstellen*

Alternative Methode: Klicken Sie mit der rechten Maustaste auf die markierten Elemente, zeigen Sie im Kontextmenü auf *Senden an* und wählen Sie *ZIP-komprimierter Ordner*.

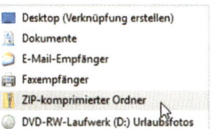

**Tipp:** Einem komprimierten Ordner können Sie auch nachträglich jederzeit weitere Dateien und Ordner hinzufügen. Ziehen Sie im Explorer einfach die Elemente auf den komprimierten Ordner.

# 7 Dateien und Ordner verwalten

**Komprimierte Dateien extrahieren**

Im ZIP-Format komprimierte Ordner können wie normale Ordner geöffnet werden, entweder im Anzeigebereich mit Doppelklick oder indem Sie den Ordner im Navigationsbereich markieren. Die meisten Dateitypen können auch aus einem komprimierten Ordner heraus per Doppelklick geöffnet werden, sind dann allerdings schreibgeschützt.

Möchten Sie dagegen den Dateiinhalt bearbeiten, dann müssen Sie die Dateien vor dem Öffnen extrahieren. Das bedeutet, die Dateien werden in einem nicht komprimierten Ordner mit ihrem ursprünglichen Speicherbedarf wiederhergestellt. So gehen Sie dabei vor:

**1**  Markieren Sie im Explorer den komprimierten Ordner oder öffnen Sie den Ordner mit Doppelklick. In beiden Fällen erscheint im Menüband das zusätzliche Register *Tools für komprimierte Ordner - Extrahieren*. Klicken Sie hier auf *Alle extrahieren*. Diesen Befehl erhalten Sie auch, wenn Sie mit der rechten Maustaste auf einen komprimierten Ordner klicken.

**2**  Das Fenster *ZIP-komprimierte Ordner extrahieren* wird geöffnet: Kontrollieren Sie den vorgeschlagenen Zielort bzw. klicken Sie auf die Schaltfläche *Durchsuchen*, wenn Sie einen anderen Ordner auswählen möchten. Mit einem Klick auf die Schaltfläche *Extrahieren* wird die Extrahierung gestartet.

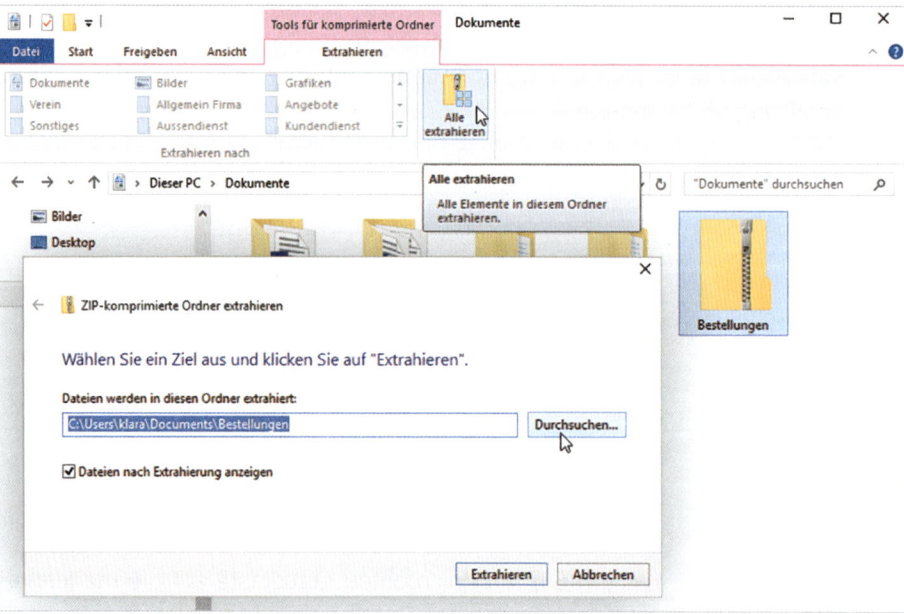

*Bild 7.34 Ordnerinhalt extrahieren*

Um nur eine einzelne Datei aus dem komprimierten Ordner zu extrahieren, ziehen Sie sie einfach mit gedrückter linker Maustaste aus dem komprimierten in einen nicht komprimierten Ordner. Oder kopieren Sie einzelne Elemente über die Zwischenablage (*Kopieren* und *Einfügen*) in einen nicht komprimierten Ordner.

Übrigens: Neben dem ZIP-Format gibt es noch eine ganze Reihe weiterer Formate für die Komprimierung von Dateien. Dazu ist allerdings in der Regel zusätzliche Software erforderlich.

## 7.8 Nach Dateien und Ordnern suchen

Rechts in der Adresszeile des Datei-Explorers befindet sich das Suchfeld, mit dem Sie den aktuellen Speicherort nach Dateien und Ordnern durchsuchen können. Standardmäßig bezieht die Suche Datei- bzw. Ordnername, Dateiinhalt sowie die Dateieigenschaften ein.

*Bei der Suche unterscheidet Windows nicht nach Groß- und Kleinschreibung!*

### Im Explorer Ordner durchsuchen

Beispiel: Sie suchen nach Dateien, die den Namen „Müller" enthalten; Dateiname und der genaue Speicherort sind Ihnen nicht bekannt. Da es sich bei den gesuchten Dateien um Textinhalte handelt, dürften sie sich im Ordner *Dokumente* oder einem Unterordner dieses Ordners befinden. Windows durchsucht standardmäßig auch alle Unterordner eines Speicherortes, daher beginnen Sie mit der Suche am besten im Ordner *Dokumente*.

**1** Sorgen Sie dafür, dass der Inhalt des Ordners *Dokumente* im Anzeigebereich sichtbar ist, markieren Sie also im Navigationsbereich diesen Ordner.

**2** Klicken Sie in das Suchfeld und tippen Sie den gesuchten Begriff ein. Bereits während der Eingabe erscheinen entsprechende Treffer im Anzeigebereich, daher genügt manchmal auch schon die Eingabe der ersten Zeichen.

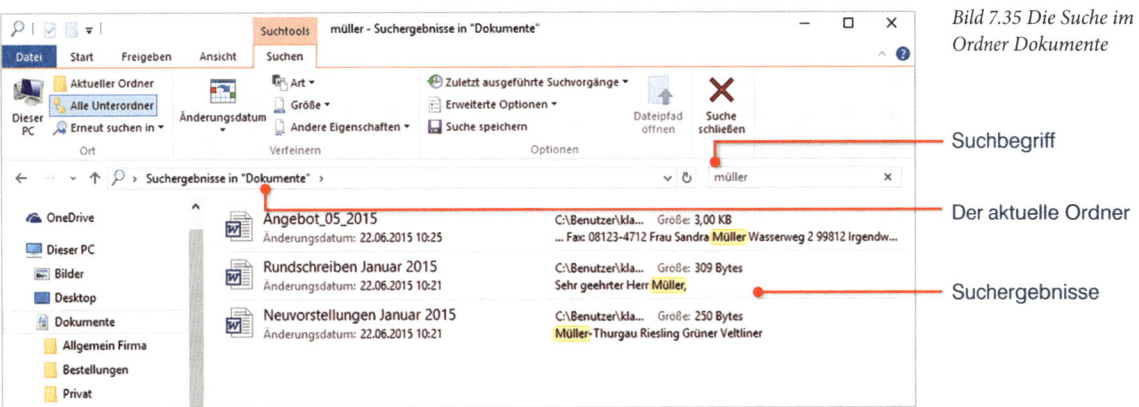

*Bild 7.35 Die Suche im Ordner Dokumente*

# 7 Dateien und Ordner verwalten

**3** Die gefundenen Dateien werden in der Ansicht *Inhalt* aufgelistet, der Suchbegriff ist hervorgehoben. Sie brauchen jetzt nur noch die gewünschte Datei mit Doppelklick öffnen.

### Suchergebnisse wieder ausblenden

Um im Anzeigebereich die Liste der Suchergebnisse auszublenden und wieder den gesamten Inhalt des Ordners *Dokumente* anzuzeigen, klicken Sie auf das kleine x-Symbol rechts neben dem Suchfeld. Oder klicken Sie im Menüband, Register *Suchtools - Suchen* auf die Schaltfläche *Suche schließen* (Bild 7.36) Dadurch wird der Suchbegriff gelöscht und die ursprüngliche Anzeige wiederhergestellt.

*Bild 7.36 Suche schließen*

Suche schließen
Suchbegriff löschen

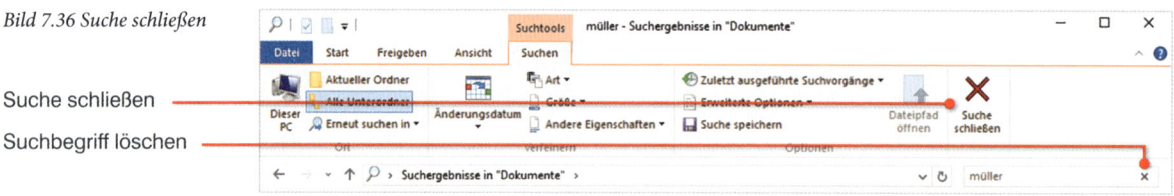

### Speicherort anzeigen

In vielen Fällen genügt es nicht, die gesuchte Datei zu finden, sondern Sie möchten auch wissen, in welchem Ordner diese gespeichert ist. Dies lässt sich leicht herausfinden:

Über das Kontextmenü der rechten Maustaste funktioniert dies auch bei Verknüpfungen!

Standardmäßig bezieht die Suche alle Unterordner des ausgewählten Speicherortes mit ein und die Ansicht *Inhalte* zeigt auch den Suchpfad der gefundenen Dateien an, allerdings meist abgeschnitten. Komfortabler ist es, wenn Sie sich den Speicherort der Datei anzeigen lassen. Dazu markieren Sie die Datei und klicken im Register *Suchen* auf *Dateipfad öffnen*. Im Explorer wird daraufhin der Ordner geöffnet und die Datei markiert. Denselben Befehl erhalten Sie auch im Kontextmenü der rechten Maustaste.

*Bild 7.37 Dateipfad öffnen*

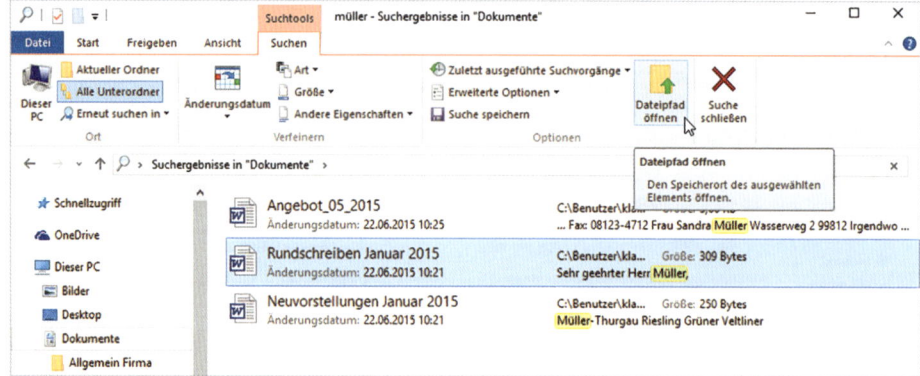

## Die Suche verfeinern

Die Suchfunktion von Windows kann noch mehr, verschiedene Optionen finden Sie im Menüband, Register *Suchtools - Suchen* (Bild 7.38). Dieses Register erscheint automatisch zusammen mit den Suchergebnissen.

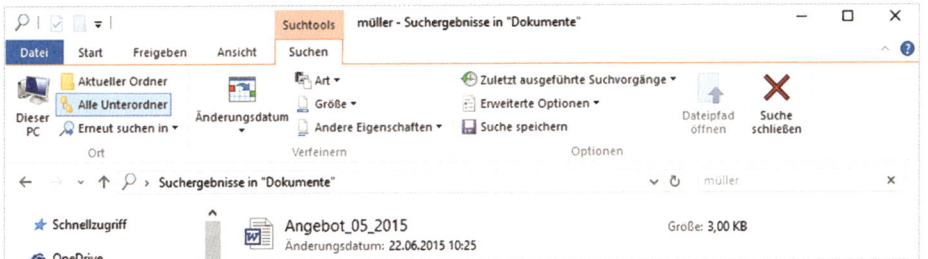

*Bild 7.38 Register Suchen - Suchoptionen*

### Welche Speicherorte sollen durchsucht werden?

Welche Speicherorte in die Suche einbezogen werden, können Sie über die Schaltflächen der Gruppe *Ort* festlegen.

- *Alle Unterordner*: Alle Unterordner werden durchsucht, dies ist die Standardeinstellung.

- *Aktueller Ordner*: Mit dieser Option wird ausschließlich der aktuell ausgewählte Ordner durchsucht, Unterordner werden ignoriert.

- *Erneut suchen in*: Erlaubt die Auswahl eines anderen Speicherortes, der Suchbegriff wird beibehalten.

- *Dieser PC*: Durchsucht die gesamte Festplatte und sämtliche angeschlossenen Speichermedien, z. B. externe Festplatte.

> *Wenn Sie mit Dieser PC den gesamten Computer und die angeschlossenen Speichermedien durchsuchen, kann dies einige Zeit in Anspruch nehmen. Meist geht es schneller, wenn Sie stattdessen der Reihe nach die Standardordner durchsuchen und danach gesondert die externen Datenträger.*

### Änderungsdatum und Dateityp

Bei einer Vielzahl gefundener Dateien kann es sinnvoll sein, die Suchergebnisse nach Dateityp und/oder Änderungsdatum weiter einzugrenzen. Dazu verwenden Sie die Schaltflächen *Art* und *Änderungsdatum*, Gruppe *Verfeinern*. *Art* erlaubt z. B. die Auswahl nach Kalenderelementen, Dokumenten, Bildern oder E-Mails. Mit der Schaltfläche *Änderungsdatum* können Sie *Heute*, *Gestern*, *Diese Woche*, *Letzte Woche* oder einen noch weiter zurück liegenden Zeitraum angeben. Dagegen sind *Größe* und *Eigenschaften*, wie z. B. Autor und Titel einer Datei, nur selten bekannt und die Schaltflächen werden entsprechend selten genutzt.

# 7 Dateien und Ordner verwalten

**Nach Dateinamenerweiterung filten**

Die Auswahl *Dokumente* bezieht sämtliche Microsoft-Office Dokumenttypen mit ein, also Excel-Arbeitsmappen, Word-Dokumente und PowerPoint-Präsentationen sowie Dateien im RichText Format, die z. B. mit WordPad erstellt wurden. Ist Ihnen der genaue Dateityp bzw. die Dateinamenerweiterung bekannt, können Sie auch diese bei der Suche heranziehen.

Ein Beispiel: Sie suchen nach einer Excel-Arbeitsmappe (.xlsx), die den Namen Huber enthält. Diesen Begriff geben Sie zunächst ein.

1. Klicken Sie dann im Register *Suchen* auf die Schaltfläche *Andere Eigenschaften* und hier auf *Typ* (Bild 7.39).

2. Im Suchfeld erscheint nun rechts vom Suchbegriff der Zusatz *Typ:*. Tippen Sie dahinter die gesuchte Dateinamenerweiterung, in unserem Beispiel xlsx, ein.

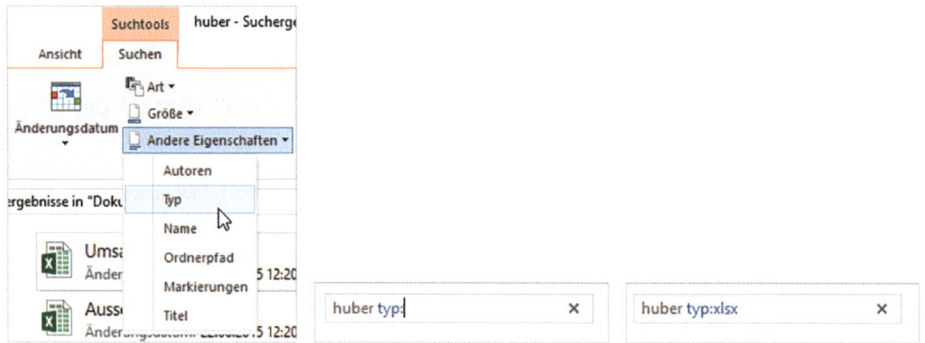

*Bild 7.39 Nach Dateityp suchen*

**Suche speichern**

Die aktuelle Suche lässt sich bei Bedarf speichern und später erneut durchführen. Hierzu klicken Sie im Register *Suchen* auf *Suche speichern*, diese wird standardmäßig im persönlichen Ordner *Suchvorgänge* gespeichert.

**Indizierungseinstellungen**

Dateien in den Standardordnern und deren Unterordner werden automatisch indiziert!

Ein Index beschleunigt die Suche erheblich, insbesondere bei einer Vielzahl gespeicherter Daten. Die Inhalte der wichtigsten Speicherorte werden von Windows automatisch indiziert, dazu zählen standardmäßig alle Benutzerordner sowie alle offline verfügbaren Dateien von *OneDrive* (siehe Kap. 7.10). Falls Microsoft Outlook auf dem PC installiert ist, werden auch alle Outlook-Elemente, z. B. E-Mails und Termine, indiziert. Da die Suche an nicht indizierten Speicherorten entsprechend länger dauert, verwendet Windows die folgenden Standardeinstellungen:

# Dateien und Ordner verwalten    7

- An indizierten Speicherorten wird sowohl nach Dateiname als auch nach Dateiinhalt gesucht.
- An nicht indizierten Speicherorten wird bei der Suche nur der Dateiname berücksichtigt.
- Komprimierte Ordner werden nicht in die Suche einbezogen.

Standardeinstellungen bei der Suche nach Dateien.

*Sie können daher spätere Suchvorgänge erheblich beschleunigen, wenn Sie Ihre Ordner als Unterordner in den Standardordnern, z. B. Dokumente oder Bilder, erstellen, da alle Unterordner dieser Ordner ebenfalls automatisch indiziert werden. Siehe Kap. 7.2, Dateien und Ordner organisieren.*

## Sucheinstellungen ändern

Um die Sucheinstellungen zu kontrollieren und ggfs. zu ändern, klicken Sie im Menüband, Register *Suchen*, auf *Erweiterte Optionen*. Hier können Sie unter *An nicht indizierten Orten* festlegen, ob auch *Dateiinhalte*, *Systemdateien* und *Gezippte Ordner* (Häkchen) durchsucht werden sollen (Bild 7.40). Beachten Sie aber, dass die Suche nach Dateiinhalten an nicht indizierten Orten mehr Zeit in Anspruch nimmt.

Falls Sie weitere Speicherorte in die Indizierung mit einbeziehen möchten, klicken Sie auf *Erweiterte Optionen* und auf *Indizierte Orte ändern*. Das Fenster *Indizierungsoptionen* öffnet sich (Bild 7.41). Der Ordner *Benutzer* in den *Indizierungsoptionen* bedeutet, alle Standardordner sowie deren Unterordner sind indiziert (Standardeinstellung).

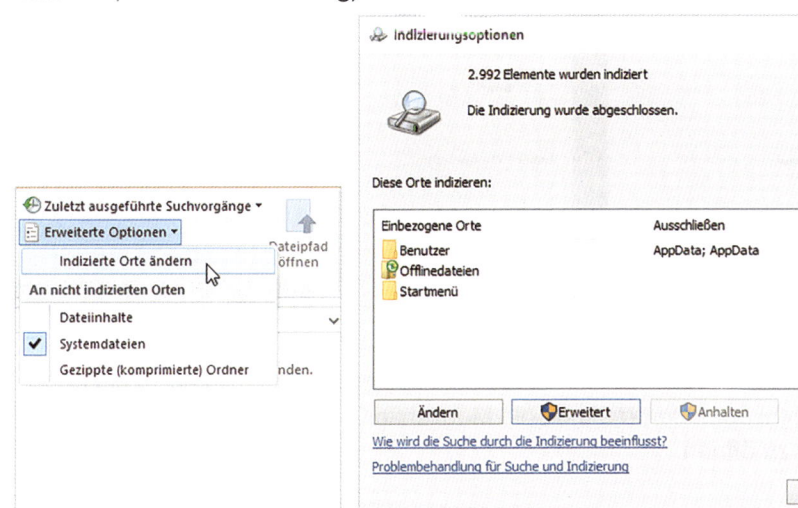

*Bild 7.40 Indizierte Orte*

*Bild 7.41 Indizierungsoptionen*

Sie können bei Bedarf über die Schaltfläche *Ändern* weitere Ordner hinzufügen, sollten dann aber berücksichtigen, dass ein umfangreicher Index unter Umständen erhebliche Rechnerressourcen zum Erstellen und Aktualisieren beansprucht.

## Über die Desktop-Suche nach Dateien und Ordnern suchen

Sie können natürlich auch das Suchfeld in der Taskleiste bzw. im Startmenü zur Suche nach Dateien und Ordnern verwenden. Beachten Sie aber, dass hier ausschließlich indizierte Orte in die Suche mit einbezogen werden.

1. Tippen Sie im Suchfeld die ersten Buchstaben der gesuchten Datei oder des Dateiinhalts ein.

2. Neben Vorschlägen für die Suche im Web und Ergebnissen im Windows-Store enthält die Trefferliste auch Dateien und Ordner, deren Name den Suchbegriff, im Bild 7.42 „Bericht", enthält. Zum Öffnen klicken Sie auf den Dateinamen.

3. Soll auch der Dateiinhalt einbezogen werden, im Beispiel in Bild 7.43 soll nach dem Wort „Bericht" gesucht werden, so klicken Sie am Ende der Suchergebnisse auf *Meine Daten*. Die nachfolgende Liste zeigt alle Dateien und Ordner an, deren Name oder Inhalt den Suchbegriff enthält.

   Über das Dropdown-Feld *Anzeigen* können Sie die Anzeige wieder einschränken, z. B. auf Dokumente oder E-Mails, das Feld *Sortierung* erlaubt eine Sortierung nach Relevanz oder Aktualität.

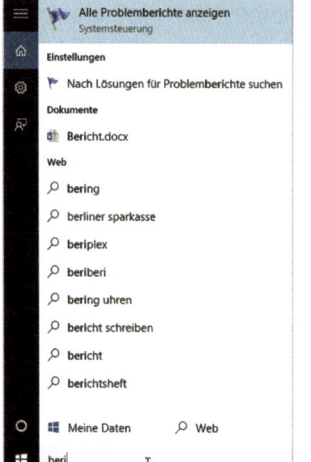
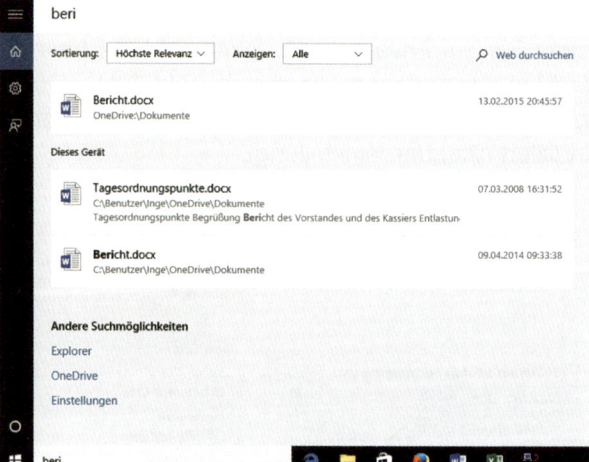

*Bild 7.42 Die Desktop Suche*

*Bild 7.43 Suche nach Dateiinhalten*

**Tipp:** Wenn Sie mit der rechten Maustaste auf eine Datei klicken, erhalten Sie mit dem Befehl *Speicherort öffnen* die Möglichkeit, schnell den Explorer mit dem Speicherort zu öffnen.

## 7.9 Daten auf CD oder DVD brennen

In der Regel verfügt Ihr Computer über ein Laufwerk, das CDs/DVDs nicht nur lesen, sondern auch beschreiben kann, Sie können also Daten auf CD oder DVD kopieren. Dieser Vorgang wird meist als Brennen bezeichnet, da er mithilfe eines Lasers erfolgt.

Zum Brennen benötigen Sie eine beschreibbare CD oder DVD, einen sogenannten Rohling. Ihr PC verfügt vermutlich über ein DVD-Laufwerk, in dem sowohl CDs als auch DVDs gebrannt werden können. DVDs sind teurer, dafür verfügt eine DVD über sechsmal so viel Speicherplatz wie eine herkömmliche CD.

### Datenträgerformate

*Wie seine Vorgänger kennt auch Windows 10 zwei Möglichkeiten, Daten auf CD oder DVD zu brennen. Von dieser Wahl hängt es ab, wie der Datenträger später verwendet werden kann. Unmittelbar nach Einlegen eines Rohlings müssen Sie sich für eine der beiden folgenden Methoden entscheiden. Der Datenträger wird anschließend entsprechend vorbereitet, daher ist eine spätere Änderung nicht mehr möglich.*

Wählen Sie eine der folgenden Möglichkeiten:

- **Verwendung wie ein USB-Speicherstick:** Dies bedeutet, Sie können später wie auf einem USB-Speicherstick den Inhalt von Dateien ändern, weitere Dateien speichern oder löschen. Nachteil: Der Datenträger kann meist ausschließlich auf PCs mit Windows gelesen werden.

- **Wiedergabe mit einem CD/DVD-Player:** Die Daten können überall, also auch mit einem beliebigen CD- oder DVD-Player, wiedergegeben werden, diese Option bietet sich vor allem für Fotos an. Nachteil: Auf diese Weise gebrannte Dateien lassen sich später nicht mehr ändern.

### Zur Wiedergabe mit einem CD/DVD-Player brennen

Hierzu läuft der Brennvorgang in zwei Schritten ab: Im ersten Schritt erfolgt die Zusammenstellung aller zu brennenden Daten und erst anschließend wird der eigentliche Brennvorgang gestartet. So gehen Sie dabei vor:

1 Sorgen Sie dafür, dass im Anzeigebereich des Explorers die Dateien oder Ordner sichtbar sind, die Sie brennen möchten und markieren Sie diese.

2 Klicken Sie im Menüband auf das Register *Freigeben* und hier auf *Auf Datenträger brennen* (Bild 7.44).

3 Sie werden nun aufgefordert, einen beschreibbaren Datenträger einzulegen und die Schublade des Brenners wird ausgefahren. Legen Sie ei-

Siehe 7.1, Objekte markieren

# 7 Dateien und Ordner verwalten

nen Rohling (beispielsweise eine CD-R, CD-RW, DVD-R, DVD-RW oder DVD+RW) ein und schließen Sie die Schublade.

*Bild 7.44 Dateien auswählen*

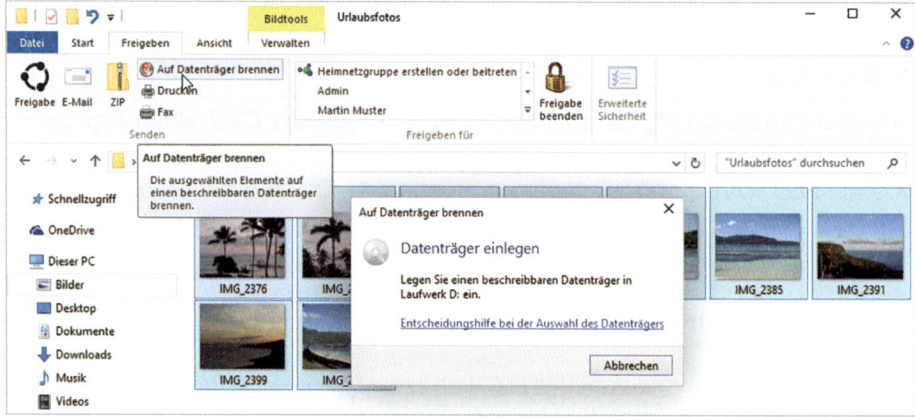

**4** Im nächsten Schritt wählen Sie, wie die CD später verwendet werden soll. Klicken Sie auf die zweite Option (*Mit einem CD/DVD-Player*), damit die Fotos später auch mit einem CD/DVD-Player wiedergegeben werden können. Geben Sie auch noch einen Datenträgertitel ein, dieser erscheint später im Explorer zusammen mit dem Laufwerksbuchstaben.

*Bild 7.45 Verwendungszweck wählen*

**5** Ein zweites Explorer-Fenster für das CD/DVD-Laufwerk wird geöffnet. Der Inhaltsbereich zeigt alle zuvor zum Brennen ausgewählten Dateien an (Bild 7.46). Gleichzeitig erscheint in der rechten unteren Ecke des Bildschirms eine Meldung, dass Dateien zum Brennen vorhanden sind.

**Achtung:** Diese sind vorerst nur zwischengespeichert und wurden noch nicht auf den Datenträger gebrannt.

**6** Sie können nun weitere Dateien oder Ordner zum Brennen auswählen: Navigieren Sie zu den betreffenden Speicherorten, markieren Sie die Dateien und klicken Sie wieder im Register *Freigeben* auf *Auf Datenträger brennen*. Die Meldung in der Taskleiste können Sie vorerst ignorieren.

7 Sind alle Dateien zum Brennen ausgewählt? Dann klicken Sie, falls sichtbar, auf die Sprechblase der Taskleiste oder im Navigationsbereich auf das CD/DVD-Laufwerk und kontrollieren Sie die ausgewählten Dateien. Da es sich hier um Kopien handelt, können Sie versehentlich ausgewählte Elemente problemlos wieder aus der Liste entfernen.

**Achtung:** Das Register *Verwalten* (*Laufwerktools*) ist nur verfügbar, wenn das DVD-Laufwerk ausgewählt wurde.

8 Erst zuletzt wird der eigentliche Brennvorgang gestartet und erst jetzt werden die ausgewählten Dateien auf die CD geschrieben. Klicken Sie auf das Register *Verwalten* und auf *Brennvorgang abschließen*.

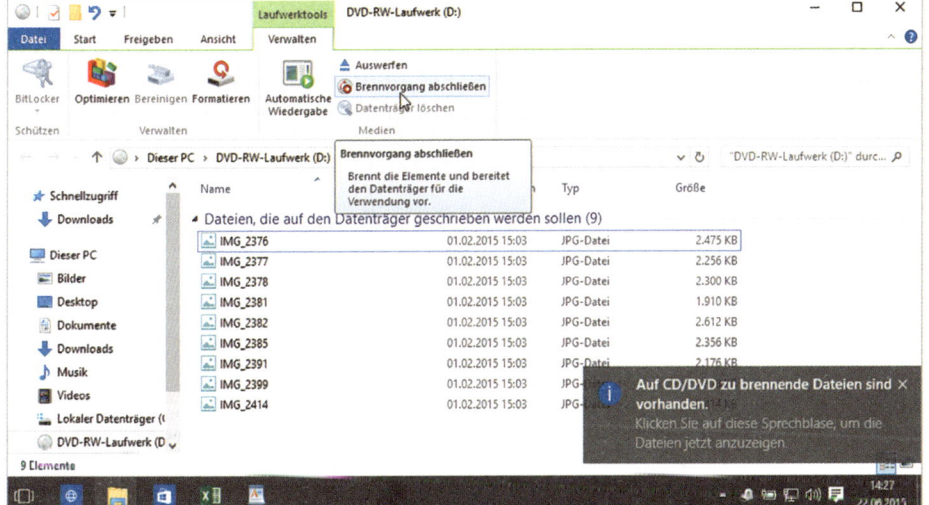

*Bild 7.46 Zum Brennen ausgewählte Dateien*

9 Das Fenster *Auf Datenträger brennen* erscheint: Falls nicht bereits geschehen, geben Sie hier einen Datenträgertitel ein. Die Aufnahmegeschwindigkeit wird automatisch gewählt, kann aber ggfs. manuell geändert werden. Klicken Sie auf *Weiter*.

10 Nun startet der Brennvorgang und Sie können den Fortschritt anhand eines Balkens mitverfolgen. Die Dauer ist abhängig von der Menge der zu brennenden Daten.

11 Nach dem Brennen erhalten Sie eine Meldung, dass die Dateien erfolgreich auf den Datenträger gebrannt wurden. Klicken Sie auf *Fertig stellen*, um den Brennvorgang abzuschließen. Gleichzeitig öffnet sich automatisch die Schublade Ihres DVD-Laufwerks und Sie können die CD entnehmen.

## Weitere Dateien/Ordner hinzufügen

Der Inhalt einer derart gebrannten CD kann zwar nicht mehr geändert werden, aber Sie können in einem späteren Brennvorgang weitere Dateien hinzufügen. Dazu brauchen Sie nur die Schritte 1 bis 8 erneut ausführen und, anstelle einer leeren CD, die bereits zum Teil beschriebene einlegen.

Die Frage nach dem Verwendungszweck bzw. der Brennmethode entfällt natürlich, wenn auf der CD bereits Daten vorhanden sind.

## CD/DVD wie einen USB-Stick verwenden

Damit die Daten auf der CD/DVD nachträglich geändert oder gelöscht werden können, markieren Sie wieder die betreffenden Dateien und klicken auf *Auf Datenträger brennen*. Anschließend muss nach dem Einlegen einer leeren CD die Option *Wie ein USB-Speicherstick* gewählt werden. Der Datenträger wird nun entsprechend vorbereitet (formatiert), dies kann einige Zeit dauern (Bild 7.47).

*Bild 7.47 Formatieren der CD*

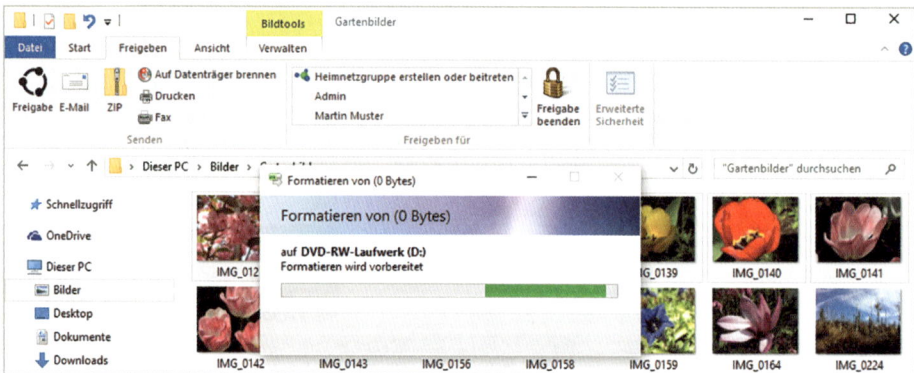

Im Unterschied zur oben beschriebenen Methode wird jede markierte Datei bzw. jeder markierte Ordner sofort auf den Datenträger gebrannt, wenn Sie im Register *Freigeben* auf *Auf Datenträger brennen* klicken. Daher erscheint auch bei jedem Brennvorgang ein Meldungsfenster und zeigt den Brennfortschritt an.

Auf diese Weise brennen Sie nun nacheinander alle Dateien und Ordner, die Sie auf der CD/DVD benötigen.

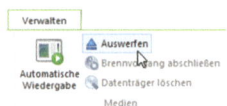

## Sitzung schließen

Vor dem Entnehmen der CD/DVD muss die Sitzung geschlossen werden. Klicken Sie dazu im Register *Verwalten* (*Laufwerktools*) auf *Auswerfen*. Dieser Vorgang kann einige Sekunden dauern. Wenn Sie ohne vorheriges Schließen der Sitzung die Schublade Ihres DVD-Laufwerks zu öffnen versuchen, dann erscheint eine entsprechende Meldung in der Taskleiste und die Sitzung wird automatisch geschlossen. Erst dann können Sie den Datenträger entnehmen.

## 7.10 OneDrive näher betrachtet

OneDrive funktioniert wie eine zweite Festplatte und ist als kostenloser Speicher in der Cloud zusammen mit einem Microsoft-Konto verfügbar. Der Vorteil: Sie können von jedem PC mit Internet-Anschluss auf Ihre gespeicherten Dateien zugreifen und bei Bedarf auch Daten für andere Personen freigeben.

### OneDrive Ordner und Dateien synchronisieren

Wie Sie in diesem Kapitel bereits gesehen haben, ist OneDrive vollständig in den Datei-Explorer von Windows 10 integriert und wird, z. B. beim Speichern und Öffnen, wie jedes andere Laufwerk behandelt. Da es sich um einen Speicherort handelt, der abhängig ist vom Internet-Zugang, werden standardmäßig alle hier befindlichen Ordner synchronisiert, d.h. der Inhalt dieser Ordner wird automatisch auch auf der Festplatte gespeichert und ist somit auch dann verfügbar, wenn keine Verbindung zum Internet besteht. Das Synchronisieren der Speicherorte erfolgt automatisch und im Hintergrund, sodass die Inhalte an beiden Orten immer aktuell sind. Berücksichtigen Sie aber, dass synchronisierte Ordner und Dateien auf Ihrer Festplatte Speicherplatz belegen!

Möchten Sie den Start und die automatische Synchronisation von OneDrive abschalten, so klicken Sie in der Taskleiste mit der rechten Maustaste auf das OneDrive-Symbol und auf Einstellungen.

Deaktivieren Sie die Einstellung OneDrive beim Anmelden automatisch starten.

Im Infobereich der Taskleiste finden Sie das Symbol für *OneDrive*. Beim Zeigen erscheint der aktuelle Status bzw. beim Anklicken erhalten Sie eine entsprechende Meldung (Bild 7.48). *Aktuell* bzw. ein grüner Haken bedeuten, alle Dateien und Ordner wurden mit der Festplatte Ihres PCs abgeglichen und sind aktuell. Kreisförmige Pfeile dagegen signalisieren, dass gerade synchronisiert wird. Mit Klick auf den Link *OneDrive-Ordner öffnen* wird der Datei-Explorer geöffnet und die Inhalte von *OneDrive* angezeigt.

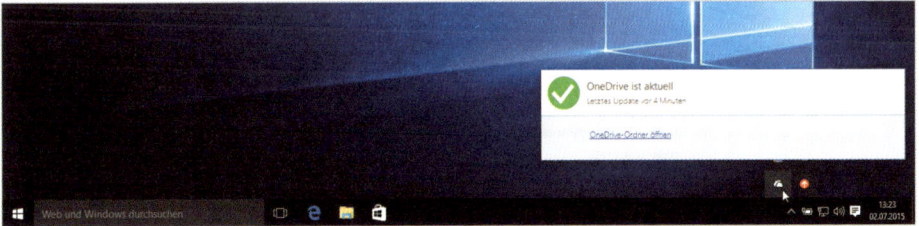

*Bild 7.48 OneDrive in der Taskleiste*

Die Synchronisationseinstellungen von *OneDrive*-Ordnern kontrollieren und ändern Sie wie folgt:

1 Klicken Sie im Navigationsbereich des Explorers auf *OneDrive*, um die Ordner anzuzeigen.

2 Klicken Sie dann im Anzeigebereich mit der rechten Maustaste auf einen der *OneDrive*-Ordner und im Kontextmenü auf *Zu synchronisierende OneDrive-Ordner wählen* (Bild 7.49).

*Bild 7.49 Ordner synchronisieren*

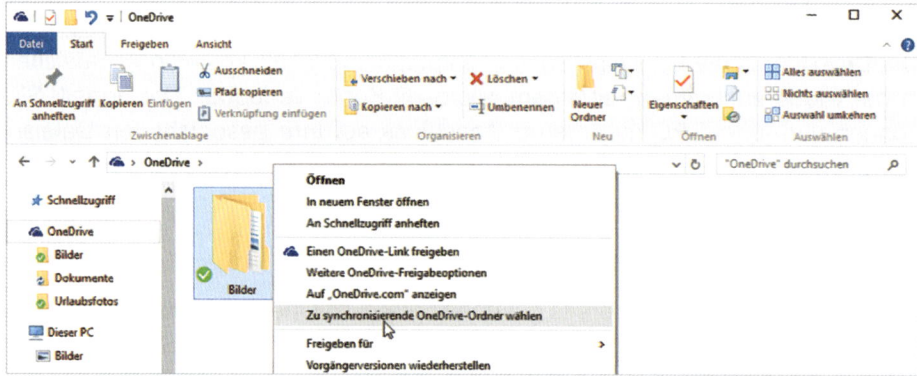

**3** Das in Bild 7.50 abgebildete Fenster öffnet sich und listet alle *OneDrive*-Ordner auf. Wenn Sie das Kontrollkästchen *Alle Dateien und Ordner auf OneDrive synchronisieren* aktivieren, so werden hier alle Elemente in die Synchronisation einbezogen. Alternativ haben Sie die Möglichkeit, dies für jeden einzelnen Ordner festzulegen. Ein Klick auf den nach unten weisenden Pfeil blendet die enthaltenen Unterordner ein; aktivieren bzw. deaktivieren Sie nun für jeden Ordner das entsprechende Kontrollkästchen.

Für Dateien, die sich außerhalb eines der aufgeführten Ordner befinden, kann die Synchronisation nur pauschal aktiviert werden über das Kontrollkästchen *Dateien in ...* (Bild 7.50).

*Bild 7.50 Dateien und Ordner synchronisieren*

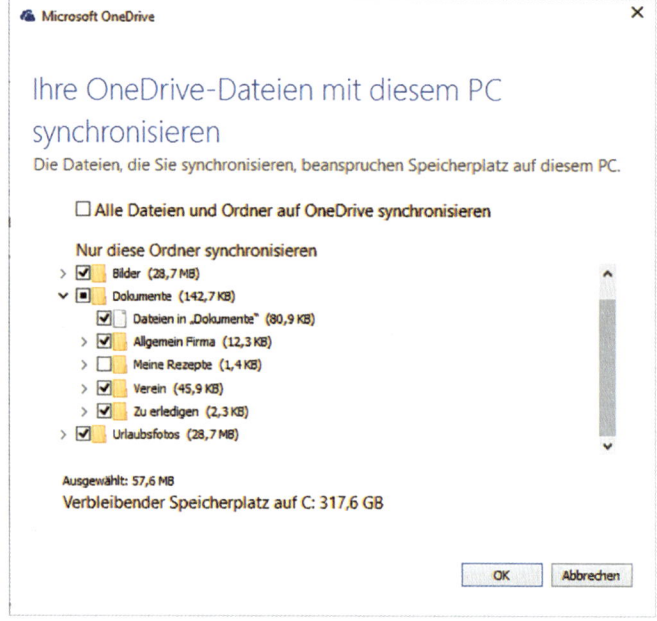

# Dateien und Ordner verwalten 7

**Tipp:** Im Detailbereich können Sie den Status von *OneDrive* oder eines OneDrive-Ordners kontrollieren (Bild 7.51). Markieren Sie dazu im Navigationsbereich *OneDrive* oder einen Ordner und aktivieren Sie den Detailbereich, indem Sie im Register *Ansicht*, Gruppe *Bereiche*, auf die Schaltfläche *Detailbereich* klicken. Mit derselben Schaltfläche blenden Sie den Detailbereich wieder aus.

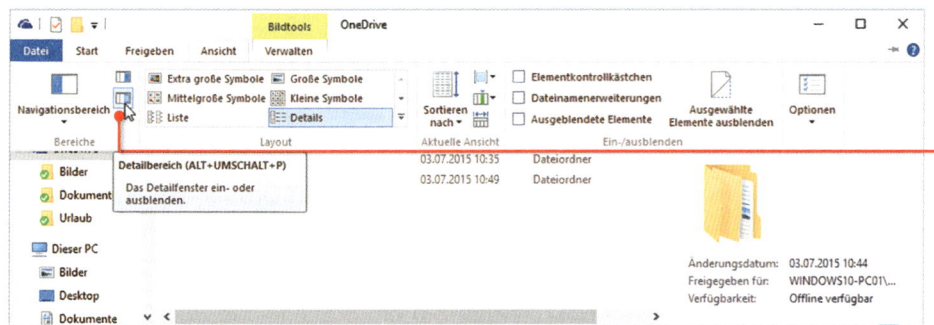

*Bild 7.51 Status im Detailbereich anzeigen*

Datei- und Ordnersymbole sind in OneDrive-Ordnern mit einem kleinen zusätzlichen Symbol versehen, an dem Sie erkennen können, ob das Element aktualisiert wurde oder gerade synchronisiert wird.

## OneDrive im Webbrowser

Unabhängig vom Datei-Explorer können Sie auch im Browser auf *OneDrive* und Ihre hier gespeicherten Daten zugreifen, z. B. von einem anderen Computer aus.

- Dazu starten Sie Ihren Browser, z. B. Microsoft Edge oder Mozilla Firefox, und geben folgende Adresse ein: onedrive.live.com. Klicken Sie auf der Startseite auf *Anmelden* und geben Sie anschließend E-Mail Adresse und Kennwort Ihres Microsoft-Kontos ein.

  www.onedrive.live.com

- Sind Sie auf dem PC bereits mit Ihrem Microsoft-Konto angemeldet, so können Sie auch folgende Alternative benutzen: Klicken Sie im Anzeigebereich des Datei-Explorers mit der rechten Maustaste auf einen beliebigen OneDrive-Ordner und auf den Befehl *Auf „OneDrive.com" anzeigen*. In diesem Fall wird Ihr Standardbrowser geöffnet und zeigt auch ohne vorherige Anmeldung und Kennworteingabe den Inhalt von *OneDrive* an (Bild 7.52).

  Oder klicken Sie mit der rechten Maustaste im Infobereich der Taskleiste auf das OneDrive-Symbol und auf *Zu OneDrive.com wechseln*.

Die Navigation unterscheidet sich nur wenig vom Datei-Explorer. Über die linke Spalte zeigen Sie schnell die zuletzt verwendeten Dateien (*Zuletzt verwendet*) und mit der Auswahl *Geteilt* die freigegebenen Elemente an. Klicken Sie auf *Dateien*, so erscheinen rechts im Anzeigebereich alle auf *OneDrive* vorhandenen Ordner (Bild 7.52).

*Bild 7.52 OneDrive im Browser*

Im Gegensatz zum Datei-Explorer öffnen Sie hier einen Ordner mit einem einfachen Mausklick. Die Adressleiste oberhalb zeigt den aktuellen Dateipfad an und mit einem Klick auf einen übergeordneten Ordner gelangen Sie wieder zurück.

- In der rechten oberen Ecke finden Sie die Schaltfläche *Sortieren*, mit der Sie den Inhalt eines Ordners nach Name oder Änderungsdatum sortieren.
- Mit der Schaltfläche rechts daneben können Sie zwischen zwei verschiedenen Anzeigegrößen wechseln (Bild 7.53).
- Die dritte Schaltfläche blendet Details zur markierten Datei ein und aus.

*Bild 7.53 Ordnerinhalt anzeigen*

Anzeige ändern
Dateipfad

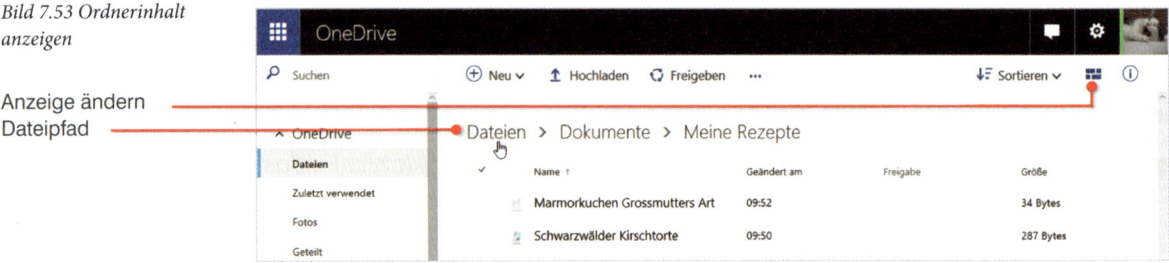

Zum Markieren von Dateien und Ordnern benutzen Sie eine gesonderte Schaltfläche, ähnlich einem Kontrollkästchen (Bild 7.54).

*Bild 7.54 Dateien und Ordner markieren*

Dateien und Ordner markieren

Dieses erscheint, abhängig von der gewählten Anzeigegröße, entweder in der rechten oberen Ecke des Vorschaubildes (*Große Symbole* bzw. Vorschau) oder in einer gesonderten Spalte links vom Dateinamen in der Ansicht *Details* (Bild 7.54). Achtung, die Kästchen erscheinen erst, wenn Sie auf ein Element zeigen!

**Dateien und Ordner organisieren**
Die wichtigsten Befehle zur Verwaltung von Dateien und Ordnern finden Sie in der Leiste oberhalb des Dateipfades. Sollten nicht alle Befehle angezeigt werden, so klicken Sie auf das Symbol mit den drei Punkten ... am Ende der Leiste. Die Anzeige mancher Befehle hängt auch davon ab, ob ein Objekt markiert ist. Dieselben Befehle stehen auch über das Kontextmenü der rechten Maustaste zum jeweiligen Objekt zur Verfügung.

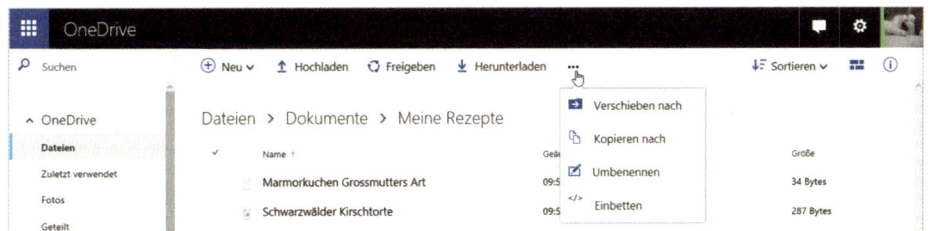

*Bild 7.55 Befehlsleiste*

- **Neuen Ordner anlegen:** Klicken Sie auf die Schaltfläche *Neu*.
- **Eine Datei von der lokalen Festplatte hinzufügen:** Klicken Sie auf *Hochladen*, es öffnet sich das bekannte Dialogfenster *Öffnen* und Sie können eine oder mehrere Dateien auswählen.
- **Markierte Dateien und/oder Ordner auf der lokalen Festplatte speichern:** Klicken Sie auf *Herunterladen*, die Elemente werden automatisch im Ordner *Downloads* gespeichert.
- Die Vorgehensweise bei den Befehlen *Löschen*, *Verschieben nach*, *Kopieren nach* und *Umbenennen* unterscheidet sich nicht vom Datei-Explorer.

**Fotos anzeigen**
Für Fotos existiert noch eine gesonderte Ansicht, die Fotos nach dem Aufnahmedatum auflistet, hier können Sie auch Fotos zu Alben zusammenstellen und mit Markierungen versehen. Klicken Sie dazu links auf *Fotos* (Bild 7.56).

*Bild 7.56 Fotos auf OneDrive verwalten*

# 7 Dateien und Ordner verwalten

### Dateien und Ordner über OneDrive mit anderen Personen teilen

Sie können auf *OneDrive* gespeicherte Dateien mit anderen Personen teilen, indem Sie einen Link per E-Mail senden. Dazu markieren Sie im Webbrowser die Datei oder den Ordner und klicken in der Befehlsleiste auf *Freigeben*; diesen Befehl erhalten Sie auch, wenn Sie mit der rechten Maustaste auf das betreffende Element klicken.

**1** Das Fenster *Teilen* wird geöffnet (Bild 7.57). Wählen Sie links aus, wie Sie Dateien und Odner teilen möchten.

Die Standardeinstellung *Benutzer einladen* funktioniert nur in Verbindung mit der Mail-App von Windows 10, d.h. hier muss ein entsprechendes Konto vorhanden sein. Nutzen Sie dagegen beispielsweise die Microsoft-Office Anwendung Outlook als E-Mail Programm, müssen Sie einen Link abrufen (siehe weiter unten).

**2** Tragen Sie im Feld *An* die E-Mail Adressen der Personen ein, die Zugriff auf den Ordner erhalten sollen. Im Feld unterhalb können Sie eine kurze Notiz hinzufügen. Zuletzt klicken Sie auf *Teilen*, dann können Sie das Fenster wieder schließen.

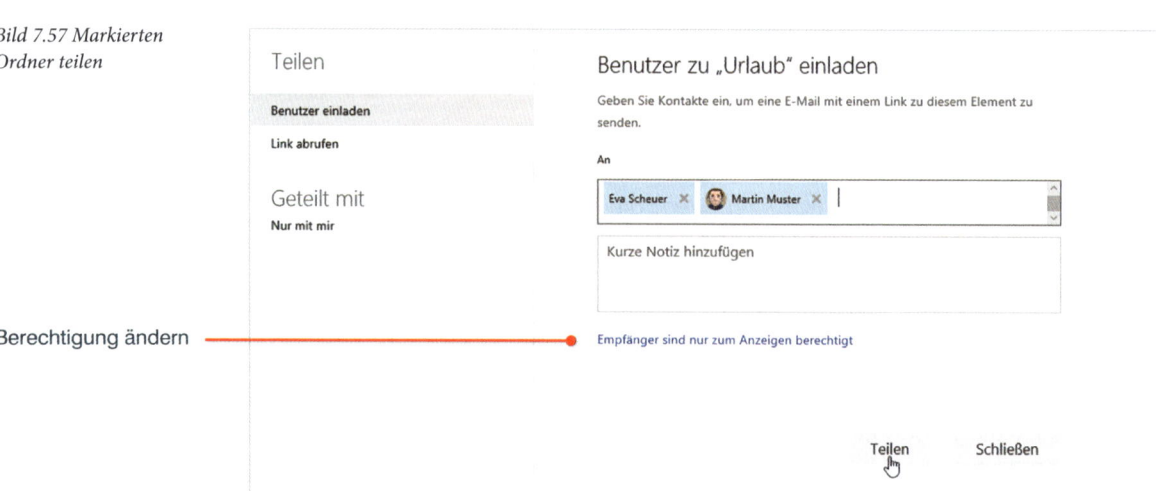

*Bild 7.57 Markierten Ordner teilen*

### Und noch zwei Hinweise

*In der Regel berechtigt Teilen nur zum Anzeigen des Datei- und Ordnerinhalts. Falls Sie den Empfängern auch Rechte zum Bearbeiten einräumen möchten, klicken Sie auf den Link Empfänger sind nur zum Anzeigen berechtigt und wählen die Option Empfänger können Elemente bearbeiten.*

*Normalerweise benötigen die Empfänger kein Microsoft-Konto zum Anzeigen freigegebener Inhalte, allerdings können Sie dies über ein weiteres Feld ändern (Bild 7.58).*

# 7 Dateien und Ordner verwalten

*Bild 7.58 Berechtigung auswählen*

**Link erstellen**

Falls Sie, anstatt Benutzer einzuladen, einen Link senden möchten, klicken Sie im Fenster *Teilen* links auf *Link abrufen*. Wählen Sie wieder zwischen *Nur Anzeigen* und *Bearbeiten* und klicken Sie auf *Link erstellen*.

Der Link wird erstellt und in einem Feld angezeigt; klicken Sie zum Markieren auf den Link. Diesen können Sie anschließend in die Zwischenablage kopieren und in die Nachricht eines beliebigen E-Mail Programms, z. B. Outlook, einfügen.

Siehe „Kopieren und Verschieben über die Zwischenablage" auf Seite 140

*Bild 7.59 Link abrufen*

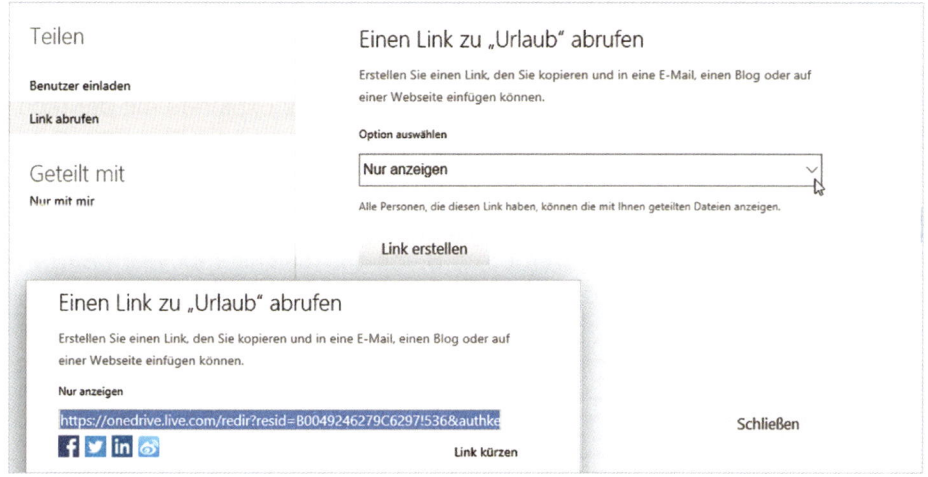

**Freigabe aufheben**

1. Klicken Sie links auf *Geteilt*, um alle geteilten Ordner anzuzeigen.
2. Markieren Sie dann den Ordner, dessen Freigabe Sie aufheben möchten und klicken Sie auf *Freigeben*. Das Fenster *Teilen* öffnet sich und Sie sehen unter *Personen mit diesem Anzeigelink* alle, denen Sie den Ordner freigegeben haben.

169

**3** Klicken Sie auf der Namen einer Person, so erscheint rechts die Freigabeberechtigung, im Bild 7.60 ist dies *Nur Ansicht möglich*. Klicken Sie auf die Berechtigung und wählen Sie *Nicht mehr teilen*.

**4** Klicken Sie dann auf *Schließen*.

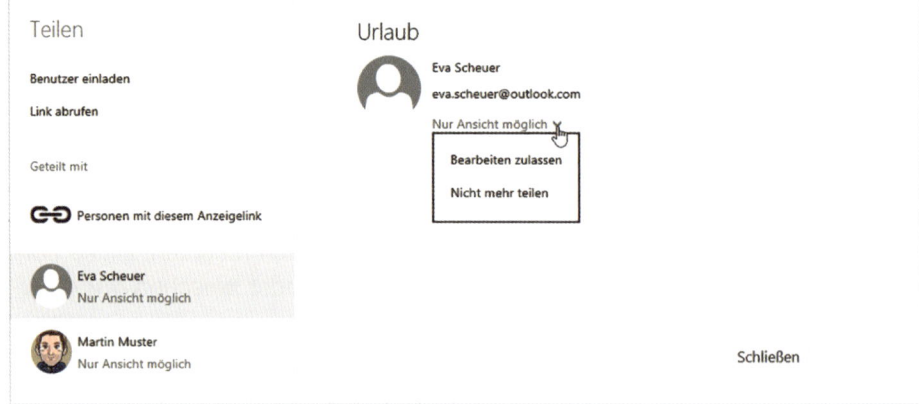

*Bild 7.60 Freigabe aufheben, Berechtigung ändern*

**Im Datei-Explorer Ordner freigeben**
Im Datei-Explorer können Sie nur einen Freigabelink abrufen, den Sie anschließend aus der Zwischenablage in ein beliebiges Dokument oder eine E-Mail einfügen können. Dazu klicken Sie im Anzeigebereich des Explorers mit der rechten Maustaste auf die betreffende Datei oder den Ordner und auf *Einen OneDrive Link freigeben*.

Der Link wird automatisch in der Zwischenablage erzeugt und kann anschließend sofort beliebig eingefügt werden, z. B. mit der Tastenkombination Strg+V. In der rechten unteren Ecke des Bildschirms erscheint eine entsprechende Meldung (Bild 7.61).

*Bild 7.61 Freigabelink erzeugen*

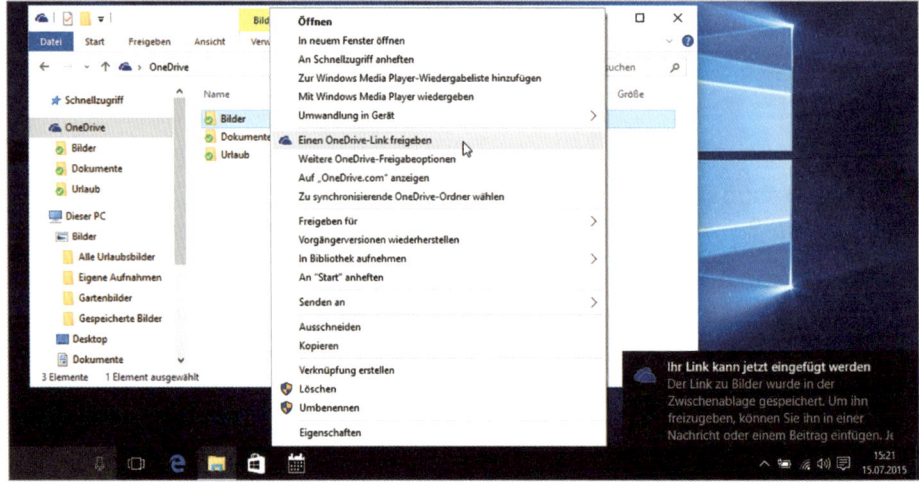

## 7.11 Spezialthema Bibliotheken

Falls Sie bereits mit Windows 7 Erfahrungen gesammelt haben, werden Sie vielleicht die Bibliotheken vermissen. Auch Windows 10 verfügt über Bibliotheken, zeigt diese jedoch standardmäßig nicht an. Kenntnisse im Umgang mit Bibliotheken sind beim Arbeiten mit Windows 10 nicht zwingend erforderlich, so dass Sie dieses Spezialthema auch übergehen können.

**Was sind Bibliotheken?**
*Bibliotheken fassen die Inhalte mehrerer Ordner zusammen, auf diese Weise lassen sich schnell mehrere Ordner gleichzeitig durchsuchen, auch wenn sich diese an unterschiedlichen Orten befinden. Normalerweise erfolgt die Anzeige nach Ordnern gruppiert.*

**Beachten Sie beim Umgang mit Dateien in Bibliotheken:**
*Bibliotheken zeigen nur die Inhalte verschiedener Ordner an und fassen sie zusammen, diese befinden sich jedoch nach wie vor an ihrem ursprünglichen Speicherort. Etwaige Änderungen an Dateien, z. B. Umbenennen oder Löschen, erfolgen somit am Original. Wurde ein Ordner versehentlich mehrfach in eine Bibliotek aufgenommen, kann es vorkommen, dass auch dessen Inhalte mehrfach angezeigt werden, obwohl sie nur ein einziges Mal vorhanden sind.*

### Bibliotheken anzeigen

Falls Sie mit den Bibliotheken arbeiten möchten, müssen Sie diese zuerst einblenden. Klicken Sie dazu im Datei-Explorer im Menüband auf das Register *Ansicht* und auf die Schaltfläche *Navigationsbereich*. Aktivieren Sie die Einstellung *Bibliotheken anzeigen* (Häkchen). Im Navigationsbereich erscheint der gesonderte Abschnitt *Bibliotheken* mit den Standardbibliotheken unterhalb von *Dieser PC*. Die Bezeichnungen der Bibliotheken sind weitgehend identisch mit den Standardordnern, die Symbole jedoch unterscheiden sich (Bild 7.62).

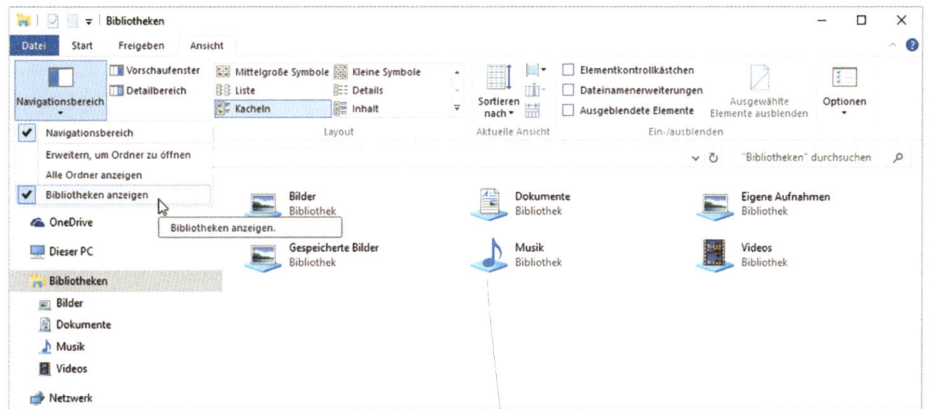

*Bild 7.62 Bibliotheken anzeigen*

## Ordner zu einer Bibliothek hinzufügen/entfernen

Im Anzeigebereich des Explorers wird der Inhalt einer Bibliothek nach Speicherorten gruppiert angezeigt. Standardmäßig gehört zu einer Bibliothek der entsprechende Standardordner sowie eventuell ein dazugehöriger OneDrive-Ordner. Beispielsweise finden Sie in der Bibliothek *Bilder* den persönlichen Ordner *Bilder* und den OneDrive-Ordner *Bilder* samt Inhalt (Bild 7.63).

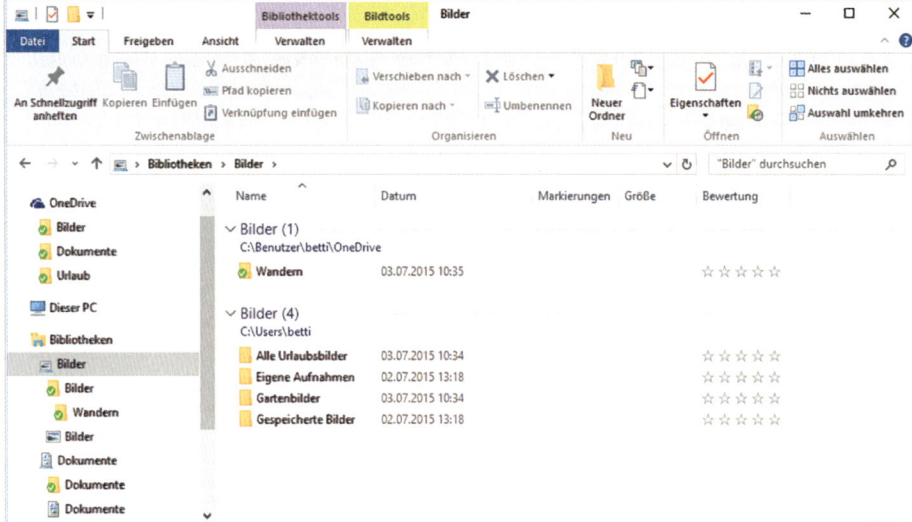

*Bild 7.63 Beispiel: Die Bibliothek Bilder*

Weitere Ordner können Sie jederzeit hinzufügen; wie bereits erwähnt, wird dabei der Ordner nicht kopiert, sondern bleibt mit seinem Inhalt am bisherigen Ort gespeichert. Klicken Sie mit der rechten Maustaste auf den Ordner, den Sie einer Bibliothek hinzufügen möchten und zeigen Sie im Kontextmenü auf *In Bibliothek aufnehmen*. Die verfügbaren Bibliotheken werden aufgelistet, klicken Sie auf die gewünschte Bibliothek (Bild 7.64).

Bei Bedarf können Sie hier auch eine neue Bibliothek erstellen und dieser den ausgewählten Ordner hinzufügen.

### Ordner aus Bibliothek entfernen

Um einen Ordner aus einer Bibliothek zu entfernen, blenden Sie diesen im Navigationsbereich in der Bibliothek ein und klicken ihn mit der rechten Maustaste an. Wählen Sie dann *Ort aus Bibliothek entfernen*.

Alternativ können können Sie einer Bibliothek Ordner hinzufügen bzw. daraus entfernen, indem Sie diese markieren und im Menüband, Register *Bibliothektools - Verwalten*, auf die Schaltfläche *Bibliothek verwalten* klicken.

# 7 Dateien und Ordner verwalten

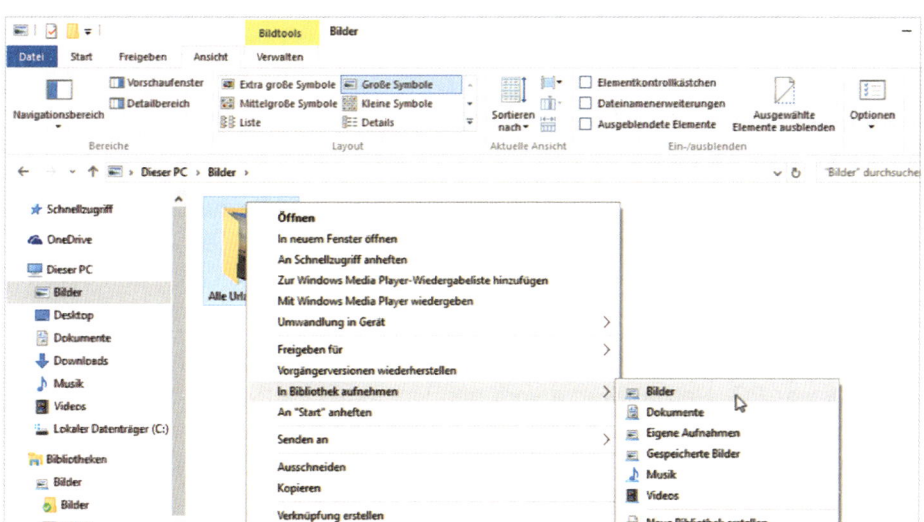

*Bild 7.64 Ordner in Bibliothek aufnehmen*

**Achtung:** Wenn Sie in einer Bibliothek Ordner oder Dateien löschen, so werden diese an ihrem Speicherort gelöscht. Entfernen Sie dagegen einen Ordner aus einer Bibliothek, so bleiben der Ordner und seine Inhalte an ihrem Speicherort erhalten.

### Eine neue Bibliothek erstellen

Wenn Sie eine weitere Bibliothek erstellen möchten, dann markieren Sie im Navigationsbereich des Explorers den Abschnitt *Bibliotheken* und klicken im Menüband, Register *Start*, auf die Schaltfläche *Neues Element* und auf *Bibliothek*. Geben Sie einen Namen für die Bibliothek ein und fügen Sie anschließend mit der oben beschriebenen Methode Ordner hinzu.

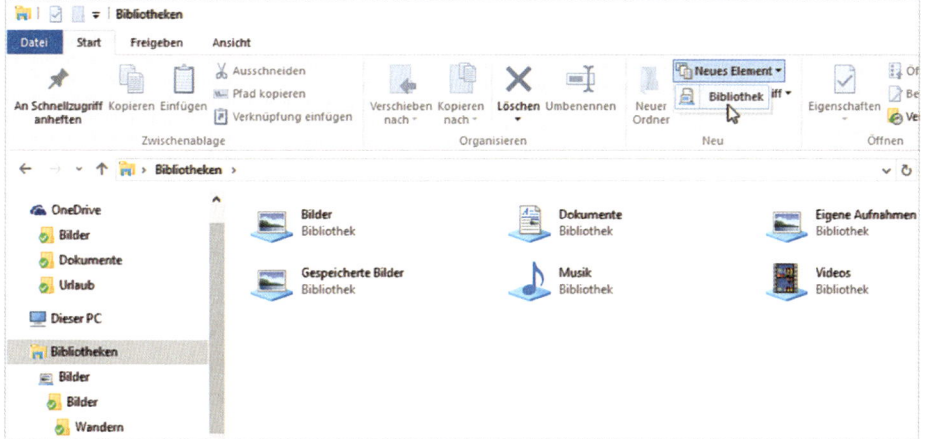

*Bild 7.65 Neue Bibliothek*

173

# 7    Dateien und Ordner verwalten

## 7.12    Datenaustausch im Netzwerk

### Verbundene Netzlaufwerke

In größeren Firmen ist Ihr Computer meist Teil eines größeren Netzwerks. In diesem Fall stehen Ihnen ein oder mehrere Netzlaufwerke zum Speichern und zur gemeinsamen Nutzung von Daten zur Verfügung. Diese befinden sich auf einem zentralen Server und deren Freigabe und Nutzung wird durch den Systemadministrator geregelt.

Die verfügbaren Netzlaufwerke finden Sie im Navigationsbereich des Explorers unter *Dieser PC*. Netzlaufwerke verfügen wie jedes Laufwerk über einen Laufwerksbuchstaben und einen Namen. Speichern und Öffnen von Dateien sowie das Anlegen von Ordnern auf einem Netzlaufwerk unterscheiden sich nicht vom Umgang mit der lokalen Festplatte.

### Heimnetzgruppe

In kleineren Netzwerken stellt die Heimnetzgruppe eine einfache Möglichkeit dar, Ordner und Geräte, z. B. Drucker, im Netzwerk gemeinsam zu nutzen. Geschützt wird die Heimnetzgruppe durch ein Kennwort. Die Heimnetzgruppe existiert standardmäßig bereits im Navigationsbereich des Explorers, muss jedoch vor der ersten Nutzung zunächst erstellt werden.

**1**    Dazu markieren Sie im Navigationsbereich des Explorers die Heimnetzgruppe und klicken auf *Heimnetzgruppe erstellen* (Bild 7.66).

*Bild 7.66 Heimnetzgruppe erstellen*

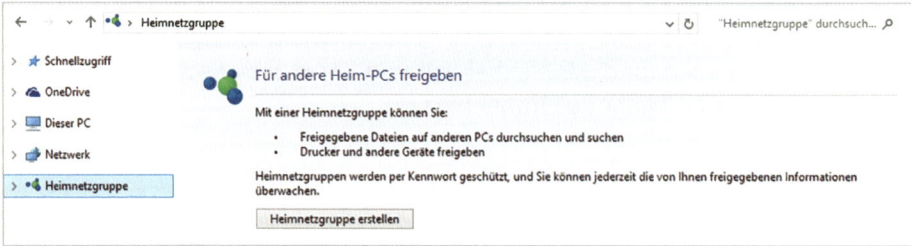

**2**    Klicken Sie im nächsten Fenster auf *Weiter*. Anschließend können Sie einen oder mehrere Standardordner und den Drucker freigeben, in der Standardeinstellung sind alle Bibliotheken mit Ausnahme von *Dokumente* freigegeben. Klicken Sie dann auf *Weiter*.

**3**    Im letzten Schritt erhalten Sie ein Kennwort. Dieses Kennwort wird von anderen Personen und/oder PCs benötigt, wenn sie der Heimnetzgruppe beitreten möchten. Notieren Sie das Kennwort und klicken Sie auf *Fertig stellen*.

# 7 Dateien und Ordner verwalten

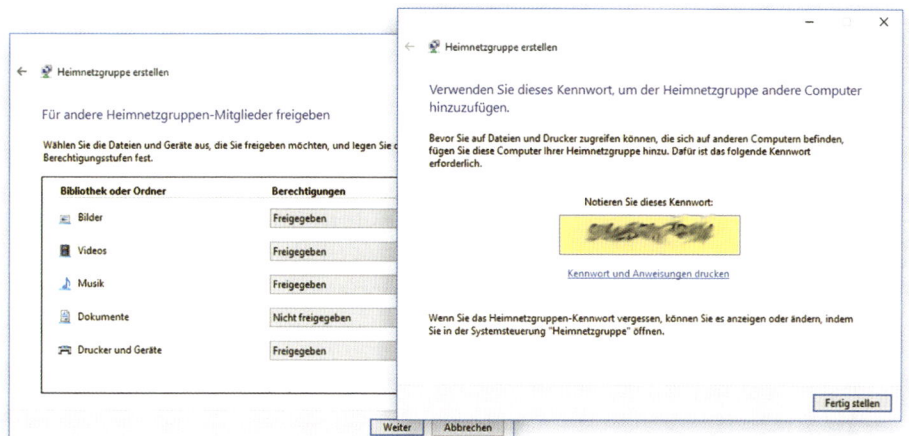

*Bild 7.67 Heimnetzgruppe: Freigaben und Kennwort*

Ihr Benutzername erscheint nun im Navigationsbereich unterhalb der Heimnetzgruppe und wenn Sie hier auf Ihren Namen klicken, so sehen Sie im Anzeigebereich den Namen Ihres Geräts und die freigegebenen Bibliotheken.

**Der Heimnetzgruppe beitreten**

Wurde eine Heimnetzgruppe erstellt, so können ab jetzt andere PCs dieser Gruppe beitreten und ihrerseits Ordner freigeben. So gehen Sie vor:

1. Öffnen Sie auf dem zweiten Computer den Explorer und markieren Sie im Navigationsbereich die Heimnetzgruppe.

2. Klicken Sie dann im Anzeigebereich oder im Menüband, Register *Freigeben*, auf *Heimnetzgruppe beitreten* bzw. *Jetzt beitreten*.

3. Im nächsten Schritt wählen Sie aus, welche Bibliotheken/Ordner Sie freigeben möchten und klicken auf *Weiter*.

4. Zuletzt werden Sie zur Eingabe des Kennwortes aufgefordert. Klicken Sie dann auf *Fertig stellen*. Ihr Name wurde nun der Heimnetzgruppe hinzugefügt (Bild 7.68).

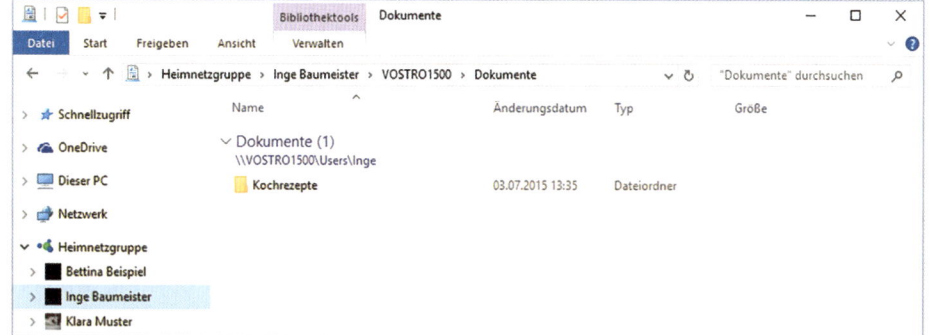

*Bild 7.68 Die Mitglieder der Heimnetzgruppe*

175

# 7 Dateien und Ordner verwalten

Mit Klick auf den Namen eines Mitglieds der Heimnetzgruppe sehen Sie dessen freigegebene Ordner und können diese öffnen, um den Inhalt einzusehen.

**Ordner freigeben, Berechtigungen**

Standardmäßig sind im Heimnetzwerk nur Bibliotheken samt Inhalt und der Drucker freigegeben. Möchten Sie Zugriff auf bestimmte Ordner erlauben, so müssen Sie diese extra freigeben. Klicken Sie dazu mit der rechten Maustaste auf den betreffenden Ordner, zeigen Sie auf *Freigeben für* und wählen Sie eine Person bzw. einen Computer der Heimnetzgruppe aus.

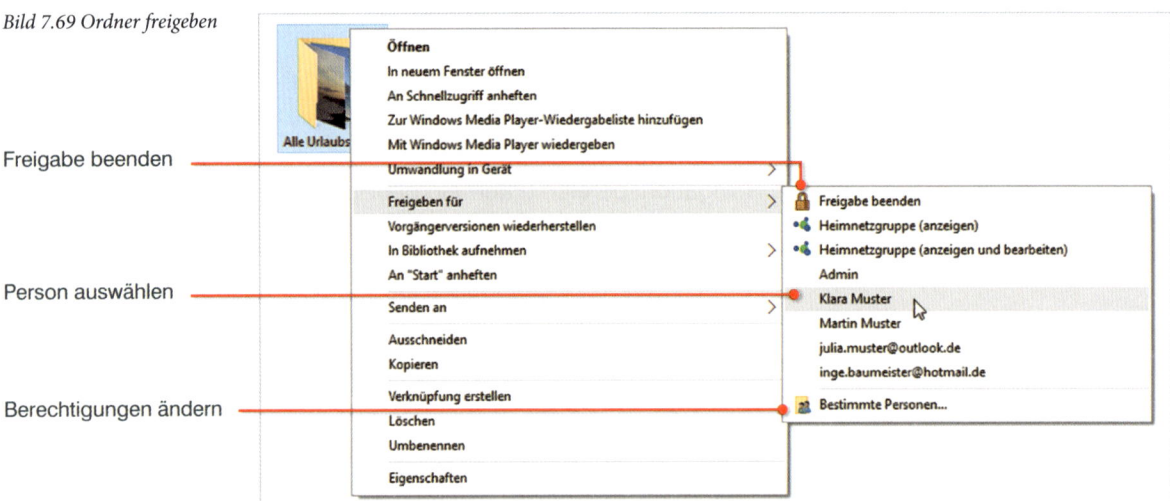

*Bild 7.69 Ordner freigeben*

Alternativ finden Sie die Möglichkeit der Freigabe auch im Menüband, Register *Freigeben*, wenn Sie zuvor den Ordner markiert haben (Bild 7.70).

*Bild 7.70 Register freigeben*

Um die Freigabe eines Ordners aufzuheben, klicken Sie mit der rechten Maustaste auf diesen Ordner, zeigen auf *Freigeben für* und klicken auf *Freigabe beenden* (Bild 7.69). Oder klicken Sie im Menüband, Register *Freigeben*, auf die Schaltfläche *Freigabe beenden*.

Standardmäßig erhalten andere Benutzer nur eine Leseberechtigung für freigegebene Ordner. Falls Sie die Berechtigung ändern möchten oder den Ordner für alle im Netzwerk freigeben möchten, dann klicken Sie mit der rechten Maustaste auf den betreffenden Ordner, zeigen auf *Freigeben für* (Bild 7.69) und wählen *Bestimmte Personen...*. Es öffnet sich ein Fenster, in dem Sie nun jedem Mitglied der Heimnetzgruppe eine Berechtigung zuweisen können (Bild 7.71).

Sie können auch hier jederzeit weitere Benutzer hinzufügen: Geben Sie entweder einen Namen ein oder klicken Sie auf den Dropdown-Pfeil, um nach Personen zu suchen und klicken Sie dann auf *Hinzufügen*. Zuletzt bestätigen Sie Ihre Einstellungen mit der Schaltfläche *Freigabe*.

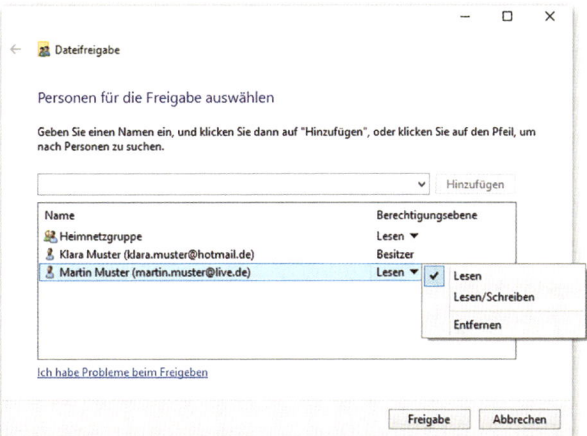

*Bild 7.71 Personen und Berechtigung auswählen*

**Tipp:** *Wenn Sie den Ordner für alle Personen im Netzwerk freigeben möchten, so tippen Sie im Feld oberhalb Jeder ein und klicken auf Hinzufügen.*

### Kennwort anzeigen

Falls Sie das Kennwort erneut anzeigen möchten, klicken Sie im Navigationsbereich des Explorers mit der rechten Maustaste auf die Heimnetzgruppe und auf *Heimnetzgruppen-Kennwort anzeigen*. Diesen Befehl finden Sie auch im Menüband, Register *Heimnetzgruppe*, wenn Sie im Navigationsbereich die Heimnetzgruppe markiert haben.

### Heimnetzgruppe verlassen

Klicken Sie im Navigationsbereich mit der rechten Maustaste auf die Heimnetzgruppe und auf *Heimnetzgruppen-Einstellungen ändern*. Das Fenster *Heimnetzgruppe* wird geöffnet: Klicken Sie auf *Heimnetzgruppe verlassen*.

# 7 Dateien und Ordner verwalten

## 7.13 Zusammenfassung

- Im Datei-Explorer erledigen Sie alle Aufgaben zur Verwaltung von Dateien und Ordnern. Neue Ordner können an jedem beliebigen Speicherort erstellt werden, am schnellsten erhalten Sie Zugriff, wenn Sie einen Ordner als Unterordner eines Standardordners erstellen. An diesen Speicherorten werden bei der Suche standardmäßig auch Dateiinhalte berücksichtigt.

- Für Ordner und Dateien gelten dieselben Namensregeln. Die Dateinamenerweiterung von Dateien kennzeichnet den Dateityp und wird beim Speichern automatisch vergeben. Sollte diese im Explorer sichtbar sein, dann darf sie beim Umbenennen nicht geändert werden.

- Verschieben oder Kopieren von Dateien und Ordnern kann durch Ziehen mit gedrückter Maustaste, über die Schaltflächen im Menüband oder mit Hilfe der Zwischenablage erfolgen. Die Zwischenablage speichert ein ausgeschnittenes oder kopiertes Element solange, bis Sie das nächste ausschneiden bzw. kopieren und dient auch zum Datenaustausch zwischen Anwendungen. Auch Verknüpfungen werden auf diese Weise erstellt. Über Verknüpfungen können Sie auf Ordner zugreifen, ohne den genauen Speicherort zu kennen.

- Beim Löschen werden Dateien und Ordner zunächst in den Papierkorb verschoben. Solange der Papierkorb nicht geleert wurde, können gelöschte Elemente am ursprünglichen Speicherort wiederhergestellt werden.

- Beim Brennen von Dateien und Ordnern auf CD/DVD, muss im ersten Schritt der spätere Verwendungszweck festgelegt werden. Von dieser Auswahl ist es abhängig, auf welchen Geräten die CD gelesen werden kann und wie der eigentliche Brennvorgang erfolgt.

- Der Cloud-Speicher *OneDrive* ist in Verbindung mit einem Microsoft-Konto verfügbar und kann im Explorer wie jedes andere Laufwerk behandelt werden. OneDrive-Ordner sind auch offline verfügbar und können für andere Personen freigegeben werden. Von einem anderen Computer aus können Sie im Browser, z. B. Microsoft Edge, auf Ihre *OneDrive*-Daten zugreifen.

- Bibliotheken fassen die Inhalte mehrerer Ordner zusammen. Windows 10 verfügt über Bibliotheken, zeigt diese jedoch standardmäßig nicht an. Normalerweise enthalten Bibliotheken den jeweiligen persönlichen Ordner und, falls vorhanden, den OneDrive Ordner. Wenn Sie weitere Ordner hinzufügen, ändert sich dadurch der eigentliche Speicherort nicht.

- Ist Ihr Computer Teil eines Netzwerks, so haben Sie im Explorer Zugriff auf ein oder mehrere gemeinsame Netzlaufwerke. Deren Handhabung unterscheidet sich nicht von anderen Laufwerken. In einem kleinen Netzwerk können Sie über die Heimnetzgruppe Ordner und Drucker freigeben und gemeinsam nutzen.

# 8 Benutzeroberfläche und persönliche Einstellungen

**In dieser Lektion erfahren Sie, wie Sie ...**
- das Startmenü anpassen
- Aussehen und Anordnung der Kacheln im Startmenü ändern
- das Hintergrundbild des Desktops und verwendete Farben ändern
- Apps über die Taskleiste starten und Sprunglisten nutzen
- das Aussehen des Datei-Explorers steuern

**Diese Kenntnisse sollten Sie bereits mitbringen**
- Sie kennen Aufbau und Funktion von Startmenü und Taskleiste und sind vertraut im Umgang mit den Datei-Explorer.

# 8 Benutzeroberfläche und persönliche Einstellungen

## 8.1 Die Windows-Einstellungen öffnen

In den Einstellungen können Sie das Aussehen und Verhalten von Windows 10 steuern. Sie öffnen die Einstellungen mit einer der folgenden Methoden:

- Öffnen Sie das Startmenü und klicken Sie hier auf *Einstellungen*.

- Oder öffnen Sie das Info-Center und klicken Sie auf die Schaltfläche *Alle Einstellungen*.

- Oder drücken Sie die Tastenkombination Windows+i.

Alternativ können Sie bestimmte Einstellungen auch über das Suchfeld der Taskleiste gezielt suchen. Einstellungen sind in den Suchergebnissen mit einem Symbol ⚙ gekennzeichnet.

*Bild 8.1 Startmenü - Einstellungen*

*Bild 8.2 Wartungscenter - Alle Einstellungen*

Die Startseite der Einstellungen wird geöffnet (Bild 8.3), klicken Sie auf das gewünschte Symbol, z. B. *Personalisierung*. Ein Klick auf den Pfeil *Zurück* in der linken oberen Ecke bringt Sie wieder zurück zur Startseite.

*Bild 8.3 Startseite Einstellungen*

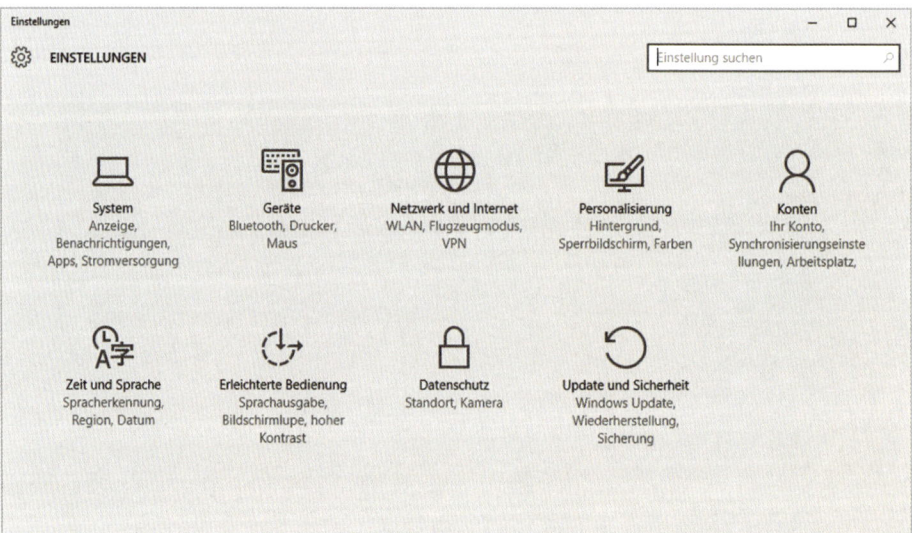

## 8.2 Den Desktop gestalten

Hintergrundbild des Desktops und die Farbe von Taskleiste und Info-Center können vom Benutzer individuell gewählt werden.

- Öffnen Sie dazu die Einstellungen (siehe Punkt 8.1) und klicken Sie auf *Personalisierung*. Hier können Sie Ihre persönliche Benutzeroberfläche gestalten.

- Alternativ klicken Sie mit der rechten Maustaste auf eine beliebige Stelle des Desktophintergrunds und dann im Kontextmenü auf *Anpassen*.

- Oder geben Sie einfach im Suchfeld der Taskleiste den Suchbegriff „Hintergrundbild" ein und klicken dann auf die entsprechende Einstellung.

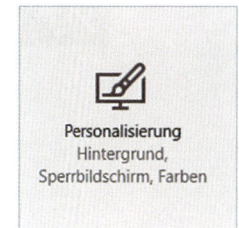

**Hintergrundbild**

Um ein anderes Desktop-Hintergrundbild auszuwählen, klicken Sie links auf *Hintergrund*. Rechts erhalten Sie eine Vorschau auf Ihren gegenwärtigen Desktop und können nun eines der mitgelieferten Bilder per Mausklick als Hintergrundbild festlegen (Bild 8.4). Möchten Sie lieber eines Ihrer eigenen Fotos als Hintergrundbild verwenden, so klicken Sie unterhalb der Auswahl auf die Schaltfläche *Durchsuchen*. Das Fenster *Öffnen* erscheint und Sie können zum Ordner mit dem gewünschten Bild navigieren. Markieren Sie dann das Foto und übernehmen Sie es mit Klick auf die Schaltfläche *Bild auswählen*.

Die Vorschau zeigt nun das ausgewählte Bild an. Unterhalb können Sie über das Feld *Anpassung auswählen* optional angeben, wie das Bild den Hintergrund ausfüllen soll. Auch hierzu erhalten Sie sofort eine Vorschau, beachten Sie aber, dass z. B. die Einstellung *Dehnen* die Proportionen verändert.

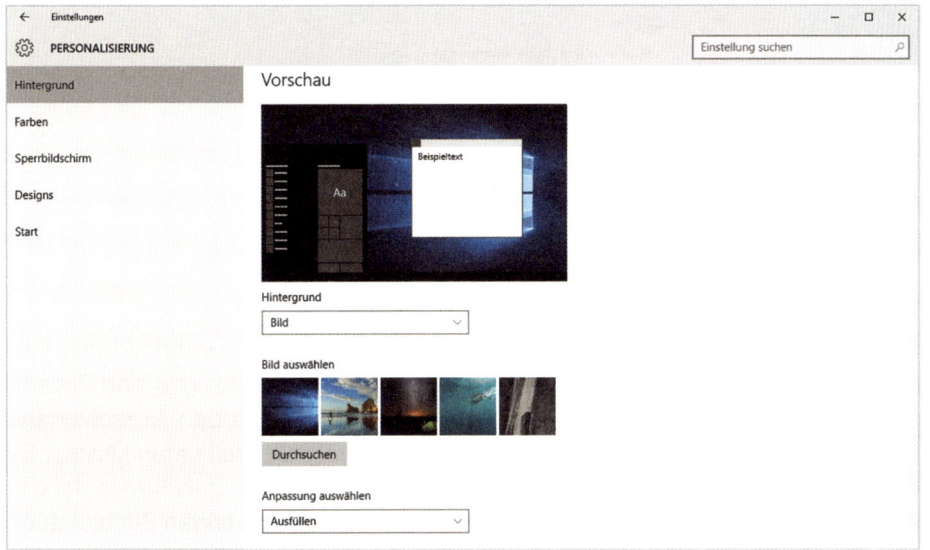

*Bild 8.4 Desktop-Hintergrund*

# 8 Benutzeroberfläche und persönliche Einstellungen

 Wünschen Sie anstelle eines Bildes lieber einen einfarbigen Desktop-Hintergrund oder sollen hier nacheinander verschiedene Bilder erscheinen, so klicken Sie auf den Dropdown-Pfeil *Hintergrund* und wählen *Volltonfarbe* oder *Diashow*. Bei der Auswahl *Diashow* legen Sie anschließend noch fest, welcher Ordner die gewünschten Bilder enthält.

**Farben**

Auch die Farbe von Taskleiste, Info-Center sowie einiger Fensterelemente kann frei gewählt werden. Klicken Sie dazu in den Einstellungen, *Personalisierung* auf *Farben* (Bild 8.5). Standardmäßig ist die Einstellung *Automatisch eine Akzentfarbe aus meinem Hintergrundbild auswählen* aktiv. Wenn Sie diesen Schalter auf *Aus* setzen, so öffnet sich ein Feld, aus dem Sie eine Farbe auswählen können.

Weitere Einstellungen betreffen die Frage, ob die gewählte Farbe auch für Startmenü, Taskleiste und Info-Center übernommen werden soll und ob diese Elemente transparent dargestellt werden sollen (Bild 8.5).

*Bild 8.5 Farben auswählen*

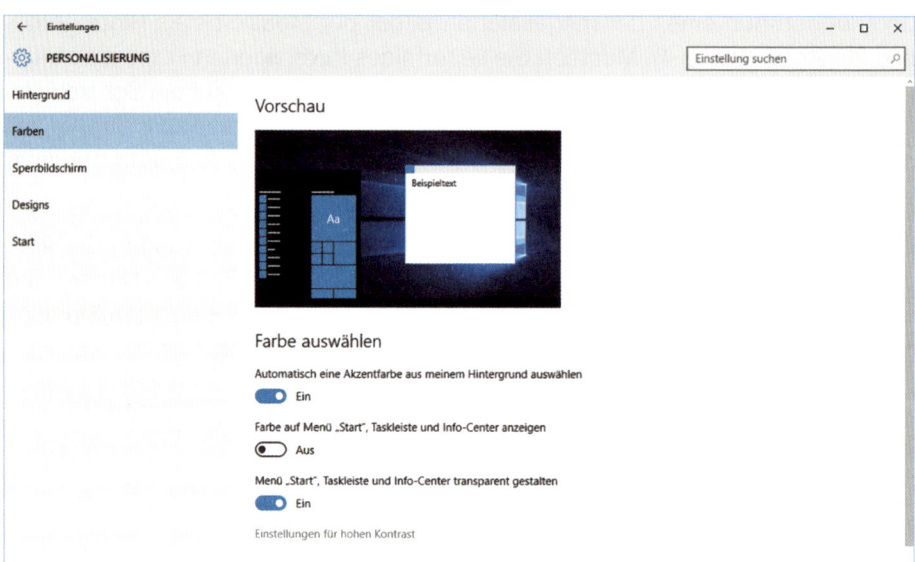

**Designeinstellungen**

Falls Sie noch weitere Einstellungen zu Desktop bzw. Hintergrundbild und Farben vornehmen möchten, so klicken Sie links auf *Designs*. Designs sind Zusammenstellungen verschiedener Bildmotive und passender Farben. Verschiedene Designs erhalten Sie zur Auswahl, wenn Sie auf *Designeinstellungen* klicken. Es öffnet sich in einem zusätzlichen Fenster die Systemsteuerung (Näheres dazu in Kapitel 9.1) und neben den verwendeten Standard-Designs finden Sie hier auch

Designs mit hohem Kontrast (Bild 8.6), weitere erhalten Sie, wenn Sie auf den Link *Weitere Designs online beziehen* klicken.

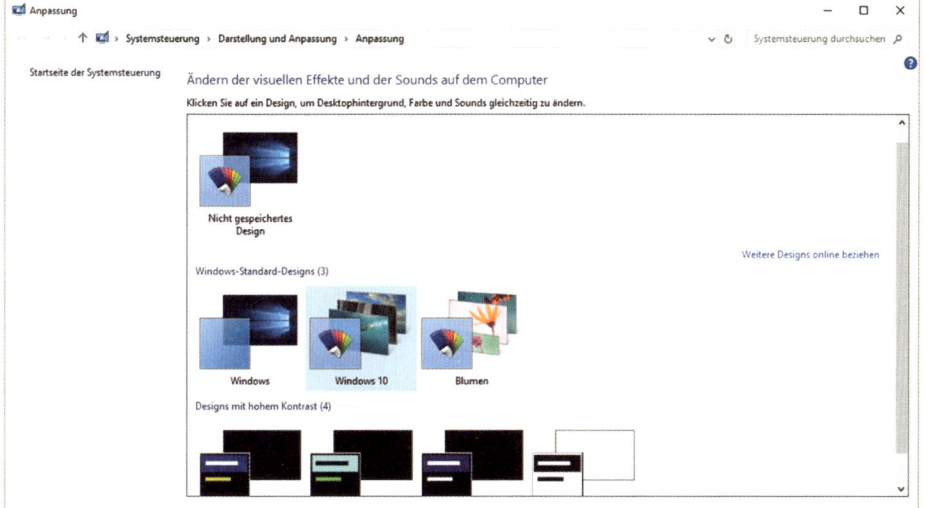

*Bild 8.6 Systemsteuerung: Designs*

**Desktopsymbole**

Nach der Installation von Windows und bei Neueinrichtung eines Microsoft-Kontos ist der Desktop mit Ausnahme des Papierkorbsymbols zunächst leer. Bei Bedarf können Sie jedoch, wie unter Windows 7, weitere Standardsymbole hinzufügen. Dazu klicken Sie in den *Einstellungen* auf *Personalisierung* und wählen *Designs*. Klicken Sie dann unter *Verwandte Einstellungen* auf *Desktopsymboleinstellungen*, um das gleichnamige Fenster zu öffnen (Bild 8.7).

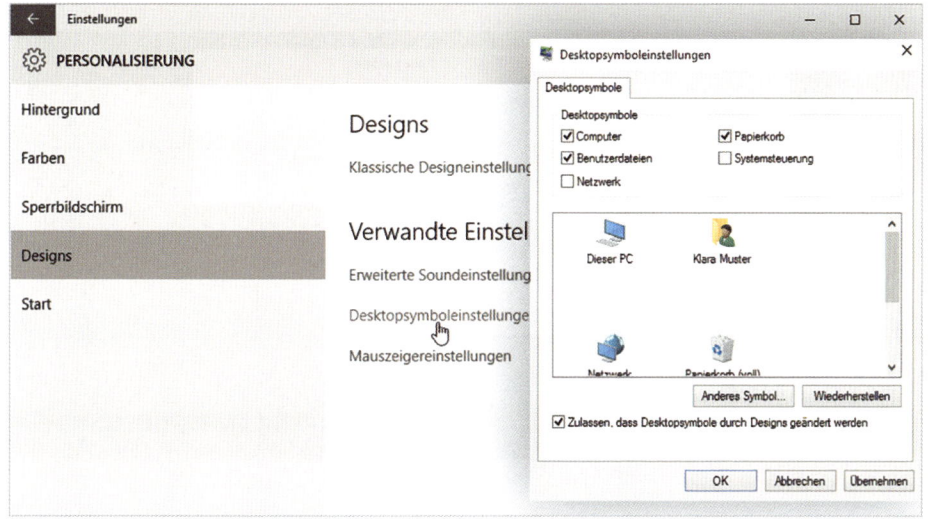

*Bild 8.7 Desktopsymbole hinzufügen*

# 8 Benutzeroberfläche und persönliche Einstellungen

Die Symbole können Sie anschließend durch Ziehen mit gedrückter linker Maustaste beliebig auf dem Desktop anordnen. Die folgenden Standardsymbole sind verfügbar:

| Symbol | Ein Doppelklick ... |
|---|---|
| Dieser PC (Computer) | öffnet den Explorer und zeigt alle Elemente von *Dieser PC* an. |
| Benutzerdateien | zeigt im Explorer alle persönlichen Ordner, z. B. Dokumente, Bilder, Downloads usw. an. |
| Netzwerk | zeigt im Explorer die Netzwerkumgebung an. |
| Papierkorb | zeigt gelöschte Elemente an, die sich im Papierkorb befinden (wird standardmäßig angezeigt). |
| Systemsteuerung | öffnet die Systemsteuerung, in der Sie verschiedene Einstellungen vornehmen (siehe Kapitel 9). |

**Symbole anordnen/ausblenden**

Falls Sie die Desktopsymbole einschließlich des Papierkorbs ausblenden möchten: Klicken Sie mit der rechten Maustaste auf eine freie Stelle des Desktops, zeigen Sie auf *Ansicht* und deaktivieren Sie die Einstellung *Desktopsymbole anzeigen* (Häkchen).

Über denselben Befehl *Ansicht* können Sie auch, falls gewünscht, Größe und Anordnung der Symbole steuern. Achtung: Mit aktivierter Einstellung *Symbole automatisch anordnen* ist das Verschieben mit der Maus nicht möglich, in diesem Fall müssen Sie zuerst diese Einstellung deaktivieren. Zudem finden Sie im Kontextmenü der rechten Maustaste auch noch den Befehl *Sortieren nach*.

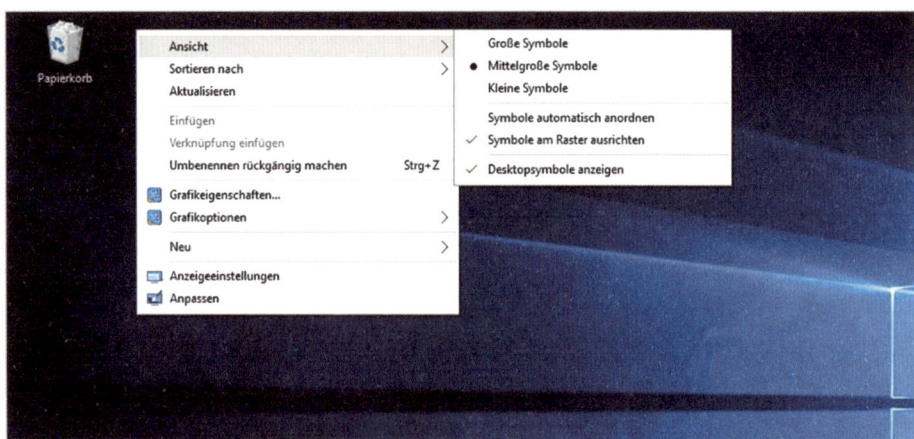

*Bild 8.8 Ansicht - Symbole*

# Benutzeroberfläche und persönliche Einstellungen 8

## Mauszeiger

In Zusammenhang mit Designs finden Sie auch den Link *Mauszeigereinstellungen*: Damit öffnen Sie das Fenster *Eigenschaften von Maus* (Systemsteuerung) und können im Register *Zeiger* bei Bedarf den Mauszeiger stark vergrößert und/oder invertiert darstellen lassen.

## Desktopverknüpfungen zu Programmen

Wie Sie bereits in Kapitel 7.5 gesehen haben, lassen sich auf dem Desktop Verknüpfungen zu häufig benötigten Dateien und Ordnern erstellen. Dies funktioniert auch, falls gewünscht, mit Apps. Beachten Sie aber, dass dann zum Starten der App ein Doppelklick erforderlich ist. So gehen Sie dabei vor:

1. Sorgen Sie dafür, dass im Hintergrund der Desktop sichtbar ist und öffnen Sie dann das Startmenü.

2. Ziehen Sie die gewünschte App mit gedrückter linker Maustaste aus dem Startmenü heraus auf den Desktop.

3. Während des Ziehens erscheint am Symbol der App der Infotext *Link* (Bild 8.9), das bedeutet, die App wird nicht verschoben, sondern Windows erstellt eine Verknüpfung. Dies ist anschließend auch am Verknüpfungspfeil des Symbols zu erkennen. Verknüpfungen zu Apps können daher problemlos vom Desktop gelöscht werden.

*Bild 8.9 Beispiel: Die App Rechner auf den Desktop ziehen*

*Die App kann sich an beliebiger Stelle des Startmenüs befinden, z. B. in der Liste Meistverwendet oder unter Alle Apps. Es funktioniert auch, wenn Sie eine Kachel auf den Desktop ziehen, allerdings wird dann die Kachel auf die normale Symbolgröße verkleinert.*

**Gut zu wissen:** *Die App wird dabei nicht aus dem Startmenü entfernt!*

# 8 Benutzeroberfläche und persönliche Einstellungen

## 8.3 Das Startmenü anpassen

Auch das Startmenü lässt sich in Windows 10 auf vielfältige Weise anpassen. Neben Farbe und Transparenz (siehe 8.2) können Sie...

- Apps hinzufügen bzw. entfernen und die Größe des Startmenüs ändern
- Größe und Anordnung der Kacheln ändern
- Standardeinträge steuern

**Apps hinzufügen/entfernen**

Den größten Bereich des Startmenüs nehmen mehr oder weniger große Kacheln ein, zum Teil auch mit Live-Vorschau auf den Inhalt. Diesen Bereich können Sie jederzeit an Ihre Bedürfnisse anpassen, indem Sie weitere Kacheln hinzufügen oder nicht benötigte daraus entfernen. Nehmen wir als Beispiel an, Sie möchten WordPad, ein kleines Textprogramm, hinzufügen: So gehen Sie vor:

1. Suchen Sie die App, entweder im Startmenü - *Alle Apps* - Gruppe *Windows Zubehör* oder schneller: Über das Suchfeld der Taskleiste.

2. Klicken Sie mit der rechten Maustaste auf das Symbol *WordPad* und auf den Befehl *An „Start" anheften* (Bild 8.10).

3. Im Startmenü erscheint nun *WordPad* als Kachel und kann hier beliebig platziert werden (Bild 8.11).

*Bild 8.10 Apps suchen und an Start anheften*

*Bild 8.11 Die hinzugefügte App*

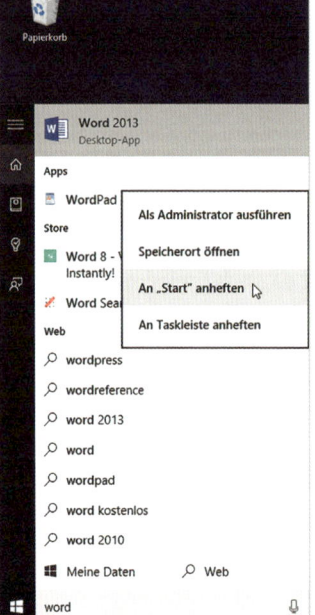

# Benutzeroberfläche und persönliche Einstellungen 8

**Tipp:** Aus der Ansicht *Alle Apps* oder der Liste *Meistverwendet* können Sie eine App auch einfach mit Maus oder Finger in den benutzerdefinierten Bereich ziehen.

### App entfernen

Mit derselben Methode entfernen Sie auch nicht benötigte Apps bzw. Kacheln aus dem Startmenü. Klicken Sie mit der rechten Maustaste auf die betreffende Kachel und dann auf *Von „Start" lösen*. Beachten Sie: Die App wird nur aus dem benutzerdefinierten Teil des Startmenüs entfernt, ist aber nach wie vor in der Liste *Alle Apps* und über die Suche verfügbar.

Bei einigen Windows-Apps dagegen, z. B. *Nachrichten* oder *Gesundheit*, ist über die rechte Maustaste auch der Befehl *Deinstallieren* verfügbar. Damit wird die betreffende App endgültig vom PC entfernt, kann aber in der Regel aus dem Windows-Store erneut kostenlos heruntergeladen werden.

 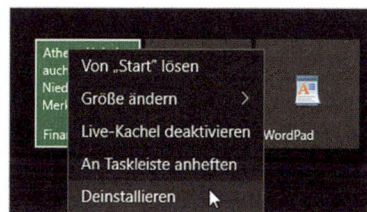

*Bild 8.12 App von Start lösen*

*Bild 8.13 App deinstallieren*

## Aussehen und Anordnung der Kacheln ändern

### Kacheln anordnen
Die Kacheln im benutzerdefinierten Bereich des Startmenüs lassen sich durch Ziehen beliebig anordnen.

*Bild 8.14 Kachel verschieben*

187

# 8 Benutzeroberfläche und persönliche Einstellungen

Ziehen Sie einfach die Kachel mit gedrückter linker Maustaste an die gewünschte Position. Befindet sich an dieser Stelle bereits eine Kachel, so macht diese automatisch Platz. Platzieren Sie dagegen eine Kachel mit etwas Abstand rechts oder unterhalb der vorhandenen Kacheln, so wird automatisch eine neue Kachelgruppe erstellt, Näheres dazu weiter unten.

### Größe ändern

Wo und wie eine Kachel platziert werden kann, hängt auch von ihrer Größe ab. Zum Ändern klicken Sie mit der rechten Maustaste auf eine Kachel und zeigen auf *Größe ändern*. Beachten Sie, dass die verfügbaren Größen von der jeweiligen App abhängig sind. Für klassische Anwendungen, beispielsweise Microsoft Word oder WordPad, sind in der Regel nur die Größen *Klein* und *Mittel* verfügbar, Windows Apps können dagegen meist in den Größen *Klein*, *Mittel*, *Breit* und *Groß* dargestellt werden.

*Bild 8.15 Kachelgröße ändern, Live-Kachel*

### Live-Kacheln

Einige Kacheln im Startmenü zeigen Informationen in Echtzeit an, z. B. Wetter, Sport, Nachrichten usw.. Zum Deaktivieren oder Aktivieren der Live-Funktion klicken Sie ebenfalls mit der rechten Maustaste auf die Kachel und auf *Live-Kachel deaktivieren* bzw. Live-Kachel aktivieren (Bild 8.15).

### Größe des Startmenüs anpassen

Bei einer Vielzahl von angehefteten Apps können Sie auch die Größe des Startmenüs entsprechend anpassen. Zeigen Sie dazu an den rechten oder oberen Rand des geöffneten Startmenüs, bis als Mauszeiger ein Doppelpfeil erscheint. Ziehen Sie dann mit gedrückter Maustaste zum Vergrößern nach rechts (Bild 8.16) oder nach oben. Um das Startmenü zu verkleinern, ziehen Sie nach links bzw. den oberen Rand nach unten.

Achtung: Sie können das Startmenü immer nur so verbreitern, dass eine ganze Gruppe neben- oder übereinander Platz findet!

Vollbildmodus, siehe weiter unten.

# 8 Benutzeroberfläche und persönliche Einstellungen

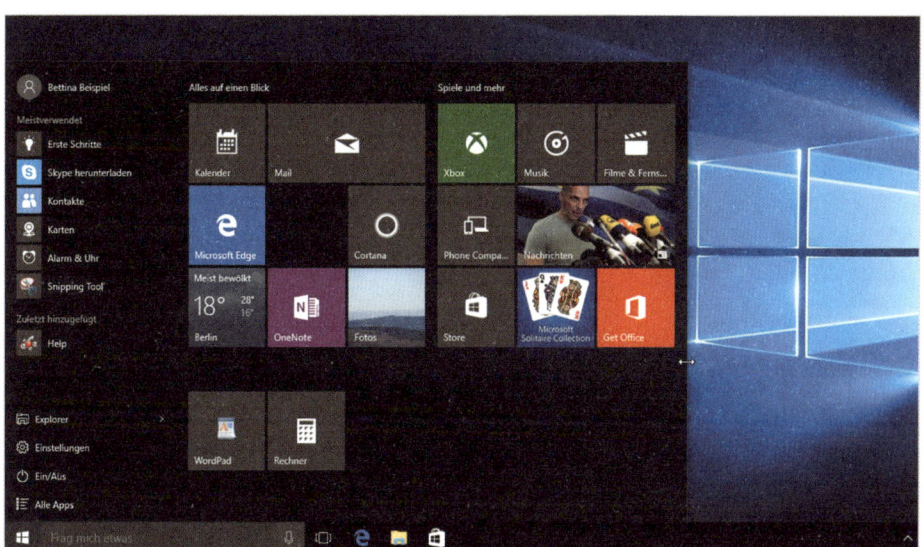

Bild 8.16 Startmenü vergrößern

## Kacheln in Gruppen anordnen

Um das Startmenü übersichtlich zu halten, empfiehlt es sich, die Kacheln in Gruppen anzuordnen. Standardmäßig finden Sie hier bereits ein oder zwei Gruppen vor (siehe Bild 8.16). Sie können beliebig Kacheln zwischen den Gruppen verschieben; eine neue Gruppe wird automatisch gebildet, wenn Sie eine Kachel mit etwas Abstand neben oder unterhalb einer bestehenden Gruppe platzieren.

Um die Überschrift einer Gruppe zu ändern, klicken Sie einfach in die betreffende Zeile. Die Überschrift wird in einem kleinen Textfeld mit Cursor angezeigt (Bild 8.17) und Sie können den Text mit den üblichen Methoden der Texteingabe ändern. Drücken Sie abschließend die Eingabe-Taste oder klicken Sie an eine beliebige freie Stelle des Startmenüs. Alternativ erscheint das Textfeld auch, wenn Sie auf die Überschrift zeigen und anschließend auf das kleine Symbol rechts klicken oder tippen.

Falls für eine Gruppe noch keine Überschrift existiert, zeigen Sie einfach in den Überschriftbereich oberhalb der Gruppe: Es erscheint der Hinweistext *Gruppe benennen* (Bild 8.18) und mit einem Klick an dieser Stelle erscheint ebenfalls das Eingabefeld.

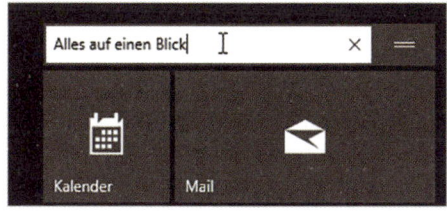

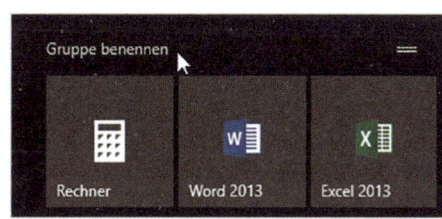

Bild 8.17 Gruppenüberschrift ändern

Bild 8.18 Gruppe benennen

## Startmenü im Vollbildmodus öffnen und weitere Einstellungen

Weitere Möglichkeiten, das Aussehen des Startmenüs zu steuern, finden Sie in den Einstellungen. Klicken Sie dazu im Startmenü auf *Einstellungen* und anschließend auf *Personalisierung*. Klicken Sie dann links auf *Start* (Bild 8.19).

*Bild 8.19 Einstellungen - Startmenü*

- Mit dem Schalter *Meistverwendete Apps anzeigen* können Sie im Startmenü die Gruppe *Meistverwendet* aus- und einblenden.

- Neu installierte Apps werden standardmäßig sofort nach dem Öffnen des Startmenüs in einer gesonderten Gruppe *Zuletzt hinzugefügt* angezeigt, diese Einstellung können Sie hier ebenfalls aktivieren bzw. deaktivieren.

- Über den Link *Ordner auswählen, die im Menü „Start" angezeigt werden*, können Sie bei Bedarf neben *Einstellungen* und *Explorer* weitere Ordner, z. B. *Dokumente*, im Startmenü anzeigen lassen.

## Sprunglisten im Startmenü nutzen

Mit der Einstellung *Zuletzt geöffnete Elemente in Sprunglisten im Menü „Start" oder auf der Taskleiste anzeigen*, lassen sich beispielsweise mit dem Datei-Explorer zuletzt besuchte Speicherorte schnell wieder anzeigen.

Vorhandene Sprunglisten erkennen Sie im Startmenü am nach rechts weisenden Pfeil, z. B. neben *Explorer* oder *WordPad*. Klicken Sie auf den Pfeil, so erscheint eine Liste mit fest angehefteten Elementen, im Fall *Explorer* sind dies die wichtigsten Ordner, zusammen mit häufig verwendeten Elementen (Bild 8.20). Ein Klick auf ein Element öffnet den Explorer mit dem entsprechenden Speicherort.

Wenn Sie ein häufig verwendetes Element fest anheften möchten, dann klicken Sie in der Sprungliste mit der rechten Maustaste auf das betreffende Element und auf *An diese Liste anheften*. Im Kontextmenü erhalten Sie auch Befehle, mit denen Sie ein häufig verwendetes Element aus der Liste entfernen oder ein fest angeheftetes von der Liste lösen.

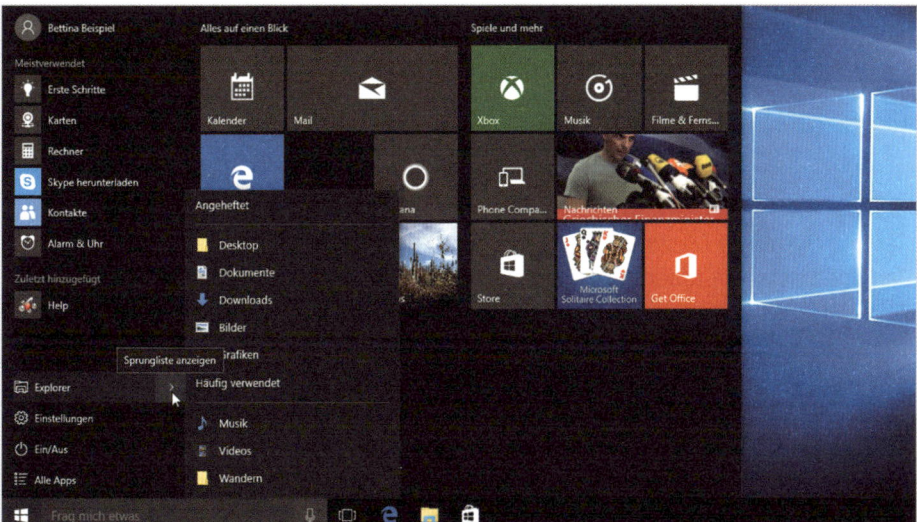

*Bild 8.20 Die Sprungliste des Explorers nutzen*

### Startmenü im Vollbildmodus öffnen

Wenn das Startmenü nicht nur im Tabletmodus, sondern auch im Desktopmodus den gesamten Bildschirm ausfüllen soll, dann verwenden Sie dazu den Schalter *Menü „Start" im Vollbildmodus anzeigen* (Bild 8.19).

Wie im Tabletmodus zeigt dann das Startmenü beim Öffnen zunächst nur die Kacheln zusammen mit den Symbolen *Ein/Aus* und *Alle Apps* an, der Rest, z. B. *An- und Abmelden*, *Einstellungen* usw. erscheint zusammen mit den Beschriftungen erst, wenn Sie auf die Schaltfläche *Menü* in der linken oberen Ecke klicken.

*Bild 8.21 Das Startmenü im Vollbildmodus*

# 8 Benutzeroberfläche und persönliche Einstellungen

## 8.4 Die Taskleiste optimieren

Die Taskleiste ist eine der wichtigsten Navigationshilfen von Windows. Sie lässt sich wie das Startmenü an individuelle Bedürfnisse anpassen.

### Programmsymbole hinzufügen

Auch über die Taskleiste lassen sich häufig benötigte Apps unter Umgehung des Startmenüs mit einem einfachen Mausklick starten, standardmäßig finden Sie hier die Symbole *Microsoft Edge*, *Explorer* und *Windows-Store*. Weitere lassen sich schnell und einfach hinzufügen, dabei gehen Sie wie folgt vor:

Sie können natürlich auch nach der gewünschten App suchen.

1  Klicken Sie im Startmenü mit der rechten Maustaste auf die App, die Sie der Taskleiste hinzufügen möchten.

2  Klicken Sie dann auf den Befehl *An Taskleiste anheften*. Die Taskleiste zeigt nun das Symbol der App an.

*Bild 8.22 Programm an Taskleiste anheften*

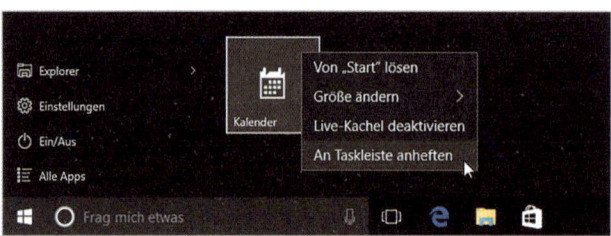 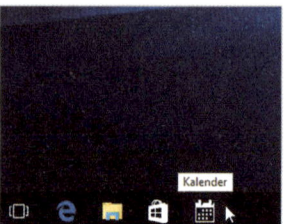

### Reihenfolge ändern

Die Reihenfolge der Symbole in der Taskleiste können Sie jederzeit ändern. Ziehen Sie einfach das Symbol mit gedrückter linker Maustaste an die gewünschte Stelle.

### Programmsymbol aus der Taskleiste entfernen

Um ein Programmsymbol wieder aus der Taskleiste zu entfernen, klicken Sie es in der Taskleiste mit der rechten Maustaste an und wählen im Kontextmenü *Programm von Taskleiste lösen*. Alternativ klicken Sie im Startmenü mit der rechten Maustaste auf die App und auf *Von Taskleiste lösen*.

 **Beachten Sie den Unterschied zwischen fest angehefteten und geöffneten Programmsymbolen**
Geöffnete Programme sind im Gegensatz zu den fest angehefteten und nicht geöffneten Programmen unterstrichen hervorgehoben (Bild 8.23).

Nicht angeheftete Programmsymbole verschwinden beim Beenden des Programms bzw. beim Schließen des Fensters wieder aus der Taskleiste.

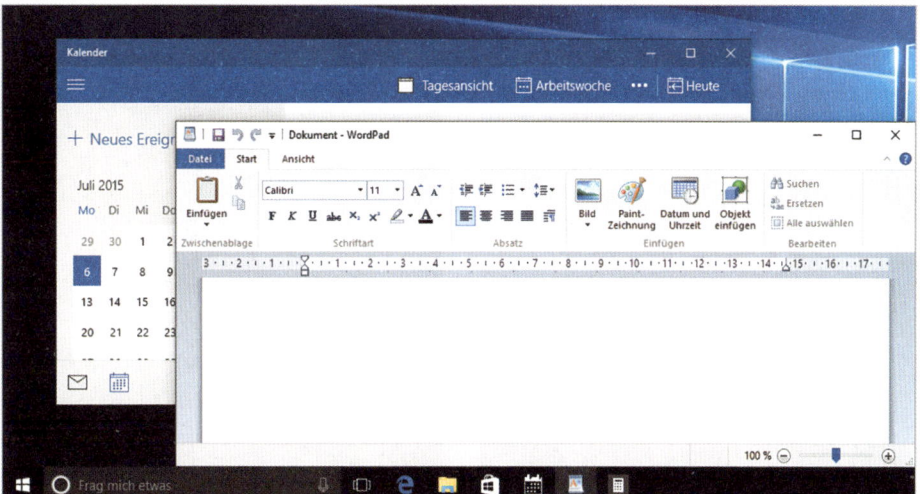

*Bild 8.23 Geöffnete und angeheftete Programme in der Taskleiste*

## Sprunglisten

Für eine Reihe von Anwendungen stehen Ihnen in der Taskleiste zusammen mit einem angehefteten Symbol Sprunglisten zur Verfügung, die Sie per Rechtsklick auf das Symbol aufrufen. So enthalten beispielsweise die Sprunglisten von WordPad oder Microsoft Word die zuletzt verwendeten Dokumente, die Sie auf diesem Weg schnell per Mausklick zusammen mit dem Programm öffnen können. Allerdings kann eine Sprungliste auch Elemente enthalten, die zwischenzeitlich gelöscht, verschoben oder umbenannt wurden.

Rechte Maustaste: Sprungliste anzeigen

Die Sprungliste des Explorers zeigt häufig genutzte Speicherorte an und die Sprungliste des Browsers häufig aufgerufene Webseiten.

**Achtung:** *Sprunglisten sind nicht für alle Apps verfügbar!*

## Einträge an Sprungliste anheften/aus Sprungliste entfernen

Wenn Sie in der Sprungliste mit der Maus auf einen Eintrag zeigen, erscheint ein kleines Pin-Symbol (Bild 8.24), mit Klick auf dieses Symbol können Sie das Element an die Sprungliste fest anheften. Ein angeheftetes Element bleibt solange in der Sprungliste, bis Sie es, wiederum per Mausklick auf das Symbol, daraus entfernen. Sie können ein Element alternativ auch mit gedrückter Maustaste aus dem Datei-Explorer auf das Programmsymbol ziehen, um es anzuheften.

Die Befehle *An diese Liste anheften* und *Von dieser Liste lösen* erhalten Sie auch, wenn Sie mit der rechten Maustaste auf einen Eintrag der Sprungliste klicken.

# 8 Benutzeroberfläche und persönliche Einstellungen

Im Kontextmenü finden Sie auch noch den Befehl *Aus dieser Liste entfernen*, mit dem Sie ein nicht angeheftetes Element aus der Sprungliste entfernen.

*Bild 8.24 An Sprungliste anheften/von Sprungliste lösen*

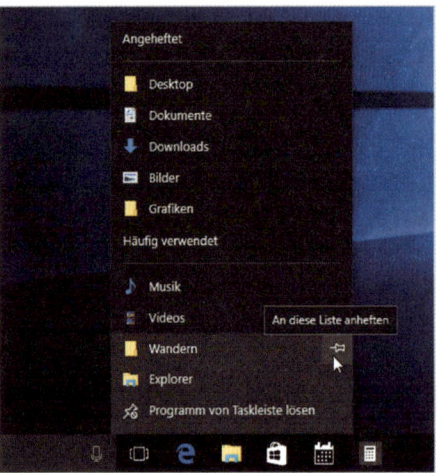
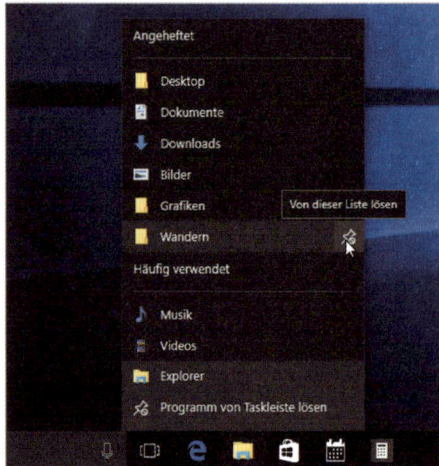

**Eigenschaften der Taskleiste**

Sie können auch noch weitere Eigenschaften der Taskleiste einsehen oder ändern. Klicken Sie dazu mit der rechten Maustaste auf eine freie Stelle der Taskleiste. (Bild 8.25).

- Das Symbol *Taskansicht* ist normalerweise Bestandteil der Taskleiste, kann aber über das Kontextmenü und den Befehl *Taskansicht-Schaltfläche anzeigen* deaktiviert werden (Häkchen).

- Über *Cortana* können Sie Einstellungen zum Suchfeld der Taskleiste vornehmen. Zeigen Sie auf *Cortana*, so können Sie hier wahlweise das *Suchfeld anzeigen* (Standardeinstellung) oder das Cortana-Symbol oder aber Cortana völlig ausblenden.

  Ist Cortana deaktiviert, so finden Sie an dieser Stelle den Befehl *Suchen* und können anstelle des Suchfeldes das Suchsymbol Lupe anzeigen.

- Mit *Bildschirmtastatur anzeigen* können Sie dem Infobereich der Taskleiste eine Schaltfläche zum Einblenden der Bildschirmtastatur hinzufügen bzw. die Schaltfläche ausblenden. Bei Eingabe über einen Touchscreen ist dieses Symbol automatisch vorhanden.

- *Taskleiste fixieren* verhindert unbeabsichtigtes Verschieben der Taskleiste.

# 8 Benutzeroberfläche und persönliche Einstellungen

Bild 8.25 Eigenschaften anzeigen

Bild 8.26 Das Dialogfenster Eigenschaften

Weitere Möglichkeiten erhalten Sie im Dialogfenster *Eigenschaften von Taskleiste und Startmenü*, das Sie mit Klick auf den Befehl *Eigenschaften* öffnen (Bild 8.26). Hier finden Sie im Register *Taskleiste* folgende Einstellungen:

Achtung: Damit eventuelle Änderungen übernommen werden, müssen Sie hier auf die Schaltfläche OK klicken!

- Mit Ausnahme des Tabletmodus und einiger Apps im Vollbildmodus ist die Taskleiste immer sichtbar. Mit dem Kontrollkästchen *Taskleiste automatisch ausblenden* kann die Taskleiste ausgeblendet werden. Sie erscheint dann nur, wenn Sie mit der Maus an den unteren Bildschirmrand zeigen.

- *Kleine Schaltflächen der Taskleiste verwenden* verkleinert die Symbole und die Taskleiste benötigt weniger Platz.

- Normalerweise befindet sich die Taskleiste am unteren Bildschirmrand, kann jedoch unter *Position* auch oben bzw. rechts oder links angeordnet werden.

- Unter *Schaltflächen der Taskleiste* ist standardmäßig eingestellt, dass ähnliche Elemente, z. B. mehrere geöffnete Word-Dokumente, zu einer Gruppe zusammengefasst werden. In diesem Fall verwendet Windows gestapelte Symbole.

- Mit *Infobereich* und der Schaltfläche *Anpassen...* können Sie nicht benötigte Elemente des Infobereichs ggfs. ausblenden.

- *„Aero Peek" für die Desktopvorschau verwenden* bedeutet, alle geöffneten Fenster werden transparent, wenn Sie mit der Maus ganz an den rechten Rand der Taskleiste zeigen. Ein Mausklick an diese Stelle minimiert alle geöffneten Fenster und zeigt den Desktop an.

# 8 Benutzeroberfläche und persönliche Einstellungen

 *Tipp: Wenn die Taskleiste nicht fixiert ist, können Sie deren Position auch mit gedrückter linker Maustaste durch Verschieben ändern, allerdings immer nur an die Ränder des Bildschirms. Um die nicht fixierte Taskleiste zu vergrößern oder zu verkleinern, zeigen Sie mit der Maus auf die Trennlinie zwischen Taskleiste und Desktophintergrund. Der Mauszeiger wird als Doppelpfeil dargestellt und Sie können nun durch Ziehen die Taskleiste vergrößern bzw. wieder verkleinern.*

**Symbolleisten hinzufügen**

Der Taskleiste lassen sich Symbolleisten mit dem Inhalt des Desktops oder eines beliebigen Ordners hinzufügen, um schnell auf dessen Inhalte zuzugreifen. Links vom Infobereich erscheint dann der Name des Ordners; Unterordner und Dateien werden sichtbar, wenn Sie auf den dazugehörigen Doppelpfeil klicken. Zeigen Sie auf einen Unterordner, so erscheinen dessen Inhalte und mit einem Mausklick öffnen Sie schnell eine Datei.

So gehen Sie vor:

**1** Klicken Sie mit der rechten Maustaste auf eine freie Fläche der Taskleiste. Zeigen Sie im Kontextmenü auf *Symbolleisten* und klicken Sie auf *Neue Symbolleiste* (*Adresse* und *Links* werden in der Regel nicht benötigt).

**2** Markieren Sie im folgenden Dialogfenster den Ordner, dessen Inhalt in der Taskleiste verfügbar sein soll und klicken Sie auf *Ordner auswählen*.

**3** Der Name des Ordners erscheint in der Taskleiste, klicken Sie auf den Doppelpfeil, um die Inhalte anzuzeigen, zum Öffnen klicken Sie auf eine Datei (Bild 8.28).

*Bild 8.27 Neue Symbolleiste*

*Bild 8.28 Ordnerinhalt über Symbolleiste anzeigen*

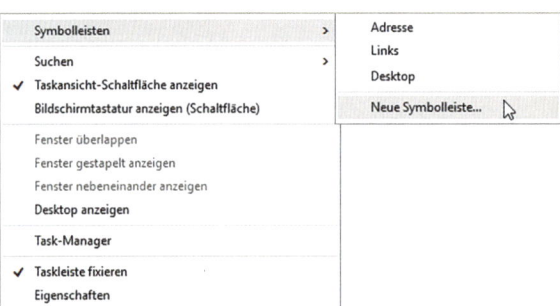

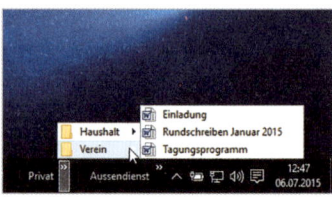

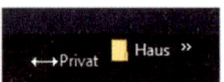

Steht in der Taskleiste ausreichend Platz zur Verfügung, können Sie auch die angezeigte Breite eines Ordners ändern und so dessen Inhalte in der Taskleiste anzeigen. Dazu zeigen Sie mit der Maus auf die linke Begrenzung, ein Doppelpfeil erscheint und Sie können nun zum Vergrößern nach links ziehen.

## 8.5 Sperrbildschirm einrichten

Genau wie beim Desktop können Sie auch für den Sperrbildschirm Bild und angezeigte Symbole sowie Statusinformationen festlegen. Öffnen Sie dazu die Einstellungen, klicken Sie auf *Personalisierung* und dann auf *Sperrbildschirm*.

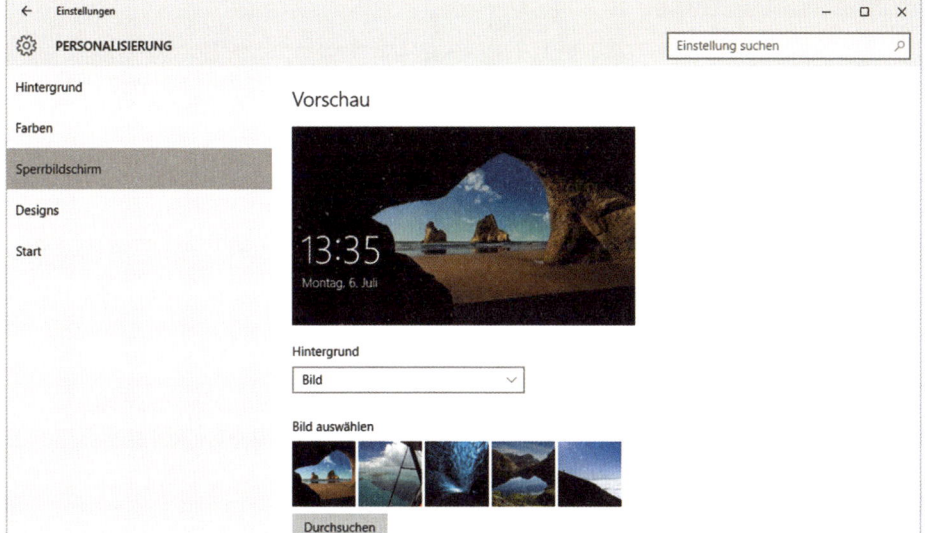

Bild 8.29 Sperrbildschirm - Bild ändern

### Hintergrundbild ändern

Sie können wählen, ob der Sperrbildschirm immer dasselbe Bild oder ständig wechselnde Bilder anzeigen soll. Klicken Sie auf den Dropdown-Pfeil *Hintergrund* und wählen Sie zwischen *Bild* und *Diashow* (Bild 8.29).

### Bild

Bei der Auswahl *Bild* können Sie die windowseigenen Bilder unterhalb verwenden. Um stattdessen eines Ihrer eigenen Fotos auszuwählen, klicken Sie auf die Schaltfläche *Durchsuchen*. Das Dialogfenster *Öffnen* erscheint, markieren Sie mit einem Klick das gewünschte Bild und klicken Sie zum Übernehmen auf *Bild auswählen*. Eventuell müssen Sie zuvor einen anderen Ordner auswählen, auch auf *OneDrive* gespeicherte Bilder können verwendet werden.

### Diashow

Mit der Auswahl *Diashow* müssen Sie als Quelle für die Bilder ein Album oder einen Ordner angeben, standardmäßig schlägt Windows hier den Ordner *Bilder* vor. Um einen bestimmten Ordner auszuwählen, klicken Sie auf *Ordner hinzufügen*, markieren Sie dann mit einem Mausklick den Ordner mit den gewünschten Bildern und klicken Sie auf *Diesen Ordner auswählen*. (Bild 8.30).

# 8 Benutzeroberfläche und persönliche Einstellungen

*Bild 8.30 Diashow eigener Bilder*

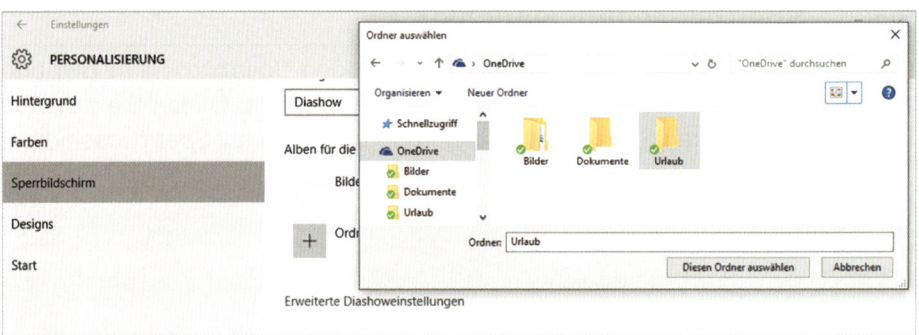

**Tipp:** *Wenn Sie auf Erweiterte Diashoweinstellungen klicken, haben Sie noch weitere Wahlmöglichkeiten: Falls Sie als Quelle den Bilderordner gewählt haben, können Sie angeben, ob auch der Ordner Eigene Aufnahmen einbezogen werden soll. Eine sinnvolle Option stellt auch der Schalter Nur Bilder verwenden, die auf meinen Bildschirm passen dar.*

*Um Energie zu sparen, können Sie ferner angeben, ob die Diashow auch im Akkumodus wiedergegeben werden soll (standardmäßig Aus) und ob bei inaktivem PC der Sperrbildschirm erscheinen soll.*

### Weitere Einstellungen

**Statusinfos auf dem Sperrbildschirm anzeigen**
Unterhalb der Bildauswahl können Sie angeben, welche Apps auf dem Sperrbildschirm Statusinfos anzeigen sollen (Bild 8.31).

*Bild 8.31 Apps zum Anzeigen von Statusinformationen*

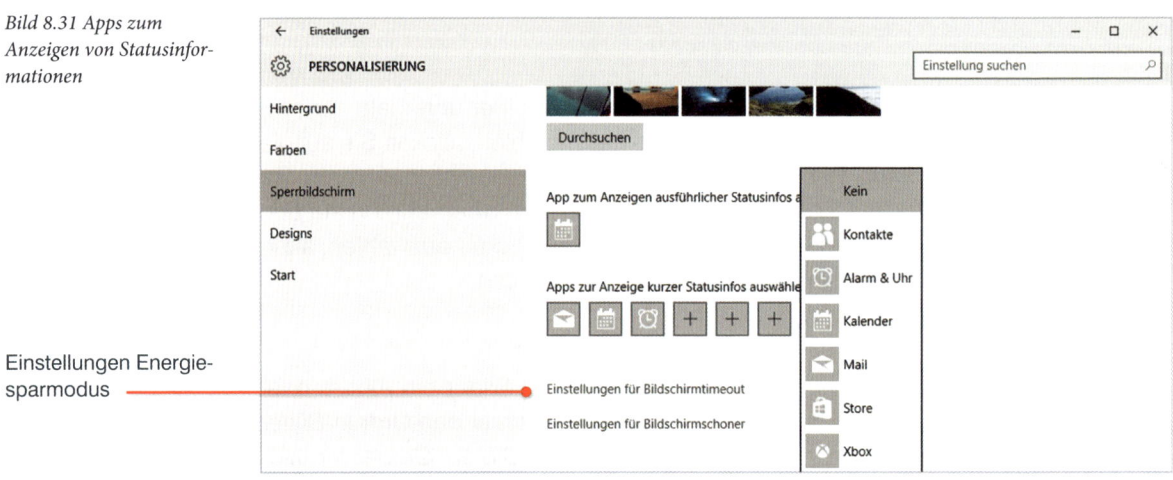

Einstellungen Energiesparmodus

Ausführliche Statusinfos erhalten Sie standardmäßig von der App *Kalender*, kurze Statusinfos von den Apps *Kalender*, *Mail* und *Uhr*. Zum Hinzufügen weiterer Apps klicken Sie auf die + Schaltflächen (Bild 8.31).

**Bildschirm ausschalten und Energiesparmodus**

Unterhalb der Apps können Sie auch noch festlegen, wann bei Abwesenheit, bzw. wenn längere Zeit keine Eingabe erfolgt, der Bildschirm ausgeschaltet werden soll und der PC in den Energiesparmodus wechselt. Klicken Sie dazu auf *Einstellungen für Bildschirmtimeout*. Wählen Sie dann für jede Betriebsart, Akkumodus und Netzbetrieb einen Zeitraum aus.

*Die zweite Möglichkeit, Einstellungen für Bildschirmschoner, ist zwar vorhanden, bei modernen PCs aber eigentlich überflüssig. Die Aufgabe des Bildschirmschoners früherer Windows-Versionen (Windows XP) wird bei Windows 10 vom Sperrbildschirm und dem automatischen Abschalten des Bildschirms übernommen.*

## 8.6 Persönliche Kontoeinstellungen ändern

**Kontoeinstellungen anzeigen**

Auf dem Anmeldebildschirm erscheint Ihr Benutzername zusammen mit einem Profilbild, auch andere Benutzer werden hier, falls vorhanden, mit Benutzername und Profilbild angezeigt. Nach erfolgter Anmeldung wird Ihr Name zusammen mit dem Bild oben im Startmenü angezeigt. Profilbild, Art der Anmeldung und Kennwort können Sie über die persönlichen Kontoeinstellungen einsehen und ändern.

Klicken Sie dazu im Startmenü auf Ihren Benutzernamen und auf *Kontoeinstellungen ändern*.

Bild 8.32 Kontoeinstellungen ändern

# 8  Benutzeroberfläche und persönliche Einstellungen

- Alternativ können Sie auch die Suche benutzen, indem Sie beispielsweise „Konto" eingeben und anschließend unter *Einstellungen* auf *Kontobild und Profileinstellungen ändern* klicken.
- Oder klicken Sie im Startmenü auf *Einstellungen*, anschließend auf *Konten* und wählen Sie hier *Ihr Konto*.

**Profilbild ändern und Microsoft-Konto verwalten**

Die *Einstellungen* mit dem persönlichen *Konto* werden geöffnet, bei *Ihr Bild* sehen Sie das aktuell verwendete Kontobild bzw. den Platzhalter (Bild 8.33).

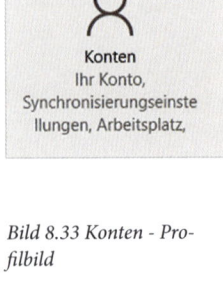

- Um ein Bild auszuwählen, klicken Sie unterhalb des Bildes auf die Schaltfläche *Durchsuchen* und wählen ein Bild aus.
- Verfügt Ihr PC über eine angeschlossene oder integrierte Webcam, können Sie auch auf *Kamera* klicken und ein Bild aufnehmen.

Das ausgewählte Bild erscheint anschließend in der Vorschau

*Bild 8.33 Konten - Profilbild*

Microsoft-Kontoeinstellungen

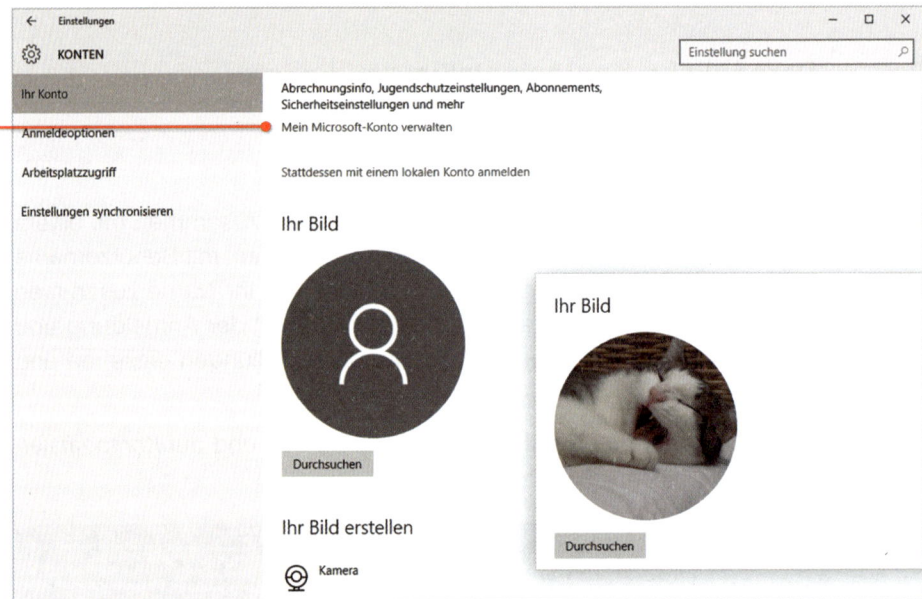

An dieser Stelle können Sie auch im Browser auf Ihr Microsoft-Konto zugreifen und es online verwalten. Klicken Sie auf *Konten* und auf *Mein Microsoft-Konto verwalten* (Bild 8.33). Der Browser Microsoft Edge öffnet sich mit der Startseite Ihres Kontos (Bild 8.34) und Sie können Ihre Kontoeinstellungen online überprüfen und ggfs. ändern.

# 8 Benutzeroberfläche und persönliche Einstellungen

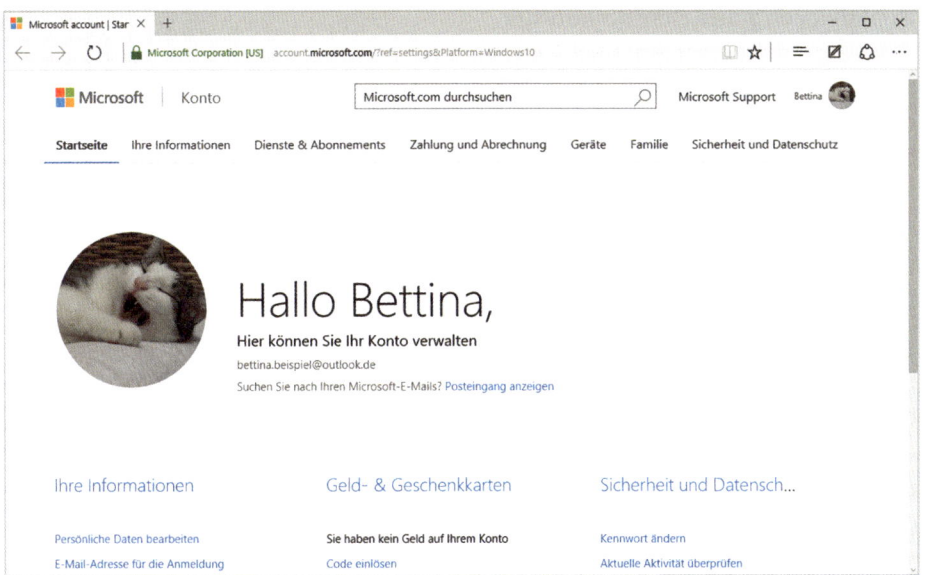

Bild 8.34 Microsoft-Konto online verwalten

## Kennwort und Art der Anmeldung am PC ändern

Standardmäßig müssen Sie zur Anmeldung am Computer entweder das Kennwort Ihres Microsoft-Kontos oder die vereinbarte PIN eingeben. Diese Einstellung haben Sie beim ersten Start Ihres Computers vorgenommen, siehe Kap. 3. Um nachträglich Kennwort oder PIN zu ändern, klicken Sie in den *Einstellungen* - *Konten* links auf *Anmeldeoptionen*.

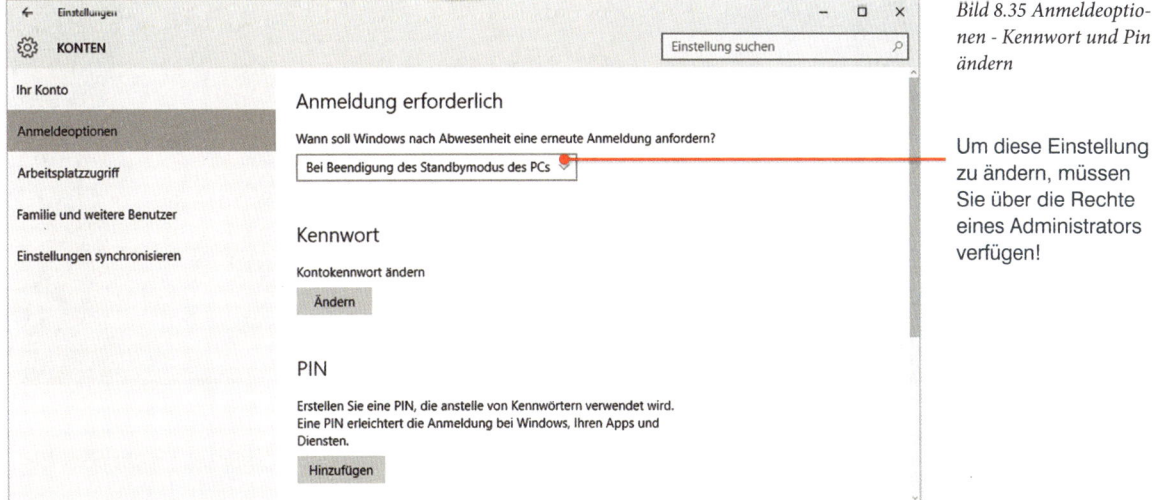

Bild 8.35 Anmeldeoptionen - Kennwort und Pin ändern

Um diese Einstellung zu ändern, müssen Sie über die Rechte eines Administrators verfügen!

201

# 8  Benutzeroberfläche und persönliche Einstellungen

**Reaktivierung aus Standbymodus**

Standardmäßig erscheint nach längerer Abwesenheit vom PC bei der Reaktivierung aus dem Standbymodus der Sperrbildschirm und Sie müssen Ihr Kennwort oder Ihre PIN erneut eingeben. Da dies unter Umständen zeitraubend sein kann, lässt sich diese Einstellung hier ändern: Klicken Sie bei der Frage *Wann soll Windows nach Abwesenheit eine erneute Anmeldung anfordern?* (Bild 8.35) auf den Dropdown-Pfeil und wählen Sie *Nie*.

Beachten Sie aber, dass Sie dazu über die Rechte eines Administrators verfügen müssen, sonst ist diese Schaltfläche inaktiv (Bild 8.35).

**Kennwort ändern**

Um das Kennwort des Microsoft-Kontos zu ändern, klicken Sie auf die Schaltfläche *Ändern*. Aus Sicherheitsgründen werden Sie anschließend aufgefordert, Ihr altes Kennwort einzugeben, darunter können Sie ein neues Kennwort erstellen, das Sie nochmals wiederholen müssen.

**PIN erstellen/ändern**

Genauso verfahren Sie, um zur Anmeldung am Gerät eine PIN zu erstellen oder zu ändern: Klicken Sie auf die dazugehörige Schaltfläche *Ändern* bzw. *Hinzufügen*, falls beim ersten Start noch keine PIN vereinbart wurde.

Auch hier müssen Sie zuerst Ihre bisherige PIN bzw. Ihr Kennwort eingeben. Darunter tippen Sie dann die neue vierstellige PIN ein, auch diese muss aus Sicherheitsgründen im Feld darunter ein zweites Mal eingegeben werden (Bild 8.36).

*Bild 8.36 Pin ändern*

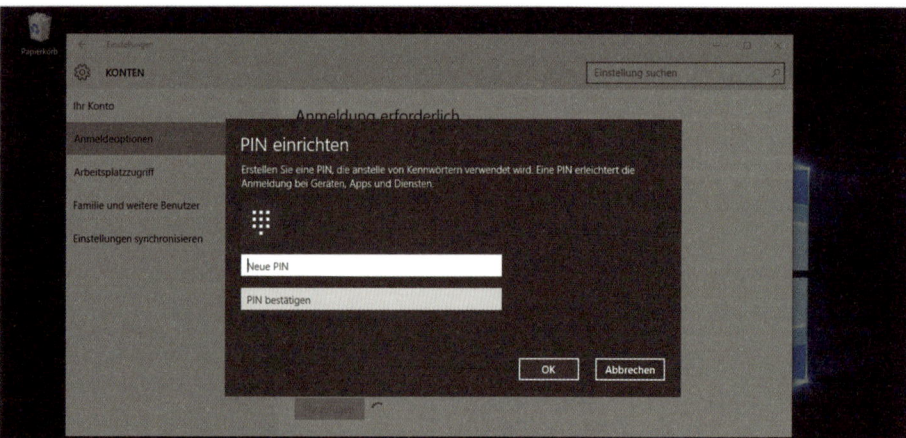

**Achtung:** *Ihre PIN gilt ausschließlich für die Anmeldung am Computer, nicht aber für den Zugriff auf Ihr Microsoft-Konto!*

202

## Anmeldung per Bildcode

Die Anmeldung per Bildcode kann auf PCs mit Touchscreen anstelle der Kennworteingabe benutzt werden. Bei einem Bildcode handelt es sich um eine Folge zuvor genau festgelegter Tipp- oder Streifbewegungen auf einem von Ihnen gewählten Bild.

*Tippbewegungen auf einem Touchscreen*

**1** Um einen Bildcode zu erstellen, klicken Sie unter *Bildcode* auf *Hinzufügen*.

*Bild 8.37 Bildcode hinzufügen*

**2** Aus Sicherheitsgründen müssen Sie auch hier Ihr Konto durch Eingabe des dazugehörigen Kennwortes bestätigen.

**3** Im nächsten Schritt klicken Sie auf *Neues Bild auswählen* und wählen das Bild, das Sie für den Bildcode verwenden möchten. Klicken Sie dann auf *Dieses Bild verwenden*.

**4** Anschließend werden Sie aufgefordert, auf dem Bildschirm nacheinander drei Tipp- oder Streifbewegungen auf dem Bild auszuführen. Dies ist dann Ihr Bildcode, mit dem Sie sich zukünftig am System anmelden können. Die Anmeldung mit Kennwort oder PIN bleibt trotzdem weiterhin jederzeit möglich.

*Bild 8.38 Gesten einrichten*

# 8 Benutzeroberfläche und persönliche Einstellungen

## 8.7 Einstellungen synchronisieren

Wenn Sie Windows 10 auch auf anderen Geräten benutzen, können Sie über Ihr Microsoft-Konto nicht nur Ihre Daten auf *OneDrive* (siehe Kapitel 7.10) synchronisieren, sondern auch Ihre persönliche Bedienoberfläche. Um die Sychronisierungseinstellungen zu kontrollieren und ggfs. zu ändern, klicken Sie im Startmenü auf *Einstellungen* und anschließend auf *Konten*.

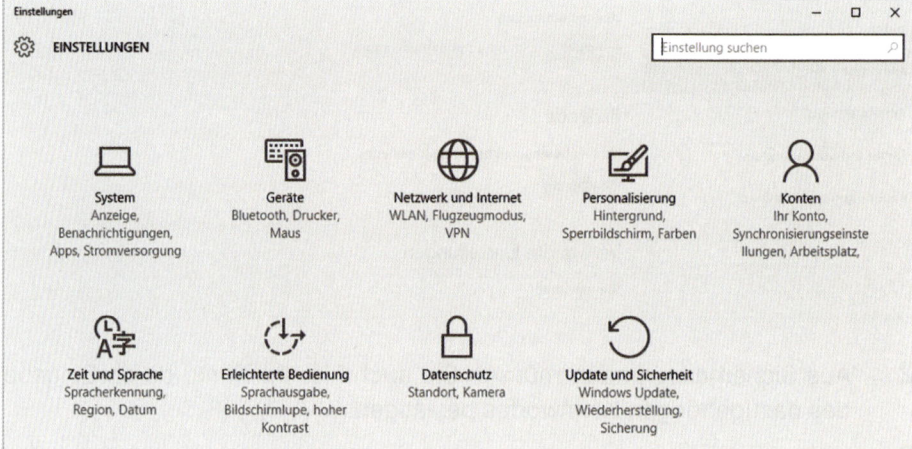

*Bild 8.39 Einstellungen - Konten*

Klicken Sie dann links auf *Einstellungen synchronisieren* (Bild 8.40). Mit dem Schalter *Synchronisierungseinstellungen* legen Sie fest, ob überhaupt eine Synchronisierung erfolgen soll. Ist dieser Schalter auf *Ein* gesetzt, können Sie unter *Einzelne Synchronisierungseinstellungen* für einzelne Einstellungen, wie beispielsweise *Design*, festlegen, ob Sie diese synchronisieren möchten.

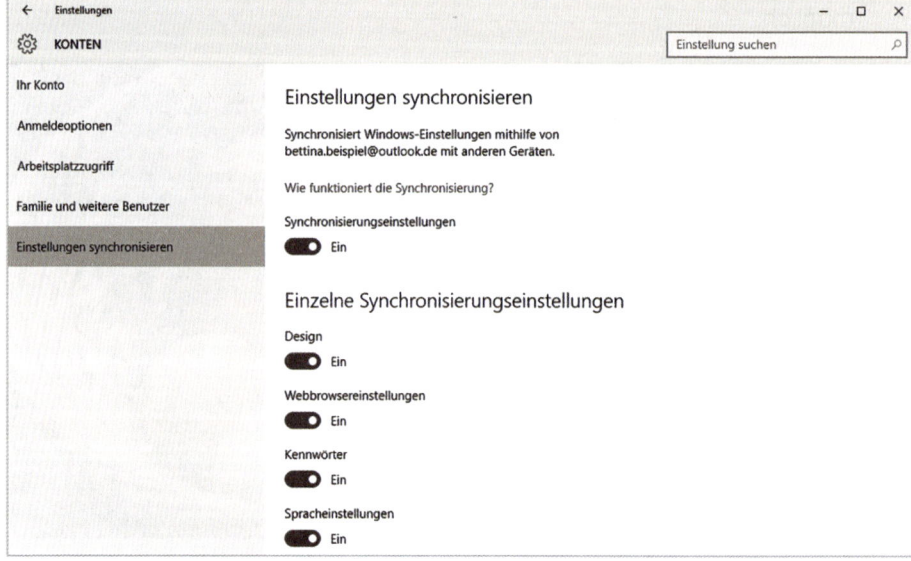

*Bild 8.40 Einstellungen synchronisieren*

## 8.8 Aussehen und Verhalten des Explorers anpassen

Auch Aussehen und Verhalten des Datei-Explorers können Sie an Ihre Bedürfnisse anpassen, insbesondere das Aussehen von Ordnerinhalten und den Schnellzugriff.

### Startverhalten und Schnellzugriffsliste steuern

Standardmäßig werden beim Öffnen des Explorers im Anzeigebereich alle unter *Schnellzugriff* vorhandenen Ordner sowie die zuletzt verwendeten Dateien angezeigt (Bild 8.41).

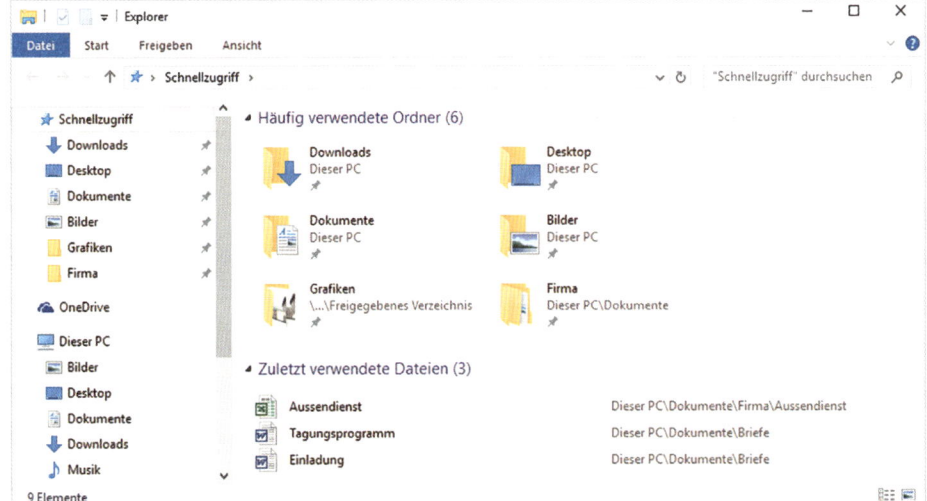

*Bild 8.41 Schnellzugriffsliste beim Öffnen des Explorers*

Stattdessen können Sie beim Öffnen auch die Elemente von *Dieser PC* (wie in Windows 8.1) anzeigen lassen und Anzeige und Umfang zuletzt verwendeter Dateien und Ordner steuern:

1 Klicken Sie im geöffneten Explorer im Menüband auf das Register *Ansicht* und hier auf die Schaltfläche *Optionen* oder im Register *Datei* auf *Ordner- und Suchoptionen ändern*. In beiden Fällen öffnet sich das Dialogfenster *Ordneroptionen*, zunächst mit dem Register *Allgemein* (Bild 8.42).

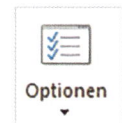

2 Klicken Sie bei *Datei-Explorer öffnen für* auf den Dropdown-Pfeil und wählen Sie anstelle *Schnellzugriff* (Standardeinstellung) *Dieser PC* aus (Bild 8.42).

3 Unter *Datenschutz* können Sie bei Bedarf die Anzeige zuletzt verwendeter Dateien in der Schnellzugriffsliste und häufig verwendeter (nicht angehefteter) Ordner über die jeweiligen Kontrollkästchen deaktivieren. Zusätzlich kann bei *Datei-Explorer-Verlauf löschen* über die Schaltfläche *Löschen*,

# 8 Benutzeroberfläche und persönliche Einstellungen

ähnlich den Browsereinstellungen, die Liste zuletzt besuchter Speicherorte gelöscht werden.

*Bild 8.42 Ordneroptionen, Register Allgemein*

*Bild 8.43 Anzeigeeinstellungen im Register Ansicht*

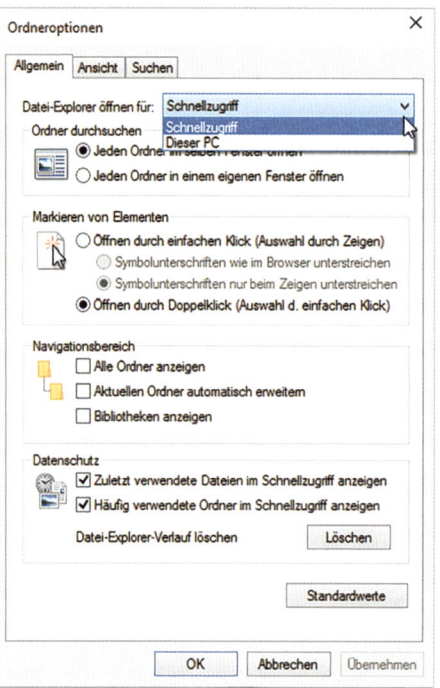
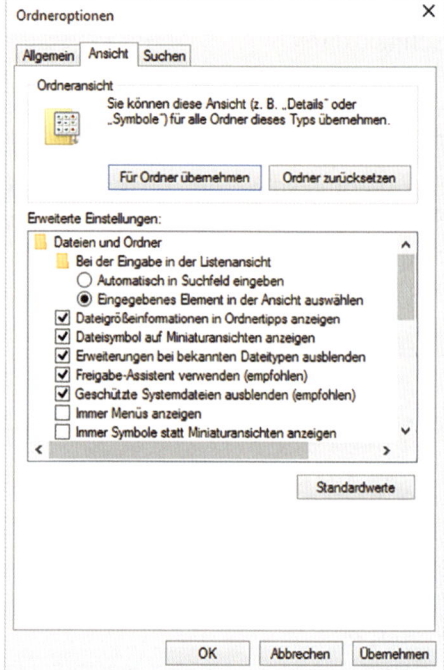

*Tipp: Die Schaltfläche Standardwerte setzt alle geänderten Einstellungen auf die ursprünglichen Werte zurück.*

**Weitere Einstellungen**

Darüber hinaus sind in den *Ordneroptionen*, Register *Allgemein*, noch folgende, allerdings selten benötigte, Einstellungen möglich:

- Unter *Ordner durchsuchen* geben Sie an, ob ein Ordner beim Öffnen im selben Fenster (Standardeinstellung) oder in einem neuen Fenster geöffnet werden soll.

- Im Abschnitt *Markieren von Elementen* können Sie festlegen, ob Dateien und Ordner mit einem einfachen Mausklick geöffnet werden, vergleichbar der Navigation im Internet. Markieren erfolgt dann durch Zeigen.

- Unter *Navigationsbereich* steuern Sie die Anzeige von Elementen, z. B. Bibliotheken (aus Windows 7), im Navigationsbereich.

## Ordneransichten

Wenn Sie im Datei-Explorer in einem Ordner eine Ansicht wählen, z. B. im Ordner Bilder *Große Symbole*, dann gilt diese Einstellung nur für diesen Ordner. Sie können also anschließend, z. B. im Ordner *Dokumente*, zur Anzeige die Ansicht *Details* wählen. Bei der späteren Navigation wird jeder Ordner immer mit seiner zuletzt verwendeten Ansicht geöffnet.

Falls Sie für alle Ordner des gleichen Typs, also beispielsweise alle Bilderordner, dieselbe Ansicht verwenden möchten, dann gehen Sie wie folgt vor:

1. Sorgen Sie dafür, dass im Anzeigebereich der Inhalt eines Ordners dieses Typs sichtbar ist und wählen Sie die gewünschte Ansicht aus.

2. Öffnen Sie das Dialogfenster *Ordneroptionen* und klicken Sie hier auf das Register *Ansicht* (Bild 8.43).

3. Klicken Sie auf die Schaltfläche *Für Ordner übernehmen* und bestätigen Sie mit *OK*.

Achtung: Im Register *Ansicht* finden Sie noch zahlreiche weitere Optionen, wie z. B. das Einblenden von geschützten Systemdateien, das in manchen Fällen erforderlich werden kann. Änderungen sollten Sie hier erst dann durchführen, wenn Sie im Umgang mit dem Computer besser vertraut sind.

## 8.9 Zusammenfassung

- Passen Sie das Startmenü Ihren individuellen Bedürfnissen an, indem Sie es beliebig vergrößern oder verkleinern, Apps und Anwendungen in Form von Kacheln hinzufügen, entfernen, verschieben und zu Gruppen zusammenfassen. Weitere Optionen zur Anzeige einer Kachel, z. B. Größe und Live-Vorschau, erhalten Sie, wenn Sie diese mit der rechten Maustaste anklicken. Auf Wunsch kann das Startmenü auch im Vollbildmodus geöffnet werden.

- Auch das Aussehen von Desktop und Sperrbildschirm lässt sich verändern. Dazu öffnen Sie im Startmenü die *Einstellungen* und klicken auf *Personalisierung*. Als Hintergrundbild stehen entweder einzelne oder wechselnde Bilder in Form einer Diashow zur Auswahl. Auch Ihre persönlichen Fotos können zu diesem Zweck ausgewählt werden. Die Farbe für Startmenü, Taskleiste und Info-Center wird entweder automatisch aus dem Hintergrundbild gewählt oder von Ihnen anhand einer Farbpalette festgelegt. Geben Sie außerdem an, welche Apps Statusinfos auf dem Sperrbildschirm anzeigen sollen.

- Falls Sie die aus Windows XP und Windows 7 bekannten Designs zur Desktopgestaltung verwenden möchten, finden Sie diese ebenfalls in den *Einstellungen*, *Personalisierung*. Hier finden Sie auch die Möglichkeit, weitere Standardsymbole auf dem Desktop anzuzeigen. Ordner, Dateien und Programme als Verknüpfungen auf dem Desktop öffnen Sie immer mit Doppelklick.

- Optimieren Sie die Taskleiste, indem Sie häufig genutzte Apps anheften. Dazu klicken Sie im Startmenü mit der rechten Maustaste auf eine Kachel und wählen *An Taskleiste anheften*. Über die rechte Maustaste entfernen Sie eine App auch wieder aus der Taskleiste. Einige Anwendungen zeigen in der Taskleiste Sprunglisten an, wenn Sie mit der rechten Maustaste auf das Anwendungssymbol klicken. Über die Sprunglisten lassen sich schnell zuletzt verwendete Dokumente öffnen.

- In den Eigenschaften der Taskleiste, die Sie per Rechtsklick in die Taskleiste und den Befehl *Eigenschaften* aufrufen, finden Sie weitere Optionen, wie z. B. das automatische Ausblenden, das Verwenden kleinerer Programmsymbole usw..

- Über das Startmenü und Ihren Benutzernamen erhalten Sie Zugriff auf Ihre persönlichen Kontoeinstellungen. Hier können Sie ein Profilbild hinterlegen, die Art der Anmeldung und das Kennwort Ihres Microsoft-Kontos ändern. Zur Anmeldung am PC kann anstelle der Kennworteingabe eine vierstellige Pin vereinbart werden oder ein Bildcode, der sich besonders für Touchscreens eignet.

- Das Verhalten des Explorers beim Öffnen sowie Anzeige und Inhalt der Schnellzugriffsliste steuern Sie in den Ordneroptionen. Zum Öffnen des Dialogfensters klicken Sie im Menüband, Register *Ansicht*, auf *Optionen* oder im Register *Datei* auf *Ordner- und Suchoptionen ändern*. Weitere Register in den Ordneroptionen steuern die Anzeige von Ordnerinhalten und das Durchsuchen von Speicherorten.

# 9 Einstellungen für Hard- und Software

**In dieser Lektion erfahren Sie, wie Sie ...**
- sich in den Einstellungen und der Systemsteuerung zurechtfinden
- weitere Benutzerkonten anlegen und verwalten
- Energie- und Länderspezifische Einstellungen ändern
- Drucker einrichten
- Einstellungen zu Datenschutz und Computersucherheit prüfen
- wichtige Daten sichern und wiederherstellen

**Diese Kenntnisse sollten Sie bereits mitbringen...**
- Sie verfügen über Kenntnisse der Datei- und Ordnerverwaltung

# 9 Einstellungen für Hard- und Software

## 9.1 Einstellungen und Systemsteuerung

**Das sollten Sie zu den Einstellungen wissen**

Wie bereits in Kap. 8 beschrieben, können Sie in den Einstellungen Aussehen und Verhalten von Hard- und Software kontrollieren und ändern. Die Einstellungen sind so gestaltet, dass sie auch mit dem Finger leicht bedient werden können und umfassen im Gegensatz zu den PC-Einstellungen von Windows 8.1 nun wesentlich mehr Funktionen. Sie öffnen die Einstellungen mit einer der folgenden Methoden:

- Klicken Sie im Startmenü auf *Einstellungen*.
- Oder öffnen Sie über das Symbol in der Taskleiste das Info-Center und klicken hier auf *Alle Einstellungen*.
- Oder drücken Sie die Tastenkombination Windows+i.

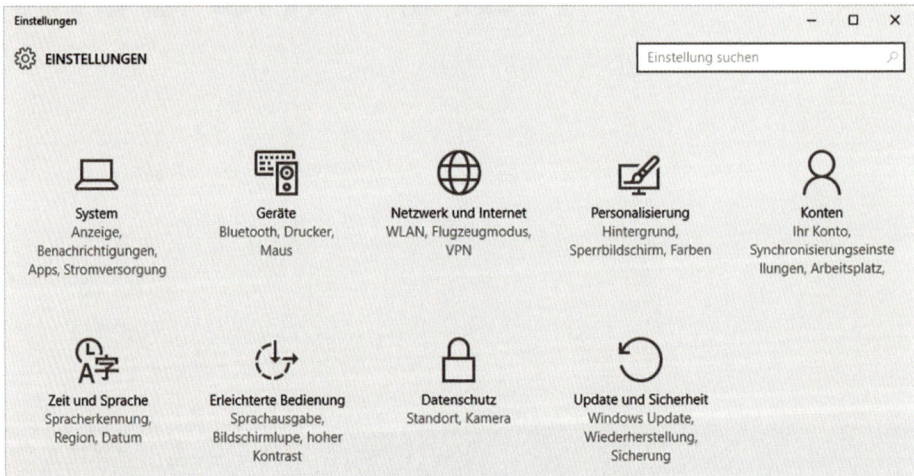

*Bild 9.1 Die Startseite der Einstellungen*

Einige Einstellungen wurden bereits in Kapitel 8 beschrieben:

- Desktophintergrund, Sperrbildschirm und Farben
- Aussehen und Verhalten des Startmenüs
- Persönliche Kontoeinstellungen, z. B. Kennwort und Profilbild ändern
- Aussehen und Startverhalten des Datei-Explorers
- Einstellungen synchronisieren

Parallel zu den Einstellungen existiert auch unter Windows 10 noch die Systemsteuerung, bekannt aus früheren Windows-Versionen. In diesem Buch wer-

210

den allerdings in erster Linie Funktionen beschrieben, die in den Einstellungen vorgenommen werden können, auf die Systemsteuerung wird nur, falls nötig, zurückgegriffen.

*Einstellungen und Systemsteuerung lassen sich nicht immer voneinander trennen: So führen einige Links aus den Einstellungen zur Systemsteuerung, z. B. wenn Sie in den Einstellungen auf Personalisierung klicken und hier Designs wählen. In diesem Fall öffnet sich die Systemsteuerung in einem zweiten Fenster.*

**Für Einstellungen und Systemsteuerung gilt:**
*Einige Änderungen sollten nur mit guten Windows-Kenntnissen vorgenommen werden, da sonst unter Umständen das gesamte System nicht mehr korrekt arbeitet.*

*Manche Änderungen erfordern die Berechtigungen eines Administrators! Solche Einstellungen sind mit einem Symbol versehen und beim Anklicken werden Sie aufgefordert, ein Administrator-Kennwort einzugeben. Näheres dazu in Punkt 9.2.*

### Ein Überblick über die Systemsteuerung

Benutzer von Windows XP oder Windows 7 dürften noch die Systemsteuerung als Adresse für Einstellungen für Hard- und Software kennen. Die Systemsteuerung ist auch unter Windows 10 verfügbar, allerdings etwas versteckt. Sie finden die Systemsteuerung im Startmenü unter *Alle Apps* in der Gruppe *Windows-System*, über die Suche oder wenn Sie mit der rechten Maustaste auf das Startsymbol der Taskleiste klicken. Die Systemsteuerung eignet sich in erster Linie für die Mausbedienung.

Die Anzeige der Symbole auf der Startseite der Systemsteuerung kann auf Ihrem PC etwas abweichen. Über den Dropdown-Pfeil *Anzeige* unterhalb des Suchfeldes können Sie wählen zwischen großen und kleinen Symbolen sowie der Anzeige *Kategorie* (siehe Bild 9.2).

*Bild 9.2 Die Startseite der Systemsteuerung*

# 9 Einstellungen für Hard- und Software

Die Navigation in der Systemsteuerung ist mit dem Datei-Explorer vergleichbar: Klicken Sie zum Anzeigen auf die gewünschte Einstellung, z. B. *Design ändern* und benutzen Sie die Pfeile in der Adressleiste, um zurück zur letzten Einstellung bzw. zur Startseite zu gelangen. An der Adresse selbst erkennen Sie, an welchem Punkt Sie sich gerade befinden, auch hier gelangen Sie mit Klick auf eine übergeordnete Kategorie wieder zurück. Als Alternative klicken Sie links in der Navigationsleiste auf eine andere Kategorie.

*Bild 9.3 Navigation in der Systemsteuerung*

Aktuelle Seite

Alle Kategorien

### Einstellungen suchen

Sowohl die Startseite der Einstellungen als auch der Systemsteuerung enthält in der rechten oberen Ecke ein Suchfeld, über das Sie eine bestimmte Einstellung suchen können, siehe Bild 9.1 und Bild 9.2.

Auch das Suchfeld der Taskleiste kann verwendet werden, um gezielt nach Einstellungen zu suchen. Hier erhalten Sie in vielen Fällen sowohl Verweise auf die Einstellungen als auch auf die Systemsteuerung, durch den entsprechenden Zusatz leicht zu unterscheiden, wie das Beispiel Maus in Bild 9.4 zeigt.

*Bild 9.4 Beispiel: Nach Mauseinstellungen suchen*

Tipp: Um die Suche auf die Einstellungen zu begrenzen, klicken Sie nach Eingabe des Suchbegriffs auf Meine Daten und anschließend auf Einstellungen.

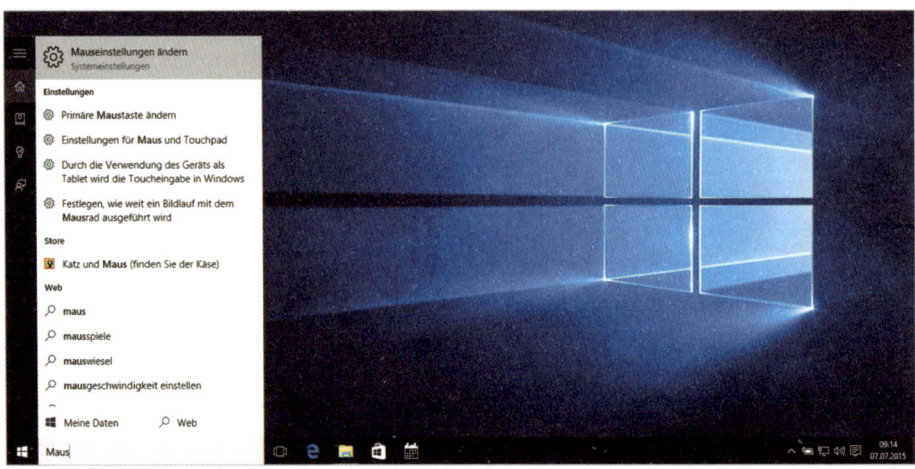

212

## 9.2 Benutzerkonten verwalten

Beim ersten Start von Windows am Computer wurde ein Benutzerkonto angelegt. Den Namen dieses Kontos und das dazugehörige Kennwort verwenden Sie zur Anmeldung. Wie Sie Ihre eigenen Kontoeinstellungen und Ihr Microsoft-Konto verwalten, haben Sie bereits in Kapitel 8.6 kennen gelernt. Darüber hinaus können noch weitere Benutzerkonten hinzugefügt werden, um z. B. jedem Familienmitglied eine gesonderte Anmeldung zu ermöglichen. Jeder Benutzer verfügt über einen persönlichen Ordner mit den Standardordnern *Dokumente*, *Bilder*, *Videos*, *Downloads* usw. und kann verschiedene individuelle Einstellungen, wie z. B. Hintergrundbild des Desktops, vornehmen.

Sind mehrere Benutzer auf einem PC vorhanden, so muss jeder Benutzer vor der Anmeldung zunächst sein Benutzerkonto auswählen und sich mit seinem Kennwort oder seiner PIN anmelden.

### Übersicht über die Benutzerberechtigungen

Bevor wir uns mit den Benutzerkonten und deren Verwaltung befassen, betrachten wir erst einmal die Kontotypen und deren Rechte genauer. Windows unterscheidet grundsätzlich zwischen zwei Kontotypen mit jeweils unterschiedlichen Berechtigungen, nämlich Standardbenutzer und Administrator.

### Standardbenutzer

Standardbenutzer haben Zugriff auf die persönlichen Ordner und dort gespeicherte Dateien und dürfen Einstellungen zu Desktop und Startmenu vornehmen, also z. B. Desktophintergrundbild ändern, Apps zum Startmenü hinzufügen, entfernen oder an die Taskleiste anheften sowie persönliche Kontoeinstellungen wie PIN, Kennwort und Profilbild ändern. Dagegen können keine Einstellungen geändert werden, die Auswirkungen auf andere Benutzer oder die Sicherheit des Computers haben.

### Administrator

Administratoren verfügen grundsätzlich über alle Rechte am Computer. Das bedeutet, es können Programme installiert und deinstalliert sowie sämtliche Einstellungen geändert werden. Darüber hinaus kann ein Benutzer mit Administratorrechten auch auf die persönlichen Ordner der übrigen Benutzer zugreifen.

Das erste Benutzerkonto, das nach dem ersten Starten von Windows auf dem Computer erstellt wird, ist automatisch ein Administratorkonto. Falls Sie also der/die einzige Benutzer/in Ihres PCs sind, dann verfügen Sie auch über die Rechte eines Administrators. Alle weiteren Konten sind zunächst Standardbenutzerkonten, können aber vom Administrator in Administratorkonten umgewandelt werden.

*Der erste Benutzer ist automatisch ein Administrator.*

# 9 Einstellungen für Hard- und Software

### Ein neues Benutzerkonto anlegen

**Achtung:** *Um weitere Benutzerkonten anzulegen oder vom PC zu entfernen, müssen Sie als Administrator angemeldet sein.*

Konten
Ihr Konto, Synchronisierungseinstellungen, Arbeitsplatz,

So gehen Sie beim Anlegen eines neuen Benutzerkontos vor:

**1** Klicken Sie auf *Einstellungen* und auf *Konten*.

**2** Klicken Sie links auf *Familie und weitere Benutzer*. Diese Kategorie ist nur verfügbar, wenn Sie mit Administratorrechten angemeldet sind!

**3** Rechts erscheinen die vorhandenen Benutzerkonten mit den dazugehörigen Rechten. Windows 10 unterscheidet zwischen sonstigen Benutzern und Familienmitgliedern, zu letzteren gehören umfangreiche Jugendschutzeinstellungen.

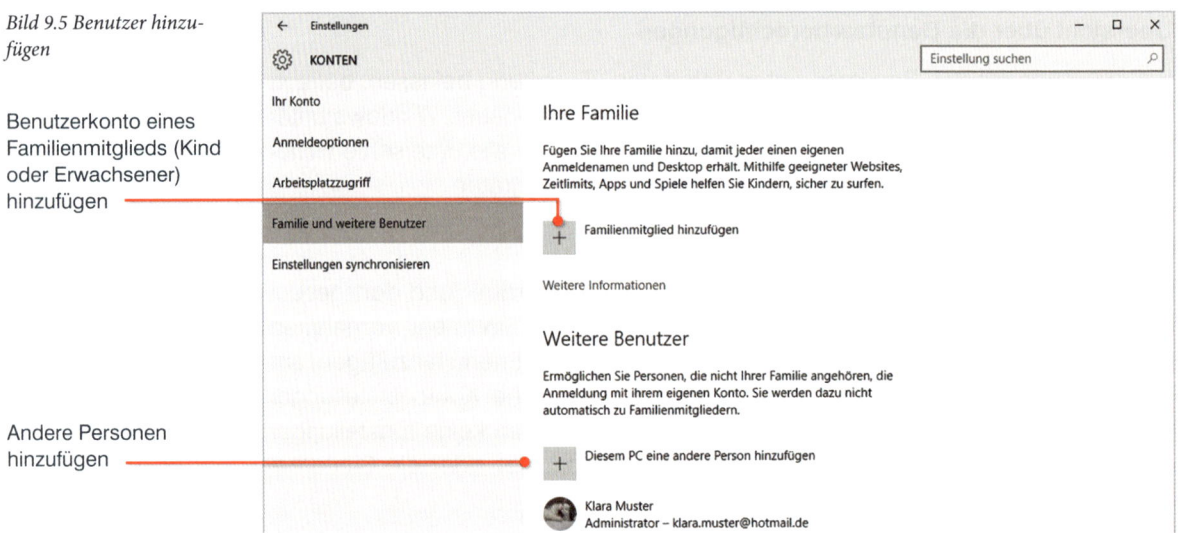

*Bild 9.5 Benutzer hinzufügen*

Benutzerkonto eines Familienmitglieds (Kind oder Erwachsener) hinzufügen

Andere Personen hinzufügen

### Familienmitglied als Benutzer einrichten, Jugendschutzeinstellungen

Handelt es sich um ein Familienmitglied, so klicken Sie auf *Familienmitglied hinzufügen*. Im nächsten Schritt geben Sie an, ob es sich um ein Kind oder einen Erwachsenen handelt (Bild 9.6) und tippen die entsprechende E-Mail Adresse ein.

*Erwachsene können Einstellungen zur Computernutzung von Kindern vornehmen und deren letzte Aktivitäten überprüfen. Detaillierte Informationen erhalten Sie über den Link Weitere Informationen. Zudem können Sie hier auch online das Konto eines Familienmitglieds erstellen.*

## Weitere Benutzer anlegen

Andere Benutzer legen Sie dagegen an, indem Sie auf *Diesem PC eine andere Person hinzufügen* klicken. Geben Sie wieder die E-Mail Adresse bzw. das Microsoft-Konto der Person ein (Bild 9.7). Existiert kein entsprechendes Konto, so legen Sie dieses hier an.

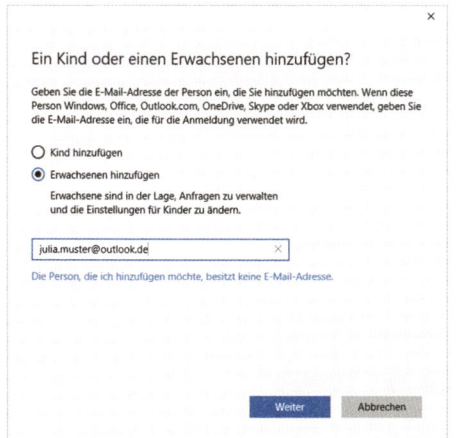 

*Bild 9.6 Familienmitglied hinzufügen*

*Bild 9.7 Andere Person hinzufügen*

Microsoft-Konto erstellen

## Microsoft-Konto oder lokales Konto?

Falls das neu hinzuzufügende Familienmitglied bzw. der neue Benutzer noch über kein Microsoft-Konto verfügt, so klicken Sie auf *Die Person, die ich hinzufügen möchte, besitzt keine E-Mail Adresse* (Bild 9.7). Im nächsten Schritt können Sie nun ein Microsoft-Konto erstellen.

> *Falls Sie einen Benutzer hinzufügen möchten, der über kein Microsoft-Konto verfügt oder dessen E-Mail Adresse Sie nicht kennen, dann besteht hier auch die Möglichkeit, ein lokales Konto zu erstellen. Klicken Sie dazu auf den Link Benutzer ohne Microsoft-Konto hinzufügen. Dann vergeben Sie einen beliebigen Benutzernamen und ein Kennwort. Beide gelten nur lokal für die Anmeldung am PC, die Nutzung von OneDrive oder dem Windows-Store sowie eine Synchronisation verschiedener Geräte sind damit nicht möglich. Ein lokales Konto kann vom Benutzer nachträglich jederzeit in ein Microsoft-Konto umgewandelt werden.*
>
> **Achtung:** *Für Familienmitglieder besteht die Möglichkeit eines lokalen Kontos nicht!*

## Typ/Berechtigung ändern, Konto löschen

Das neue Konto wird mit den Rechten eines Standardbenutzers erstellt und erscheint in der Liste der vorhandenen Konten. Um die Rechte eines Benutzers zu ändern, klicken Sie einfach auf dessen Konto. Es erscheinen die Schaltflächen *Kontotyp ändern* und *Entfernen* (Bild 9.8). Klicken Sie auf *Kontotyp ändern* und wählen Sie zwischen *Standardbenutzer* und *Administrator*.

# 9 Einstellungen für Hard- und Software

 Zum Löschen eines Kontos verwenden Sie die Schaltfläche *Entfernen*. Achtung: Bevor das Konto entfernt wird, werden Sie darauf aufmerksam gemacht, dass dadurch auch alle persönlichen Ordner samt Inhalt gelöscht werden. Sollten hier wichtige Daten gespeichert sein, so brechen Sie die Aktion ab und sichern zuvor die Daten auf ein anderes Laufwerk.

*Bild 9.8 Kontotyp ändern, Konto entfernen*

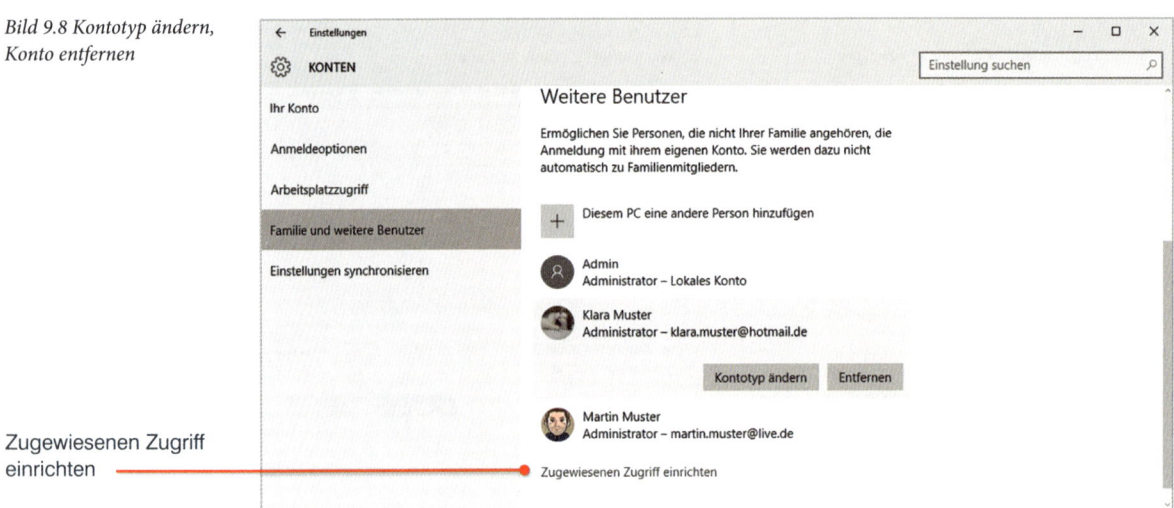

Zugewiesenen Zugriff einrichten

## Zugewiesener Zugriff

Sie können die Nutzung eines Kontos so einschränken, dass nur der Zugriff auf eine einzelne Windows-Store App möglich ist. Klicken Sie dazu auf *Zugewiesenen Zugriff einrichten* (Bild 9.8) und wählen anschließend Konto und App aus.

## Ein lokales Konto in ein Microsoft-Konto umwandeln

Sind Sie mit einem lokalen Konto angemeldet und möchten dieses in ein Microsoft-Konto umwandeln, so klicken Sie im Startmenü auf Ihren Benutzernamen und auf *Kontoeinstellungen ändern*. Die Einstellungen mit Ihrem Konto werden geöffnet, klicken Sie hier auf *Stattdessen mit einem Microsoft-Konto anmelden*.

*Bild 9.9 In ein Microsoft-Konto umwandeln*

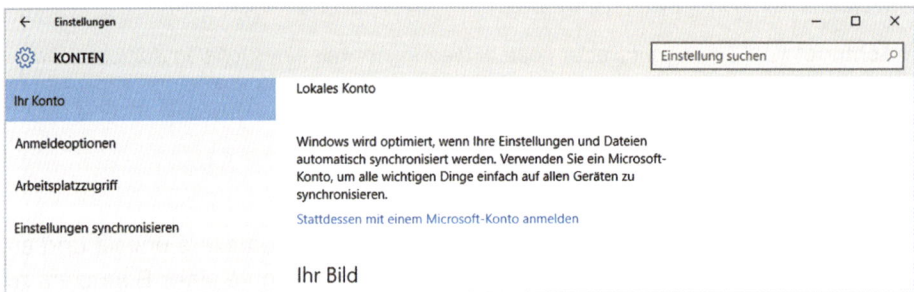

# 9 Einstellungen für Hard- und Software

## Benutzerkonten in der Systemsteuerung verwalten

Klicken Sie auf der Startseite der Systemsteuerung auf *Benutzerkonten*. In der Systemsteuerung sind die Befehle zum Anlegen, Ändern und Entfernen eines weiteren Benutzerkontos auch dann verfügbar, wenn Sie nicht als Administrator angemeldet sind. In diesem Fall werden Sie beim Klick auf den Link aufgefordert, das Kennwort eines Administratorkontos einzugeben. Aktionen, für die Administratorrechte benötigt werden, sind mit einem Symbol 🛡 gekennzeichnet. (Bild 9.10).

*Bild 9.10 Benutzerkonten in der Systemsteuerung verwalten*

## 9.3 Energieeinstellungen

Je nach Typ und Einsatzgebiet Ihres Geräts können Sie auch den Energieverbrauch optimieren. Erfolgt über einen Zeitraum zwischen 5 und 10 Minuten keine Mausbewegung oder Tastatureingabe, dann wird der Energieverbrauch automatisch verringert. Standardmäßig sind folgende Einstellungen wirksam:

- Bei einem Laptop wird zunächst der Bildschirm dunkler und je nach Stromversorgung nach 5 Minuten automatisch ausgeschaltet. In diesem Fall bewegen Sie einfach kurz die Maus oder drücken eine beliebige Taste der Tastatur und die vorherige Anzeige wird wiederhergestellt.

- Nach etwa 15 bis 30 Minuten versetzt sich der Computer automatisch in den Energiespar- bzw. Standbymodus: Alle Einstellungen und Daten werden zwischengespeichert, nicht benötigte Geräte wie Lüfter und Bildschirm abgeschaltet und damit der Stromverbrauch auf ein Minimum reduziert. Auch wenn Sie einen Laptop einfach schließen, versetzt sich dieser automatisch in den Energiesparmodus.

### Grundlegende Einstellungen

Um die Einstellungen zu kontrollieren und zu ändern, öffnen Sie im Startmenü die *Einstellungen*, klicken auf *System* und hier auf *Netzbetrieb und Energiesparen*. Wählen Sie dann über die Dropdown-Pfeile für Bildschirm und Standby-

# 9 Einstellungen für Hard- und Software

modus jeweils die gewünschte Zeitspanne. Bei tragbaren Geräten (Notebook) unterscheidet Windows zusätzlich zwischen Akkumodus und Netzbetrieb.

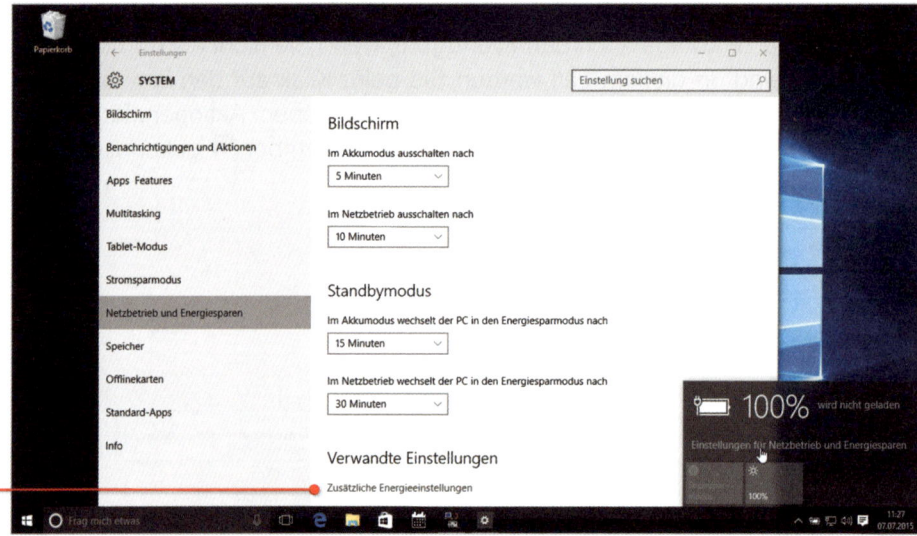

Bild 9.11 Netzbetrieb und Energiesparen

Systemsteuerung - Energiesparpläne

### Energiesparpläne und weitere Einstellungen in der Systemsteuerung

Windows verwaltet sogenannte Energiesparpläne für verschiedene Einsatzzwecke. In der Kategorie *Netzbetrieb und Energiesparen* wechseln Sie unter *Verwandte Einstellungen* mit Klick auf den Link *Zusätzliche Energieeinstellungen* (Bild 9.11) zur Systemsteuerung, in der die Energiesparpläne verwaltet werden.

Bild 9.12 Systemsteuerung - Energiesparpläne bearbeiten

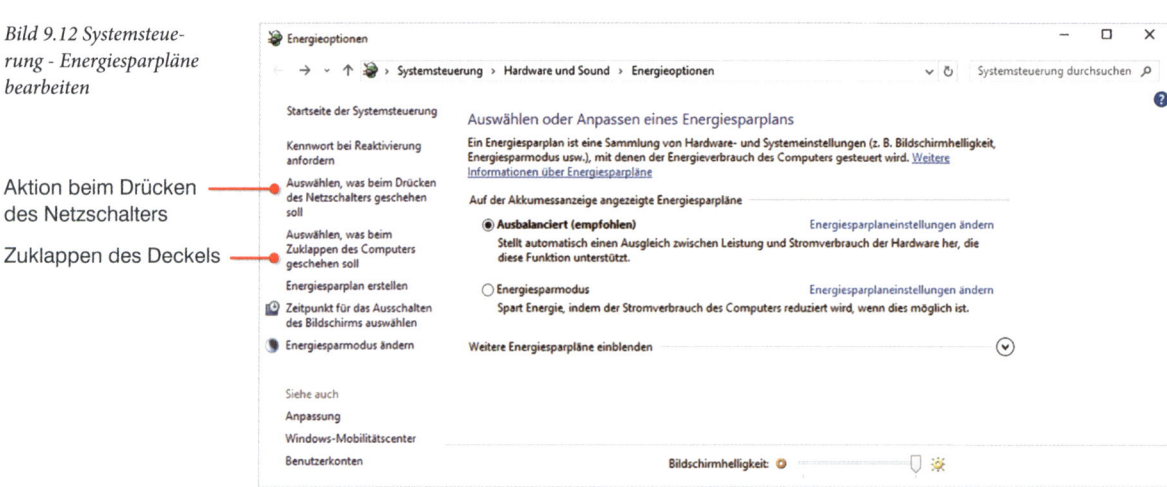

Aktion beim Drücken des Netzschalters

Zuklappen des Deckels

Dies ist auch in den Einstellungen unter Konten und Anmeldeoptionen möglich.

Zudem finden Sie hier in der linken Leiste verschiedene nützliche Einstellungen:

- Geben Sie an, ob bei Reaktivierung aus dem Energiesparmodus bzw. Standbymodus die Eingabe des Kennwortes erforderlich ist.

# Einstellungen für Hard- und Software 9

- Legen Sie fest, was beim Drücken des Netzschalters und Zuklappen des Laptopdeckels geschehen soll.

Um einen Energiesparplan detaillierter zu bearbeiten, klicken Sie auf *Energiesparplaneinstellungen ändern*. **Tipp:** Falls Sie mit Ihren Änderungen nicht zufrieden sind, können Sie hier mit Klick auf *Standardeinstellungen für diesen Energiesparplan wiederherstellen* alle Änderungen wieder zurücksetzen.

## Stromsparmodus

Sinkt bei einem Laptop der Akkuladestand unter 20%, wird automatisch der Stromsparmodus aktiviert. Die Einstellungen hierzu können Sie kontrollieren und ändern, indem Sie in den Einstellungen auf *System* und hier auf *Stromsparmodus* klicken.

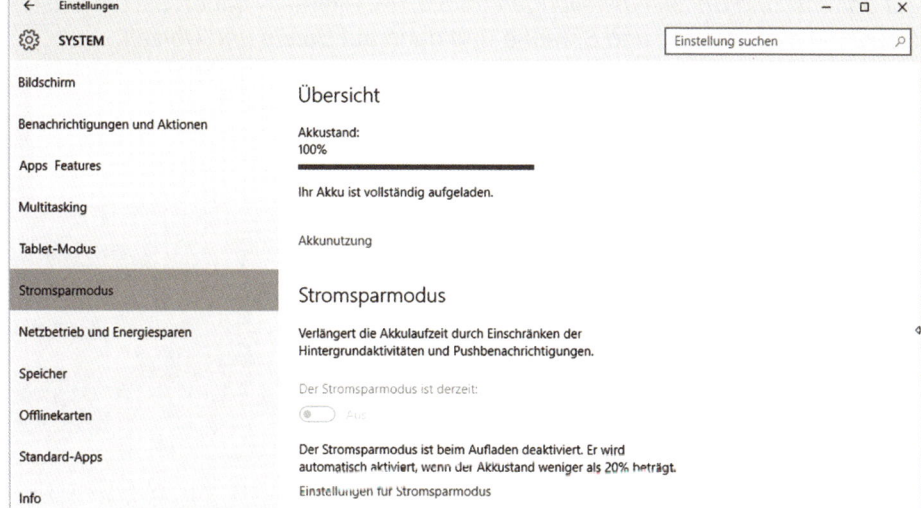

*Bild 9.13 Einstellungen zum Stromsparmodus*

*Schnelleren Zugriff auf Energiespareinstellungen erhalten Sie über den Infobereich der Taskleiste:*

*Klicken Sie auf das Akkusymbol und auf Einstellungen für Netzbetrieb und Energiesparen (Bild 9.11).*

*Oder klicken Sie mit der rechten Maustaste auf das Akkusymbol und auf Energieoptionen, um schnell die Energiesparpläne der Systemsteuerung zu öffnen.*

# 9 Einstellungen für Hard- und Software

## 9.4 Länderspezifische Einstellungen

**Datum und Uhrzeit**

Datum und Uhrzeit des Computers sind im rechten Bereich der Taskleiste sichtbar und erscheinen auch auf dem Sperrbildschirm. Sie werden auch als Systemdatum bezeichnet und von verschiedenen Apps und Anwendungen benutzt.

Zeit und Sprache
Spracherkennung,
Region, Datum

Die korrekte Einstellung erfolgt automatisch über das Internet. Sie können jedoch Datum, Uhrzeit sowie die Zeitzone jederzeit auch manuell umstellen, etwa wenn Sie auf einer Geschäftsreise die Zeitzone wechseln.

Dazu klicken Sie am einfachsten auf Datum und Uhrzeit in der Taskleiste. Windows blendet ein Kalenderblatt des aktuellen Monats ein, klicken Sie hier auf *Datums- und Uhrzeiteinstellungen* (Bild 9.14). Alternativ öffnen Sie die *Einstellungen*, klicken auf *Zeit und Sprache* und dann auf *Datum und Uhrzeit*.

*Bild 9.14 Datum und Uhrzeit*

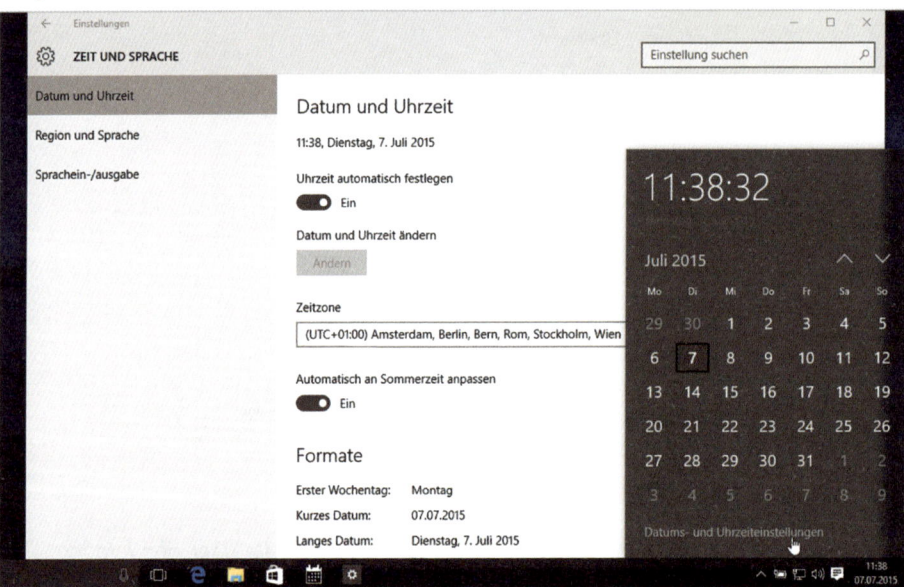

Die folgenden Einstellungen können hier vorgenommen werden:

- Falls Sie die Zeitzone ändern möchten, klicken Sie auf den Dropdown-Pfeil *Zeitzone* und wählen die gewünschte Zone aus.

- Der Schalter *Automatisch an Sommerzeit anpassen* sorgt dafür, dass die Zeitumstellung automatisch erfolgt und nicht jedes Mal von Ihnen vorgenommen werden muss.

- Unter *Format* werden die Schreibweise für Datum und Uhrzeit sowie der erste Wochentag angezeigt. Falls erforderlich, klicken Sie auf den Link *Da-*

*tums- und Uhrzeitformat ändern* und wählen anschließend eine Schreibweise aus.

- Wenn Sie über Administratorrechte verfügen, dann finden Sie hier zusätzlich *Datum und Uhrzeit* mit der Schaltfläche *Ändern*. Allerdings müssen Sie zuvor den Schalter *Uhrzeit automatisch festlegen* auf *Aus* setzen, erst dann wird die Schaltfläche *Ändern* aktiv.

**Region und Tastatursprache**

Welche Tastatur angeschlossen ist bzw. welche Sprache Sie bei der Eingabe verwenden, wurde bei der ersten Inbetriebnahme Ihres Computers mit den Express-Einstellungen (siehe Kapitel 2) automatisch festgelegt. Änderungen können Sie jederzeit vornehmen, etwa wenn Sie für bestimmte Zwecke eine englische Tastatur anschließen möchten. Zudem können Sie auch das Land und die davon abhängigen Einstellungen ggfs. ändern. Öffnen Sie dazu die Einstellungen, klicken Sie auf *Zeit und Sprache* und hier auf *Region und Sprache* (Bild 9.15).

- Mit dem Dropdown-Pfeil unter *Land oder Region* können Sie ein anderes Land wählen. Die hier gezeigte Einstellung wird von Windows und anderen Programmen, z. B. bei der Verwendung des Währungssymbols, benutzt.

- Unter Sprachen finden Sie alle installierten Eingabesprachen. Wenn Sie eine weitere Eingabesprache hinzufügen möchten, klicken Sie auf *Sprache hinzufügen* und wählen die gewünschte Sprache aus.

*Bild 9.15 Region und Sprache*

Haben Sie eine zweite Sprache hinzugefügt, so finden Sie anschließend im Infobereich auf dem Desktop die Anzeige der verwendeten Sprache und ein Klick hierauf erlaubt den Wechsel zwischen den Eingabesprachen (Bild 9.16 und Bild 9.17). Beim Zeigen auf die Sprache erhalten Sie einen Tipp, dass die Tastenkombination Windows+Leertaste schnell zwischen den installierten Sprachen

# 9 Einstellungen für Hard- und Software

wechselt. Auch die Tastenkombination Umschalt+Alt wechselt zwischen den Eingabesprachen, allerdings werden beide Tastenkombinationen manchmal versehentlich betätigt.

*Bild 9.16 Zeigen auf die verwendete Sprache*

*Bild 9.17 Klicken Sie auf die Sprache*

**Einstellungen zur Spracherkennung**

Unter *Sprachein-/ausgabe* (Bild 9.18) können Sie die Spracherkennungssprache festlegen, zwischen männlicher (Stefan) und weiblicher (Katja) Standardstimme für Apps wählen und die Geschwindigkeit ändern. Mit Klick auf die Schaltfläche *Stimmbeispiel* lässt sich die Einstellung testen. Wenn Sie auf dieser Seite weiter nach unten scrollen, können Sie hier, falls noch nicht geschehen, das Mikrofon für die Spracherkennung einrichten.

*Bild 9.18 Sprachein-/ausgabe*

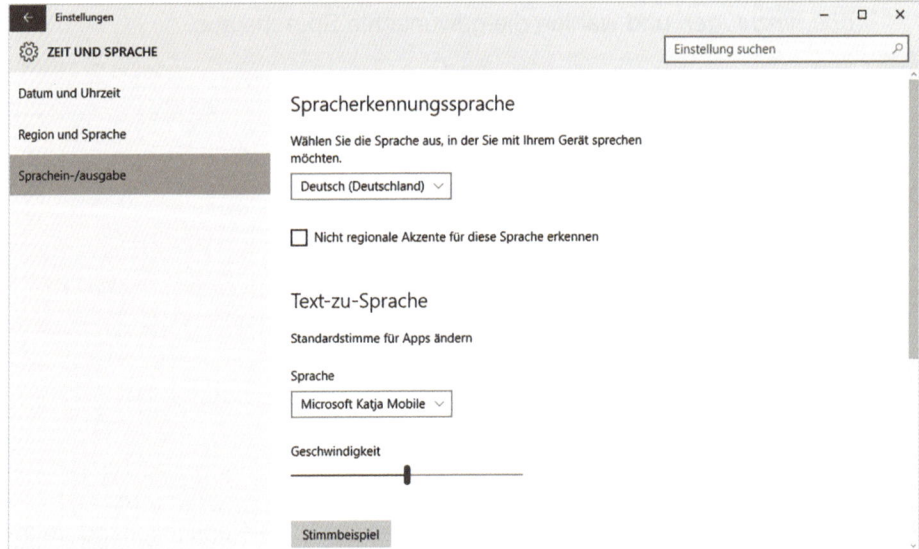

222

## 9.5 Erleichterte Bedienung

**Werkzeuge**

Für Benutzer mit Hör- und/oder Sehproblemen stellt Windows 10 verschiedene Möglichkeiten zur erleichterten Bedienung zur Verfügung. Klicken Sie dazu in den Einstellungen auf *Erleichterte Bedienung*. Sie finden hier unter anderem folgende Möglichkeiten:

Erleichterte Bedienung
Sprachausgabe, Bildschirmlupe, hoher Kontrast

- Wenn Sie den Schalter *Sprachausgabe* auf Ein setzen, werden alle Bildschirmelemente wie Text und Schaltflächen vorgelesen (Spracheinstellungen siehe oben).

- Extra hoher Kontrast für den Bildschirm sowie vergrößerte Mauszeiger, wenn Sie auf *Maus* klicken.

- Untertitel für Hörgeschädigte.

Bildschirmlupe und Bildschirmtastatur sind eigentlich keine Einstellungen, sondern kleine Apps, die auch über das Startmenü - *Alle Apps* oder mit Hilfe der Suche schnell geöffnet werden können. Die Bildschirmlupe aktivieren Sie auch mit der Tastenkombination Windows+Pluszeichen(+); zum Vergrößern verwenden Sie diese Tastenkombination mehrmals hintereinander. Mit Windows+Minuszeichen(-) verkleinern Sie die Anzeige wieder.

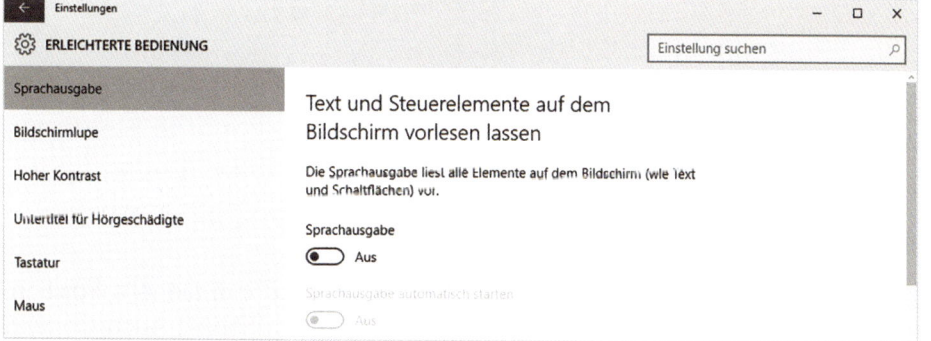

*Bild 9.19 Erleichterte Bedienung*

**Tipp:** Das Symbol für erleichterte Bedienung finden Sie auch auf dem Anmeldebildschirm, ein Klick darauf startet die Sprachausgabe und Sie können bereits vor der Anmeldung Einstellungen vornehmen.

**Die Maus für Linkshänder**

Standardmäßig ist bei der Maus die linke Maustaste die wichtigste Taste. Falls Sie als Linkshänder die Funktion der Maustasten vertauschen, also die rechte Maustaste als primäre Taste einsetzen möchten, dann öffnen Sie die *Einstellungen* und klicken auf *Geräte*. Wählen Sie anschließend *Maus und Touchpad*,

Geräte
Bluetooth, Drucker, Maus

# 9 Einstellungen für Hard- und Software

klicken Sie bei *Primäre Taste auswählen* auf den Dropdown-Pfeil (Bild 9.20) und wählen Sie *Rechts*. Weitere Möglichkeiten betreffen das Verhalten der Maus beim Drehen des Mausrads.

Windows 10 erlaubt auch das Scrollen in inaktiven Fenstern, sofern sich der Mauszeiger über dem Fenster befindet. Sollte dies auf Ihrem Gerät nicht möglich sein, kontrollieren Sie den Schalter *Inaktive Fenster beim Daraufzeigen scrollen* und ändern diesen auf *Ein*.

*Bild 9.20 Primäre Maustaste wählen*

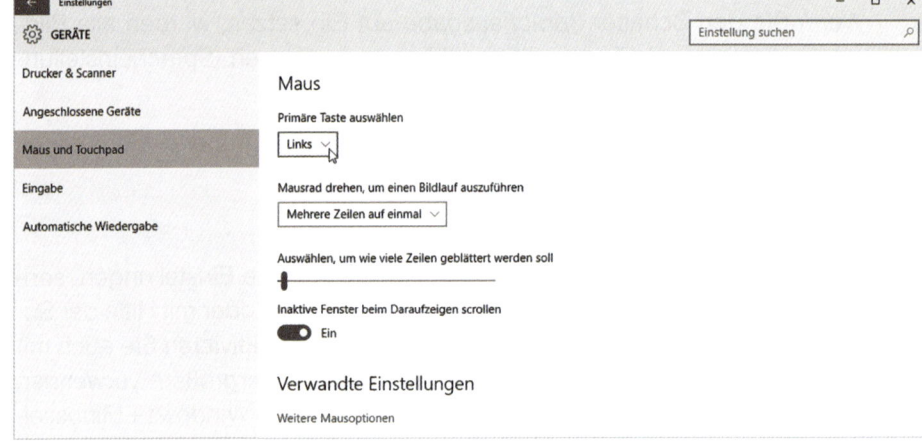

Mit Klick auf den Link *Weitere Mausoptionen* öffnet sich die Systemsteuerung, allerdings werden diese Einstellungen nur selten benötigt.

## 9.6 Einstellungen zum Datenschutz

### Allgemeine Einstellungen

Einige Apps, wie z. B. Karten, ermitteln und verwenden Ihre aktuelle Position, wenn Sie dies bei der ersten Nutzung der App erlaubt haben. Auch Cortana sammelt Informationen, um die Funktionsweise laufend zu verbessern. Aus diesem Grund verfügt Windows 10 über zahlreiche Möglichkeiten zum Schutz Ihrer persönlichen Daten.

Die Einstellungen dazu können Sie einsehen und bearbeiten, wenn Sie in der betreffenden App auf das Symbol *Einstellungen* und dann auf *Standardort-* oder *Datenschutzeinstellungen* klicken. Oder klicken Sie im Startmenü auf *Einstellungen* und anschließend auf *Datenschutz*.

In der Kategorie *Allgemein* (Bild 9.21) bearbeiten Sie in erster Linie Datenschutzoptionen zu Ihrem Such- und Surfverhalten im Web. Der SmartScreen-Filter schützt Sie vor dem Herunterladen und Installieren schädlicher Software aus dem Internet, indem er laufend die Inhalte und Adressen (URLs) dieser Webseiten überprüft. Er sollte daher aktiviert sein. Der Schalter *Apps die Verwendung der Werbungs-ID für App-übergreifende Erlebnisse erlauben* sollte dagegen auf *Aus* gesetzt sein. Detaillierte Informationen zu Datenschutz und personalisierter Werbung erhalten Sie, wenn Sie unten auf den Link *Microsoft-Werbung und andere Personalisierungsinfos verwalten* klicken. Hier können Sie auch die Einstellungen dazu anpassen.

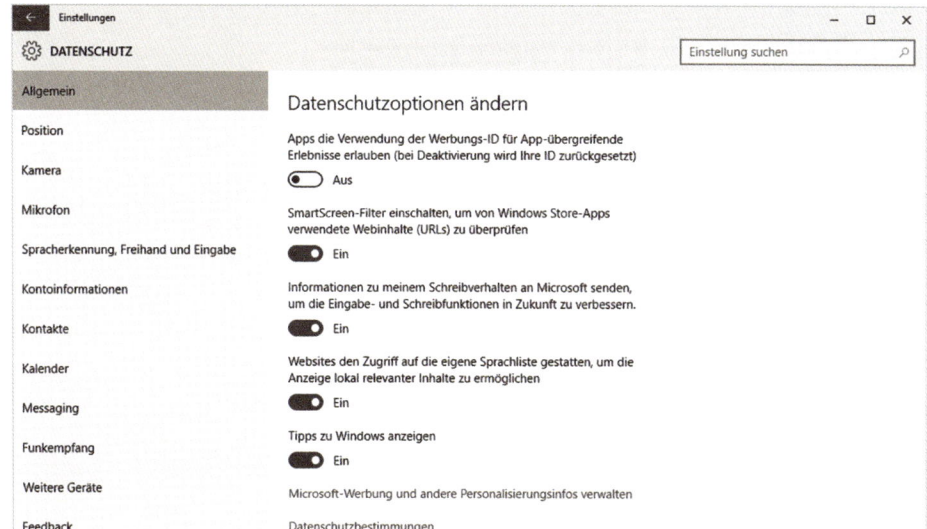

*Bild 9.21 Datenschutzoptionen*

### Automatische Positionserkennung

Ob die automatische Positionserkennung aktiv ist, lässt sich anhand der Schaltfläche *Position* im Info-Center erkennen. Über die Schaltfläche können Sie diese Funktion auch schnell aktivieren und deaktivieren, nützlich bei der mobilen Nutzung von Notebook und Tablet. In den Einstellungen sind unter *Datenschutz* noch mehr Möglichkeiten vorhanden, klicken Sie dazu auf *Position*.

Standardmäßig kann jeder Benutzer eines PCs unter *Position* oder mit der Schaltfläche im Info-Center die Positionserkennung für sein persönliches Konto ein- oder ausschalten. Sind Sie als Administrator angemeldet, so finden Sie hier zusätzlich die Schaltfläche *Ändern* vor, über die Sie bei Bedarf die Positionserkennung für das Gerät und damit alle Benutzer aktivieren oder deaktivieren (Bild 9.22).

Scrollen Sie weiter nach unten, um noch weitere Einstellungen zu kontrollieren:

- Unter *Positionsverlauf* können Sie Ihre Bewegungsdaten löschen.
- Bei eingeschalteter Positionserkennung lässt sich detailliert festlegen, welche Apps Ihre Position verwenden dürfen (Bild 9.23).

# 9 Einstellungen für Hard- und Software

*Bild 9.22 Positionserkennung*

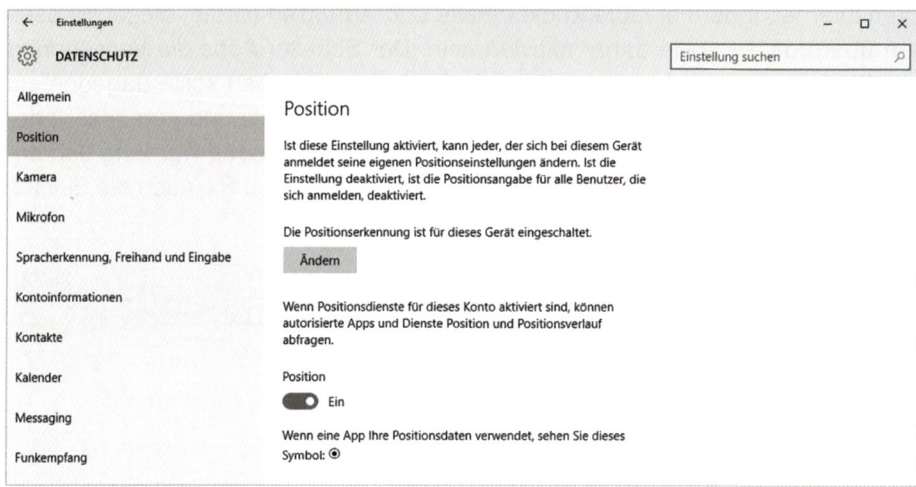

*Bild 9.23 Wählen Sie aus, welche Apps Ihre Position verwenden dürfen*

**Zugriff auf Geräte und persönliche Daten**

Laptops verfügen meist standardmäßig über eine integrierte Kamera und ein Mikrofon. Klicken Sie auf *Kamera* und *Mikrofon*, um festzulegen, ob und welche Apps diese Geräte verwenden dürfen (Bild 9.24).

**Kontoinformationen, Kontakte und Kalender**

Näheres zum Umgang mit diesen Apps erfahren Sie im letzten Kapitel.

Einige Apps, inbesondere *Mail*, *Kontakte* und *Kalender* erhalten Ihren vollen Funktionsumfang nur mit wechselseitigem Zugriff. So können Sie etwa mit *Mail* alle E-Mail Adressen verwenden, die in der App *Kontakte* gespeichert sind. In den Einstellungen zum Datenschutz sehen Sie unter *Kontakte* und *Kalender*, ob Apps der Zugriff generell erlaubt ist und welche Apps diese Informationen nutzen dürfen.

**Achtung:** Für die Apps *Kontakte*, *Mail* und *Kalender* sollten Sie die Nutzung nicht deaktivieren, da sonst deren Funktionsumfang erheblich eingeschränkt ist.

Auch Ihre Kontoinformationen können unter Umständen von einigen Apps genutzt werden, eine Übersicht erhalten Sie, wenn Sie in den Einstellungen zum Datenschutz auf *Kontoinformationen* klicken. Sind hier keine Apps aufgelistet, dann sind auch keine entsprechenden Apps auf Ihren Gerät vorhanden.

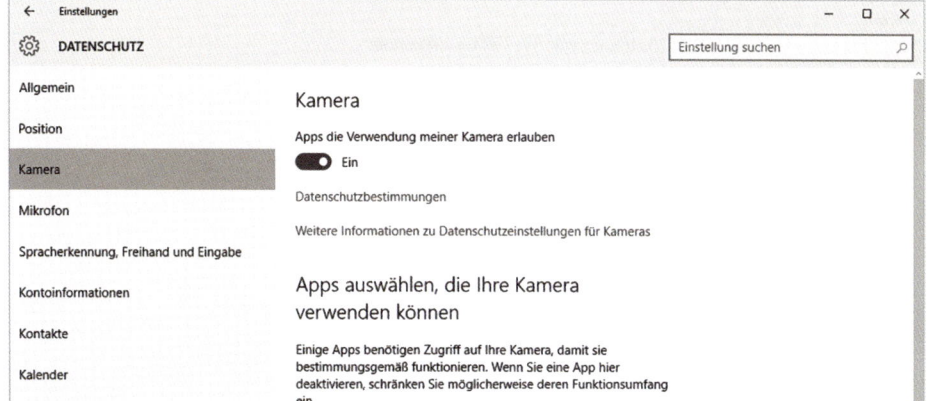

*Bild 9.24 Zugriff auf Geräte, Beispiel Kamera*

### Spracheingabe/Cortana

Auch Cortana sammelt Informationen über Ihre Spracheingaben, Kontakte und Kalendereinträge, um die persönlichen Empfehlungen zu verbessern. Näheres dazu sehen Sie, wenn Sie auf *Spracherkennung, Freihand und Eingabe* klicken. Falls Sie es wünschen, können Sie mit Klick auf die Schaltfläche *Kennenlernen beenden* alle gesammelten Informationen auf diesem Gerät löschen und diese Funktion deaktivieren, allerdings werden dann Cortana und die Diktatfunktion ebenfalls automatisch deaktiviert.

### Datenaustausch und Hintergrund-Apps

Unter *Datenschutz - Hintergrund-Apps* sehen Sie, welche Apps im Hintergrund Daten herunterladen, Benachrichtigungen senden und Informationen empfangen, auch wenn Sie nicht genutzt werden. Um Energie zu sparen, sollten Sie die Ausführung im Hintergrund für nicht oder nur selten genutzte Apps ausschalten.

Ein weiterer wichtiger Punkt betrifft den Datenaustausch und die Synchronisierung mit externen Geräten, in erster Linie Smartphones und Tablets. Unter *Datenschutz - Weitere Geräte* (Bild 9.25) können Sie festlegen, ob beispielsweise Apps auf dem PC generell das Recht haben, auf das Smartphone zuzugreifen.

# 9 Einstellungen für Hard- und Software

Unter *Vertrauenswürdige Geräte verwenden* sehen Sie die angeschlossenen Geräte. Diese dürfen auch ohne vorherige Rückfrage Daten synchronisieren.

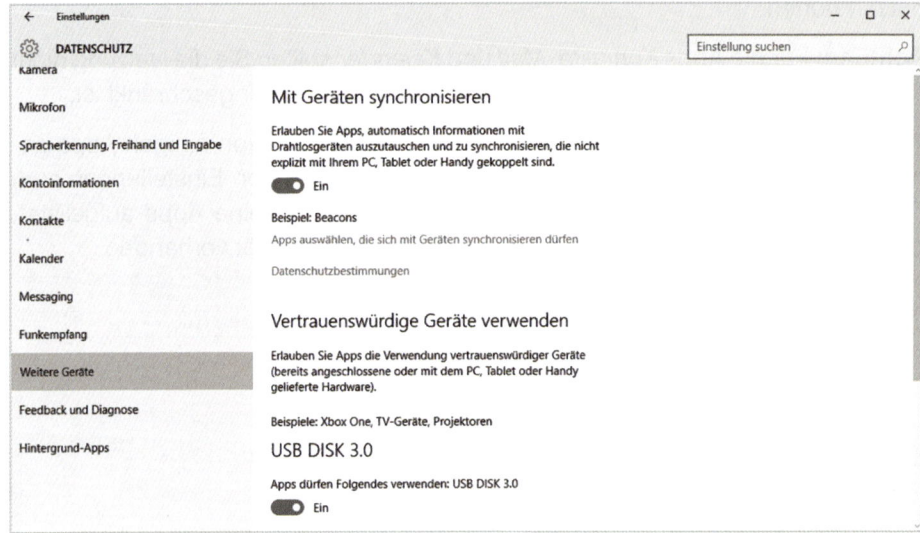

*Bild 9.25 Weitere Geräte*

## 9.7 Laufwerke und Speicherplatz verwalten

**Einstellungen zur automatischen Wiedergabe**

Geräte
Bluetooth, Drucker, Maus

Unmittelbar nach dem Anschließen eines externen Datenträgers bzw. dem Einlegen einer CD/DVD erscheint ein kurzer Hinweis und nach einem Klick auf die Meldung können Sie wählen, welche Aktion mit dem Datenträger ausgeführt werden soll. Die ausgewählte Aktion wird gespeichert und beim nächsten Anschließen des Datenträgers automatisch gestartet. Die Standardeinstellungen für die automatische Wiedergabe bearbeiten Sie, indem Sie in den Einstellungen auf *Geräte* und hier auf *Automatische Wiedergabe* klicken. Dies wurde bereits in Kap. 5.4 in Zusammenhang mit Wechseldatenträgern beschrieben.

Die Systemsteuerung erlaubt dagegen detaillierte Einstellungen für jeden Dateityp auf einem Datenträger. Sie finden hier die automatische Wiedergabe in der Kategorie *Hardware und Sound*, klicken Sie dann auf *Automatische Wiedergabe*. Genau wie in den Einstellungen können Sie nun entweder für alle Wechseldatenträger eine einzige Einstellung auswählen (Kontrollkästchen *Automatische Wiedergabe für alle Medien und Geräte verwenden* und Auswahl der Standardaktion) oder das Kontrollkästchen *Gewünschte Aktion für jeden Medientyp auswählen* aktivieren. Dann können Sie jeweils für Bilder, Videos und Musik gesondert eine Aktion festlegen (Bild 9.26).

# 9 Einstellungen für Hard- und Software

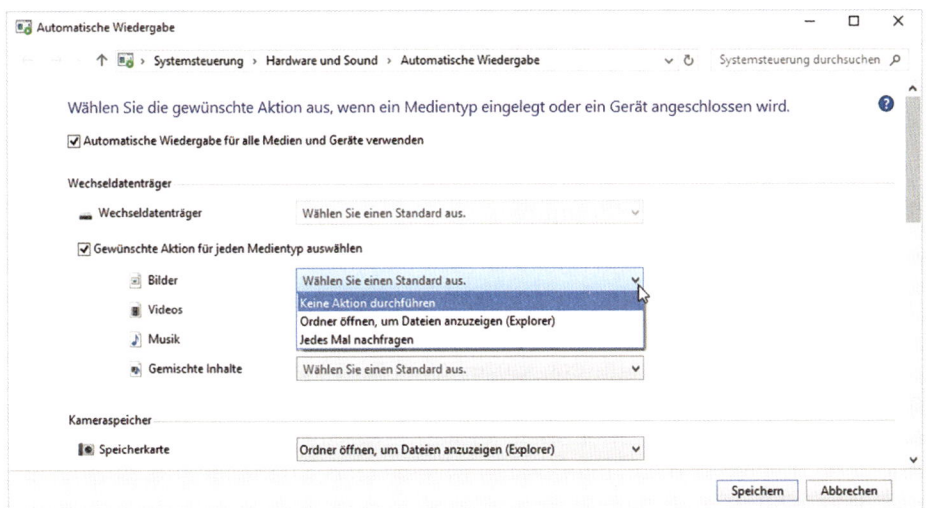

Bild 9.26 Aktion für jedes Gerät und jeden Medientyp auswählen

**Achtung:** Im Gegensatz zu den Einstellungen müssen Sie hier auf *Speichern* klicken, damit Ihre Änderungen wirksam werden!

## Speicherplatz und Speicherorte kontrollieren

Vielleicht haben Sie inzwischen bemerkt, dass Windows beim Speichern, abhängig von Dateityp und App, einen passenden Standardordner vorschlägt, z. B. den Ordner *Dokumente* beim Speichern mit WordPad oder Microsoft Word. Falls Ihr Gerät über weitere Laufwerke verfügt oder Sie Zugriff auf Netzlaufwerke haben, können Sie auch diese als Standardspeicherort festlegen. Dazu klicken Sie in den Einstellungen auf *System* und anschließend auf *Speicher*.

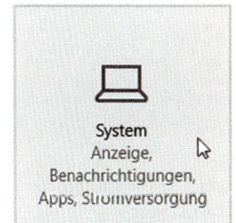

Bild 9.27 Einstellungen - Speicher

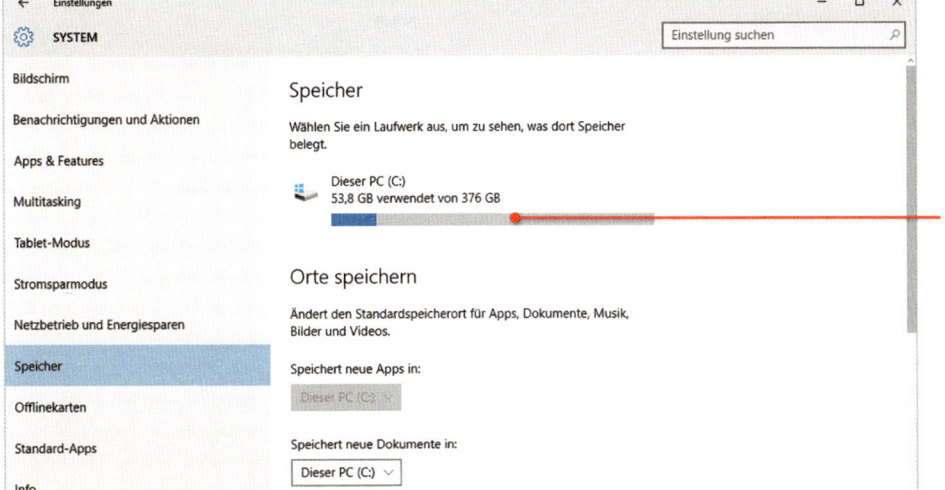

Details zum belegten Speicherplatz anzeigen

# 9 Einstellungen für Hard- und Software

Wählen Sie dann unter *Orte speichern* jeweils für neue Bilder, neue Dokumente usw. einen Standardspeicher aus (Bild 9.27). Beachten Sie aber, dass dies immer nur eine Standardvorgabe ist, im Einzelfall können Sie beim Speichern jederzeit einen anderen Speicherort wählen.

### Speicherplatz prüfen und freigeben

Mit der Auswahl *System* und *Speicher* (Bild 9.27) können Sie in den Einstellungen auch den verwendeten Speicherplatz auf Festplatte und angeschlossenen Wechseldatenträgern prüfen. Um weitere Details zu erhalten, klicken Sie einfach auf das entsprechende Laufwerk. Einzelheiten zum belegten Speicherplatz werden ermittelt, daher dauert es einige Sekunden, bis die Anzeige erscheint. Anschließend sehen Sie, wieviel Speicherplatz jeweils von den Standardordnern, Apps und Spielen und von temporären Dateien, z. B. im Papierkorb, belegt werden (Bild 9.28).

- Mit einem Klick auf eine Kategorie, z. B. *Apps und Spiele* listet Windows alle installierten Apps samt belegtem Speicherplatz auf. Zum Deinstallieren einer nicht mehr benötigten App klicken Sie auf die App und anschließend auf die Schaltfläche *Deinstallieren*.

- Temporäre Dateien belegen meist unnötig Speicherplatz, da sie in der Regel nicht mehr benötigt werden. Um diesen Speicherplatz freizugeben, klicken Sie in der Übersicht auf *Temporäre Dateien*. Hier können Sie über Schaltflächen den Papierkorb leeren (Bild 9.28) oder Ihre Downloads anzeigen und anschließend einzeln vom Laufwerk entfernen.

*Bild 9.28 Übersicht Speichernutzung*

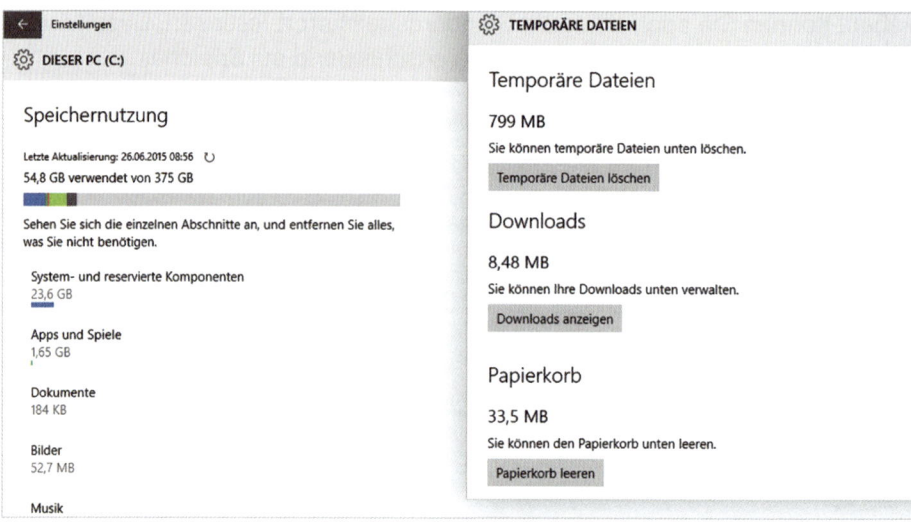

230

# 9.8 Drucker

**Drucker anschließen und verwalten**

Moderne Drucker erfordern in der Regel keinerlei Installationsaufwand; es genügt, wenn Sie den Drucker mit dem PC verbinden, am einfachsten gehen Sie dabei so vor:

*Die Druckerinstallation erfolgt in der Regel automatisch.*

**1** Schließen Sie den Drucker an die Stromversorgung an.

**2** Sorgen Sie dafür, dass Ihr Computer eingeschaltet ist und dass Sie angemeldet sind.

**3** Schließen Sie den Drucker per USB-Kabel am Computer an. Das erforderliche Kabel sollte im Lieferumfang des Druckers enthalten sein.

**4** Danach wird der Drucker in den meisten Fällen automatisch erkannt und der erforderliche Gerätetreiber installiert.

Falls der Drucker nicht erkannt wird, verwenden Sie für die Treiberinstallation die mit dem Drucker mitgelieferte CD/DVD. Informieren Sie sich auch in der ebenfalls beiliegenden Installationsanleitung über die genaue Vorgehensweise.

**Drucker in den Einstellungen anzeigen**

Eine Übersicht über die angeschlossenen Drucker erhalten Sie, indem Sie in den *Einstellungen* auf *Geräte* und hier auf *Drucker & Scanner* klicken (Bild 9.29). Hier besteht auch die Möglichkeit, über den Befehl *Drucker oder Scanner hinzufügen*, einen im Netzwerk verfügbaren Drucker hinzuzufügen.

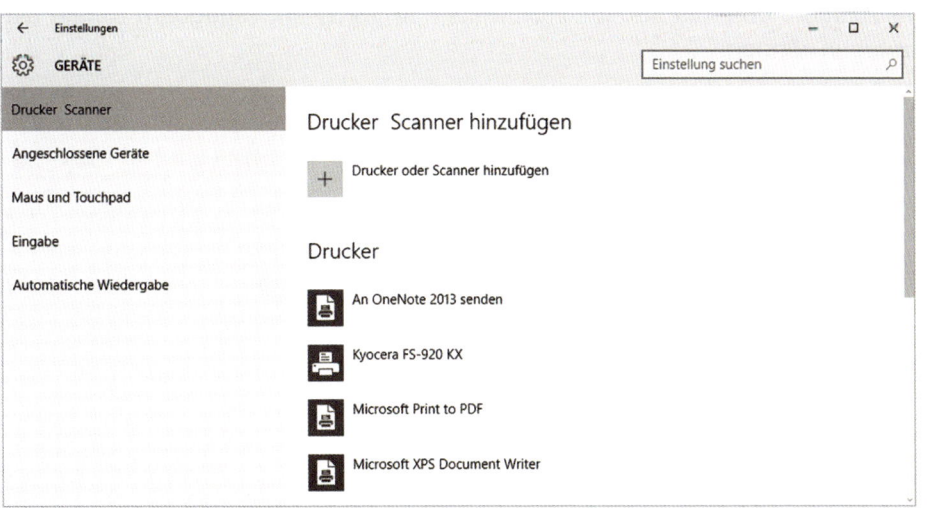

*Bild 9.29 Drucker & Scanner*

# 9  Einstellungen für Hard- und Software

Wenn kein Drucker installiert ist, stehen Ihnen unter Windows 10 trotzdem „Drucker" zur Verfügung. Dazu gehören Microsoft Print to PDF, Microsoft XPS Document Writer oder OneNote als Notizenverwaltung. Allerdings erfolgt der Ausdruck nicht auf Papier, sondern in eine Datei, die gespeichert und für weitere Zwecke verwendet werden kann.

Beim Export in eine Datei sollten Sie das gängige PDF-Dateiformat wählen, da dieses im Gegensatz zum XPS-Format problemlos auf jedem Computer gelesen werden kann. Um aus einem Dokument eine PDF-Datei zu erzeugen, brauchen Sie in der jeweiligen Anwendung nur den Befehl zum Drucken aufrufen und dann als Drucker Microsoft Print to PDF auswählen.

**Standarddrucker festlegen**

Viele Programme verfügen über einen Befehl, ein Dokument ohne weitere Einstellungen zu drucken, in diesem Fall wird der Standarddrucker benutzt. Welcher Drucker als Standarddrucker festgelegt wurde, ist in der Systemsteuerung ersichtlich. Klicken Sie dazu in den Einstellungen (Bild 9.29) am Ende der Liste auf den Link *Geräte und Drucker*.

Die Systemsteuerung, Kategorie *Hardware und Sound* öffnet sich und listet alle verfügbaren Drucker und sonstigen angeschlossenen Geräte auf, der Standarddrucker ist mit einem grünen Häkchen versehen. Um einen anderen Drucker als Standarddrucker festzulegen, klicken Sie diesen mit der rechten Maustaste an und klicken im Kontextmenü auf *Als Standarddrucker festlegen* (Bild 9.30). In der Leiste oberhalb finden Sie hier die Schaltflächen *Gerät hinzufügen* und *Drucker hinzufügen*, über die Sie ebenfalls weitere im Netzwerk verfügbare Geräte hinzufügen können.

*Bild 9.30 Systemsteuerung - Geräte und Drucker*

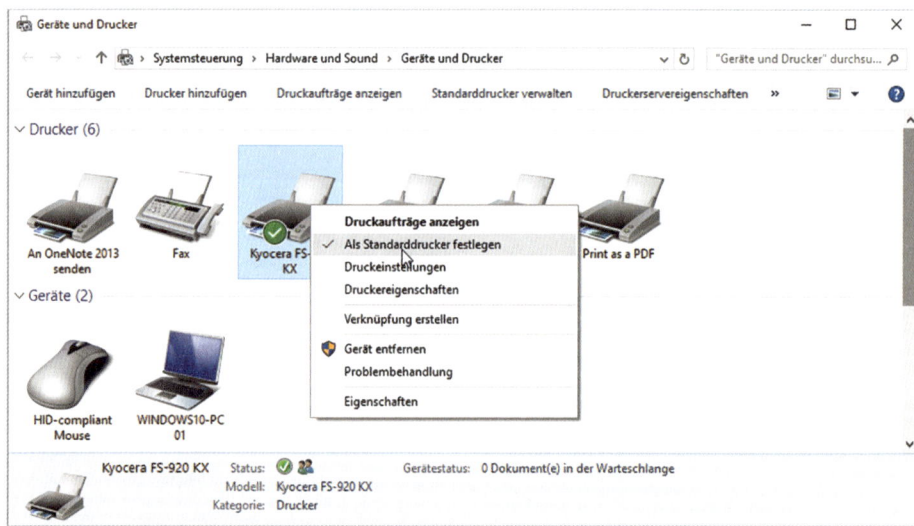

## Druckaufträge verwalten

Wenn Sie in einem Programm auf *Drucken* klicken, wird ein Druckauftrag erstellt und an den Drucker gesandt. Sie können nacheinander mehrere, auch umfangreiche, Dokumente drucken, die jeweiligen Druckaufträge werden dann nacheinander vom Drucker abgearbeitet.

Nicht erledigte Druckaufträge können Sie in einem eigenen Fenster kontrollieren, anhalten oder ganz abbrechen. In der Systemsteuerung (Bild 9.30 oben) markieren Sie dazu den betreffenden Drucker und klicken auf die Schaltfläche *Druckaufträge anzeigen*. Zum Löschen eines Druckauftrags klicken Sie mit der rechten Maustaste auf das Dokument und wählen *Abbrechen*. Soll der Druckauftrag dagegen nur vorübergehend angehalten werden, dann klicken Sie auf *Anhalten* (Bild 9.31).

*Bild 9.31 Anstehende Druckaufträge*

**Tipp:** *In der Praxis geht dies meist schneller über die Taskleiste: Sobald Druckaufträge vorhanden sind, erscheint im Infobereich der Taskleiste ein kleines Druckersymbol. Ein Doppelklick auf dieses Druckersymbol öffnet ebenfalls das Fenster mit den anstehenden Druckaufträgen.*

## Druckereinstellungen

Per Rechtsklick auf einen Drucker erhalten Sie im Kontextmenü auch die Einträge *Druckeinstellungen* und *Druckereigenschaften*.

- Im Dialogfenster *Druckeinstellungen* können Sie verschiedene Standardeinstellungen, z. B. Papierausrichtung, anzeigen und ggfs. ändern. Die verfügbaren Einstellungen sind abhängig vom Druckermodell.

- Über *Druckereigenschaften* können Sie Einstellungen zur Druckerfreigabe im Netzwerk, zu Farb- und Energieverwaltung usw. vornehmen. Auch diese Eigenschaften sind vom verwendeten Drucker abhängig.

## 9.9 Sicherheit und Datensicherung

Zur Abwehr von unerlaubten Zugriffen und schädlicher Software (Stichwort Computerviren) bringt Windows 10 einige wichtige Sicherheitsfunktionen mit. Hierzu zählt eine Firewall (Windows-Firewall), welche den Datenverkehr mit anderen Computern bzw. dem Internet überwacht sowie mit Windows Defender ein Programm zur Bekämpfung von Schadsoftware. Sowohl die Windows-Firewall als auch Windows Defender sind im Hintergrund ständig aktiv.

### Windows Defender

Klicken Sie in den *Einstellungen* auf *Update und Sicherheit* und hier auf *Windows Defender*. Damit Windows Defender Ihren PC schützen kann, müssen die beiden Schalter *Echtzeitschutz* und *Cloudbasierter Schutz* auf *Ein* gesetzt sein.

*Bild 9.32 Windows Defender*

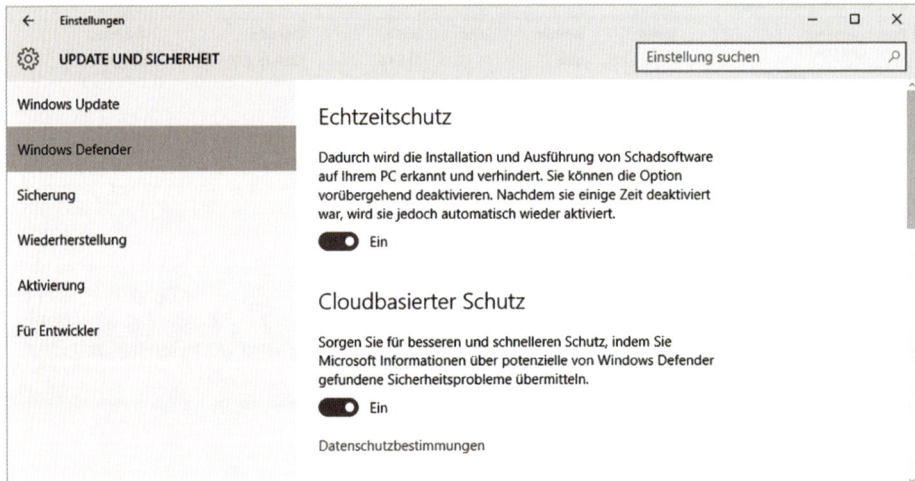

Wenn Sie die Überprüfung eines Laufwerks, z. B. eines angeschlossenen USB-Sticks, manuell starten oder eine Übersicht über erkannte schädliche Elemente erhalten möchten, dann klicken Sie am Ende der Liste auf *Windows Defender verwenden*. Hier können Sie alle Einstellungen und den Verlauf kontrollieren und bei Bedarf mit der Schaltfläche *Jetzt Überprüfen* einen Prüfvorgang starten.

*Natürlich können Sie alternativ auch Sicherheitssoftware anderer Hersteller installieren. Hierzu sind nicht nur kostenpflichtige, sondern für den privaten Gebrauch auch kostenlose Sicherheitspakete verfügbar.*

# Einstellungen für Hard- und Software 9

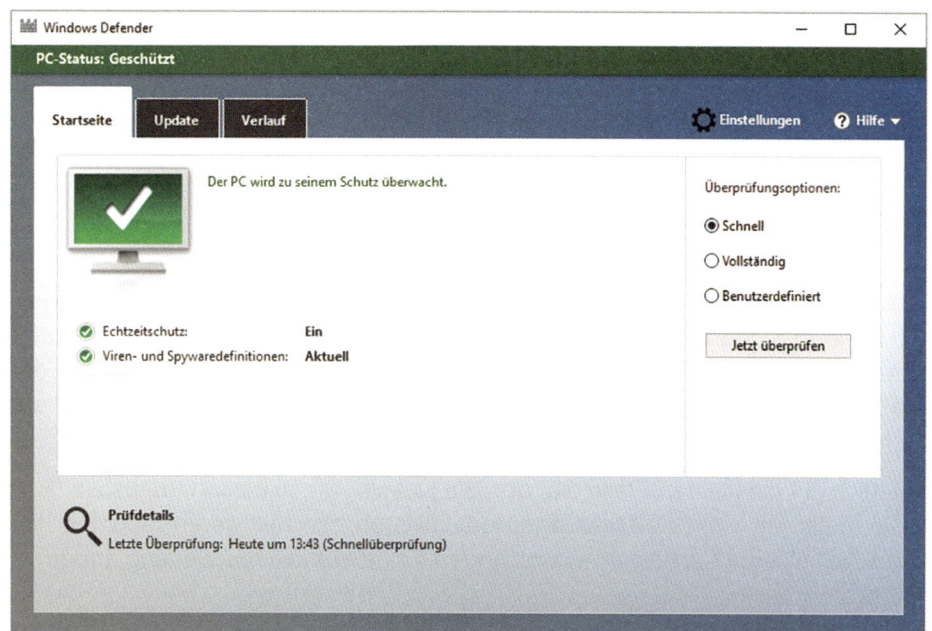

Bild 9.33 Windows Defender: PC-Status

**Windows Firewall**

Als Firewall bezeichnet man eine Sicherung, die ein Netzwerk oder einen einzelnen Computer vor unerwünschten Netzwerkzugriffen schützt und somit einen wichtigen Bestandteil der Computersicherheit darstellt. Auch Windows verfügt über eine integrierte Firewall, die Sie in der Systemsteuerung finden: Klicken Sie dazu entweder auf der Startseite der Systemsteuerung auf *System und Sicherheit* und hier auf *Windows Firewall* oder benutzen Sie die Suche.

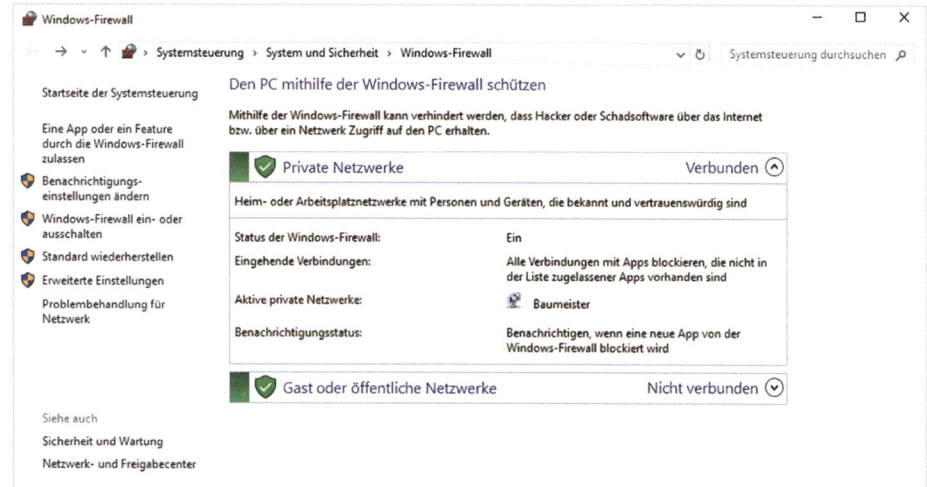

Bild 9.34 Windows Firewall

# 9 Einstellungen für Hard- und Software

Hier sehen Sie, ob die Windows Firewall eingeschaltet ist sowie die aktuellen Einstellungen (Bild 9.34). Zum Ändern benutzen Sie die Befehle in der linken Spalte. Beachten Sie auch, dass die Windows Firewall zwischen privaten und öffentlichen Netzwerken, sogenannten Hotspots, z. B. in Flughäfen, unterscheidet.

**Sicherheits- und Wartungsmeldungen**

Windows 10 macht Sie im Info-Center auf aufgetretene Sicherheits- und allgemeine Computerprobleme aufmerksam. In der Systemsteuerung können Sie unter *Sicherheit und Wartung* einsehen, welche Sicherheitsmeldungen angezeigt werden sollen und diese Einstellungen ggfs. ändern. Dazu klicken Sie auf der Startseite der Systemsteuerung auf *System und Sicherheit* und anschließend auf *Sicherheit und Wartung*, alternativ benutzen Sie die Suche.

Mit Klick auf die kleinen Pfeile blenden Sie Details zum aktuellen Status ein (Bild 9.35). Falls Sie einzelne Meldungen deaktivieren bzw. aktivieren möchten, klicken Sie links auf den Befehl *Einstellungen für Sicherheit und Wartung ändern*.

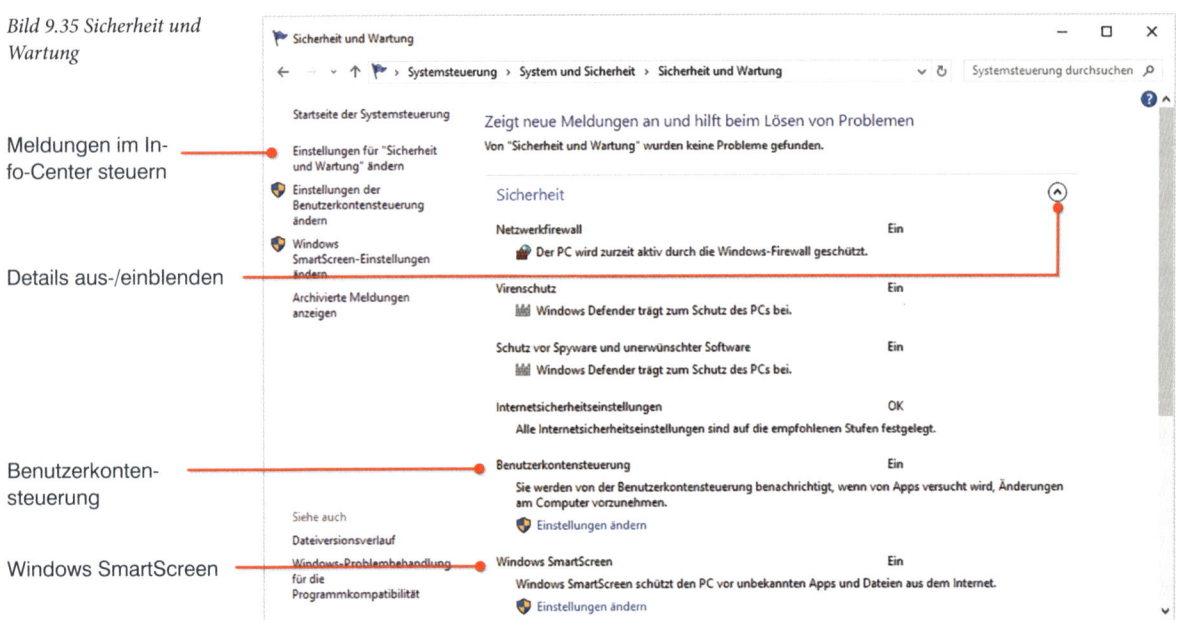

*Bild 9.35 Sicherheit und Wartung*

Meldungen im Info-Center steuern

Details aus-/einblenden

Benutzerkontensteuerung

Windows SmartScreen

**Benutzerkontensteuerung und Windows SmartScreen**

In der Systemsteuerung finden Sie unter *Sicherheit und Wartung* auch die Benutzerkontensteuerung (Bild 9.35 oben). Die Benutzerkontensteuerung soll verhindern, dass schädliche Computerprogramme unbemerkt auf Ihrem PC installiert werden. Daher müssen Sie, z. B. bei der Installation neuer Software oder wichtigen Systemeinstellungen, jedes Mal zustimmen, dass die Änderungen am Computer durchgeführt werden dürfen. In Bild 9.36 sehen Sie ein Beispiel für eine solche Meldung.

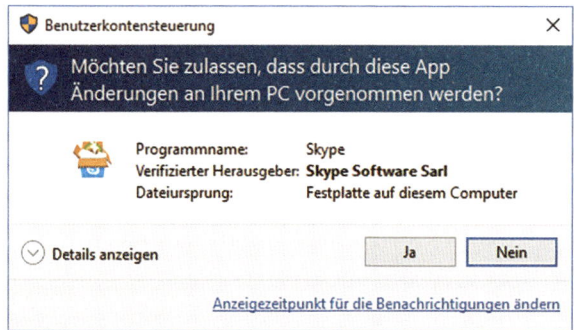

Bild 9.36 Die Benutzerkontensteuerung erfordert Zustimmung bei wichtigen Änderungen

Verfügen Sie über die Rechte eines Administrators, genügt es, wenn Sie zur Bestätigung auf *Ja* klicken; sind Sie dagegen als Standardbenutzer am PC angemeldet, müssen Sie zusätzlich noch ein Administratorkennwort eingeben. Dies betrifft nicht nur die Installation von Apps, sondern auch andere tiefgreifende Änderungen am PC.

Um die Einstellungen zur Benutzerkontensteuerung einzusehen oder zu ändern, klicken Sie bei *Benutzerkontensteuerung* auf *Einstellungen änden*.

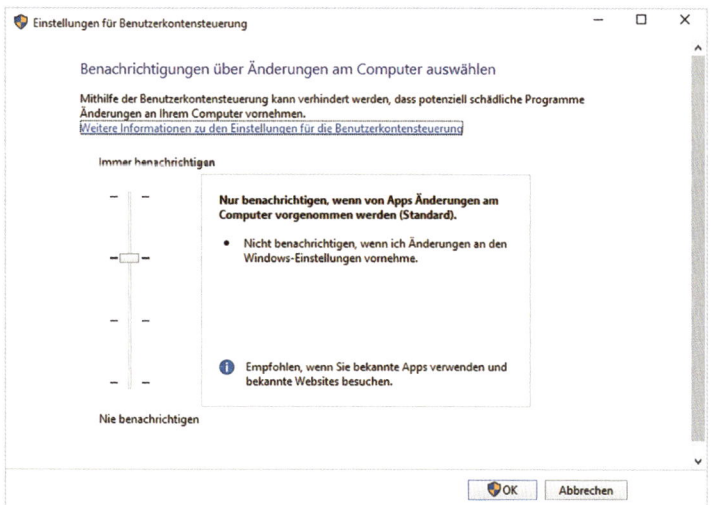

Bild 9.37 Einstellungen für Benutzerkontensteuerung

Das Ändern der Einstellungen erfolgt per Schieberegler (Bild 9.37), allerdings sollten Sie aus Sicherheitsgründen die Standardeinstellung beibehalten. Beachten Sie, dass für eine eventuelle Änderung Administratorrechte erforderlich sind bzw. Sie die Änderung nochmals mit *Ja* bestätigen müssen, die Schaltfläche *OK* ist mit dem entsprechenden Symbol gekennzeichnet.

# 9 Einstellungen für Hard- und Software

Der Windows SmartScreen erfüllt eine ähnliche Aufgabe wie die Benutzerkontensteuerung, bezieht sich aber speziell auf das Ausführen unbekannter Apps, die aus dem Internet geladen wurden. Zum Ändern der Einstellungen klicken Sie im Wartungscenter auf *Windows SmartScreen-Einstellungen ändern*.

*Bild 9.38 Windows SmartScreen schützt vor schädlichen Programmen aus dem Internet.*

### Windows Update

Microsoft stellt laufend Updates bereit, um Schwachstellen und Fehler von Windows zu beheben. Auch Windows Defender und jede andere Antivirensoftware benötigen regelmäßige Updates, teilweise bis zu mehrmals täglich. In der Standardeinstellung werden wichtige Updates im Hintergrund automatisch über das Internet heruntergeladen, die eigentliche Installation erfolgt aber erst, wenn der Computer gerade nicht benötigt wird. Unter Umständen muss der Computer während oder nach der Installation heruntergefahren und wieder neu gestartet werden. Speichern Sie in diesem Fall zuvor Ihre Daten!

*Windows Update* finden Sie in den Einstellungen. Klicken Sie auf *Update und Sicherheit* und wählen Sie Windows Update (Bild 9.39). Die aktuelle Update-Einstellung wird zusammen mit dem Datum der letzten Überprüfung angezeigt. Bei Bedarf können Sie über die Schaltfläche *Nach Updates suchen* nach weiteren verfügbaren Updates suchen. Falls Sie die Update-Einstellungen genauer kontrollieren oder ändern möchten, klicken Sie auf *Erweiterte Optionen*.

# Einstellungen für Hard- und Software 9

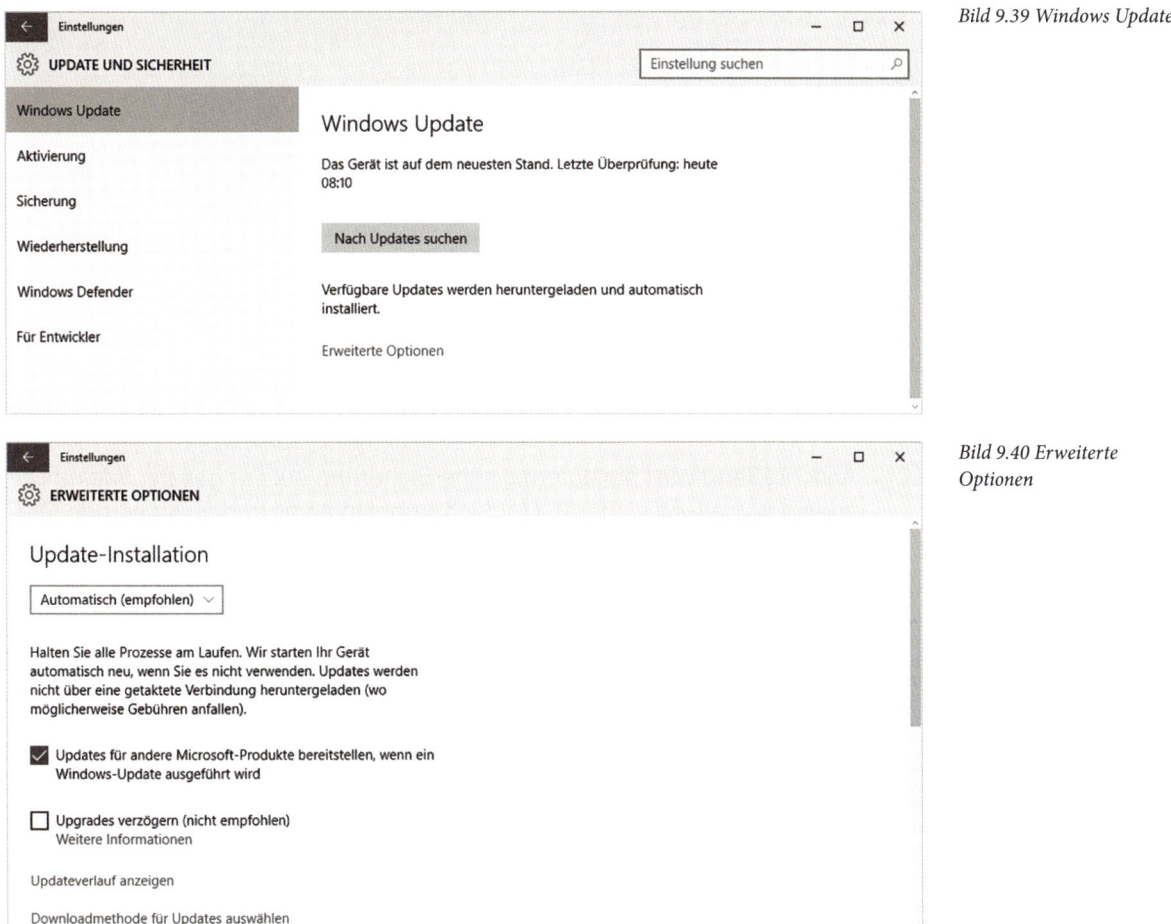

Bild 9.39 Windows Update

Bild 9.40 Erweiterte Optionen

Als Installationsart für Updates ist standardmäßig *Automatisch (empfohlen)* ausgewählt (Bild 9.40). Eine Übersicht über die installierten Updates erhalten Sie, wenn Sie in den erweiterten Optionen auf *Updateverlauf anzeigen* klicken.

## Datensicherung

Umfassende Sicherungen Ihrer Dateien werden von Windows 10 ebenfalls unterstützt. Öffnen Sie dazu die *Einstellungen*, klicken Sie auf *Update und Sicherheit* und anschließend auf *Sicherung*.

**1** Im ersten Schritt müssen Sie ein geeignetes Laufwerk festlegen. Klicken Sie unter *Mit Dateiversionsverlauf sichern* auf *Laufwerk hinzufügen* und wählen Sie ein Laufwerk aus. Da Datensicherung nur auf einen anderen Datenträger sinnvoll ist, erscheinen hier nur angeschlossene externe Laufwerke, nicht aber die Festplatte.

# 9 Einstellungen für Hard- und Software

*Bild 9.41 Laufwerk hinzufügen*

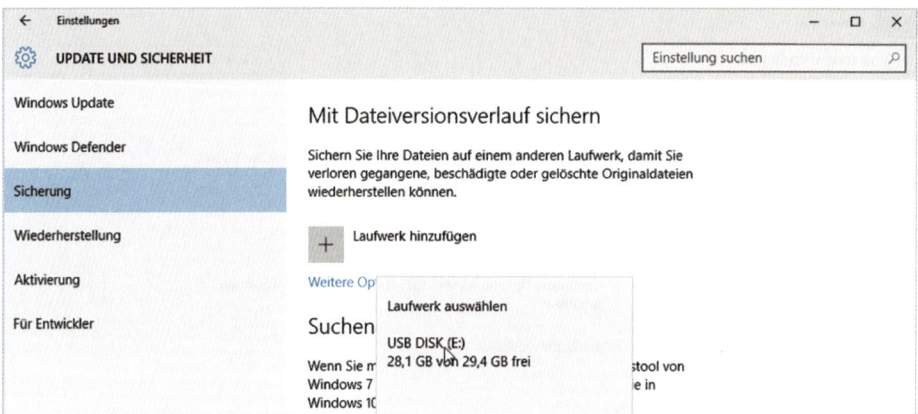

2 Anschließend wird die automatische Sicherung auf *Ein* gesetzt (*Meine Dateien automatisch sichern*). Um Sicherungsintervall und zu sichernde Ordner zu kontrollieren und ggfs. zu ändern, klicken Sie auf *Weitere Optionen*.

*Bild 9.42 Automatische Datensicherung*

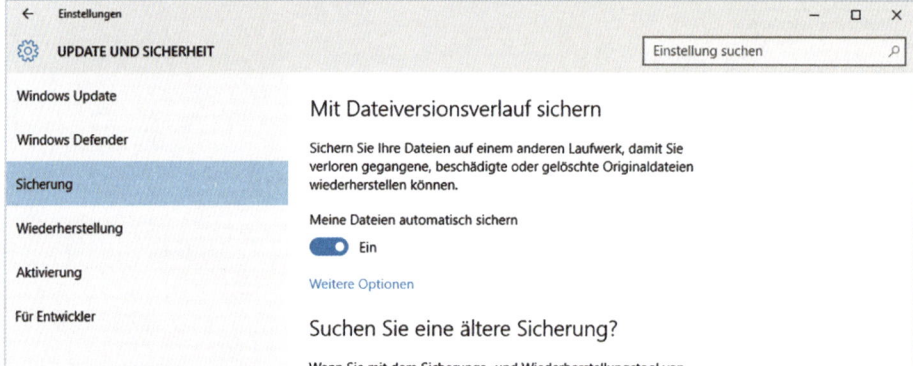

3 Über die Schaltfläche *Jetzt sichern* starten Sie die Datensicherung. Zuvor sollten Sie aber noch den Umfang überprüfen. Scrollen Sie weiter nach unten; unter *Diese Ordner sichern* werden alle Ordner aufgeführt, die bei der Datensicherung berücksichtigt werden. Um hier einzelne Ordner auszunehmen, klicken Sie auf den betreffenden Ordner und auf die Schaltfläche *Entfernen* (Bild 9.43). Weitere Ordner wählen Sie über die Schaltfläche *Ordner hinzufügen* aus.

**Tipp:** Möchten Sie bestimmte Unterordner eines ausgewählten Ordners ausschließen, so klicken Sie am Ende der Liste unter *Diese Ordner ausschließen* auf die Schaltfläche *Ordner hinzufügen*, markieren den gewünschten Ordner und klicken auf *Diesen Ordner auswählen*.

# Einstellungen für Hard- und Software 9

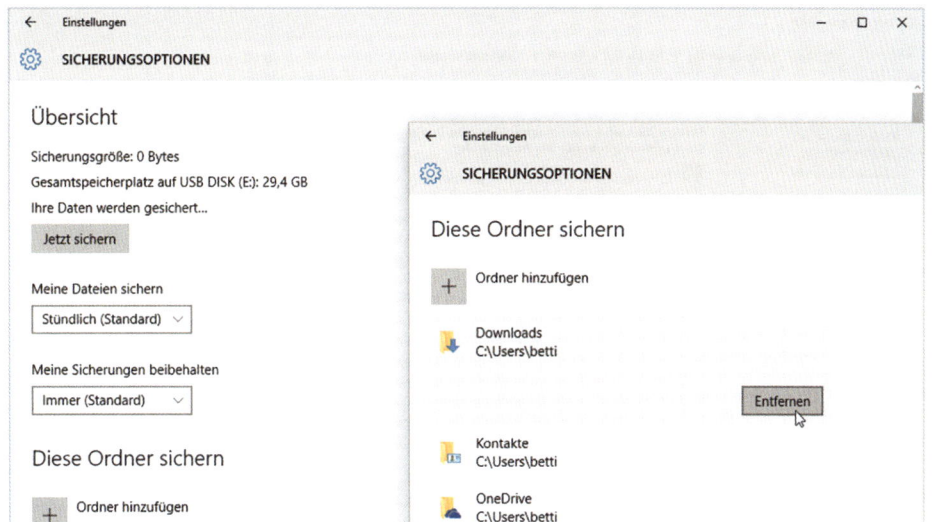

Bild 9.43 Sicherungsoptionen

Des Weiteren finden Sie hier noch die folgenden Optionen:

- Unter *Meine Dateien sichern* ändern Sie das Sicherungsintervall.

- Mit der Einstellung *Meine Sicherungen beibehalten* legen Sie fest, wie lange die gesicherten Daten gespeichert bleiben, bevor sie überschrieben werden. Je nach Zeitraum haben Sie damit die Möglichkeit, auch auf ältere Datensicherungen zurückzugreifen. Beachten Sie aber, dass sich damit der Speicherplatzbedarf auf dem Sicherungslaufwerk erhöht.

**Daten wiederherstellen**
Sollten Daten verlorengegangen sein, so können Sie auf die Datensicherung zurückgreifen. Dazu verwenden Sie den *Dateiversionsverlauf* der Systemsteuerung. Klicken Sie auf der Startseite der Systemsteuerung entweder auf *System und Sicherheit* und hier auf *Dateiversionsverlauf* oder suchen Sie nach dem Begriff „Dateiversion".

Hier sehen Sie ebenfalls den aktuellen Status der Datensicherung sowie das verwendete Laufwerk. Falls Sie ein anderes Laufwerk zur Wiederherstellung auswählen möchten, klicken Sie links zuerst auf *Laufwerk auswählen*. Zum Wiederherstellen klicken Sie dann auf *Persönliche Dateien wiederherstellen* (Bild 9.44).

# 9 Einstellungen für Hard- und Software

Bild 9.44 Systemsteuerung: Dateiversionsverlauf

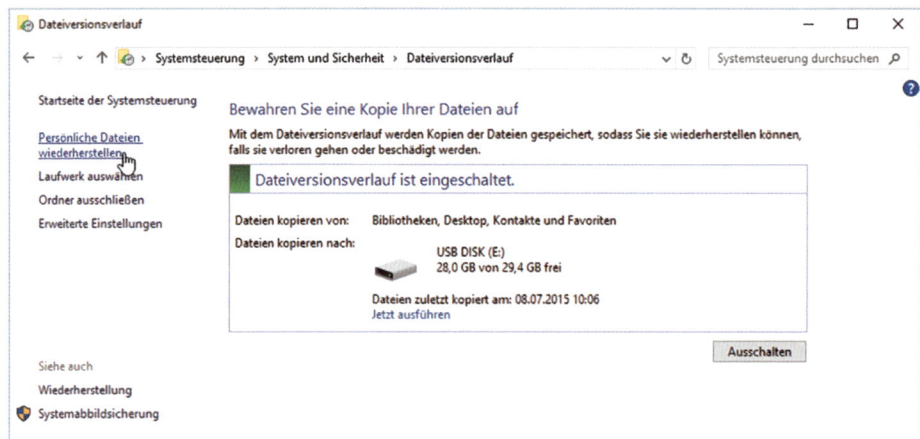

4   Klicken Sie zum Wiederherstellen auf den grünen Knopf (Bild 9.45). Sie können auch, falls vorhanden, eine frühere Version des ausgewählten Elements wiederherstellen: Benutzen Sie dazu die Pfeile nach rechts (*Nächste Version*) oder nach links (*Vorherige Version*).

Bild 9.45 Dateiversionsverlauf: Daten wiederherstellen

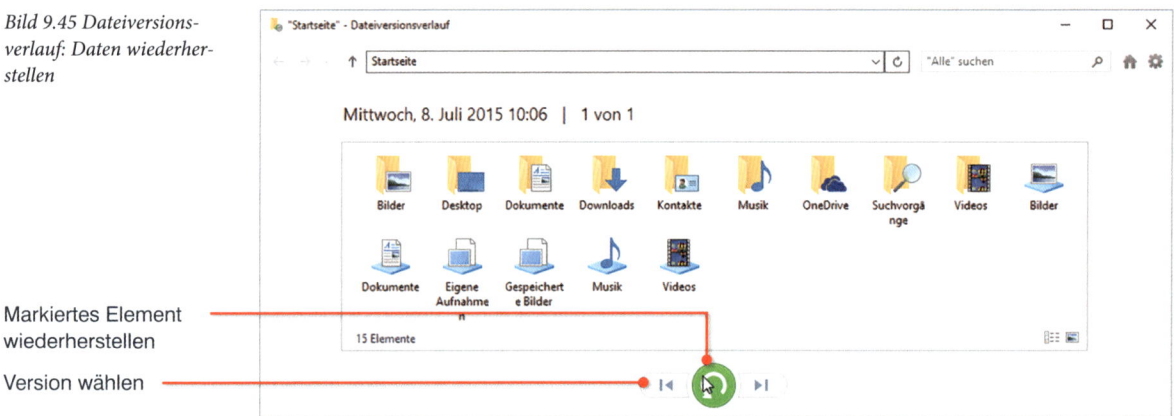

Markiertes Element wiederherstellen

Version wählen

**Tipp:** *Wenn Sie nur bestimmte Dateien und/oder Unterordner aus einem Ordner wiederherstellen möchten, dann öffnen Sie den Sicherungsordner mit Doppelklick und markieren die gewünschten Elemente, bevor Sie auf Wiederherstellen klicken.*

*Falls Sie im Datei-Explorer auf die Sicherungskopien zugreifen möchten, so finden Sie diese auf dem Datenträger im Ordner FileHistory.*

242

## 9.10 Netzwerk- und Internetverbindung

**Mit einem WLAN verbinden**

Laptops und Tablet-PCs werden meist per WLAN, also einem kabellosen Funknetz, mit dem Internet oder einem Netzwerk verbunden. Normalerweise stellen Sie die Verbindung bereits beim ersten Start von Windows her, Sie können Ihren Computer aber auch unterwegs jederzeit mit einem anderen WLAN verbinden, z. B. in Hotels.

> Vor dem Herstellen der Verbindung sollten Sie kontrollieren, ob WLAN aktiviert ist. Dies erkennen Sie am Symbol im Infobereich der Taskleiste. Sollte es deaktiviert sein, so klicken Sie auf das Symbol und aktivieren WLAN mit Klick auf die Schaltfläche.
>
> Hier finden Sie auch den Flugzeugmodus, achten Sie darauf, dass dieser ausgeschaltet ist. Andernfalls sind alle Datenverbindungen deaktiviert und Sie können Ihren Computer nicht mit Ihrem WLAN verbinden.

**1** Um verfügbare Verbindungen anzuzeigen, klicken Sie auf das WLAN-Symbol  im Infobereich der Taskleiste. Meist werden gleich mehrere Verbindungen in Reichweite aufgelistet (Bild 9.47). Öffentliche, und damit nicht immer sichere, Netzwerke sind mit einem Ausrufezeichen versehen.

**2** Klicken Sie auf Ihr Netzwerk und auf *Verbinden*. Achten Sie auf das Häkchen im Feld *Automatisch verbinden*! Es bedeutet, dass sich Ihr Laptop das nächste Mal automatisch mit diesem Netzwerk verbindet, sobald es in Reichweite ist (Bild 9.48).

*Bild 9.46 WLAN aktivieren*

*Bild 9.47 Verfügbare Verbindungen*

Öffentliches Netzwerk

# 9 Einstellungen für Hard- und Software

**3** Tippen Sie über die Tastatur Ihren Netzwerksicherheitsschlüssel (Kennwort) ein und klicken Sie auf *Weiter*.

*Bild 9.48 Mit WLAN verbinden*

*Bild 9.49 Verbundenes WLAN*

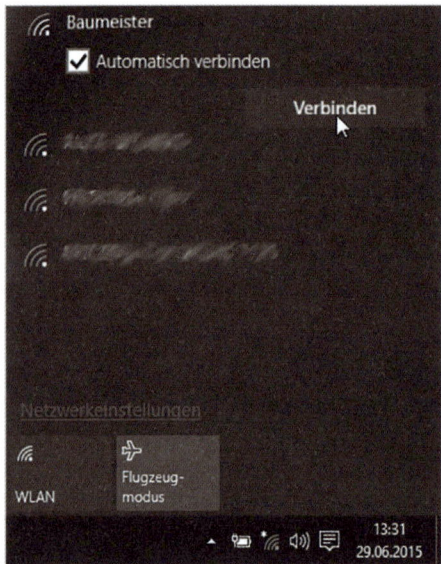

Wenn das Kennwort korrekt war, sind Sie jetzt mit dem WLAN und damit mit dem Internet verbunden (Bild 9.49). Andernfalls klicken Sie auf *Abbrechen* und geben das Kennwort erneut ein. Genauso gehen Sie vor, wenn Sie Ihren Laptop unterwegs mit einem WLAN verbinden möchten. Der einzige Unterschied: Bei einem kostenlosen WLAN ist möglicherweise kein Kennwort erforderlich.

**Netzwerkverbindungen und WLAN-Einstellungen**

Eine Liste der verfügbaren WLAN Verbindungen erhalten Sie auch, wenn Sie im Startmenü auf *Einstellungen* klicken und *Netzwerk und Internet* wählen. Klicken Sie dann auf *WLAN*.

*Bild 9.50 WLAN und erweiterte WiFi Optionen*

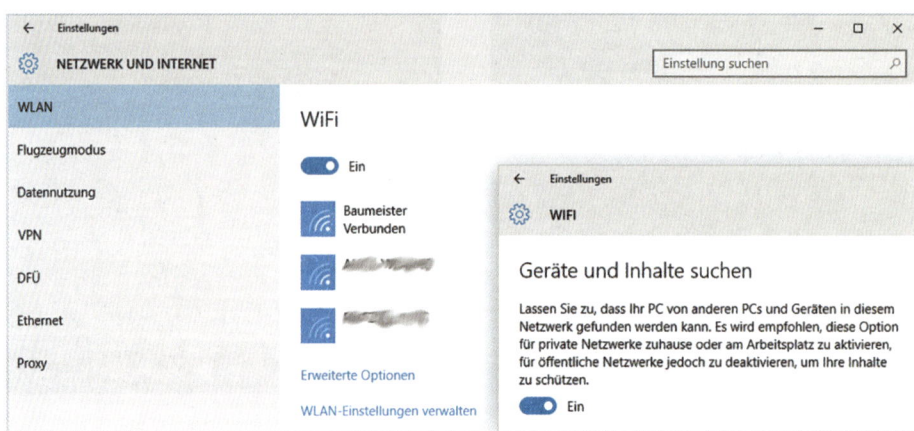

Einstellungen für Hard- und Software 9

- Unter *Erweiterte Optionen* (Bild 9.50) können Sie festlegen, ob Ihr PC im aktuell verbundenen Netzwerk gefunden werden kann. Sind Sie mit einem öffentlichen Netzwerk verbunden, sollten Sie diesen Schalter aus Sicherheitsgründen auf *Aus* setzen.

- Unter der Bezeichnung *WLAN-Optimierung* kann Ihr Gerät mit vorgeschlagenen WLAN-Hotspots und freigegebenen Kontakten verbunden werden, für genauere Details klicken Sie auf *WLAN-Einstellungen verwalten*. Ist hier der Schalter *Verbindung mit vorgeschlagenen öffentlichen Hotspots herstellen* auf *Ein* gesetzt, erscheinen auch öffentliche Netzwerke in der Liste der verfügbaren Verbindungen.

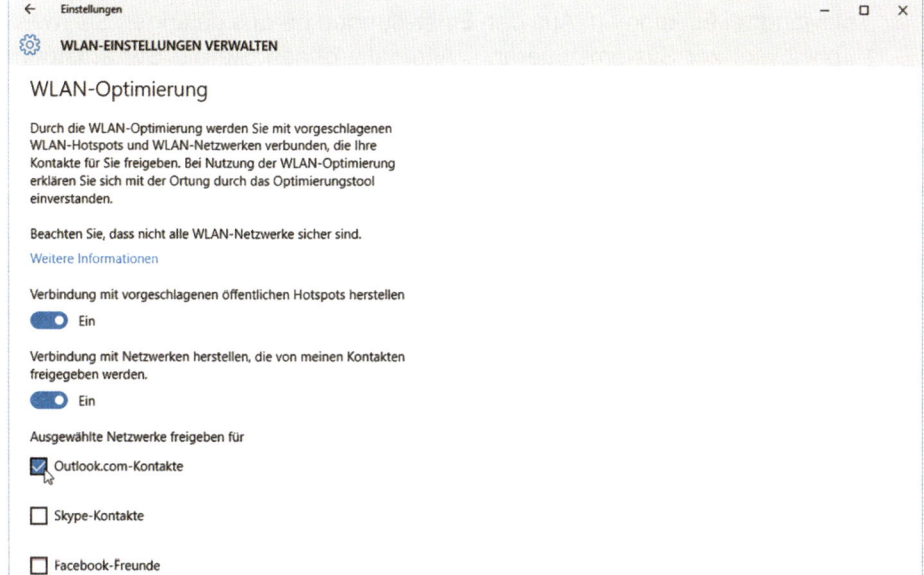

Bild 9.51 WLAN-Einstellungen verwalten

Ferner bietet Windows 10 die Möglichkeit, das eigene Netzwerk für andere Personen freizugeben und freigegebene Netzwerke zu nutzen (Bild 9.51). Unterhalb können Sie per Kontrollkästchen angeben, für welche Kontakte die Freigabe gelten soll. Das Netzwerk zur Freigabe wählen Sie weiter unten aus: Klicken Sie auf das betreffende Netzwerk und auf Freigeben. Damit wird das WLAN-Kennwort Ihres Netzwerks automatisch an alle Personen der ausgewählten Gruppen übermittelt, auf deren Geräten gespeichert und muss somit beim Verbinden nicht mehr explizit eingegeben werden.

**Achtung:** Die Freigabe eines Netzwerks für andere Kontakte stellt ein potentielles Sicherheitsrisiko dar, da nicht auszuschließen ist, dass auch Unbefugte Zugriff auf Ihr Gerät erhalten. Zudem gilt die Freigabe nicht für Einzelpersonen, sondern immer für ganze Gruppen.

Falls Sie eine Netzwerkverbindung per Kabel benutzen, finden Sie diese unter *Ethernet*.

## 9.11 Zusammenfassung

- Änderungen an den Einstellungen von Windows und an Ihrem Computer können Sie vornehmen, indem Sie im Startmenü auf *Einstellungen* klicken. Alternativ können Sie für einzelne Einstellungen die Suche benutzen. Die Einstellungen sind für Fingergesten auf einem Touchscreen optimiert und umfassen die wichtigsten Funktionen.

- Parallel zu den Einstellungen existiert unter Windows 10 auch noch die aus früheren Versionen bekannte Systemsteuerung. Beachten Sie, dass hier Änderungen nur mit guten Windows-Kenntnissen vorgenommen werden sollten, da sonst unter Umständen das gesamte System nicht mehr einwandfrei funktioniert. Aus den Einstellungen heraus gelangen Sie meist über Links zur Systemsteuerung. Alternativ öffnen Sie die Systemsteuerung im Startmenü.

- Windows unterscheidet bei den Benutzerkonten zwischen Administratoren und Standardbenutzern. Im Gegensatz zu Administratoren, die über alle Rechte verfügen, dürfen Standardbenutzer nur Dateien speichern und öffnen sowie Ordner verwalten, aber keine tiefgreifenden Änderungen an Hard- und Software vornehmen. Wenn Sie über die Rechte eines Administrators verfügen, können Sie auf Ihrem PC weitere Benutzer bzw. Benutzerkonten anlegen.

- Weitere Einstellungen betreffen die Energieverwaltung, Datum und Uhrzeit sowie länderspezifische Einstellungen. Auch diese werden in den Einstellungen vorgenommen. Drucker werden in der Regel automatisch installiert, eine Übersicht über installierte Drucker erhalten Sie unter *Geräte*. In der Systemsteuerung können Sie zusätzlich einen Drucker als Standarddrucker festlegen, Druckeinstellungen und Druckereigenschaften ändern sowie Druckaufträge verwalten.

- Wichtige Sicherheitsfunktionen wie Windows Defender und Windows Firewall sind unter Windows 10 bereits vorhanden und aktiv. Während Sie Windows Defender in den Einstellungen kontrollieren können, finden Sie die Einstellungen der Firewall in der Systemsteuerung.

- Zur Verbesserung der Sicherheit und Stabilität von Windows veröffentlicht Microsoft regelmäßig Updates zu Windows und Windows Defender. Diese werden automatisch installiert. Den Updateverlauf können Sie in den Einstellungen unter *Update und Sicherheit* einsehen.

- Zum Sichern und Wiederherstellen von Dateien steht Ihnen unter der Bezeichnung Dateiversionsverlauf ein entsprechendes Werkzeug zur Verfügung.

# 10 Programme und Apps installieren

**In dieser Lektion erfahren Sie, wie Sie...**

- Apps aus dem Windows Store laden
- weitere Software von CD/DVD oder aus dem Internet installieren
- nicht mehr benötigte Programme und Apps wieder deinstallieren

**Diese Kenntnisse sollten Sie bereits mitbringen...**

- Sie wissen bereits, wie Programme oder Apps genutzt und eingerichtet werden

# 10 Programme und Apps installieren

## 10.1 Apps aus dem Windows Store beziehen

Store, englischer Begriff für Geschäft.

Der Windows Store ist ein Internet-Verkaufsportal von Microsoft, in dem Sie weitere Apps auswählen und auf Ihrem PC installieren können. Einige Angebote sind kostenlos, andere müssen Sie kaufen. In jedem Fall ist für die Nutzung des Windows Stores ein Microsoft-Konto erforderlich bzw. Sie müssen mit einem Microsoft-Konto angemeldet sein. Zum Anzeigen des Stores klicken Sie im Startmenü auf *Alle Apps* ▶ *Store*. Befindet sich das Symbol *Store* in der Taskleiste (Standardeinstellung), so können Sie auch hier auf das Symbol klicken.

### Den Store durchsuchen

Auf der Startseite des Stores erhalten Sie zunächst verschiedene Empfehlungen, zusammen mit aktuellen kostenpflichtigen und kostenlosen Top-Angeboten. Zum Scrollen durch die Seite wischen Sie mit dem Finger nach unten oder oben. Bei Mausbedienung drehen Sie das Mausrädchen oder verschieben die Bildlaufleiste am rechten Bildschirmrand.

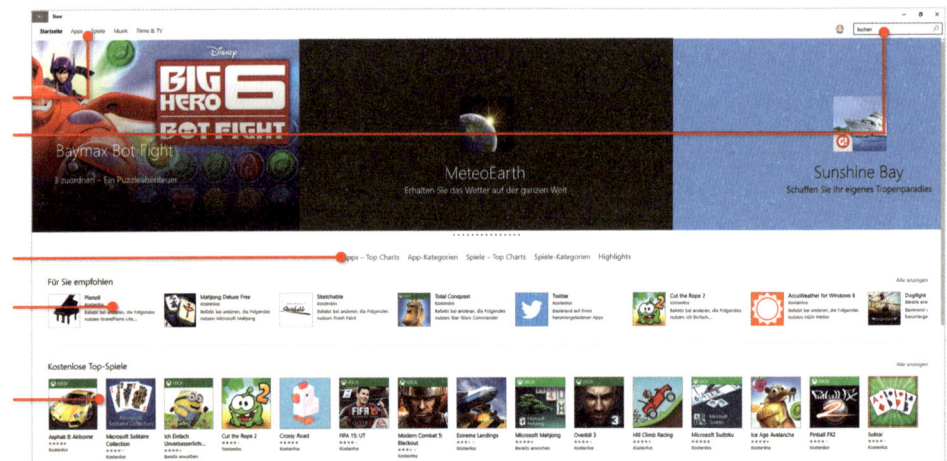

*Bild 10.1 Startseite des Windows Stores*

Apps / Spiele / Filme

Nach Apps suchen

Wählen Sie Charts oder Kategorien aus

Empfohlene Apps

Die Top Listen zu verschiedenen Themen

Um sich über eine App, die Sie interessiert, zunächst näher zu informieren, klicken Sie diese an. Die Details zu einer App beinhalten eine Beschreibung, Screenshots (Bildschirmfotos), Nutzerbewertungen sowie weitere Hinweise.

### App suchen

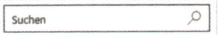

Wissen Sie genau, welche App Sie suchen, dann verwenden Sie das Suchenfeld in der rechten oberen Ecke des Windows Stores (Bild 10.1). Geben Sie den gewünschten Suchbegriff ein und bestätigen Sie mit der Taste *Enter*. Je detaillierter der Suchbegriff eingegeben wird, desto genauere Ergebnisse werden Sie bekommen.

Unter dem Punkt *Verfeinern* auf der linken Seite können Sie die Ergebnisse noch weiter präzisieren, indem Sie *Apps, Spiele, Filme* oder *TV-Sendungen* wählen.

# Programme und Apps installieren 10

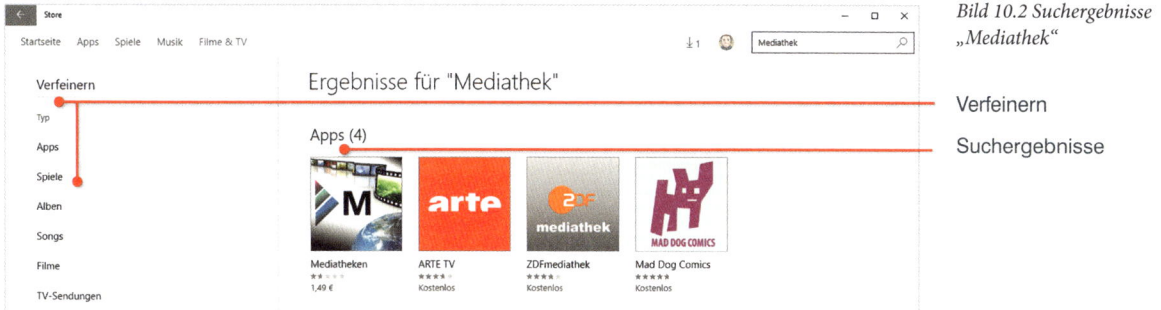

Bild 10.2 Suchergebnisse „Mediathek"

Verfeinern

Suchergebnisse

## Nach Kategorie suchen

Im Windows Store bietet die Leiste am oberen linken Bildschirmrand Zugriff auf verschiedenen Inhalte wie *Startseite*, *Apps*, *Spiele* und *Filme & TV* (Bild 10.2). Möchten Sie Ihre Suche weiter präzisieren, klicken Sie unter den großen Appbildern auf *Kategorien* oder *Top Charts*.

Apps – Top Charts    App-Kategorien    Spiele – Top Charts    Spielekategorien

Sie können nun unter dem Punkt *Verfeinern* auf der linken Seite weitere Einschränkungen vornehmen.

Bild 10.3 Kategorie wählen

## App-Details anzeigen

Klicken oder tippen Sie auf die gewünschte App. Zusammen mit der Information, ob die App kostenlos, kostenpflichtig oder bereits erworben ist, erhalten Sie eine Beschreibung und Vorschau sowie Bewertungen anderer Nutzer. Im Beispiel in Bild 10.4 sehen Sie das Spiel Microsoft Mahjong.

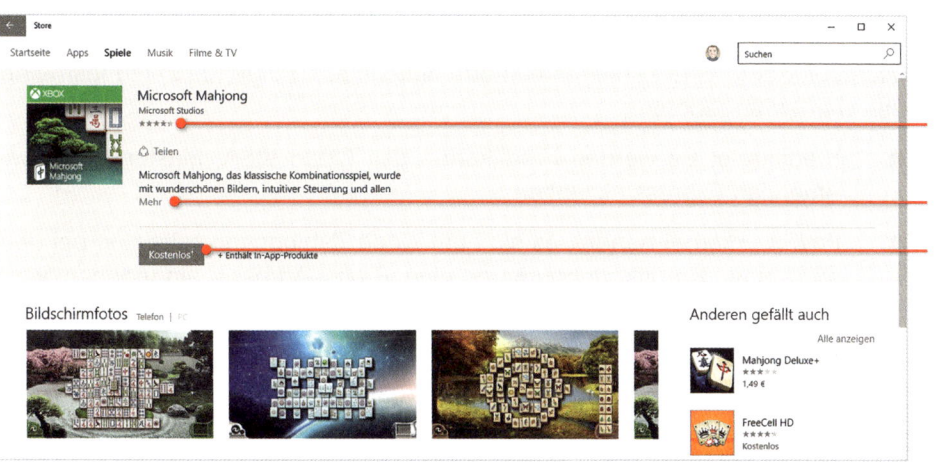

Bild 10.4 App-Details

Durchschnittliche Bewertung

Details und Informationen anzeigen

Klicken Sie hier, um die App zu erwerben und installieren.

249

# 10 Programme und Apps installieren

## Apps installieren

### Kostenlose Apps

Handelt es sich um eine kostenlose App, so klicken Sie einfach auf *Kostenlos*. Während der Installation erscheint der Installationsstatus unter den App-Informationen. Nach erfolgreicher Installation erhalten Sie hier ebenfalls eine Meldung.

*Bild 10.5 App wird installiert*

Updates & Downloads

Installationsstatus

Hinweis: In einigen Fällen lässt sich eine App nicht direkt installieren, sondern muss auf einer Webseite erworben werden; in einem solchen Fall klicken Sie auf *App vom Herausgeber erwerben*, um die entsprechende Webseite zu laden.

### Kostenpflichtige Apps

*Bei kostenpflichtigen Apps finden Sie anstelle von Kostenlos die Schaltfläche mit dem jeweiligen Preis. Sobald Sie auf die Schaltfläche mit dem Preis geklickt haben, müssen Sie dem Kauf mit einem Klick auf eine weitere Schaltfläche nochmals zustimmen. Achtung: Danach kann der Kauf nicht mehr abgebrochen werden!*

Allerdings müssen Sie vor dem Erwerb kostenpflichtiger Apps zunächst in Ihrem Microsoft-Konto eine Zahlungsmethode hinterlegen. Folgende Zahlungsmethoden werden angeboten:

- Kreditkarte: Es werden Kreditkarten der Typen VISA, MasterCard sowie American Express akzeptiert.

Webadresse PayPal: www.paypal.com

- PayPal: Hierbei handelt es sich um einen Zahlungsdienstleister, bei dem statt einer Kreditkartennummer eine E-Mail-Adresse eingegeben wird. Nach der Bezahlung wird der Betrag von Ihrem Bankkonto abgebucht.

- SEPA Lastschriftverfahren: Sie geben Ihre Bankverbindungsdaten an und ermöglichen Microsoft, nach Bezahlung den Betrag per Lastschrift von Ihrem Konto einzuziehen. ACHTUNG: SEPA Lastschrift ist nicht bei allen Konten möglich.

- Gutscheinkarte: Auch die Verwendung einer Gutscheinkarte ist möglich. Der Vorteil gegenüber den anderen Zahlungsmethoden liegt darin, dass jeweils nur der bereits bezahlte Betrag eingesetzt werden kann.

**Zahlungsmethode hinzufügen**

1. Um eine Zahlungsmethode hinzuzufügen oder bereits hinterlegte Zahlungs- und Abrechnungsinformationen zu kontrollieren, klicken Sie auf der Leiste am oberen Bildschirmrand rechts auf Ihr *Kontobild* und wählen *Gekauft* aus (Bild 10.6).

   Alternativ können Sie auch selbst einen Browser (z. B. Microsoft Edge) öffnen. Gehen Sie dann auf die Seite *login.live.com* und melden Sie sich dort mit Ihrem Microsoft-Konto an.

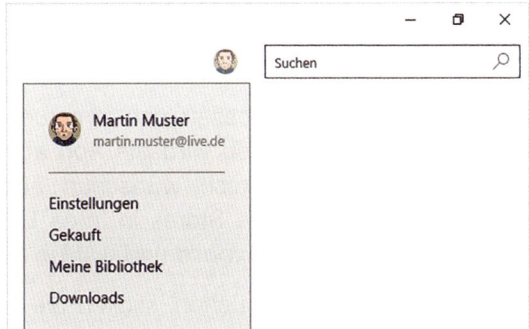

*Bild 10.6 Konto-Menü*

2. Es öffnet sich nun ein Browserfenster mit Ihrem Microsoft Konto.

   Gehen Sie nun auf die Seite *Zahlung und Abrechnung* und dort auf den Unterpunkt *Zahlungsoptionen*. Wählen Sie *Zahlungsmethode hinzufügen* (Auswahl Kreditkarte oder Paypal) und füllen Sie die Felder aus. Um einen Gutschein einzulösen, klicken Sie auf *Microsoft-Konto* unter Zahlungsoption auswählen und dann auf *Geschenkgutschein einlösen*. Geben Sie den Code ein.

*Bild 10.7 Microsoft-Konto Zahlungsoptionen*

# 10 Programme und Apps installieren

### Wo finden Sie die installierten Apps?

Neu installierte Apps sind auf Ihrem Computer im Startmenü unter *Alle Apps* zu finden und hier mit dem Zusatz *NEU* gekennzeichnet. Zum Hinzufügen zum Startmenü klicken Sie mit der rechten Maustaste auf die App und auf *An „Start" anheften*. Eine Übersicht über die von Ihnen gekauften und bereits installierten Apps erhalten Sie auch im Store durch Anklicken von Ihrem *Kontobild* und *Meine Bibliothek* (Bild 10.6).

### Apps erneut herunterladen

Einmal installierte Apps können Sie später jederzeit erneut installieren. Klicken Sie in der Leiste am oberen Bildschirmrand auf Ihr *Kontobild* und *Meine Bibliothek*. Um eine nicht mehr verfügbare App erneut zu installieren, klicken Sie diese an und betätigen anschließend die Schaltfläche *Installieren*.

### App-Updates

*Auch am Store werden laufend Änderungen vorgenommen.*

Die meisten Apps werden laufend verbessert und eventuelle Fehler werden beseitigt. Sobald ein Update verfügbar ist, wird die App automatisch und im Hintergrund aktualisiert. Wenn Sie dies nicht wünschen, ändern Sie die entsprechenden Einstellungen des Windows Stores in Ihren Einstellungen unter *App-Updates*. Klicken Sie dazu auf Ihr *Kontobild* und wählen *Einstellungen*.

Um selbst nach möglichen Updates zu suchen, klicken Sie auf Ihr *Kontobild - Downloads - Nach Updates suchen*.

## 10.2 Andere Software installieren

Während Sie Apps aus dem Windows Store herunterladen und anschließend automatisch installieren, erfolgt die Installation von anderen Programmen, z. B. Microsoft Office oder eines Antiviren-Programms, auf anderem Weg.

*Beachten Sie, dass zur Installation von Programmen Administratorrechte bzw. eine entsprechende Bestätigung der Benutzerkontensteuerung erforderlich sind.*

### Programm von Datenträger installieren

Die meisten Programme erhalten Sie zusammen mit einer CD oder DVD, von der Sie das Programm installieren. Natürlich ist der genaue Installationsvorgang abhängig vom Programm, der grundsätzliche Ablauf ist jedoch immer gleich:

**1** Legen Sie den Datenträger in das Laufwerk ein. In der Regel bietet Ihnen Windows anschließend das Ausführen der Installation an und nach einem Klick auf *Ausführen* startet ein Installationsassistent, der Sie durch die einzelnen Schritte der Installation führt. Sollte dies nicht der Fall sein, öffnen Sie den Explorer, wählen den Datenträger aus und starten die Installation mit Doppelklick auf die Installationsdatei. Diese ist meist unter dem Namen *Setup* oder *Install* zu finden und hat die Dateinamenerweiterung .exe.

*Bild 10.8 Installation ausführen*

*Bild 10.9 Beispiel Microsoft Office 2013*

**2** Handelt es sich um ein käuflich erworbenes Programm, müssen Sie meist den so genannten Produkt Key eingeben: Hierbei handelt es sich um eine Folge aus Buchstaben und/oder Ziffern, die Sie auf der Verpackung des Datenträgers finden. Achten Sie bei der Eingabe auf Groß- und Kleinschreibung.

**3** Dann müssen Sie die Lizenzbestimmungen bestätigen, indem Sie auf *Akzeptieren* oder *Annehmen* klicken.

**4** Für Speicherort und Installationsumfang wählen Sie am besten die Standardeinstellungen.

**Programm ohne Datenträger installieren**
Wenn kein Datenträger zur Verfügung steht, beispielsweise weil das Programm aus dem Internet heruntergeladen wurde, doppelklicken Sie im Datei-Explorer auf die Installationsdatei, um den Installationsvorgang zu starten. Diese trägt meist den Namen *Install*, *Setup* oder *Start* und ist vom Dateityp eine *Anwendung*. In einigen Fällen werden dazu erst noch weitere Daten aus dem Internet geladen. Ansonsten entspricht die Installation eines Programms ohne Datenträger der Installation mit Datenträger.

*Vorsicht: Gerade bei Programmen, die aus dem Internet geladen werden, sollten Sie auf absolut vertrauenswürdige Quellen achten, da ansonsten auch Schadsoftware mit installiert werden könnte.*

*Auch kommt es häufig vor, dass bei einer Installation unnötige Zusatzsoftware mit installiert wird. Achten Sie daher bei jeder Installation von heruntergeladener Software genau darauf, dass Sie wirklich nur das installieren, was Sie auch tatsächlich wünschen!*

# 10 Programme und Apps installieren

### Programme aus dem Internet herunterladen

Nach dem Download von Programmen aus dem Internet erscheint in der Regel am oberen oder unteren Rand des Browsers eine Meldung, die Sie über den erfolgreichen Download informiert und fragt, ob Sie das Programm ausführen möchten. Im Bild 10.10 sehen Sie als Beispiel den Download von LibreOffice, einem Programmpaket mit kostenloser Bürosoftware. Das genaue Aussehen und die Position der Meldung ist abhängig vom verwendeten Browser.

*Bild 10.10 Download von Programmen, Ausführen oder Downloads anzeigen?*

- *Ausführen* bedeutet, das heruntergeladene Programm wird ausgeführt und damit auf Ihrer Festplatte installiert und kann anschließend gestartet werden. Natürlich nicht, ohne Ihre vorherige Zustimmung über die Benutzerkontensteuerung.

- Möchten Sie die Installation nicht sofort ausführen, so finden Sie Ihre Downloads normalerweise im Ordner *Downloads*. Anschließend müssen Sie von diesem Ort aus die Installation per Doppelklick auf die Datei starten, siehe oben. Die Installationsdatei wird dann nicht mehr benötigt und kann wieder gelöscht werden.

### Anwendungen und Apps von der Festplatte entfernen

Anwendungen und Apps müssen grundsätzlich deinstalliert werden, es reicht nicht aus, einfach die Programmdateien zu löschen. Denn bei einer Programminstallation werden häufig auch nicht offensichtliche Änderungen vorgenommen, z. B. Einträge in der Windows-Registrierungsdatenbank, die bei der Deinstallation zurückgenommen werden müssen.

### App deinstallieren

Zum Deinstallieren einer App klicken Sie auf der Startseite oder der App-Seite mit der rechten Maustaste auf die Kachel der App und wählen *Deinstallieren*. Bestätigen Sie dann nochmals mit der Schaltfläche *Deinstallieren*.

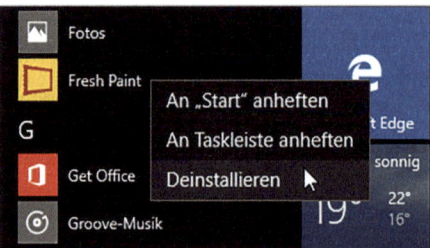 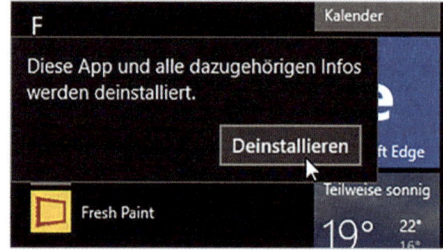

*Bild 10.11 App deinstallieren*

## Anwendungen deinstallieren

Auch Anwendungen deinstallieren Sie zunächst ähnlich wie eine App, als Beispiel soll das Programmpaket Libre Office deinstalliert werden. Klicken Sie mit der rechten Maustaste auf die Kachel des Programms und auf *Deinstallieren*, im Gegensatz zu Apps öffnet sich das Fenster *Programme und Features*.

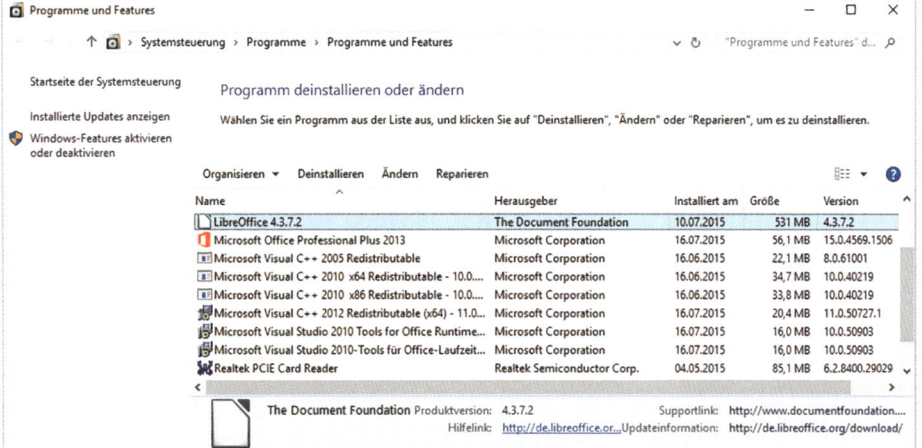

*Bild 10.12 Programm deinstallieren.*

**1** In diesem Fenster erhalten Sie eine Liste aller installierten Programme. Markieren Sie das zu deinstallierende Programm und klicken Sie dann oberhalb der Liste auf *Deinstallieren* (Bild 10.122).

**2** Es öffnet sich ein Meldungsfenster und fragt, ob Sie das Programm wirklich deinstallieren möchten. Klicken Sie auf *Ja*.

**3** Anschließend werden das Programm und sämtliche dazugehörigen Einträge und Einstellungen entfernt. Dies kann, ebenso wie die Installation, einige Sekunden dauern.

**Tipp:** *Sie können dieses Fenster auch direkt aufrufen, indem Sie mit der rechten Maustaste auf die Start-Schaltfläche links unten auf dem Bildschirm klicken und dann ganz oben auf den Eintrag Programme und Features.*

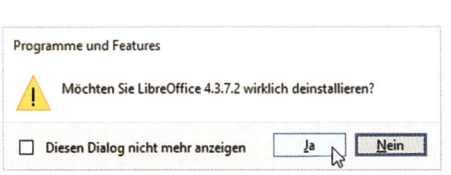
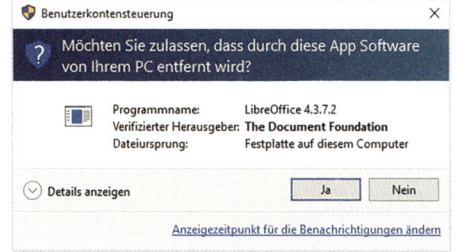

*Bild 10.13 Meldungen beim Deinstallieren.*

# 10 Programme und Apps installieren

Nach jeder Deinstallation eines Programms sollten Sie prüfen, ob diese auch tatsächlich vollständig durchgeführt wurde. Wurden z. B. alle Ordner und Verknüpfungen entfernt, die durch das Programm erstellt wurden?

## 10.3 Zusammenfassung

- Um auf Ihrem Computer ein Programm installieren zu können, benötigen Sie einen Installationsdatenträger bzw. eine Installationsdatei, die Sie z. B. aus dem Internet heruntergeladen haben. Der Installationsvorgang selbst erfolgt mithilfe eines Installationsassistenten. Natürlich läuft die Installation bei jedem Programm etwas anders ab, die grundlegenden Schritte sind aber immer gleich.

- Weitere Apps können aus dem Windows Store heruntergeladen werden. Voraussetzung ist lediglich, dass Sie mit einem Microsoft-Konto angemeldet sind. Verwenden Sie die im Windows Store angebotenen Kategorien oder das eingebaute Suchfeld, um gewünschte Apps ausfindig zu machen. Kostenlose Apps sind schnell mit der entsprechenden Schaltfläche installiert, für den Bezug kostenpflichtiger Apps müssen Sie dagegen Ihrem Microsoft-Konto Zahlungsinformationen hinzufügen. Klicken Sie dazu im Store auf Ihr *Kontobild* und wählen Sie *Gekauft*. Zum erneuten Herunterladen bereits einmal heruntergeladener Apps, klicken Sie auf Ihr *Kontobild* und wählen *Meine Bibliothek*.

- Zum Deinstallieren einer App klicken Sie auf der Startseite die App mit der rechten Maustaste an und wählen *Deinstallieren*. Das Deinstallieren muss dann nur noch bestätigt werden.

- Zum Deinstallieren einer Anwendung öffnen Sie das Fenster *Programme und Features*. Markieren Sie hier das zu deinstallierende Programm und klicken Sie auf die Schaltfläche *Deinstallieren*. Wie die Installation läuft auch die Deinstallation unterschiedlich ab. Manchmal öffnet sich auch ein Deinstallationsassistent, der Sie durch die Deinstallation führt.

# 11 Spezialthema Fotos und Windows 10

**In dieser Lektion erfahren Sie...**
- wie Sie Fotos von der Kamera auf den PC oder Laptop übertragen
- wie Sie Fotos in der App Fotos anzeigen und bearbeiten
- wie Sie eine Diashow abspielen
- wie Sie mit dem Programm Windows Fotoanzeige arbeiten

# 11 Spezialthema Fotos und Windows 10

## 11.1 Digitalfotos - das sollten Sie wissen

**Speicherkarte**
Zur Speicherung Ihrer Fotos befindet sich in Ihrer Kamera eine Speicherkarte, in der Regel eine SD Speicherkarte, die z. B. als SDHC bis zu 32 GB Speicherkapazität oder als SDXC bis zu 250 GB Speicherkapazität bietet. Der Inhalt der Speicherkarten kann mittels eines Kartenlesegeräts, welches in vielen Laptops bereits integriert ist, angezeigt und übertragen werden. Auf dem Markt sind auch wlanfähige Speicherkarten (WiFi-Card) erhältlich. Sie können über WLAN eine Verbindung zwischen Karte und Smartphone, Tablet, Laptop oder PC herstellen und Fotos betrachten bzw. herunterladen.

**Megapixel**
Ihre Kamera verfügt vielleicht über 9, 16 oder auch 24 Megapixel (MP), die sich auf dem Bildsensor befinden. Der Bildsensor verarbeitet das einfallende Licht, was letztlich in Ihrem Foto resultiert. Bei einer 16-Megapixel-Kamera (Pixel = Bildpunkt), befinden sich 16 Millionen Pixel auf dem Bildsensor.

Die Pixel des Bildsensors bestimmen die Auflösung des Digitalfotos, also die Bildgröße in Punkten. Die Bildauflösung wird aufgeschlüsselt nach horizontalen und vertikalen Pixeln angegeben. Dabei spielt auch das verwendete Seitenverhältnis eine Rolle. Je nach Kameratyp werden die Formate 3:2 bzw. 4:3 verwendet. Die Auflösung bestimmt neben anderen Faktoren die Qualität des Fotos und damit die maximal mögliche Ausgabegröße, z. B. Fotoddruck in der Größe 10x15 oder Druck eines Posters.

**Dateiformat**

JPEG = JPG

In der Regel sind Fotos, die Sie von Ihrer Kamera auf den Rechner übertragen, JPEG-Bilder. JPEG ist das gebräuchlichste Grafikformat zur Speicherung von Fotos und gleichzeitig auch eine Methode zur Bildkompression, d. h. zur Verkleinerung der Dateigröße des einzelnen Bildes, um Speicherplatz zu sparen.

Professionelle Kameras stellen auch RAW-Dateien zur Verfügung. Das sind Rohdaten, die am Computer umfangreich bearbeitet werden können.

**Standardanwendungen zum Betrachten von Fotos**
Unter Windows 10 stehen standardmäßig die App Fotos und die Windows Fotoanzeige zum Betrachten zur Verfügung, wobei die App Fotos auch zum Bearbeiten von Bildern dient. Der Datei-Explorer hilft bei der Verwaltung Ihrer Bildbestände.

## 11.2 Fotos von der Kamera importieren

**Möglichkeiten zur Übertragung der Fotos von der Kamera auf den PC:**

- Sie können Kamera und PC/Laptop per USB-Kabel miteinander verbinden.
- Ein integriertes oder angeschlossenes Kartenlesegerät überträgt die Daten der Speicherkarte
- Einige Kameras verfügen über WiFi-Konnektivität, d. h. zwischen Kamera und Laptop kann eine drahtlose Verbindung aufgebaut werden.

**Fotos übertragen, so geht's**

1. Stecken Sie die Speicherkarte in das Lesegerät oder verbinden Sie die Kamera per Kabel mit dem PC/Laptop und schalten Sie den Apparat ein.

2. Falls die Kamera oder die Speicherkarte zum ersten Mal mit dem Rechner verbunden werden, erscheint in der rechten unteren Ecke des Bildschirms eine Meldung. Klicken Sie diese an. Ein Fenster rechts oben bietet verschiedene Aktionen an; klicken Sie auf *Fotos und Videos importieren*.

   Beim nächsten Anschließen der Kamera entfällt Schritt 2.

*Bild 11.1 Fotos importieren*

3. Im nächsten Fenster markieren Sie in der angezeigten Liste Ihr Gerät und klicken auf *Gerät für den Import auswählen* und starten den Import über die Schaltfläche *Importieren*.

4. Die importierten Bilder werden in der App Fotos angezeigt. Im Ordner Bilder werden automatisch Unterordner erstellt, in denen die Fotos getrennt nach Aufnahmezeitraum gespeichert sind

Schaltfläche Importieren

Fortschritt des Bilderimports

*Bild 11.2 Importfortschritt*

Der Import von Bildern kann auch in der App *Fotos* durch Anklicken der Schaltfläche *Importieren* angestoßen werden.

# 11 Spezialthema Fotos und Windows 10

**Fotos manuell im Explorer importieren**

Fotos können auch im Explorer von Kamera oder Speicherkarte importiert werden, diese verhalten sich nicht anders als andere Datenträger, z. B. ein USB-Speicherstick. Die Möglichkeit können Sie auch nutzen, wenn nach dem Anschließen der Kamera oder dem Einstecken der SD-Karte in ein Kartenlesegerät keine Meldung erscheint. So gehen Sie vor:

1. Öffnen Sie den Explorer und erstellen Sie einen neuen Ordner für die zu importierenden Bilder, am besten als Unterordner im Ordner *Bilder*. In unserem Beispiel wurde der Ordner *Bilder Büro* erstellt.

2. Nach dem Anschließen der Kamera erscheint diese mit ihrer Bezeichnung im Navigationsbereich des Datei-Explorers unter *Dieser PC*. Eine Speicherkarte wird ebenfalls mit ihrem Namen angezeigt.

3. Benutzen Sie im Navigationsbereich den Pfeil links von der Kamera, um die Speicherkarte und die enthaltenen Ordner anzuzeigen. Mit einem Klick auf einen Ordnernamen, sehen Sie rechts im Anzeigebereich die hier vorhandenen Fotos.

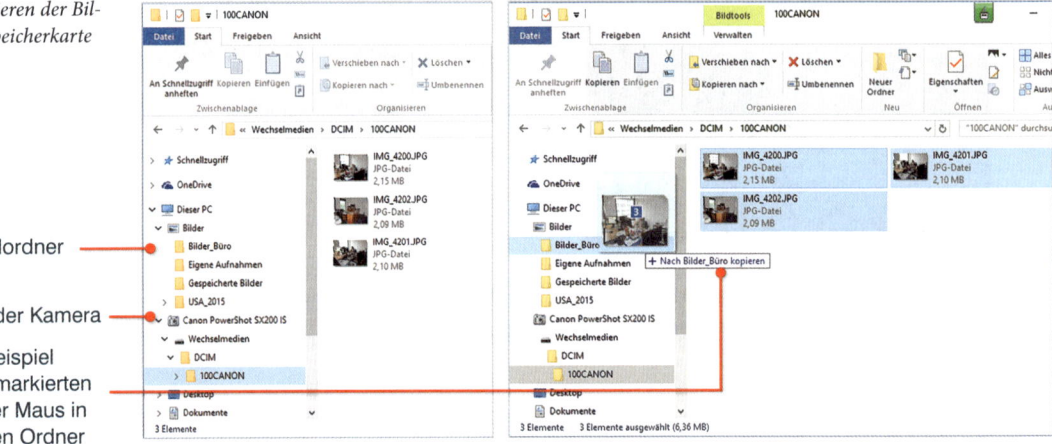

*Bild 11.3 Kopieren der Bilder von der Speicherkarte*

erstellter Zielordner Bilder Büro

Fotoordner der Kamera

In diesem Beispiel werden die markierten Bilder mit der Maus in den korrekten Ordner gezogen.

4. Markieren Sie den gesamten Ordnerinhalt mit Strg+A (Alles markieren) und kopieren Sie den Inhalt in die Zwischenablage, z. B. mit der Tastenkombination Strg+C oder über das Kontextmenü der rechten Maustaste.

5. Wechseln Sie dann zum Zielordner, klicken Sie mit der rechten Maustaste im Anzeigebereich an eine freie Stelle und wählen Sie Einfügen oder drücken Sie die Tasten Strg+V.

Als Alternative können Sie natürlich auch gleich den Ordner von der Speicherkarte in den Ordner Bilder kopieren und anschließend umbenennen. Oder ziehen Sie einen Ordner mit gedrückter linker Maustaste von der Speicherkarte in den Bilderordner.

## 11.3 Die App Fotos

Mit der App *Fotos* betrachten, verwalten und bearbeiten Sie Ihre Bilder. Die App ist in Windows 10 standardmäßig vorinstalliert.

Achtung: Verwechseln Sie die App *Fotos* nicht mit der App *Kamera*. Sofern Ihr Gerät über eine Webcam verfügt, können Sie mithilfe der App *Kamera* auch Fotos aufnehmen. Standardmäßig werden diese Fotos im Ordner *Bilder*, bzw. einem Unterordner mit dem Namen *Eigene Aufnahmen* gespeichert.

*Bild 11.4 App Fotos*

### Bildanzeige und Navigation

Die App Foto ist in die Bereiche *Sammlung* und *Alben* unterteilt. Sie wechseln zwischen den beiden Bereichen durch Anklicken des Namens auf der linken Seite. Unter Umständen ist das Menü minimiert, dann klicken Sie entweder auf die Schaltfläche *Menü* ≡, um dieses zu erweitern oder auf 🖼 zum Öffnen der *Sammlung* bzw. 🗂 zur Anzeige der *Alben*.

### Sammlung

Im Bereich *Sammlung*, der standardmäßig beim Öffnen der App angezeigt wird, werden alle Fotos, die im lokalen Ordner *Bilder* oder, sofern vorhanden, im *Bilder*-Ordner von OneDrive gespeichert sind, angezeigt.

- Bilder in typischen Bilddateiformaten wie jpg, tif, png oder gif, aber auch einige RAW-Dateiformate werden in der App angezeigt.

- Dateien wie z. B. PDF, MP3 oder Textdateien, die im Ordner *Bilder* gespeichert wurden, werden in der App *Foto* nicht angezeigt.

# 11 Spezialthema Fotos und Windows 10

- Sollte anstelle eines Vorschaubildes ein dunkelgraues Rechteck dargestellt werden, erkennt die App zwar, dass es sich um ein Bilddateiformat handelt, ist aber nicht in der Lage dieses zu öffnen.

Bild, das nicht von der App Foto angezeigt werden kann

- Die Bilder werden sortiert nach Aufnahmedatum angezeigt, dabei sind Fotos mit ähnlichem Aufnahmedatum in Gruppen zusammengefasst. Für die Darstellung unerheblich ist, ob die Bilder gemeinsam in einem Ordner gespeichert sind. Die Ordner werden hier weder angezeigt noch berücksichtigt. Ebenso ist zunächst nicht ersichtlich, ob die Bilder lokal oder auf OneDrive gespeichert sind.

- Über den gruppierten Bildern finden Sie Informationen zum Zeitraum und die Anzahl der zusammengefassten Fotos. Bei umfangreichem Bildbestand müssen Sie unter Umständen weit scrollen, um von den Fotos eines *Urlaubs im Mai 2015* zu einem *Geburtstag im Januar 2013* zu gelangen. Zur Anzeige einer Liste aller Monate, denen Fotos zugeordnet wurden, klicken Sie auf eine Zeitangabe und wählen den passenden Monat aus.

*Bild 11.5 Monatsübersicht anzeigen*

Anklicken, um Liste der Monate zu erhalten

## Alben

Aus einer Reihe von Fotos, die aufgrund ihres Aufnahmedatums als zusammengehörig erkannt wurden, werden einzelne ausgewählt und automatisch in einem Album angezeigt. Sind auf Ihrem Rechner nur wenige Bilder mit unterschiedlichen Aufnahmedaten gespeichert, wird wahrscheinlich kein Album erstellt.

*Bild 11.6 Hier ist noch kein Album vorhanden*

*Bild 11.7 Aus einer Reihe von Bildern geknipst am 27.12.13 wurden einige in einem Album zusammengestellt.*

Durch Anklicken des Albums zeigen Sie die Bilder gemeinsam an. Jetzt können der Titel des Albums und das Titelbild geändert bzw. weitere Bilder hinzugefügt werden. Klicken Sie dazu auf *Bearbeiten* . Der Titel ist bereits markiert und kann überschrieben werden. Klicken Sie auf den Bereich *Fotos hinzufügen oder entfernen*. Eine Übersicht aller Bilder, die dieser Serie aufgrund des Aufnahmezeitraums zugeordnet wurden, wird angzeigt. Hier können Sie durch Anklicken der Bilder dem Album weitere Fotos hinzufügen bzw. ausgewählte entfernen. Bestätigen Sie Ihre Änderungen mit der Schaltfläche *Fertig* oder verwerfen Sie diese mit *Abbrechen* .

*Bild 11.8 Anzeige der Bilder eines Albums*

*Bild 11.9 Album im Bearbeitungsmodus*

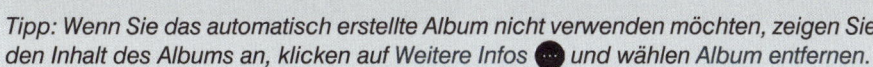

- Bearbeiten
- Fertig bzw. Abbrechen
- Album löschen
- neuen Titel eintragen
- Fotos hinzufügen, entfernen

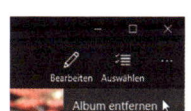

*Tipp: Wenn Sie das automatisch erstellte Album nicht verwenden möchten, zeigen Sie den Inhalt des Albums an, klicken auf Weitere Infos und wählen Album entfernen.*

### Wichtige Einstellungen der App Fotos
Zum Öffnen der Einstellungen klicken Sie unten links auf *Einstellungen*.

- *Verknüpfte Duplikate*: Diese Einstellung ist z. B. dann praktisch, wenn ihr Fotoapparat von einem Motiv gleichzeitig eine JPEG-Datei und eine RAW-Datei anlegt und Sie beide auf den Rechner übertragen haben. In der App werden die Bilder dann nicht doppelt angezeigt.

- *Quellen*: Standardquellen der Fotoanzeige sind der lokale Ordner *Bilder* und der OneDrive Ordner *Pictures*. Wenn auf Ihrem Rechner Bilder noch an einem anderen Ort gespeichert sind und Sie diese auch in der App *Fotos* anzeigen möchten, so müssen Sie den Ordner durch Anklicken von *Ordner hinzufügen* einbeziehen. Durch Anklicken von X entfernen Sie den Ordner aus der Anzeige der App *Fotos*.

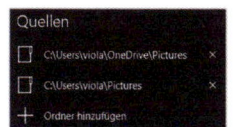

Mehr zu OneDrive erfahren Sie in Kapitel 7

- *Kachel „Fotos"*: Sofern Sie die App *Fotos* ans Startmenü angeheftet haben, wird entweder eine blaue Kachel oder, sofern *Live-Kachel* aktiv ist, das neueste Foto aus Ihrem Bildbestand angezeigt. Mit Auswahl von *Einzelnes Foto* öffnet sich automatisch der Datei-Explorer. Falls nicht klicken Sie auf *Foto auswählen*, um Ihr Lieblingsbild auf der Kachel anzuzeigen.

# 11 Spezialthema Fotos und Windows 10

**Fotos betrachten - Diashow**
Zum Betrachten von Bildern klicken Sie das gewünschte Bild einmal an:

Zurück zur Sammlung
Diashow, Automatische Verbesserung, Bearbeiten, Drehen

Pfeiltasten

Plussymbol

Original ohne Verbesserung

*Bild 11.10 Einzelbildansicht*

Diashow F5

- Mit den Pfeiltasten rechts und links wechseln Sie zwischen den einzelnen Fotos. Wenn Sie ein Foto im Bereich *Sammlung* anzeigen, bewegen Sie sich mit den Pfeiltasten durch Ihr gesamtes Fotoarchiv. Wenn Sie ein Bild innerhalb eines Albums anzeigen, dann können mit den Pfeiltasten nur Fotos dieses Albums angezeigt werden.

- Zur Anzeige einer Diashow klicken Sie auf die Schaltfläche *Diashow* bzw. auf die Funktionstaste F5. Die Diashow verlassen Sie mit einem Mausklick oder der Esc-Taste. Hier gilt auch, wenn Sie sich im Bereich Sammlung befinden werden alle Bilder angzeigt, im Album nur die dort gespeicherten.

- Das Plussymbol unten rechts vergrößert das angezeigte Bild. Mit dem Minussymbol wird das Foto wieder verkleinert. Um den angezeigten Bildausschnitt eines vergrößerten Bilds zu verändern, zeigen Sie auf das Bild mit der Maus, halten die Maustaste gedrückt und schieben das Bild an die gewünschte Position.

*Tipp: Schnelles Vergrößern eines Bildausschnitts erreichen Sie durch einen Doppelklick an die gewünschte Stelle des Bildes. Ein weiterer Doppelklick verkleinert das Bild wieder.*

# Spezialthema Fotos und Windows 10  11

- Beim Import der Bilder von der Kamera werden diese in der Regel korrekt ausgerichtet dargestellt. Unter Umständen muss ein Bild dennoch einmal gedreht werden. Hier hilft die Schaltfläche Drehen 🔄. Drehen Sie das Bild ggf. durch mehrmaliges Drücken im Uhrzeigersinn. Die letzte Ausrichtung wird automatisch übernommen.

  *Drehen Strg + R*

- Die *Automatische Verbesserung* stellt Fotos mit Verbesserungspotential in der Einzelbildansicht kontrastreicher und farblich satter dar. Die Automatische Verbesserung ist für das Einzelbild aktiv, wenn die Schaltfläche blau ist. Die Datei selbst wird durch die Automatischen Verbesserung nicht bearbeitet! Die Funktion kann durch Anklicken der Schaltfläche *Verbessern* für jedes Foto einzeln ausgeschaltet werden.

  *Die Automatische Verbesserung wird hier nur temporär für die Bildansicht angewendet. Wie Sie diese übernehmen, lesen Sie auf Seite 268.*

  Falls Sie grundsätzlich auf die Automatische Verbesserung verzichten möchten, zeigen Sie die *Sammlung* an und klicken unten links auf *Einstellungen*. Hier ziehen Sie den Regler bei *Meine Fotos automatisch verbessern* nach links auf *Aus*.

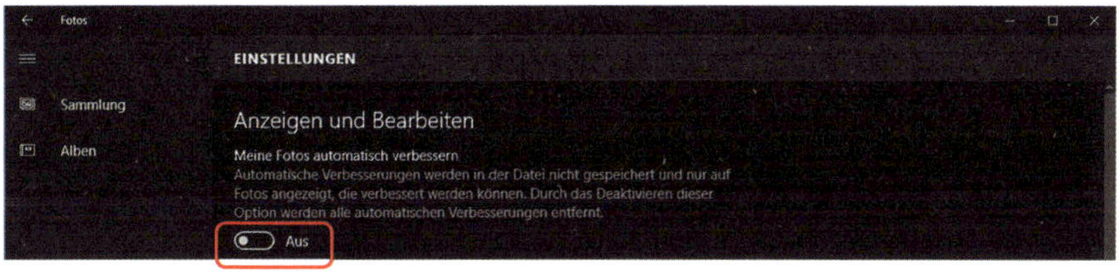

  *Bild 11.11 Automatische Verbesserung abschalten*

  Nur Bilder, die lokal gespeichert sind, werden automatisch verbessert. Bilder, die nur auf OneDrive gespeichert sind, sind von der Verbesserung ausgenommen.

- Zurück zur Übersicht *Sammlung* gelangen Sie durch (unter Umständen mehrmaliges) Anklicken des Pfeils links oben. Alternativ verwenden Sie die Esc-Taste.

  Wenn Sie im Datei-Explorer ein Bild doppelt anklicken, öffnet sich standardmäßig die App *Fotos* und das einzelne Bild wird angezeigt. Um zur *Sammlung* zu gelangen, klicken Sie nicht wie gewohnt oben links auf den weißen Pfeil, dieser fehlt hier nämlich, sonder auf *Sammlung anzeigen*.

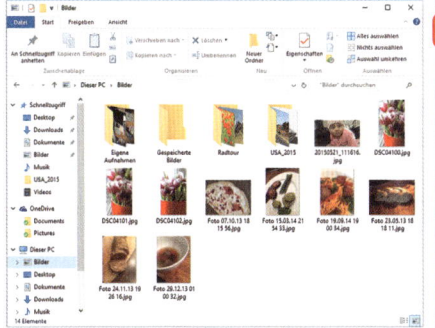
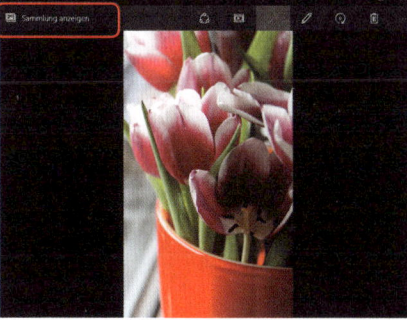

*Bild 11.12 Datei-Explorer*

*Bild 11.13 App Fotos*

# 11  Spezialthema Fotos und Windows 10

**Fotos verwalten**

Zum Bearbeiten von Fotos wählen Sie am besten die Einzelbildansicht. Das gemeinsame Löschen, Kopieren oder Teilen mehrerer Bilder können Sie allerdings auch gleich in der *Sammlung* vornehmen.

**Fotos markieren, löschen, kopieren und teilen**

Teilen, Kopieren, Löschen

*Bild 11.14 Markierte Bilder innerhalb einer Sammlung*

1. Zeigen Sie auf das erste Bild, welches Sie auswählen möchten. Am rechten oberen Rand des Bildes wird ein Quadrat angzeigt. Klicken Sie in das Kästchen, um das Bild zu markieren.

   Alternativ verwenden Sie die Schaltfläche *Auswählen*.

2. Nach Auswahl des ersten Fotos werden für die weiteren Bilder auch Auswahlkästchen angezeigt. Markieren Sie durch Anklicken weitere Fotos.

   - Durch Anklicken des Symbols *Löschen* bzw. durch Drücken der Entf-Taste und Bestätigung der Löschabfrage werden die Bilder in den Papierkorb verschoben.

   - Falls die markierten Bilder kopiert werden sollen klicken Sie auf *Kopieren*. Dadurch werden die Bilder in die Zwischenablage kopiert und können an anderer Stelle über das Kontextmenü oder Strg + V eingefügt werden.

   - Mit Teilen können Sie die markierten Bilder beispielsweise via Mail (siehe Kapitel 13) versenden oder bei Facebook posten. Klicken Sie dazu am rechten Bildschirmrand im Bereich *Teilen* auf *Mail* bzw. *Facebook*.

In der Einzelbildansicht kann das angezeigte Foto ebenfalls gelöscht, kopiert oder geteilt werden. Die beschriebenen Schaltflächen befinden sich dann rechts oben bzw. werden durch Anklicken von *Weitere Infos* erreicht.

*Bild 11.15 Befehle in der Einzelbildansicht*

**Foto drucken**
Zum Drucken eines Fotos zeigen Sie dieses in der Einzelbildansicht an, klicken auf den Befehl *Weitere Infos* und wählen *Drucken* aus. Stellen Sie zunächst sicher, dass der richtige Drucker ausgewählt ist und legen Sie dann die Anzahl der Ausdrucke und die Ausrichtung fest. Durch Anklicken von *Weitere Einstellungen* kann auch eine andere Papiergröße festgelegt werden.

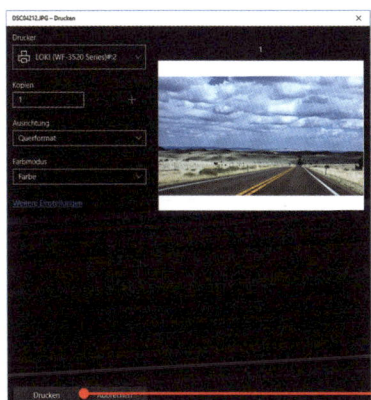 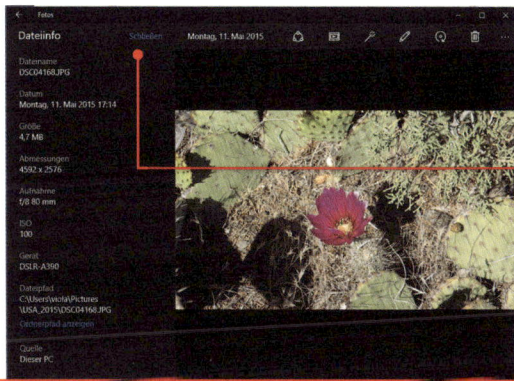

*Bild 11.16 Bild drucken*

*Bild 11.17 Dateiinfo*

Dateiinfo schließen

Bild drucken

**Dateiinformationen anzeigen**
In der Einzelbildansicht erhalten Sie Informationen zum angezeigten Bild über *Weitere Infos* und *Dateiinfo*. Dateigröße, Auflösung des Fotos, verwendete Kamera und der Dateipfad sind hier hinterlegt. Durch Anklicken von *Ordnerpfad anzeigen* öffnet sich der Datei-Explorer und zeigt den Speicherort der Datei an. Mit *Schließen* verlassen Sie die Dateiinfo wieder.

# 11 Spezialthema Fotos und Windows 10

## Fotos bearbeiten

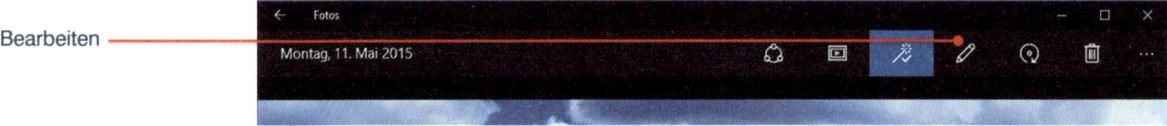

Bearbeiten

Zur Anzeige der Bearbeitungsmöglichkeiten der App *Fotos* klicken Sie in der Einzelbildansicht auf die Schaltfläche *Bearbeiten* ⬤.

Bearbeitungsleiste
Abbrechen
Bearbeitungskategorien
Bearbeitungsmöglichkeiten
Ansicht vergrößern

*Bild 11.18 Bearbeitungsmodus der App Fotos*

Zunächst werden alle Änderungen kurz beschrieben, die Sie mithilfe der Foto App vornehmen können. Diese müssen allerdings nach Abschluss noch gespeichert werden. Wie das geht und wie Sie Änderungen wieder verwerfen, erfahren Sie auf Seite 273.

Links stehen fünf Bearbeitungskategorien zur Auswahl. Standardmäßig ist die Kategorie *Allgemeine Korrekturen* ausgewählt. Rechts finden Sie die einzelnen Bearbeitungmöglichkeiten, z. B. *Verbessern*, *Drehen*, *Zuschneiden*, *Ausrichten* etc., die der ausgewählten Kategorie zugeordnet sind. Über das Plussymbol unten rechts bzw. das Minussymbol, welches erst nach Vergrößerung des Bildes angezeigt wird, können Sie die Bildgröße verändern. Falls Sie den Bearbeitungsmodus verlassen möchten, klicken Sie auf die Schaltfläche *Abbrechen* ✕ rechts oben. Alle anderen Befehle in der Bearbeitungsleiste werden erst aktiv, wenn eine Veränderung am Foto vorgenommen wurde.

*Tipp: Falls das Plussymbol unten rechts nicht angezeigt wird, bewegen Sie den Mauszeiger über die App.*

**Fotos verbessern**

Klicken Sie in der Kategorie *Allgemeine Korrekturen* auf die Schaltfläche *Verbessern*, um die Änderungen der Automatischen Verbesserung zu übernehmen.

## Fotos zuschneiden

Wählen Sie links die Kategorie *Allgemeine Korrekturen* aus und klicken Sie rechts auf die Schaltfläche *Zuschneiden*. Das Bild wird in rechteckige Felder unterteilt.

Abbrechen
Anwenden
Seitenverhältnis
Begrenzungspunkte

*Bild 11.19 Bild zuschneiden*

- **Größe festlegen:** Zur Auswahl eines gängigen Fotopapierformats klicken Sie auf die Schaltfläche *Seitenverhältnis* und wählen 9x13 bzw. 10x15 aus. Aber auch andere Formate, wie z. B. *Quadrat* stehen zur Auswahl.

  Um eine individuelle Größe bzw. ein individuelles Seitenverhältnis zu bestimmen, zeigen Sie mit der Maus auf die Begrenzungspunkte des Bildausschnitts. Der Mauszeiger wird als Doppelpfeil angezeigt. Mit gedrückter linker Maustaste ziehen Sie nun an den Punkten und verkleinern bzw. vergrößern den Ausschnitt.

> Wenn Sie ein Seitenverhältnis über die Schaltfläche Seitenverhältnis bestimmt haben, dann können Sie mit der Maus den Bildausschnitt immer noch vergrößern bzw. verkleinern. Allerdings bleibt das Verhältnis von Breite und Höhe erhalten. Wenn Sie das Bildformat wieder selbst bestimmen möchten, klicken Sie auf die Schaltfläche Seitenverhältnis und wählen Benutzerdefiniert aus.

- **Bildausschnitt bestimmen:** Nachdem Sie eine neue Größe festgelegt haben, werden vielleicht wichtige Teile des Bilds abgeschnitten. Um den Bildausschnitt zu verändern, zeigen Sie auf das Bild. Der Mauszeiger wird mit vier Pfeilen angezeigt. Verschieben Sie bei gedrückter Maustaste das Bild, bis der Bildausschnitt den gewünschten Teil des Bildes umfasst.

- Klicken Sie auf *Anwenden*, um die Änderungen zu übernehmen oder auf *Abbrechen*, um die Änderungen zu verwerfen.

## 11 Spezialthema Fotos und Windows 10

**Foto ausrichten**

Wenn Sie die Kamera beim Knipsen des Fotos schief gehalten haben, können Sie mit *Allgemeine Korrekturen* ▸ *Ausrichten* das Bild gerade rücken. Dabei gehen Teile des Fotos am Rand verloren.

Klicken Sie rechts auf *Ausrichten* und ziehen Sie bei gedrückter Maustaste am weißen Regler. Das eingeblendete Gitternetz hilft beim Geraderücken des Bildes. Klicken Sie auf das Bild oder Verwenden Sie die Esc-Taste, um die Einstellung zunächst zu übernehmen und den Regler wieder auszublenden.

*Bild 11.20 Bild ausrichten*

**Rote Augen entfernen**

Zum Entfernen roter Augen klicken Sie auf die Schaltfläche *Rote Augen*. Der Mauszeiger wird mit einem blauen Kreis unterlegt. Zeigen Sie mit dem blauen Kreis auf den roten Teil des Auges und klicken Sie mit der linken Maustaste. Das Rot wird durch eine dunklere Farbe ersetzt. Unter Umständen ist es sinnvoll das Bild etwas zu vergrößern, um genauer Arbeiten zu können. Klicken Sie dazu auf das Pluszeichen am unteren Bildschirmrand.

**Retuschieren**

Mit Retuschieren lassen sich störende Elemente, z. B. dunkle Punkte die durch einen Fleck auf der Objektivlinse entstanden sind, entfernen. Klicken Sie in der Kategorie *Allgemeine Korrekturen* auf die Schaltfläche *Retuschieren* und zeigen Sie mit der Maus auf den Bereich, den Sie entfernen möchten. Klicken Sie unter Umständen mehrfach mit der linken Maustaste auf den Bereich. Der Bereich wird jetzt mit umliegenden Bildausschnitten ersetzt. Das Ergebnis ist nicht immer zufriedenstellend. Ein störender Fleck im sonst blauen Himmel, wie in unserem Beispiel, kann natürlich leicht entfernt werden.

Spezialthema Fotos und Windows 10 **11**

Fleck durch Schmutz auf der Linse

Fleck durch Anklicken retuschieren

Retuschieren

## Filter

In der Kategorie *Filter* finden Sie Vorlagen, die den Farbeindruck des Fotos verbessern. Am Ende der Vorlagen finden Sie einen Filter für Schwarz-Weiß.

Original

Kategorie Filter

gewünschten Filter anklicken, z. B. Schwarz-Weiß

## Licht

In der Kategorie *Licht* ändern Sie *Helligkeit*, *Kontrast* oder bearbeiten *Helle Flächen* bzw. *Schatten* selektiv. Klicken Sie die gewünschte Option an und ziehen Sie bei gedrückter Maustaste am weißen Regler, der sowohl mit als auch gegen den Uhrzeigersinn bewegt werden kann.

Zur Abdunklung der Sandlfäche wurde die Option *Helle Flächen* angeklickt und der Regler gegen den Uhrzeigersinn auf *-39* gesetzt.

*Bild 11.21 Bild abdunkeln*

# 11 Spezialthema Fotos und Windows 10

**Farbe**

Bei *Farbe* erhalten Sie die Möglichkeiten die Farben Ihres Bildes zu optimieren, z. B. lässt ein positiver Wert bei *Sättigung* die Farben des Fotos kräftig leuchten, ein negativer Wert hingegen „wäscht die Farben aus". Durch einen negativen Wert bei *Temperatur* erscheint ein Foto kühler, während ein positiver Wert dem Foto eine wärmere Wirkung verleiht.

Mit *Farbverstärkung* kann eine Farbe auf dem Foto ausgewählt und intensiviert bzw. abgeschwächt werden. Klicken Sie mit der linken Maustaste auf *Farbverstärkung*. Klicken Sie dann auf die gewünschte Farbe auf Ihrem Foto. Das Farbauswahlwerkzeug erscheint auf Ihrem Bild und ein Regler wird angezeigt. Ziehen Sie im Uhrzeigersinn am Regler, erscheint die Farbe intensiver, ziehen Sie gegen den Uhrzeigersinn, wird die gewählte Farbe abgeschwächt.

Original

Durch Reduzierung der Sättigung erscheint das Bild sehr matt.

Mit dem Farbverstärker wird eine Farbe ausgewählt und intensiviert.

**Effekte**

- Um die Bildmitte zu betonen und den Blick des Betrachters dorthin zu lenken kann der Effekt *Vignette* verwendet werden. Hier werden die Ränder des Bildes leicht abgedunkelt bzw. aufgehellt.

*Bild 11.22 Bild mit einer Vignette versehen*

Zum Abdunkeln im Uhrzeigersinn, zum Aufhellen gegen den Uhrzeigersinn ziehen.

272

- Die Effekte bieten mit der Option *Selektiver Fokus* eine weitere Möglichkeit einen Teil des Bildes hervorzuheben indem der Rest durch einen Weichzeichnungseffekt verschwimmt.

  Nach Anklicken von *Effekte* ▸ *Selektiver Fokus* wird dieser auf dem Foto angezeigt und kann mit der Maus verschoben werden. Um die Fokusgröße zu verändern, zeigen Sie auf die weißen Begrenzungspunkte und ziehen den Kreis bei gedrückter linker Maustaste auf die gewünschte Größe. Über die Schaltfläche *Weichzeichnen* ⊚ wählen Sie den Grad der Weichzeichnung aus. Wenn Sie zufrieden mit dem Ergebnis sind klicken Sie auf *Anwenden* ✓, sonst auf *Abbrechen* ✗.

*Bild 11.23 Bild mit selektivem Fokus*

## Speichern, Verwerfen und Vergleichen

Die Schaltflächen in der Bearbeitungsleiste sind nur nach bereits getätigten Veränderungen aktiv.

- Klicken Sie auf *Speichern* 🖫, um **alle** Änderungen, die Sie vorgenommen haben, für dieses Bild zu übernehmen.

- Wenn Sie keine Fehler korrigiert sondern z. B. ein Schwarz-Weiß-Bild erstellt oder ein Bild quadratisch zugeschnitten haben, dann möchten Sie vielleicht das Original behalten. In diesem Fall klicken Sie auf *Kopie speichern* 🖫. Im Bereich *Sammlung* erscheinen dann zwei Bilder.

*Bild 11.24 Bildkopie speichern*

Original

Schwarz-Weiß-Kopie

# 11 Spezialthema Fotos und Windows 10

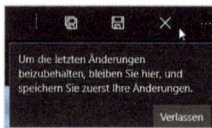

- Falls Sie keine der Änderungen übernehmen möchten, klicken Sie auf *Abbrechen* und anschließend auf *Verlassen*.

- Mit *Rückgängig machen* nehmen Sie Änderungsschritte einzeln zurück. Die Schaltfläche *Wiederholen* verwenden Sie, wenn Sie mehr rückgängig gemacht haben, als Sie eigentlich wollten.

- Mit der Schaltfläche *Vergleichen* wechseln Sie zwischen Original und verändertem Foto hin und her, um sicherzustellen, dass das veränderte Bild wirklich das Original verbessert. Nicht für jede Korrektur macht ein Vorher-Nachher-Vergleich Sinn, weswegen die Funktion z. B. beim Drehen oder Zuschneiden eines Fotos nicht zur Verfügung steht. Im Bild unten wurde die Jackenfarbe über *Farbe* ▶ *Farbverstärkung* intensiviert. Durch Anklicken von *Vergleichen* kann das Original eingeblendet werden. Sobald Sie die Maustaste wieder loslassen, wird erneut das veränderte Bild sichtbar.

*Bild 11.25 Vergleich zwischen verändertem Bild und ...*

*Bild 11.26 Original*

## 11.4 Explorer und andere Programme verwenden

### Fotos im Explorer betrachten

Exploreransichten

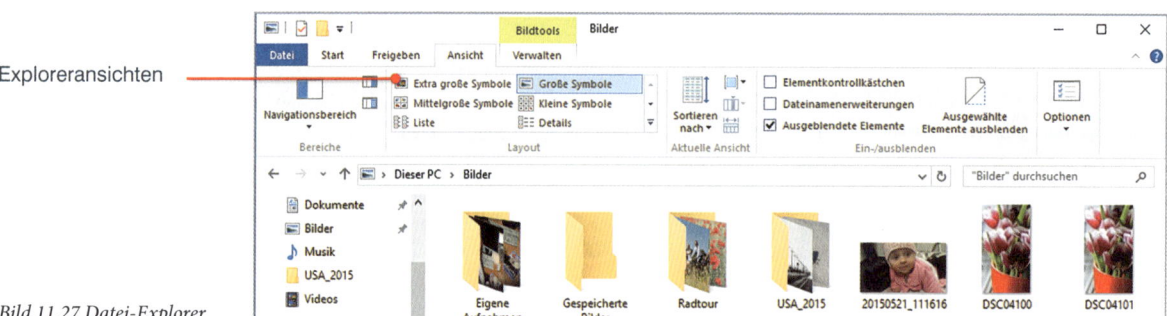

*Bild 11.27 Datei-Explorer*

Mit den Exploreransichten *Extra große Symbole* und *Große Symbole*, die Sie im Register *Ansicht* auswählen, erhalten Sie im Anzeigebereich bereits eine Vorschau auf Bilder. Ein Doppelklick auf ein Bild öffnet dieses standardmäßig mit der App *Fotos*.

## Diashow

Zur Anzeige Ihrer Bilder als Diashow, gehen Sie wie folgt vor:

1. Markieren Sie einen Ordner mit Fotos oder das erste Bild innerhalb eines Ordners, dessen Inhalt Sie als Diashow wiedergeben möchten.

2. Durch die Markierung wird im Menüband das Bildtools-Register *Verwalten* angezeigt, klicken Sie auf dieses Register.

3. Klicken Sie dann auf *Diashow*. Ist ein Ordner markiert, so startet die Wiedergabe mit dem ersten Bild des Ordners.

4. Während der Diashow erhalten Sie weitere Optionen zur Steuerung, wenn Sie mit der rechten Maustaste klicken. Mit der Esc-Taste beenden Sie die Diashow wieder.

Tipp: Das Register *Bildtools - Verwalten* bietet Ihnen noch weitere nützliche Funktionen, etwa das Drehen von Bildern im oder gegen den Uhrzeigersinn oder das Verwenden eines Bildes als Bildschirmhintergrund.

## Anwendung zur Anzeige auswählen

Um statt der App *Fotos* eine andere Anwendung zum Betrachten auszuwählen, markieren Sie das Bild und klicken im Menüband, Register *Start* ▶ Gruppe *Öffnen* auf den Dropdown-Pfeil der Schaltfläche *Öffnen* und wählen die gewünschte Anwendung. Dieselbe Auswahl erhalten Sie auch, wenn Sie mit der rechten Maustaste auf ein Bild klicken und auf *Öffnen mit* zeigen.

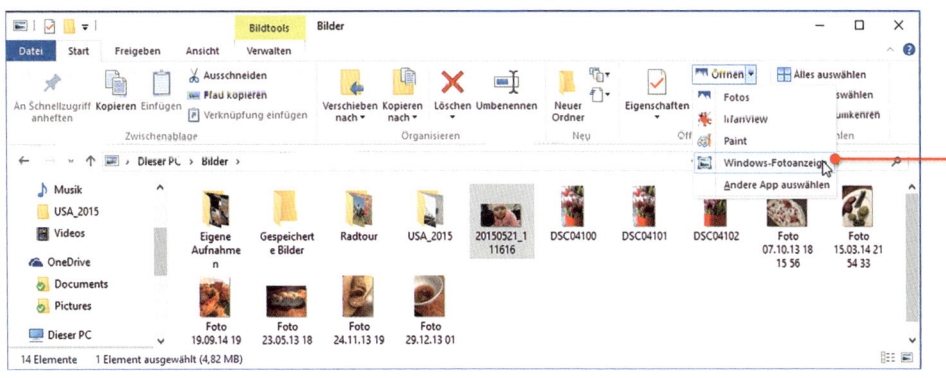

Andere Anwendung zum Betrachten von Fotos auswählen

## Windows Fotoanzeige

Die Windows Fotoanzeige verfügt am unteren Rand über eine Befehlsleiste mit Schaltflächen, mit denen Sie das nächste oder vorherige Bild anzeigen, ein Bild vergrößern und verkleinern sowie drehen können. Die Schaltfläche in der Mitte, Diashow wiedergeben, startet eine Diashow, die nacheinander alle Bilder des aktuellen Ordners anzeigt. Auch hier erfolgt der Wechsel automatisch. Zur Anzeige weiterer Befehle in der Diashow klicken Sie mit der rechten Maustaste auf ein Foto. Zum Beenden der Diashow drücken Sie die Esc-Taste.

# 11 Spezialthema Fotos und Windows 10

Kontextmenü Diashow

❶ Anzeige vergrößern / verkleinern

❷ tatsächliche Bildgröße

❸ vorheriges oder nächstes Bild anzeigen

❹ Diashow starten

❺ Bild drehen

❻ Foto löschen

*Bild 11.28 Windows Fotoanzeige*

## 11.5 Zusammenfassung

- Nach Einlegen der Speicherkarte bzw. Verbinden der Kamera mit dem PC müssen Sie den Import nur noch bestätigen und der Rest wird für Sie erledigt. Sie können natürlich auch die Bilder händisch über den Datei-Explorer kopieren. Hier erscheint die Kamera oder die Speicherkarte wie ein Wechseldatenträger und kann auch so behandelt werden. Vielleicht mit folgender Einschränkung: Löschen Sie die Bilder nicht im Datei-Explorer von der Kamera / Speicherkarte sondern verwenden Sie dazu das Kameramenü.

- Zur Anzeige von Bildern stehen die Windows Fotoanzeige oder die App Fotos zur Verfügung. Auch der Datei-Explorer zeigt eine Bildvorschau an. Besonders ist, dass die App Fotos im Bereich Sammlung Bilder gruppiert nach Aufnahmezeitraum anzeigt. Eine andere Sortierung der Bilder in Ordnern, wie sie im Datei-Explorer vorgenommen wird, hat auf die Anzeige der Sammlung keinen Einfluß.

- Die App Fotos bietet viele Möglichkeiten der einfachen Bildbearbeitung. Neben Zuschneiden, Rote Augen entfernen und Veränderung der Helligkeit oder Sättigung, stellt die App auch Retuschieren von kleinen Fehlern und einen Weichzeichnungseffekt zur Verfügung.

# 12 Nützliche Apps

**In dieser Lektion erfahren Sie...**
- wie Sie mit dem integrierten Browser im Internet surfen
- wie Sie mit der Mail-App E-Mails versenden und verwalten
- wie Sie Adressdaten und Termine verwalten

**Diese Kenntnisse sollten Sie bereits mitbringen...**
- Sicherheit im Umgang mit Windows
- Apps öffnen und schließen

# 12 Nützliche Apps

## 12.1 Microsoft Edge

**Webseite aufrufen**

Microsoft Edge ist der neue Webbrowser von Microsoft und würdige Nachfolger des Internet Explorers. Standardmäßig finden Sie das Symbol zum Aufrufen von Microsoft Edge e in der Taskleiste. Selbstverständlich kann die App auch über das Startmenü geöffnet werden.

Beim Start von Microsoft Edge wird in der Regel der Nachrichtenfeed von MSN (Microsoft Network), also eine Zusammenstellung aktueller Nachrichten angezeigt. Um sich im Internet zwischen verschiedenen Seiten zu bewegen und gezielt an Informationen zu gelangen, können Sie entweder sogenannte Links benutzen, die Adresse direkt eingeben oder nach Informationen zu einem Begriff suchen. Darüber hinaus können Sie auch die Sprachassistentin Cortana verwenden, um nach Informationen im Netz zu suchen.

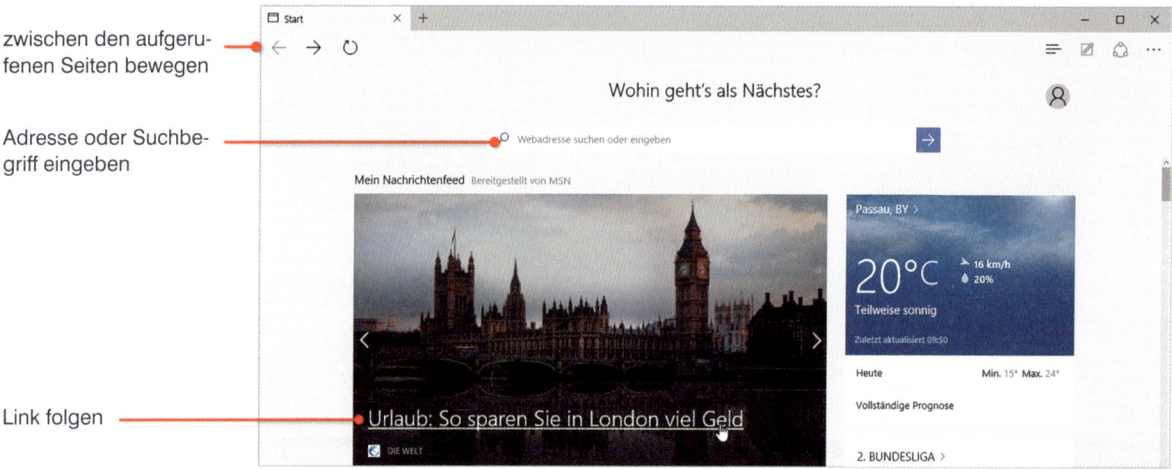

zwischen den aufgerufenen Seiten bewegen

Adresse oder Suchbegriff eingeben

Link folgen

*Bild 12.1 Startseite Microsoft Edge*

Über Links gelangen Sie schnell an die unterschiedlichsten Informationen und Seiten im Internet, daher auch der Begriff „Surfen".

**Link benutzen**

Hyperlinks, in diesem Buch und allgemein kurz als Links bezeichnet, sind Querverweise zwischen den verschiedensten Seiten des Internets. Sie brauchen nur den weiterführenden Link anklicken oder antippen, um beispielsweise den vollständigen Artikel zu einer Schlagzeile zu lesen. Jedoch können Sie sich nach einem versehentlichen Mausklick auch plötzlich auf der Seite einer Versicherung oder eines Autoherstellers befinden. Links können sowohl im Text als auch in Bildern enthalten sein:

- Wenn Sie eine Maus benutzen, dann verwandelt sich der Mauszeiger in eine Hand, sobald Sie auf einen Link zeigen.

- Häufig enthält der Text eines Links auch entsprechende Hinweise, zum Beispiel „klicken Sie hier" oder „Mehr...".

## Zurück zur vorherigen Seite

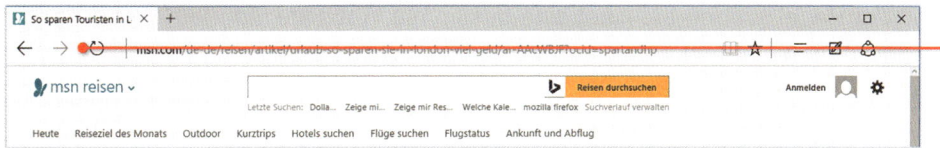

*Zurück* und dahinter *Weiter*

*Bild 12.2 Zwischen mehreren Seiten Wechseln*

Zwischen den Seiten, die Sie im Webbrowser aufgerufen haben, wechseln Sie mit den Pfeilen links oben. Mit dem *Zurück*-Pfeil können Sie die vorher besuchte Seite anzeigen. Der Pfeil *Weiter* zeigt eine Seite erneut an, die zuvor mit *Zurück* verlassen wurde. Im Beispiel oben ist dieser Pfeil nicht aktiv, da noch keine Seite mit *Zurück* wieder angezeigt wurde.

## Webadresse eingeben

Möchten Sie gezielt eine bestimmte Seite aufrufen, dann geben Sie besser die Adresse dieser Seite ein:

Der Aufbau einer Internetadresse folgt diesem Prinzip

http://
www.bildner-verlag.de/

1. Beim ersten Aufrufen des Webbrowser steht der Cursor schon im Suchfeld und Sie können sofort mit der Eingabe beginnen, z. B. *bildner-verlag.de*.

   Zum Aufrufen der Seite reicht allerdings

   bildner-verlag.de

   Falls Sie bereits eine Seite aufgerufen haben, klicken Sie oben in der Adressleiste auf die Adresse der aktuellen Seite. Diese wird markiert und kann nun überschrieben werden.

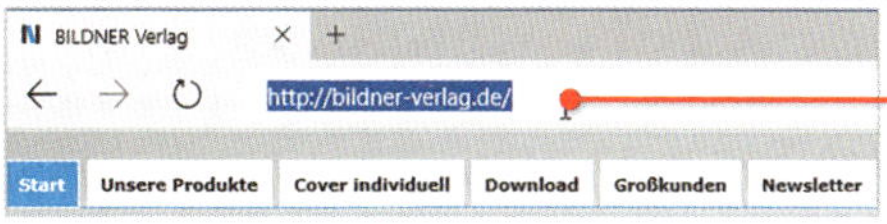

*Bild 12.3 Suchfeld*

*Bild 12.4 Adressleiste*

2. Egal, ob Sie eine Adresse in das Suchfeld der Startseite oder in die Adressleiste eingeben, eine Liste mit Suchvorschlägen wird angezeigt. Oft ist auch ein passender Vorschlag für die gesuchte Seite dabei - klicken Sie diesen an.

   Ansonsten drücken Sie nach Eingabe der Adresse die Enter-Taste oder klicken auf den blau hinterlegten Pfeil (*siehe Bild 12.3*).

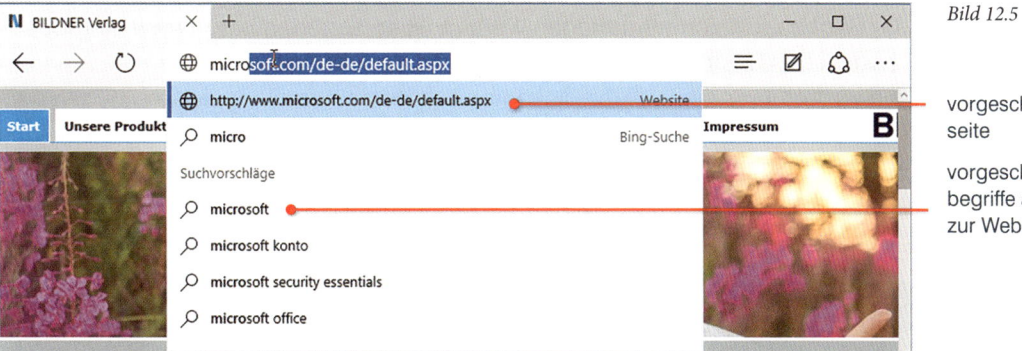

*Bild 12.5 Vorschläge*

vorgeschlagene Webseite

vorgeschlagene Suchbegriffe als Alternative zur Webseite

# 12 Nützliche Apps

**Suchbegriff eingeben**

In der Regel suchen Sie nicht eine bestimmte Webseite, sondern Webseiten zu bestimmten Themen.

Sowohl auf der Startseite im Suchfeld als auch in der Adressleiste können ein oder mehrere Suchbegriffe eingetragen werden. Der Ablauf gleicht der Eingabe der Webadresse. Auch hier erhalten Sie Suchvorschläge, die Sie durch Anklicken übernehmen können.

*Bild 12.6 Suchbegriffe eingeben*

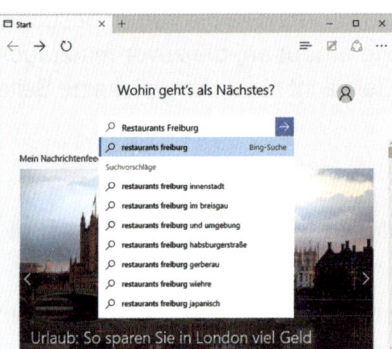
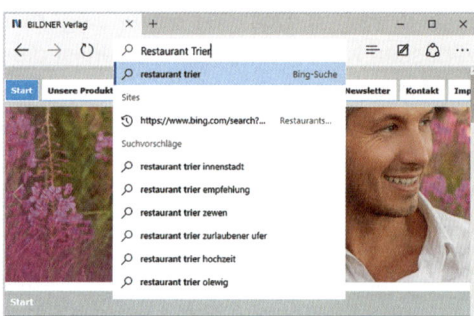

Nach Bestätigung der Suchanfrage erhalten Sie eine Trefferliste. Microsoft Edge sucht mit der hauseigenen Suchmaschine *bing*.

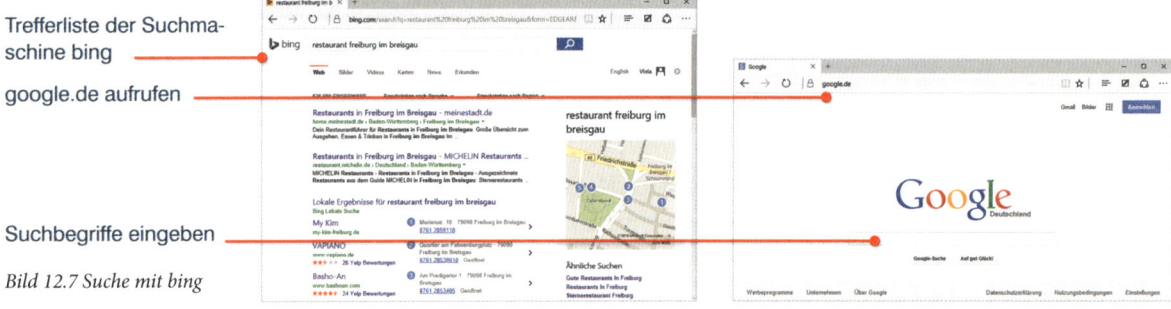

Trefferliste der Suchmaschine bing

google.de aufrufen

Suchbegriffe eingeben

*Bild 12.7 Suche mit bing*

*Bild 12.8 Google-Suchmaschine*

Als Alternative kann auch direkt die Seite einer Suchmaschine aufgerufen und der Suchbegriff dort eingetragen werden. Hier ist neben bing (www.bing.de) sicherlich das Google-Angebot (www.google.de) am bekanntesten.

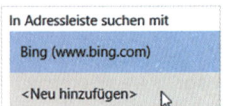

> **Google als Standardsuchmaschine festlegen**
> 
> Sie entscheiden mit welcher Suchmaschine Sie standardmäßig suchen möchten. Klicken Sie auf Weitere Aktionen ⋯ (Dreipunkte-Symbol rechts oben) und wählen Sie Einstellungen aus. Klicken Sie dann auf Erweiterte Einstellungen anzeigen und öffnen Sie bei In Adressleiste suchen mit das Listenfeld. Hier klicken Sie auf Neu hinzufügen, markieren www.google.de und klicken dann auf Als Standard hinzufügen.
> 
> Ab jetzt wird die Suchmaschine von Google verwendet, wenn Sie einen Suchbegriff in das Adressfeld eintragen oder Cortana eine Frage stellen.

## Cortana sucht mit

Anstatt Suchbegriffe in Microsoft Edge einzutippen, fragen Sie einfach die Sprachassistentin Cortana. Diese startet den Webbrowser und veranlasst die Suche.

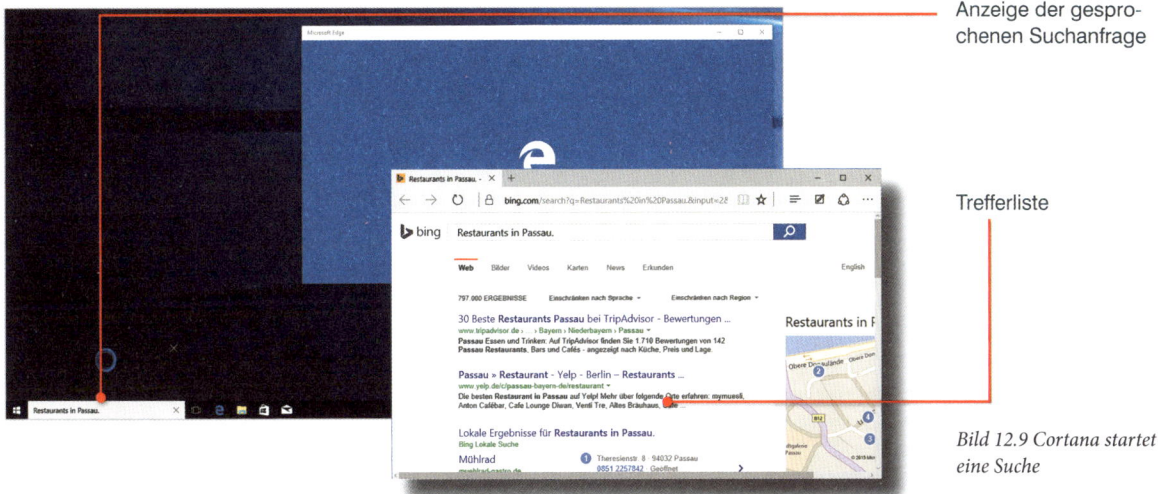

Anzeige der gesprochenen Suchanfrage

Trefferliste

Bild 12.9 Cortana startet eine Suche

Auch während Sie in Microsoft Edge arbeiten, kann Cortana hilfreich sein. Falls Sie weitere Informationen zu einem Satz oder Wort benötigen, markieren Sie dieses, klicken mit der rechten Maustaste auf die Markierung und wählen im Kontextmenü *Cortana fragen* aus. Im rechten Bereich des Webbrowsers erstellt Cortana eine Trefferliste mit Informationen zum markierten Text. Wenn Sie auf einen Link der Trefferliste klicken, wird die Information in einem neuen Tab angezeigt (Tab siehe Seite 284). Die Trefferliste verschwindet automatisch sobald Sie in das ursprüngliche Fenster klicken.

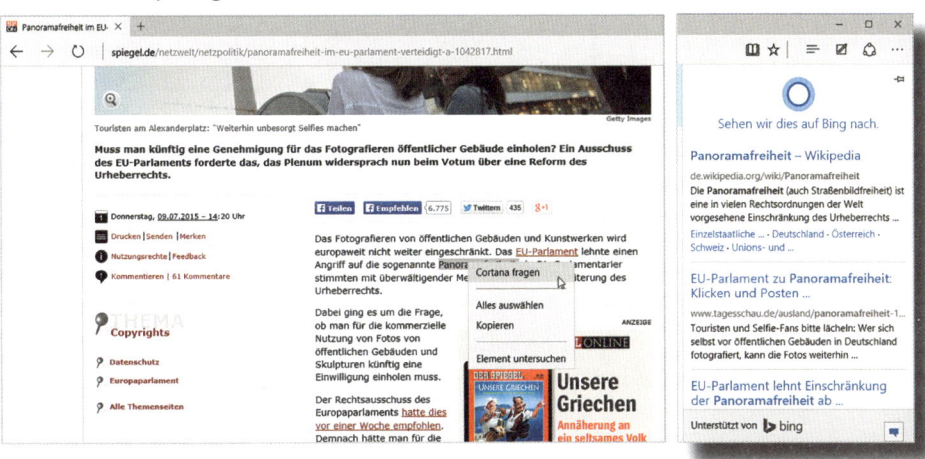

Bild 12.10 Cortana sucht Informationen zum markierten Begriff

# 12 Nützliche Apps

**Browserverlauf**

Die Webadressen aller besuchten Internetseiten werden im Verlauf aufgelistet. Für die Aufnahme einer Adresse in den Verlauf ist es unerheblich, ob Sie die Webadresse in den Browser eintippen oder ob Sie die Seite über einen Link aufgerufen haben.

Bei der Eingabe eines Suchbegriffs oder einer Webseite in Microsoft Edge werden bei den Webseitenvorschlägen bereits besuchte Seiten einbezogen.

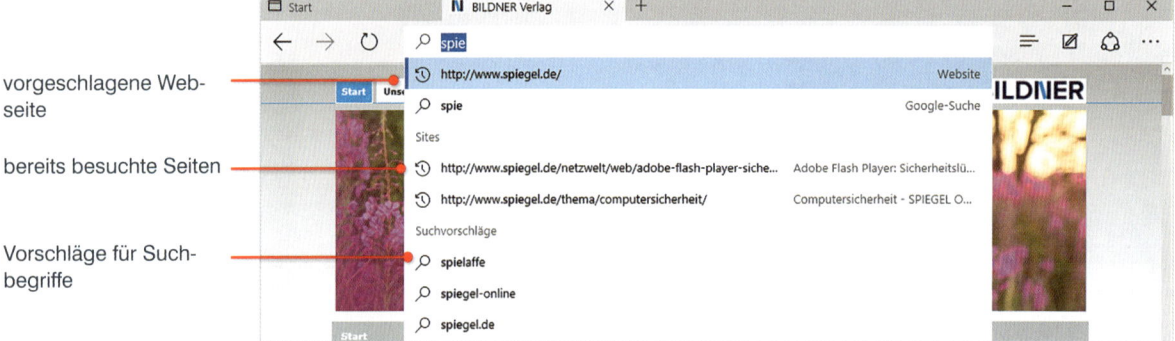

- vorgeschlagene Webseite
- bereits besuchte Seiten
- Vorschläge für Suchbegriffe

Eine nach Datum sortierte Liste aller besuchten Seiten kann über *Hub* ▶ *Verlauf* angezeigt werden. Das ist praktisch, wenn man eine Seite sucht, die man schon besucht hat, deren Adresse man aber vergessen hat. Zur erneuten Anzeige der Seite klicken Sie diesen Eintrag an.

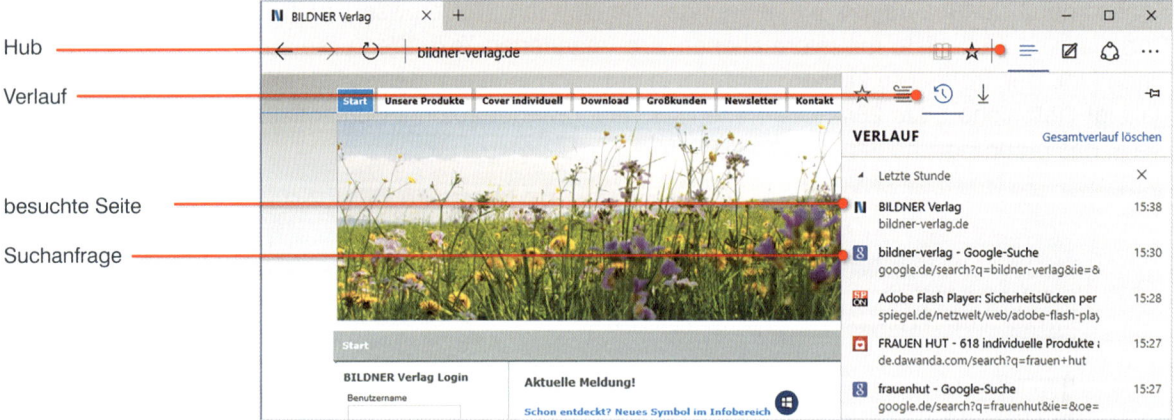

- Hub
- Verlauf
- besuchte Seite
- Suchanfrage

 Im Verlauf sind nicht nur einzelne Seiten sondern auch Suchanfragen gespeichert, die ebenfalls erneut angezeigt werden können.

## InPrivate-Fenster

Um zu verhindern, dass besuchte Seiten im Verlauf auftauchen, z. B. beim Online-Einkauf eines Geburtstagsgeschenks, klicken Sie auf *Weitere Aktionen* (Dreipunkte-Symbol rechts oben) und wählen *Neues InPrivate-Fenster*. Ein neues Fenster wird geöffnet.

Bild 12.11 InPrivate-Fenster aufrufen

## Leseansicht verwenden

Eine Internetseite enthält neben Werbung auch eine Vielzahl anderer Elemente die vom Text, den Sie gerne lesen möchten, ablenken. Hier hilft die *Leseansicht*, die Sie durch anklicken von  in der Adressleiste aktivieren und auch wieder deaktivieren.

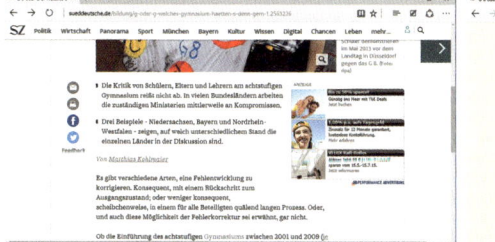

Bild 12.12 Internetseite in der Standardansicht

Bild 12.13 Internetseite in der Leseansicht

*Achtung! Die Leseansicht wird nicht von allen Internetseiten unterstützt.*

Hintergrundfarbe und Schriftgröße der Leseansicht können über *Weitere Aktionen* ⋯ (Dreipunkte-Symbol rechts oben) ▶ *Einstellungen* ▶ Bereich *Lesen* verändert werden. Bei Auswahl des Stils *Dunkel* wird der Hintergrund Schwarz und die Schrift weiß angezeigt.

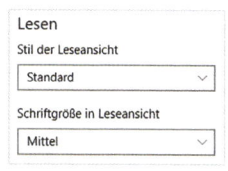

# 12 Nützliche Apps

**Tabs verwenden**

Tabs oder auch Registerkarten machen es möglich, dass im Webbrowser auch mehrere Seiten gleichzeitig geöffnet bleiben können. Manchmal wird eine Webseite automatisch auf einem weiteren Tab angezeigt, z. B. beim Anklicken einer Werbung. Das kann allerdings nicht verallgemeinert werden und hängt von den Einstellungen der Seite ab.

**Neuen Tab öffnen und schließen**

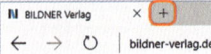

Zur Anzeige eines neuen Tabs klicken Sie auf das Plus-Symbol, welches hinter der ersten Registerkarte abgebildet wird oder Sie verwenden *Strg + T*.

Im neuen Tab tippen Sie entweder in das Suchfeld eine Webadresse oder einen Suchbegriff ein oder klicken auf eine der häufig verwendeten Seiten (*Top-Sites*). Seiten, die häufig aufgerufen werden, werden automatisch in den Bereich *Top-Sites* übernommen.

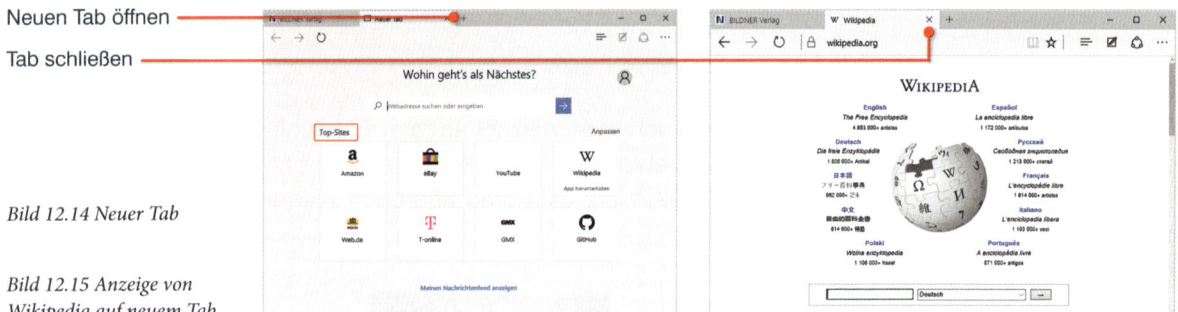

Neuen Tab öffnen

Tab schließen

*Bild 12.14 Neuer Tab*

*Bild 12.15 Anzeige von Wikipedia auf neuem Tab*

Alternative zum Wechsel zwischen den Tabs:

Strg + Tab-Taste

Sie wechseln zwischen den geöffneten Tabs, indem Sie einfach auf den Registerkartenreiter der gewünschten Seite klicken. Zum Schließen nicht mehr benötigter Tabs klicken Sie auf das *X* auf dem Registerkartenreiter. Wenn Sie den Browser mit mehreren Tabs schließen, erhalten Sie die folgende Meldung (siehe Bild 12.16). Unter Umständen ist es von Vorteil ein Häkchen bei *Immer alle Tabs schließen* zu setzen und so jede weitere Nachfrage für immer zu unterbinden.

**Tipp:** *Falls das X zum Schließen des Tabs nicht auf dem Registerkartenreiter angezeigt wird, zeigen Sie mit der Maus auf den Reiter.*

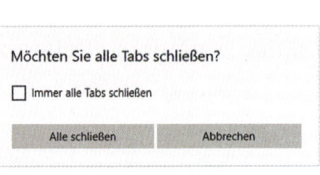
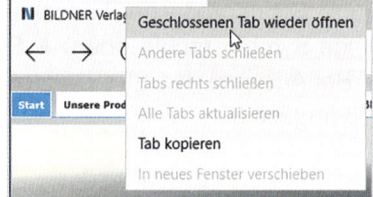

*Bild 12.16 Meldung beim Schließen des Browsers mit mehreren Tabs*

*Bild 12.17 versehentlich geschlossenen Tab wieder anzeigen*

Versehentlich geschlossene Tabs lassen sich wiederherstellen: Klicken Sie auf den verbliebenen Tab mit der rechten Maustaste und wählen Sie im Kontextmenü *Geschlossenen Tab wieder öffnen*.

## Tipp zum Arbeiten mit mehreren Tabs

Besonders praktisch ist das Arbeiten mit mehreren Tabs, wenn Sie die interessanten Treffer einer Suchanfrage nicht im selben Tab sondern auf neuen Tabs öffnen. So haben Sie auf einem Register immer die Trefferliste und auf den anderen die einzelnen Internetseiten zu Ihrer Suchanfrage. Klicken Sie mit der rechten Maustaste auf den Link und hier auf *In neuem Tab öffnen* oder halten Sie die Strg-Taste gedrückt und klicken Sie auf einen Link. In beiden Fällen wird die aufgerufene Seite in einem neuen Tab geöffnet.

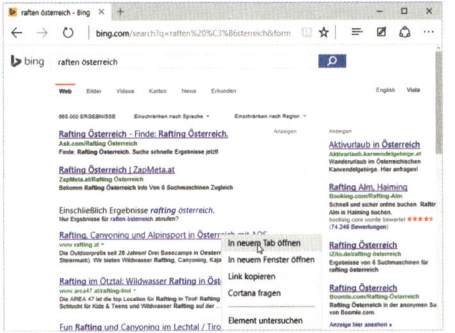 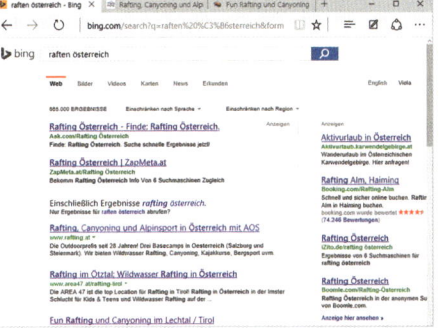

*Bild 12.18 Seite in neuem Tab öffnen*

*Bild 12.19 Browser mit drei geöffneten Tabs*

## Favoriten und Leseliste

Mit Favoriten speichern Sie Adressen interessanter oder häufig benötigter Webseiten und können diese so später schneller wieder aufrufen.

### Favoriten hinzufügen

Zeigen Sie die Seite in Microsoft Edge an und klicken Sie in der Adressleiste auf die Schaltfläche ☆ *Zu Favoriten oder Leseliste hinzufügen*. Achten Sie darauf, dass bei *Erstellen in* der Bereich *Favoriten* ausgewählt ist und geben Sie ggf. bei *Name* eine sinnvolle Bezeichnung ein. Falls Sie Ihre Favoriten verwalten möchten, kann durch anklicken von *Neuen Ordner erstellen* ein neuer Ordner hinzugefügt werden, in den der Favorit automatisch einsortiert wird. Weitere Favoriten werden nur in diesen Ordner gespeichert, wenn er bei *Erstellen in* ausgewählt wurde. Um den Vorgang abzuschließen klicken Sie auf *Hinzufügen*.

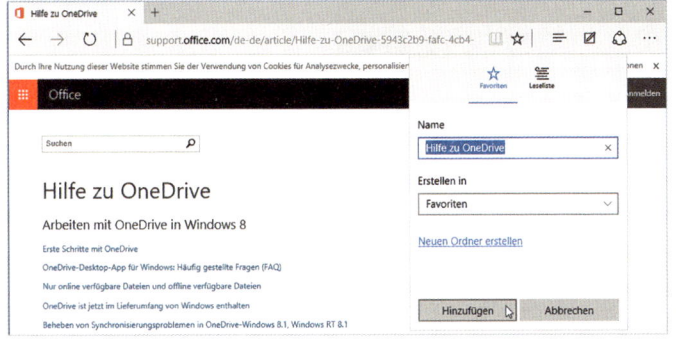 

*Bild 12.20 Seite in den Favoriten abspeichern*

*Bild 12.21 Seite in einem neuen Ordner abspeichern*

### Favoriten anzeigen

Um eine Internetseite, die als Favorit gespeichert wurde, erneut anzuzeigen, wählen Sie *Hub* ▶ *Favoriten* und klicken den gewünschten Eintrag an. Unter Umständen müssen Sie noch durch Anklicken einen Ordner öffnen.

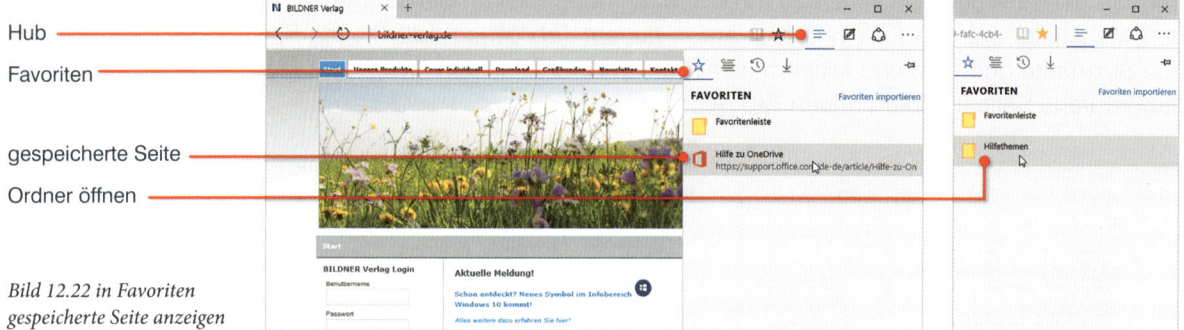

Hub
Favoriten

gespeicherte Seite
Ordner öffnen

*Bild 12.22 in Favoriten gespeicherte Seite anzeigen*

### Webseite aus den Favoriten entfernen

Um eine Seite wieder aus der Favoritenliste zu entfernen, wählen Sie *Hub* ▶ *Favoriten* klicken mit der rechten Maustaste auf den zu löschenden Eintrag und wählen im Kontextmenü *Entfernen*.

**Tipp! Seiten an Startmenü anheften**
Seiten, die Sie quasi täglich öffnen, können als Kachel ans Startmenü angeheftet werden. Zeigen Sie die Seite in Microsoft Edge an, klicken Sie auf Weitere Aktionen (Dreipunkte-Symbol rechts oben) und wählen Sie An „Start" anheften.

*Bild 12.23 Internetseite ans Startmenü anheften*

# Nützliche Apps 12

**Leseliste verwenden**

Die *Leseliste* unterscheidet sich kaum von den *Favoriten*. Auch hier werden Seitenadressen gespeichert. Sie legen hier Seiten ab, deren Inhalte Sie später lesen möchten. Das Anlegen und entfernen, gleicht der Vorgehensweise bei *Favoriten*. Zum Anlegen zeigen Sie die Seite, deren Inhalt Sie später einmal lesen möchten, an, klicken auf die Schaltfläche ☆ *Zu Favoriten oder Leseliste hinzufügen* und achten darauf, dass der Bereich *Leseliste* ausgewählt ist. Wichtig ist, das Sie Gelesenes aus der Liste entfernen, damit diese die Übersichtlichkeit nicht verliert. Klicken Sie auf *Hub* ▸ *Leseliste* und mit der rechten Maustaste auf den Eintrag den Sie entfernen möchten.

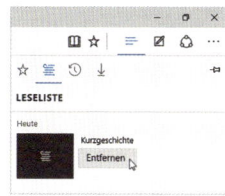

**Webseitennotiz**

Mit Webseitennotizen können Sie Textstellen einer Internetseite markieren oder Notizen hinterlegen. Die Adresse der Seite und die hinzugefügten Informationen speichern Sie entweder unter *Favoriten* ab oder teilen die Seite mit einer anderen Person. So geht's:

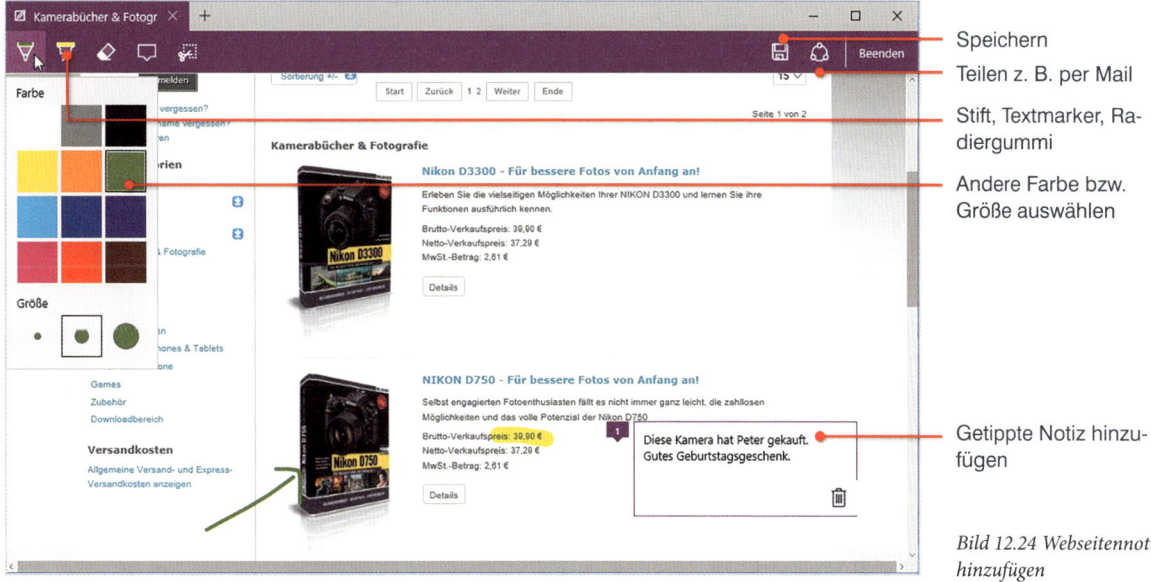

*Bild 12.24 Webseitennotiz hinzufügen*

**1** Klicken Sie auf die Schaltfläche ✎ *Webseitennotiz erstellen*, um die Bearbeitungstools einzublenden.

**2** Mit *Stift* oder *Textmarker* heben Sie Elemente der Webseite hervor. Zum Entfernen der Markierungen verwenden Sie den *Radiergummi*. Zur Auswahl einer anderen Farbe bzw. Stärke klicken Sie erneut auf den bereits ausgewählten *Stift* bzw. *Textmarker* und wählen eine Farbe bzw. Stärke im Pull-Down-Menü aus.

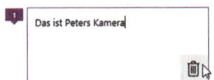

3 Um eigene Anmerkungen zu hinterlegen, wählen Sie *Getippte Notiz hinzufügen* aus. Dadurch verwandelt sich der Mauszeiger in ein schwarzes Kreuz. Klicken Sie auf die Webseite um an dieser Stelle eine Notiz hinzuzufügen. Über das Papierkorb-Symbol im Textfeld kann die Notiz wieder gelöscht werden.

4 Klicken Sie auf *Webseitennotiz speichern* 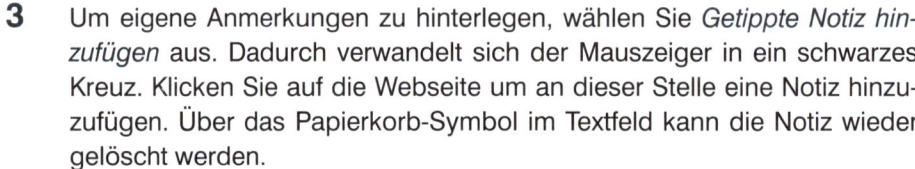, um sowohl die Seitenadresse, wie auch Ihre Anmerkungen abzuspeichern. Sie können die Notiz an *OneNote* senden oder sie zu den *Favoriten* bzw. der *Leseliste* hinzufügen.

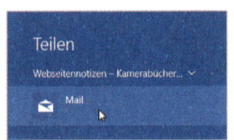

5 Alternativ oder zusätzlich kann die Seite als Bilddatei (jpg-Datei) z. B. per App *Mail* versendet werden. Klicken Sie auf die Schaltfläche *Teilen* und wählen Sie rechts im sich öffnenden Bereich *Mail* aus (wie Sie mit der App *Mail* arbeiten, lernen Sie in der nächsten Lektion). Falls die App *Mail* mit mehreren Konten verbunden ist, wählen Sie das Konto aus, mit dem Sie die Seite versenden möchten. Danach wird ein Nachrichtenformular angezeigt, in das Sie die E-Mail Adresse des Empfängers und eine Nachrichtentext eintragen. Die kommentierte Internetseite wurde bereits als Anhang hinzugefügt. Klicken Sie abschließend auf *Senden*.

*Bild 12.25 Webseite mit Notizen als JPEG-Datei im Anhang einer E-Mail versenden*

*Bild 12.26 Gespeicherte Webseitennotiz wieder anzeigen*

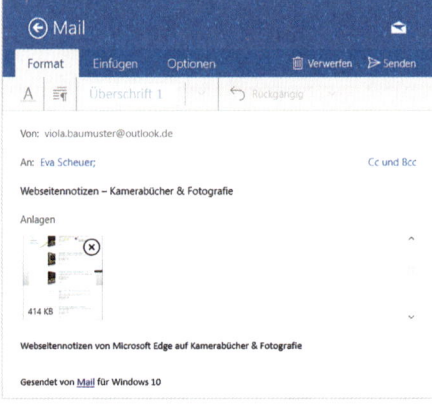
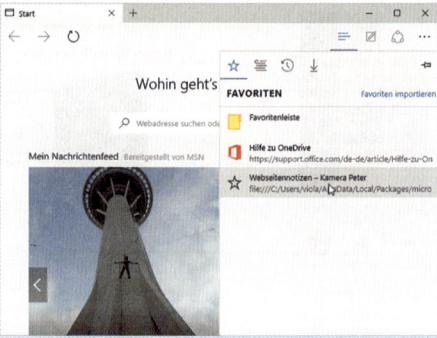

Wenn Sie erneut zur Webseite navigieren, werden die Notizen und Markierungen nicht mehr angezeigt. Sofern Sie die Seite samt Notizen in *Favoriten* bzw. *Leseliste* gespeichert haben, können Sie diese wieder anzeigen: Tippen Sie in Microsoft Edge auf die Schaltfläche *Hub*, wählen *Favoriten* bzw. *Leseliste* aus und klicken den gespeicherten Eintrag an, um Ihre Notizen und Markierungen wieder anzeigen zu lassen.

## 12.2 Mail

Die Apps *Mail*, *Kontakte* und *Kalender* ersetzen kein professionelles Programm wie beispielsweise Microsoft Outlook, bieten aber die Möglichkeit, auf einfache Weise E-Mails zu senden und zu empfangen, übers Internet auf Adressdaten zuzugreifen und Termine zu verwalten. Die Apps basieren auf dem Microsoft-Konto, wobei sich auch weitere E-Mail-Konten hinzufügen lassen.

**Überblick**

Die App *Mail* dient dem Senden und Empfangen von E-Mails, also elektronischer Post. Die E-Mail-Adresse ist standardmäßig die Ihres Microsoft-Kontos. Beim ersten Start der App wird, für die zu Ihrem Microsoft-Konto gehörende E-Mail Adresse, automatisch ein E-Mail-Konto eingerichtet. Falls Sie noch über eine zweite E-Mail Adresse verfügen, können Sie bei dieser Gelegenheit auch für diese ein *Konto hinzufügen*, sonst klicken Sie auf *Bereit*.

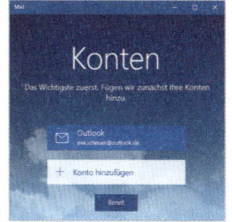

Anschließend zeigt die App den Posteingang des Kontos an.

- Die linke Spalte der App dient der Navigation (Navigationsbereich). Oben sehen Sie das verwendete E-Mail-Konto, darunter den dazugehörigen Posteingang, weitere Ordner erscheinen, wenn Sie auf *Mehr* klicken.

  In Abhängigkeit von der Fenstergröße kann dieser Bereich auch minimiert dargestellt werden. Durch Anklicken von ☰ links oben, wird der Navigationsbereich manuell minimiert bzw. wieder ausgeklappt.

- Die mittlere Spalte (Nachrichtenbereich) zeigt den Inhalt des ausgewählten Ordners an. Standardmäßig ist der Ordner *Posteingang* ausgewählt.

- Zum Lesen klicken Sie im Nachrichtenbereich auf eine Mail. Diese wird hervorgehoben (markiert) und ihr Inhalt erscheint in der rechten Spalte (Lesebereich).

Hinweis: Die Bezeichnungen Navigationsbereich, Nachrichtenbereich und Lesebereich werden in der App Mail nicht verwendet, eignen sich aber gut zur besseren Unterscheidung, weshalb sie hier benutzt werden.

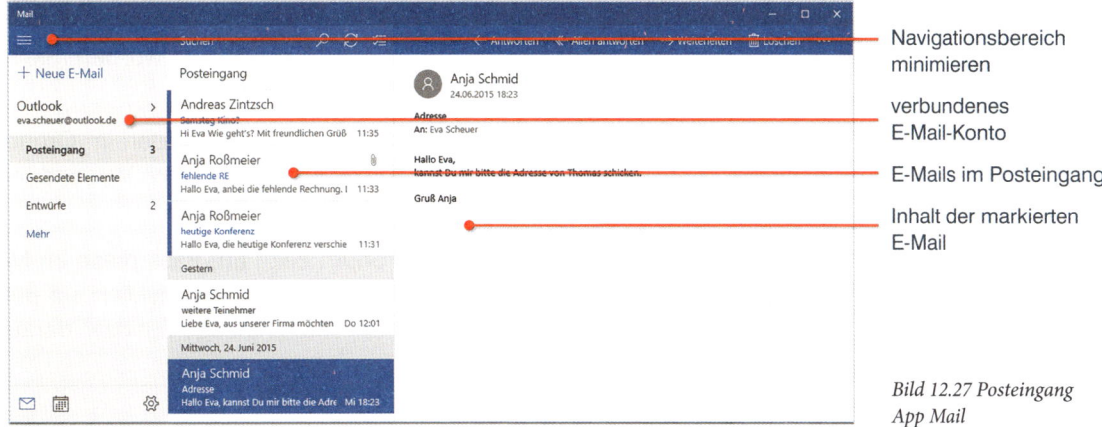

*Bild 12.27 Posteingang App Mail*

### E-Mail-Ordner

Die Ordner *Posteingang*, *Gesendete Elemente* und *Entwürfe* werden im Navigationsbereich der App *Mail* angezeigt. Die Ordner *Postausgang*, *Werbung* und *Papierkorb* erhalten Sie durch Anklicken von *Mehr*.

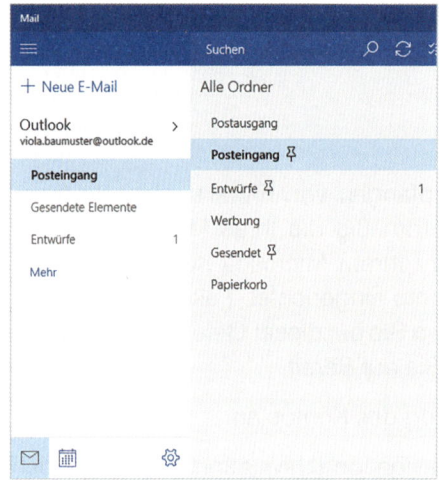
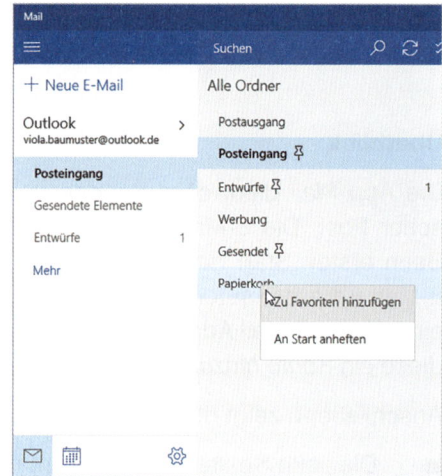

*Bild 12.28 Anzeige alle E-Mail Ordner*

*Bild 12.29 Ordner zum Navigationsbereich hinzufügen*

Darstellung, Anzahl und Namen der angezeigten Ordner sind abhängig vom verbundenen Konto und können variieren. Für dieses Beispiel wurde ein Outlook.de-Konto verwendet.

- Im *Posteingang* sind alle empfangenen E-Mails gespeichert.

- Sobald Sie eine E-Mail senden, wird diese in den Ordner *Postausgang* verschoben und in der Regel gleich verschickt. Deshalb ist der Ordner meist leer. Falls sich E-Mails in diesem Ordner befinden, so wurden diese noch nicht versendet, z. B. weil Sie gerade offline arbeiten, also ohne Verbindung zum Internet.

- Beim Senden werden alle E-Mails automatisch als Kopie im Ordner *Gesendete Elemente* gespeichert.

- Unerwünschte E-Mails werden beim Empfangen automatisch in den Ordner *Werbung* verschoben.

- Im *Papierkorb* befinden sich alle E-Mails, die gelöscht wurden. Sie sollten den Inhalt dieses Ordners von Zeit zu Zeit löschen.

- Alle E-Mails, die Sie verfassen und nicht senden, werden im Ordner *Entwürfe* gespeichert und gegebenenfalls für eine spätere Versendung aufbewahrt.

Das Pin-Symbol hinter den einzelnen Ordnern zeigt an, dass diese im Navigationsbereich angezeigt werden (*Favoriten*). Mit einem Rechtsklick auf den entsprechenden Ordner kann dieser zu den Favoriten hinzugefügt bzw. daraus entfernt werden.

## E-Mails lesen

Die Zahl hinter *Posteingang* in der linken Spalte gibt an, wie viele neue, noch nicht gelesene E-Mails sich hier befinden. Im Nachrichtenbereich erkennen Sie ungelesene E-Mails am farbig und fett hervorgehobenen Betreff sowie am blauen Balken neben der Nachricht.

Sobald Sie im Nachrichtenbereich auf eine Mail klicken, erscheint ihr Inhalt rechts und die Nachricht wird als gelesen eingestuft.

*Das Empfangen von E-Mails geschieht automatisch. Falls gewünscht, können Sie die Synchronisation auch durch Anklicken von*  *oberhalb des Nachrichtenbereichs starten.*

Wenn eine neue E-Mail eingeht, erhalten Sie im Info-Center eine Benachrichtigung. Diese wird auch angezeigt, wenn die App *Mail* nicht geöffnet ist. Mit einem Klick auf die Benachrichtigung öffnen Sie die App *Mail* und zeigen die neue Nachricht an.

## E-Mails verfassen und senden

### Neue E-Mail schreiben

**1** Zum Schreiben einer neuen E-Mail klicken Sie links im Navigationsbereich auf *Neue E-Mail*. Rechts im Lesebereich erscheint ein leeres Nachrichtenformular, gleichzeitig wird die E-Mail automatisch im Ordner *Entwürfe* gespeichert.

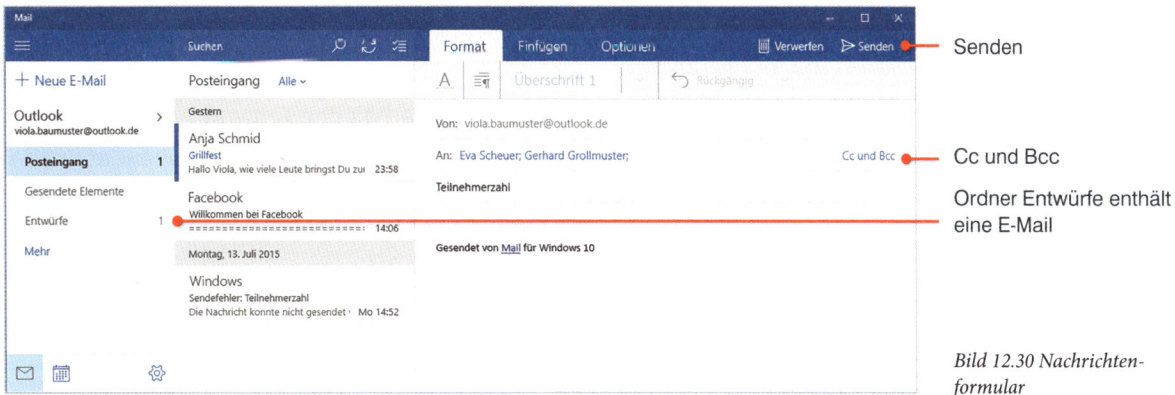

*Bild 12.30 Nachrichtenformular*

**2** **Adresse eingeben:** Klicken Sie in das Eingabefeld *An:* und tragen Sie hier die E-Mail-Adresse des Empfängers ein. Auch mehrere Adressen, getrennt durch Semikolon (;) können eingeben werden.

Durch Anklicken von *Cc und Bcc* fügen Sie diese Zeilen hinzu. In die Zeile *Cc:* tragen Sie Empfänger ein, die die Nachricht „in Kopie" erhalten, d.h.

diese Personen sollen nur über den Inhalt informiert werden, es wird keine weitere Aktion erwartet. Personen, die Sie bei *Bcc:* eintragen, erhalten die E-Mail ebenfalls. Allerdings sehen alle anderen Empfänger der Nachricht nicht, dass die E-Mail auch an diese Kontakte gesendet wurde.

Ist eine E-Mail-Adresse in der App *Kontakte* oder im E-Mail-Konto bereits gespeichert bzw. haben Sie von dieser Person schon eine E-Mail erhalten, so erscheinen nach Eingabe der ersten Zeichen des Namens ein oder mehrere Vorschläge, die Sie durch Anklicken übernehmen. In diesem Fall zeigt das Feld anstelle der E-Mail-Adresse Vorname und Name des Empfängers an.

3 **Betreff eingeben:** Klicken Sie in die Zeile *Betreff* und geben Sie einen kurzen Text ein, z. B. *Teilnehmerzahl*. Dieser ist zwar nicht zwingend erforderlich, liefert aber dem Empfänger einen ersten Hinweis auf den Inhalt.

4 **Text eingeben:** Klicken Sie dann in das Feld darunter und geben Sie Ihren Nachrichtentext in beliebiger Länge ein.

5 **E-Mail senden:** Zuletzt klicken Sie auf *Senden*. Die Nachricht wird gesendet und die E-Mail verschwindet aus dem Ordner *Entwürfe*.

**Antworten und Weiterleiten**

Oft ist es praktischer keine neue E-Mail zu verfassen, sondern auf eine empfangene Nachricht gleich zu antworten. Die Empfängeradresse wird dann automatisch eingetragen und der Text der E-Mail, auf die Sie antworten, wird angehängt. Eine E-Mail-Konversation, die immer mit gegenseitigem Antworten geführt wird, hat den Vorteil, dass alle bisherigen Nachrichten in der letzten E-Mail enthalten sind.

Markieren Sie im Posteingang die E-Mail auf die Sie antworten möchten und klicken Sie rechts auf

- *Antworten*: Nur Absender/Absenderin erhält Ihre Antwort.
- *Allen antworten*: Falls die E-Mail an mehrere Empfänger gesendet wurde, so erhalten alle Ihre Antwort.

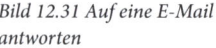

*Bild 12.31 Auf eine E-Mail antworten*

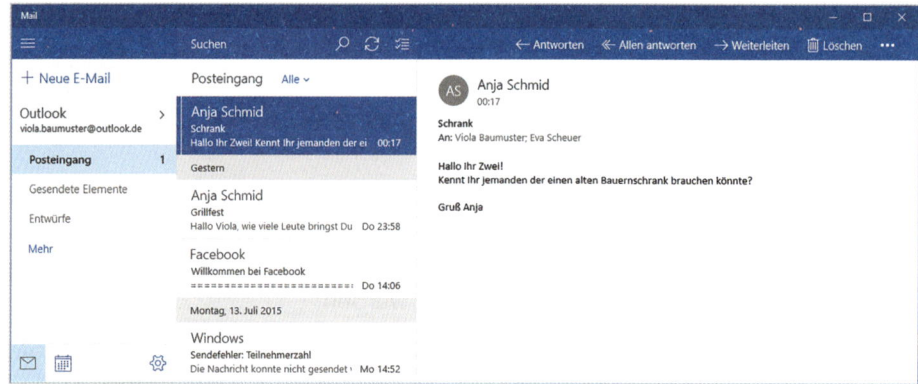

# Nützliche Apps 12

Darüber hinaus können Sie eine empfangene Nachricht auch an eine dritte Person schicken durch Anklicken der Schaltfläche *Weiterleiten*. Hier geben Sie bei *An:* die E-Mail-Adresse ein und fügen, falls gewünscht weiter unten noch einen erklärenden Text hinzu.

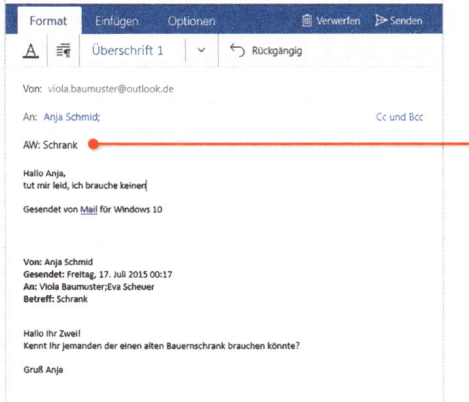 

AW = Antworten
WG = Weiterleitung

eigener Text

angehängte, ursprüngliche Nachricht

*Bild 12.32 Auf eine Nachricht antworten*

*Bild 12.33 Eine Nachricht weiterleiten*

## Der Ordner Entwürfe

Wie bereits erwähnt, wird jede von Ihnen verfasste E-Mail zunächst im Ordner *Entwürfe* gespeichert. Wozu ist das gut? Wenn Sie während des Schreibens einer E-Mail auf einen Ordner oder eine empfangene Nachricht klicken, wird die E-Mail, die Sie gerade verfassen, nicht mehr angezeigt. Jetzt benötigen Sie den Ordner *Entwürfe*. Klicken Sie diesen an, um alle nicht versendeten E-Mails anzuzeigen und wählen Sie durch Anklicken die E-Mail aus, die Sie bearbeiten und/oder versenden möchten.

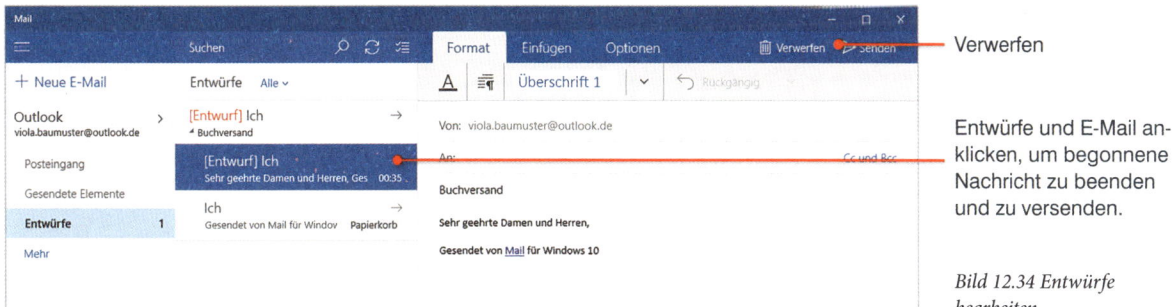

Verwerfen

Entwürfe und E-Mail anklicken, um begonnene Nachricht zu beenden und zu versenden.

*Bild 12.34 Entwürfe bearbeiten*

**Nachrichten verwerfen**
*E-Mails, die Sie begonnen haben zu schreiben, aber doch nicht verwenden wollen, sollten Sie durch Anklicken der Schaltfläche Verwerfen aus dem Ordner Entwürfe löschen. So bleibt der Ordner Entwürfe übersichtlich und enthält keine E-Mail-Leichen.*

# 12 Nützliche Apps

## Verwaltung von E-Mails

Je nach Größe des App-Fensters sind die Befehle *Löschen*, *Kennzeichnung festlegen*, *Verschieben* etc. entweder auf der Befehlsleiste rechts vorhanden oder werden durch Anklicken von *Aktionen* (Drei-Punkte-Symbol) angezeigt. Die Befehle werden nur angezeigt, wenn mindestens eine E-Mail markiert ist. Natürlich kann einer dieser Befehle auch gleich auf mehrere E-Mails übertragen werden.

*Bild 12.35 Weitere Befehle anzeigen*

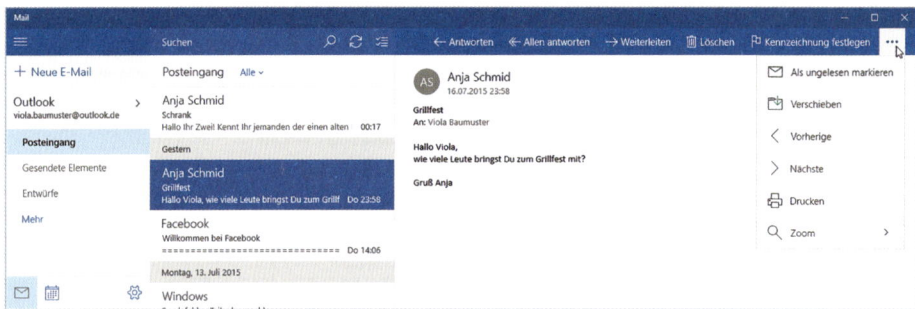

Um mehrere Mails gleichzeitig zu markieren...

- halten Sie die Strg-Taste gedrückt und klicken die gewünschten E-Mails an
- klicken Sie auf die Schaltfläche *Auswahlmodus starten* . Die einzelnen E-Mails erhalten ein Kästchen, in das Sie zur Auswahl der E-Mail klicken. Falls Sie diese Alternative verwenden, werden die Befehle oberhalb des Nachrichtenfensters angezeigt.

von links nach rechts

Löschen

Verschieben

Kennzeichnung festlegen

Folgende Befehle stehen zur Verfügung:

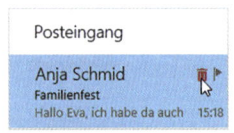

- **Löschen:** Markieren Sie die E-Mail und klicken Sie auf *Löschen*. Die Mail wird in den Papierkorb verschoben. Alternativ löschen Sie eine Mail indem Sie im Nachrichtenfenster auf die E-Mail zeigen. Dadurch wird das Löschen-Symbol rechts neben der Mail angezeigt. Klicken Sie das Papierkorb-Symbol an.

- **Kennzeichnung festlegen:** Wenn Sie wichtige E-Mails hervorheben möchten, dann markieren Sie diese und klicken in der Befehlsleiste auf *Kennzeichnung festlegen*. Die markierte E-Mail erhält ein rotes Flaggensymbol. Alternativ können Sie auch auf die E-Mail zeigen und dann das Flaggensymbol anklicken. Alle gekennzeichneten E-Mails werden im Nachrichtenbereich mit einem gelben Hintergrund versehen.

  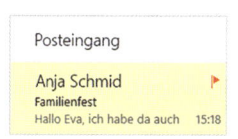

  Der Vorteil einer Kennzeichnung ist auch, dass Sie gekennzeichnete E-Mails eines Ordners alleine anzeigen können: Klicken Sie im Nachrichtenbereich auf *Alle* und wählen Sie *Gekennzeichnet* aus. Vergessen Sie nicht, anschließend den Filter zu entfernen und wieder *Alle* anzuzeigen.

  Um eine Kennzeichnung zu entfernen, klicken Sie auf die rote Flagge hinter der E-Mail im Nachrichtenbereich. Alternativ markieren Sie die gekennzeichnete Nachricht und verwenden den Befehl *Kennzeichnung löschen*.

- **Verschieben:** Manchmal werden E-Mails irrtümlich als Werbemails ausgefiltert und landen statt im *Posteingang* im Ordner *Werbung*. Oder Sie löschen aus Versehen eine E-Mail und möchten diese aus dem *Papierkorb* wieder in den Ursprungsordner verschieben. In beiden Fällen hilft der Befehl *Verschieben*. Markieren Sie die betreffende E-Mail, klicken Sie auf *Verschieben* und wählen Sie einen Zielordner aus.

- **Ungelesen/Gelesen:** Um eine gelesene E-Mail nachträglich wieder als ungelesen zu markieren, klicken Sie auf den Befehl *Als ungelesen markieren*. Analog zur Kennzeichnung können Sie auch nach ungelesenen E-Mails filtern.

- **Drucken:** Markieren Sie die gewünschte E-Mail klicken Sie auf *Aktionen* (Drei-Punkte-Symbol) und wählen Sie *Drucken* aus.

- **Wischaktionen:** Die aufgeführten Aktionen können bei Tablets oder anderen Computern mit Touchscreen schnell durch Wischgesten ausgeführt werden. Beispielsweise wird eine E-Mail, auf die Sie im Nachrichtenbereich zeigen und nach links wischen, gelöscht.

  Welches Wischen welche Aktion ausführt, legen Sie selbst fest: Klicken Sie auf *Zu Einstellungen wechseln* ✱ (links unten) und wählen Sie *Optionen* (rechts im Fenster) aus. Die Zuordnung der Geste zur Aktion erfolgt im Bereich *Schnelle Aktionen*.

# 12 Nützliche Apps

**Dateianlagen**

Als Anlage zu einer E-Mail können Word-Dokumente, Excel-Tabellen, Fotos, PDFs etc. versendet und empfangen werden. Antworten Sie auf eine E-Mail, die eine Anlage enthält, wird diese nicht in die Antwort-E-Mail integriert. Leiten Sie eine E-Mail mit Anlage weiter, wird auch die Anlage weitergeleitet.

**Datei als Anlage versenden**

1 Öffnen Sie ein neues Nachrichtenformular und tragen Sie die Empfängeradresse, den Betreff und Ihren Nachrichtentext ein.

2 Klicken Sie im Register *Einfügen* auf *Anfügen*.

3 Zeigen Sie im sich öffnenden Fenstern den Speicherort der gewünschten Datei an, markieren Sie die Datei und klicken Sie auf die Schaltfläche *Öffnen*. Durch Mehrfachmarkierung können mehrere Dateien eingefügt werden. Halten Sie dazu die Strg-Taste gedrückt und markieren Sie alle Dateien, die Sie einfügen möchten. Im Feld *Anlagen* sehen Sie jetzt die hinzugefügten Dateien. Versenden Sie die E-Mail wie gewohnt.

An eine E-Mail können nicht Dateien beliebiger Größe angefügt werden, oft ist ab 20 MB Schluss.

Möchten Sie eine angefügte Datei wieder löschen, klicken Sie das *x* an.

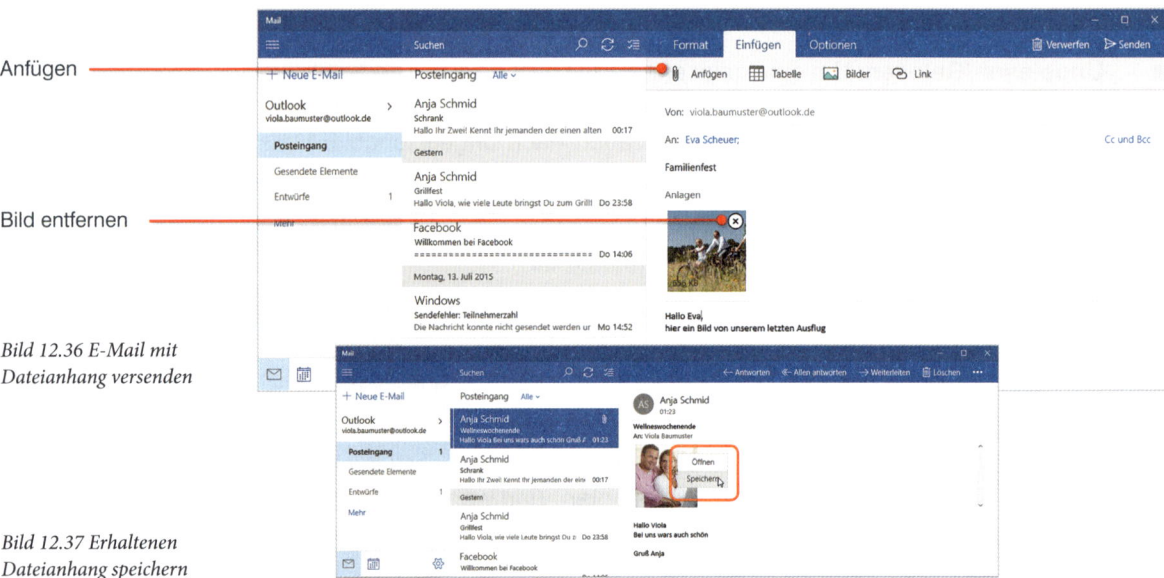

Anfügen

Bild entfernen

*Bild 12.36 E-Mail mit Dateianhang versenden*

*Bild 12.37 Erhaltenen Dateianhang speichern*

**Datei als Anlage erhalten**

Eine Nachricht mit ein oder mehreren Dateien als Anlage erkennen Sie im Posteingang (und in allen anderen Ordnern) am Büroklammersymbol. Die eigentliche Nachricht wird, wie gewohnt, im Lesebereich angezeigt. Zum Speichern der Datei klicken Sie im Lesebereich mit der rechten Maustaste auf die Dateianlage, wählen im Kontextmenü *Speichern* aus und legen im nächsten Fenster den Speicherort fest.

## Weitere Einstellungen

### E-Mail-Signatur ändern

Standardmäßig wird an alle gesendeten E-Mails der Text „Gesendet von Mail mit Windows 10" angehängt. Anstelle dieses Texts könnte hier auch eine Grußformel mit Name stehen. Um eine individuelle Signatur, einzurichten, klicken Sie unten im Navigationsbereich auf die Schaltfläche *Zu Einstellungen wechseln* ✻ . Der Bereich *Einstellungen* wird rechts eingeblendet. Hier wählen Sie *Optionen* aus. In den *Optionen* scrollen Sie nach unten bis zu *Unterschrift*, überprüfen, dass der Schalter auf *Ein* steht und löschen den vorhandenen und geben einen Text Ihrer Wahl ein.

### Benachrichtigungen anzeigen

Im Info-Center werden Sie informiert, sobald eine neue E-Mail eingeht. Diese Option ist standardmäßig aktiviert und kann durch Anklicken der Schaltfläche *Zu Einstellungen wechseln* ✻ ▸ *Optionen* bearbeitet werden. Um einen E-Mail Eingang schneller zu bemerken, können Sie auch einstellen, dass ein Banner oberhalb des Infobereichs erscheint. Setzen Sie dazu ein Häkchen vor *Benachrichtigungsbanner anzeigen*. Damit das Banner angezeigt wird, muss die App *Mail* allerdings geöffnet sein.

### Automatische Antworten senden

Mit einer Abwesenheitsmeldung informieren Sie Ihre Freunde, dass Sie für einen bestimmten Zeitraum Ihre E-Mails nicht abrufen werden. Jede Person, die Ihnen eine E-Mail sendet, erhält automatisch eine Abwesenheitsmeldung. Diese Option steht nicht für jedes E-Mail-Konto zur Verfügung. Wenn Sie eine E-Mail-Adresse des Microsoft Freemail-Angebots *outlook.de* nutzen, können Sie diesen Service verwenden.

Zum Versenden automatischer Antworten klicken Sie auf die Schaltfläche *Zu Einstellungen wechseln* ✻ , wählen *Optionen* und ziehen bei *Automatische Antworten senden* den Regler nach rechts auf *Ein*. Geben Sie dann einen Text ein, der über Ihre Abwesenheit informiert. Standardmäßig ist *Antworten nur an meine Kontakte senden* aktiviert. Damit verhindern Sie, dass z. B. der Absender eines Newsletters oder eine Online-Shop-Versandbestätigung eine Abwesenheitsmeldung erhält.

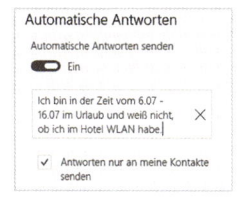

*Vergessen Sie nach dem Urlaub nicht den Regler wieder auf Aus zu ziehen oder die automatische Antwort oberhalb des Lesebereichs zu deaktivieren (siehe Bild unten).*

*Bild 12.38 Automatische Antworten im Lesebereich wieder deaktivieren*

## Mit mehreren E-Mail-Konten arbeiten

### Weiteres Konto anlegen

Viele verfügen heute über mehrere E-Mail-Konten. Um den Überblick zu behalten, synchronisieren Sie alle verwendeten E-Mail-Konten mit der App *Mail*. So können Sie mit wenigen Klicks alle neuen E-Mail lesen. Um ein weiteres Konto hinzuzufügen, klicken Sie auf die Schaltfläche *Zu Einstellungen wechseln* , wählen rechts *Konten* aus und klicken dann auf *Konto hinzufügen*.

*Bild 12.39 Konto hinzufügen*

*Bild 12.40 Anbieter auswählen*

*Bild 12.41 E-Mail-Adresse und Kennwort eingeben*

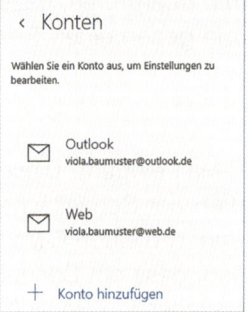 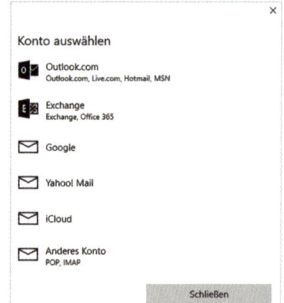 

- Wählen Sie zunächst den Anbieter aus, der Ihnen Ihr E-Mail-Konto zur Verfügung stellt, z. B. Google. Geben Sie Ihre E-Mail-Adresse und im nächsten Schritt Ihr Kennwort ein und klicken Sie dann auf *Akzeptieren*, um den Abruf der Daten von Ihrem E-Mail-Konto zu erlauben. Geben Sie dann den Namen ein, unter dem die Nachrichten gesendet werden sollen und klicken Sie auf *Anmelden* und *Fertig*.

- Falls Ihr Anbieter nicht in der Liste aufgeführt ist, wählen Sie *Anderes Konto* aus und geben E-Mail-Adresse und Kennwort ein. Klicken Sie dann auf *Anmelden*. Das Konto wurde erstellt und Sie schließen den Vorgang durch Anklicken von *Fertig* ab.

- Das neue Konto wird jetzt im Bereich *Einstellungen ▸ Konten* angezeigt.

### Kontoeinstellungen ändern

Unter Umständen werden zum Hinzufügen eines anderen E-Mail-Kontos mehr Informationen benötigt, als die E-Mail-Adresse und das Kennwort. In der Regel entstehen bei den aufgeführten Anbietern wie Google, Yahoo oder iCloud keine Probleme - hier werden die notwendigen Informationen automatisch geladen. Bei anderen Anbietern müssen Sie nochmals selbst tätig werden. Rufen Sie *Einstellungen ▸ Konten* auf und klicken Sie auf das Konto, welches eine weitere Aktion erfordert. Als Möglichkeiten erhalten Sie *Konto reparieren* oder *Einstellungen ändern*. Diese Optionen werden nur bei einem Konto angezeigt, bei dem weitere Aktionen erforderlich sind.

Nützliche Apps **12**

- Die Auswahl von *Konto reparieren* ist nur sinnvoll, wenn Sie in der Zwischenzeit für Ihr E-Mail-Konto das Kennwort geändert haben und dieses aktualisieren möchten.

- Mit *Einstellungen ändern* können notwendige weitere Informationen, wie z. B. Posteingangs- und Postausgangsserver bzw. Übertragungsart hinterlegt werden. Klicken Sie auf *Einstellungen ändern* und wählen Sie dann *Synchronisierungseinstellungen für Postfach ändern* aus und klicken Sie dann auf *Erweiterte Postfacheinstellungen*.

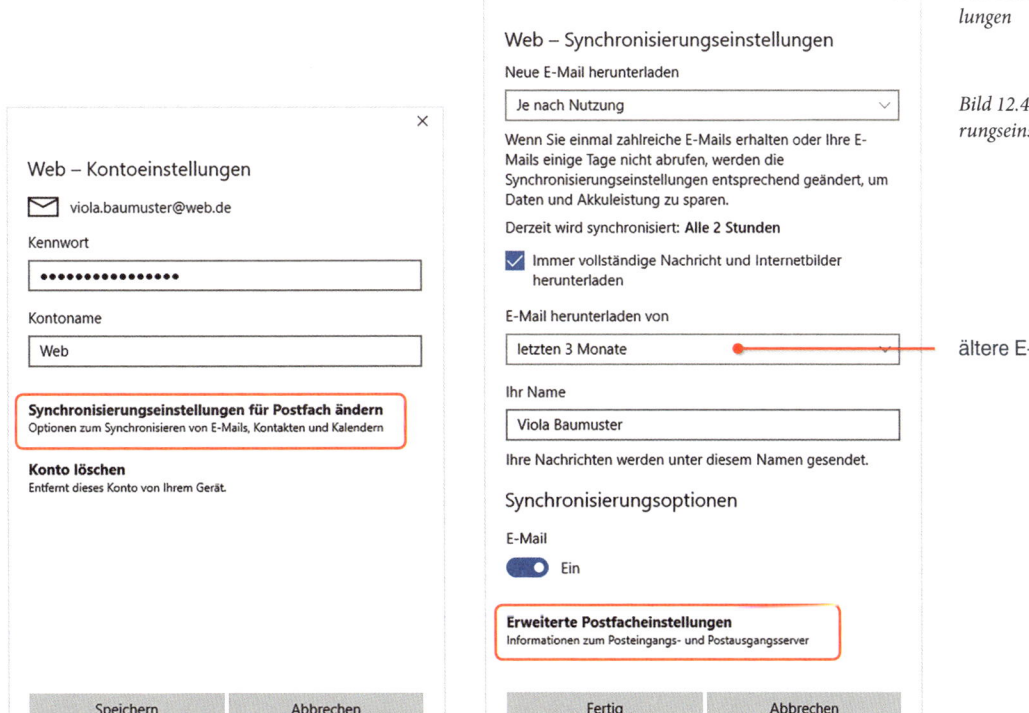

*Bild 12.42 Kontoeinstellungen*

*Bild 12.43 Synchronisierungseinstellungen*

ältere E-Mails anzeigen

### Ältere E-Mails anzeigen
Standardmäßig zeigt der Posteingang nur E-Mails an, die Sie im letzten Monat erhalten und nicht gelöscht haben. Sollen auch ältere Nachrichten angezeigt werden, wählen Sie *Zu Einstellungen wechseln* ▸ *Konto* und klicken das E-Mail-Konto an. Klicken Sie dann auf *Synchronisierungseinstellungen für Postfach ändern* und wählen sie bei *E-Mail herunterladen von* einen längeren Zeitraum.

# 12 Nützliche Apps

**E-Mail-Konto wechseln**

Standardmäßig wird im Navigationsbereich zunächst das Microsoft-Konto angezeigt. Wenn Sie zu einem anderen Konto wechseln möchten, klicken Sie auf das Konto und wählen ein anderes aus. Jetzt werden Posteingang, Gesendete Elemente und weitere unter Umständen spezifische Ordner dieses Kontos angezeigt. Das Konto, welches Sie beim Schließen der App *Mail* anzeigen, wird auch beim Erneuten Öffnen der App angezeigt.

Bild 12.44 Konto wechseln

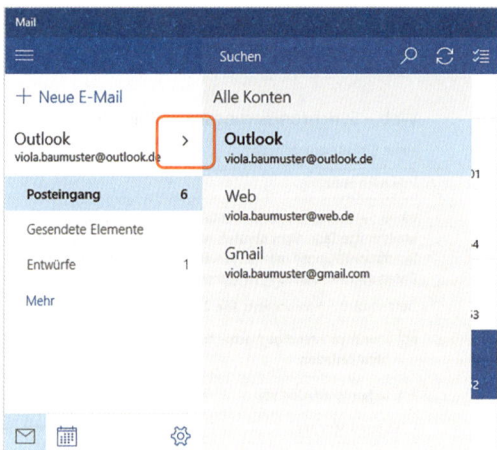

 *Auf Ihre mit dem Microsoft-Konto empfangenen E-Mails können Sie übrigens auch in einem Webbrowser zugreifen, z. B. mit Microsoft Edge und zwar unter der Adresse www.outlook.de*

Nützliche Apps **12**

## 12.3 Kontakte

Auch die App *Kontakte* lässt sich mit Ihrem Microsoft-Konto nutzen. In dieser App organisieren Sie Telefonnummern, postalische Adressdaten und E-Mail-Adressen. Konten, die Sie in der App *Mail* hinzugefügt haben, sind in der App *Kontakte* bereits hinterlegt.

Die App Kontakte enthält links ein alphabetisches Register. Durch Anklicken der einzelnen Einträge, zeigen Sie rechts die Informationen zum markierten Kontakt an. Mit 🖉 bearbeiten Sie den markierten Kontakt. Um einen neuen Kontakt anzulegen verwenden Sie das *Plus*-Symbol. Das Suchfeld hilft Ihnen einen gespeicherten Kontakt schnell zu finden.

> **Wo kommen die Kontaktdaten her?**
> Beim Öffnen der App können unter Umständen Kontaktdaten angezeigt werden. Vielleicht nutzen Sie die E-Mail-Adresse Ihres Microsoft-Kontos bereits und haben hier schon Adressen online gespeichert.

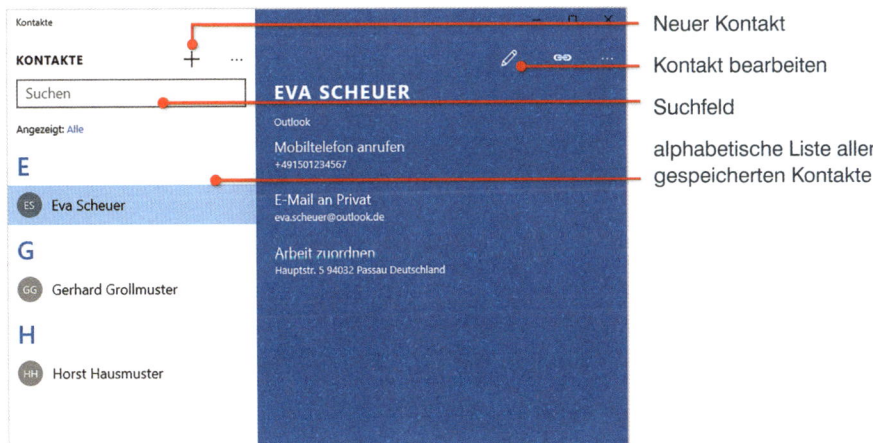

*Bild 12.45 Oberfläche der App Kontakte*

> Die App Kontakte wird hier blau dargestellt. Die verwendete Farbe hängt davon ab, welche Farbe Sie unter Startmenü ▶ Einstellungen ▶ Personalisierung ▶ Farben ausgewählt haben und kann somit an Ihrem PC anders dargestellt werden.

**Neuen Kontakt anlegen**

Um in der App *Kontakte* einen neuen Kontakt anzulegen, gehen Sie folgendermaßen vor:

**1** Klicken Sie auf das Plus-Symbol +.

**2** Sofern mehrere Konten mit der App Kontakte verbunden sind, müssen Sie einmalig entscheiden, in welchem Ihrer Konten (z. B. Outlook oder Gmail) der neue Kontakt standardmäßig gespeichert werden soll. Von dieser Standardeinstellung, können Sie aber für jeden neuen Kontakt individuell abweichen. Selbstverständlich wird diese Abfrage nicht angezeigt, wenn nur ein Konto verbunden ist.

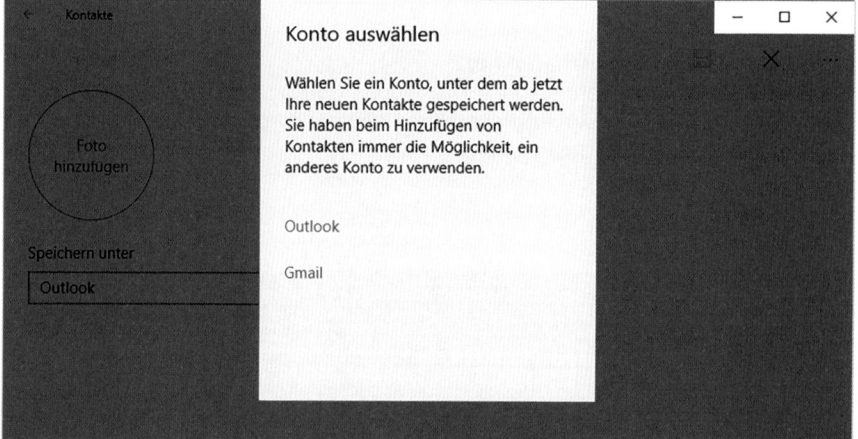

*Bild 12.46 Standardkonto auswählen*

**3** Falls Sie den Kontakt mit Foto anzeigen möchten, klicken Sie auf *Foto hinzufügen*.

**4** Klicken Sie nacheinander in die Eingabefelder und tragen Sie die Informationen, insbesondere Vorname, Nachname und E-Mail-Adresse, ein:

- Tippen Sie das Stift-Symbol ✎ an, um eine erweiterte Eingabemaske für das Feld *Name* zu erhalten.

- Verwenden Sie das Plus-Symbol + Telefon , um ein weiteres Eingabefeld innerhalb einer Kategorie zu erstellen. Sie könnten z. B. eine private Telefonnummer hinterlegen. Durch Antippen des Plus-Symbols bei *Sonstige* kann beispielsweise ein Geburtsdatum gespeichert werden. Der Geburtstag erscheint dann auch im Kalender.

- Durch Antippen des Erweiterungssymbols ⌄ ändern Sie die aktuelle Bezeichnung eines Eingabefelds, z. B. von *E-Mail(privat)* zu *E-Mail(Arbeit)*.

# Nützliche Apps 12

**5** Zuletzt klicken Sie auf *Speichern*. Die Kontakte werden nach dem Vornamen alphabetisch sortiert angezeigt.

*Wenn mehrere Konten für die App Kontakte hinterlegt sind und Sie Ihr Microsoft-Konto schon unter Windows 8 verwendet haben, kann bei Konto auswählen der Eintrag Microsoft-Konto auftauchen.*

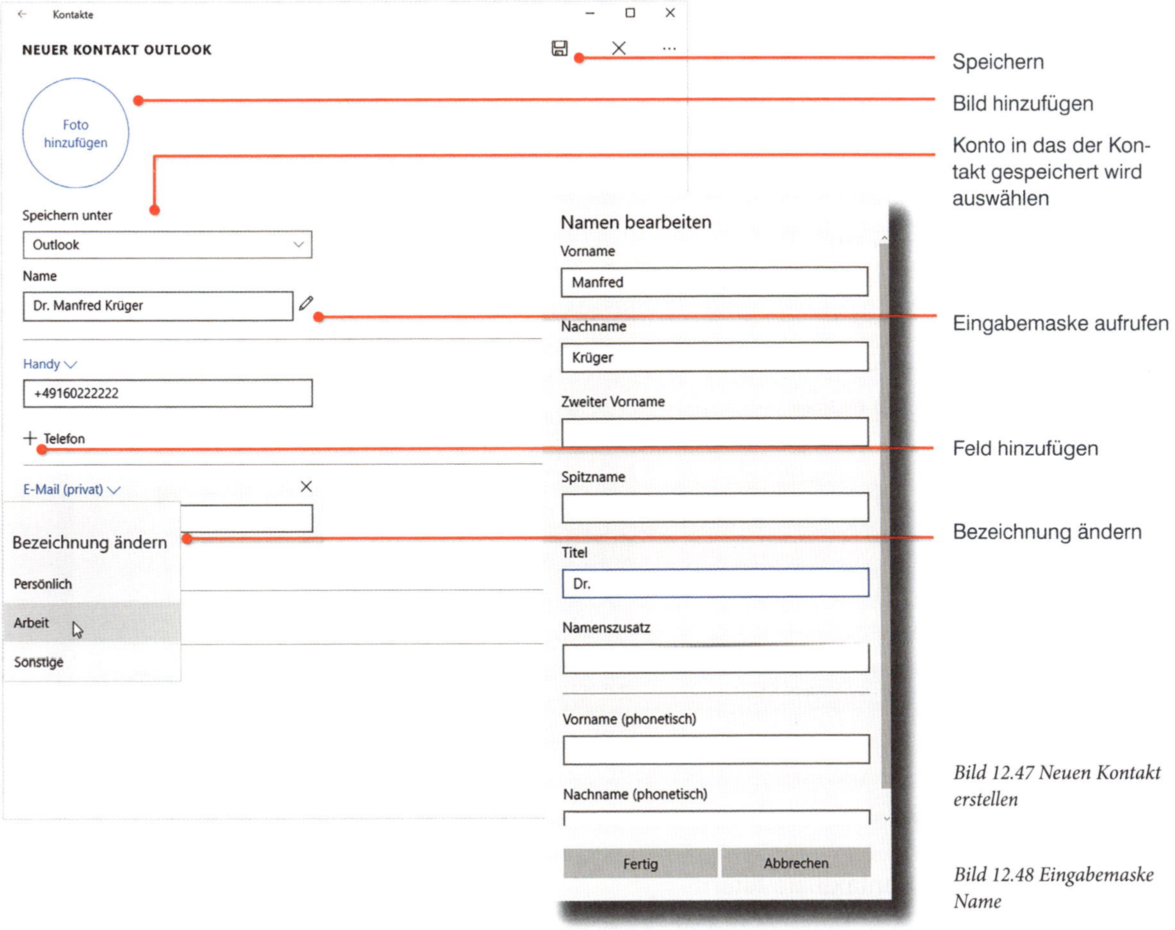

*Bild 12.47 Neuen Kontakt erstellen*

*Bild 12.48 Eingabemaske Name*

303

# 12 Nützliche Apps

**Kontakt anzeigen und bearbeiten**

Um langes Scrollen in der Kontaktliste zu vermeiden, klicken Sie auf einen Kategorien-Buchstaben. Im Feld links werden nun keine Kontakte sondern nur die einzelnen Kategorien von A bis Z (Sonderzeichen und Ziffern) zur Auswahl abgebildet. Alle dunkel dargestellten Felder enthalten Inhalte. Durch Anklicken eines Buchstabens springt die Anzeige zu diesem Bereich. Beachten Sie, dass die Kontakte nach Vornamen sortiert sind.

*Wenn Sie durch die Liste der Kontakteinträge scrollen, ist es ausreichend mit der Maus auf diesen Bereich zu zeigen und das Mausrad nach oben bzw. unten zu drehen.*

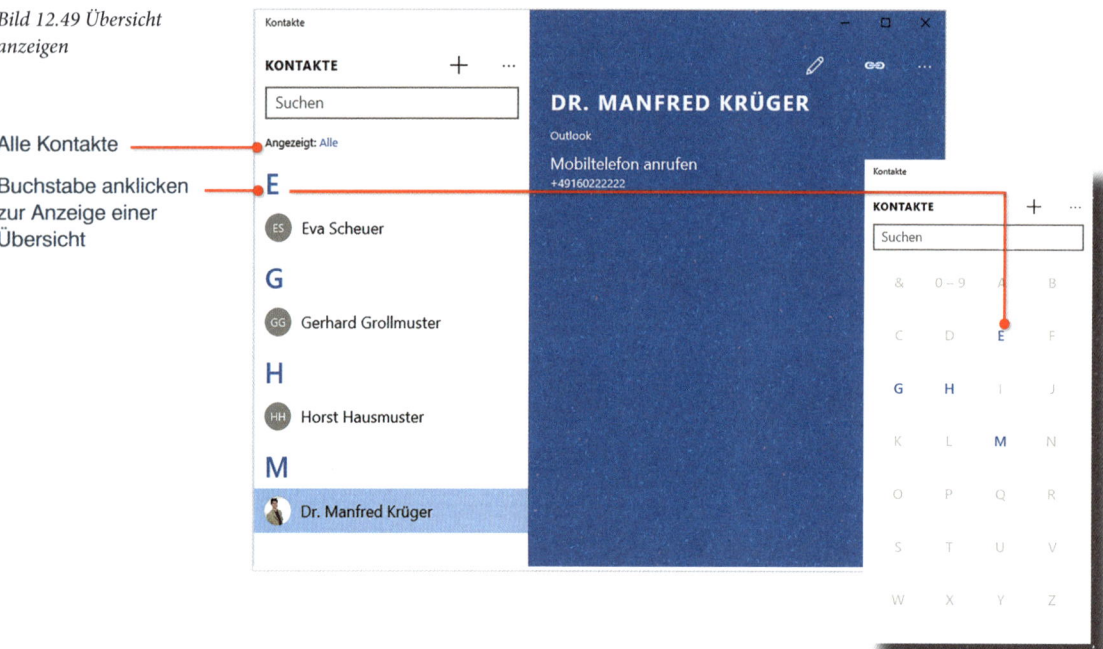

*Bild 12.49 Übersicht anzeigen*

Alle Kontakte

Buchstabe anklicken zur Anzeige einer Übersicht

**Kontaktliste filtern**

- Standardmäßig werden alle Kontakte aufgeführt. Durch Anklicken von *Alle* (siehe Bild 12.49) öffnet sich ein Auswahlbereich. Hier entscheiden Sie (siehe Bild 12.50), ob nur Kontakte angezeigt werden, die mit Outlook synchronisiert werden oder nur Kontakte, die in einem anderen E-Mail-Konto (sofern vorhanden) gespeichert sind.

- Außerdem legen Sie hier auch fest, dass nur Kontakte angezeigt werden, für die eine Telefonnummer hinterlegt wurde. Dazu ziehen Sie den Regler mit der Maus nach rechts auf *Ein*. Alle anderen Kontakte können dann nur über das Suchfeld aufgerufen werden.

Nützliche Apps **12**

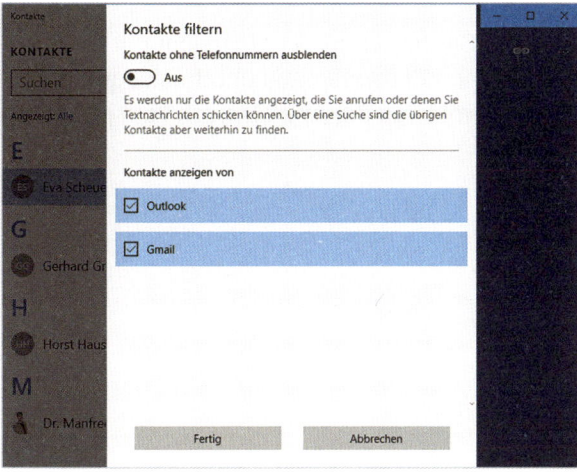

Bild 12.50 App Kontakte zeigt Kontakte von einem Outlook und einem G-Mail Konto an

### Kontakte suchen

Über das Suchfeld links oben finden Sie schnell den gesuchten Kontakt. Gesucht werden kann nach Namen und Namensteilen, leider nicht nach Straßen oder anderen Informationen, die beim Kontakt hinterlegt sind. Klicken Sie das X im Suchfeld an, um die Suchanfrage zu schließen und wieder alle Kontakte anzuzeigen.

Suchanfrage schließen

### Kontaktinformationen ändern

Zum Bearbeiten bestehender Kontaktinformationen markieren Sie links den entsprechenden Kontakt und klicken dann auf den Befehl *Bearbeiten* . Sollen einzelne Informationen ersatzlos gelöscht werden, zeigen Sie auf den Eintrag, in unserem Beispiel *Telefon (Arbeit)* und klicken dann auf das *X*-Symbol. Klicken Sie auf *Speichern* , um Ihre Änderungen zu übernehmen.

Falls Sie den Bereich verlassen möchten, ohne Änderungen zu übernehmen, klicken Sie auf *Abbrechen*.

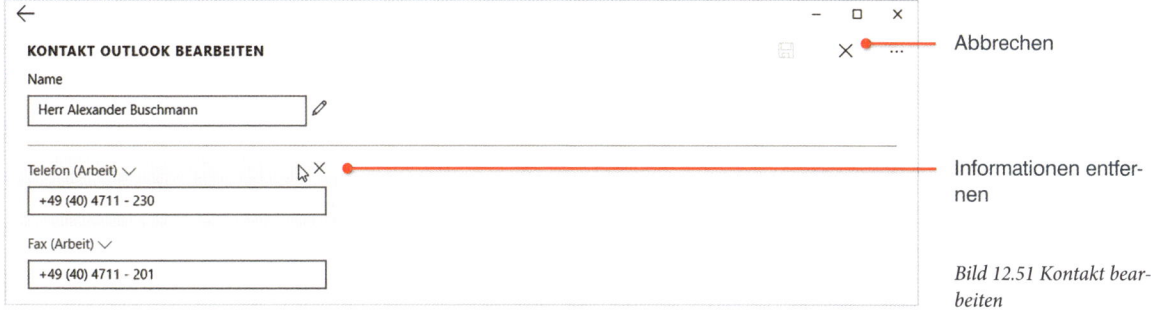

Abbrechen

Informationen entfernen

Bild 12.51 Kontakt bearbeiten

305

# 12 Nützliche Apps

Bild 12.52 Sicherheitsabfrage

### Kontakt löschen

Zum Löschen eines Kontakts klicken Sie diesen in der Übersicht mit der rechten Maustaste an, wählen im Kontextmenü *Löschen* aus und bestätigen die Sicherheitsabfrage. Der Kontakt wird sowohl aus der App als auch vom jeweiligen Konto gelöscht.

### Kontakten eine E-Mail schreiben und mehr

Aus der App Kontakte versenden Sie an den markierten Kontakt eine E-Mail, rufen ihn an oder zeigen seine Adresse in der App Karten an. So geht's:

Bild 12.53 Aktionen anstoßen

Anklicken, um die App Mail zu öffnen und eine E-Mail an diese Adresse zu versenden

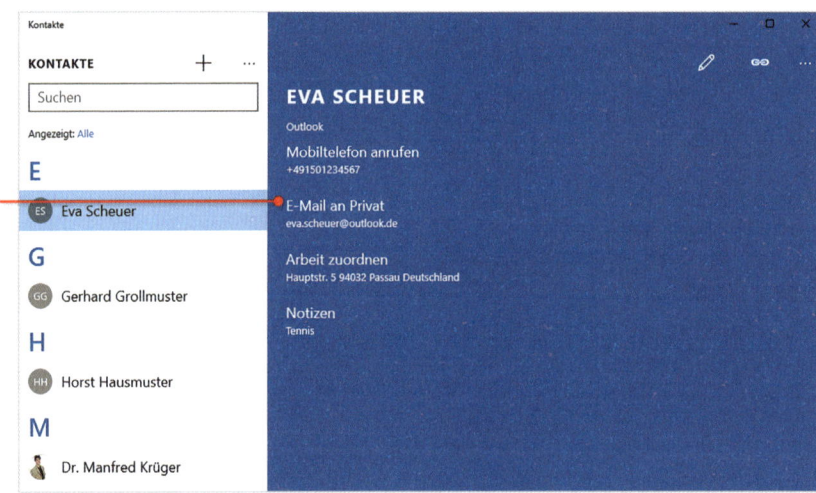

*Die Bezeichnungen der einzelnen Bereiche variieren je nach Auswahl beim Erstellen des Kontakts. So kann anstelle von E-Mail an Privat hier auch E-Mail an Arbeit aufgeführt sein und dieselbe Funktionalität bieten.*

1 Markieren Sie den gewünschten Kontakt in der Übersicht

2 Klicken Sie auf *E-Mail an Privat*, um dem markierten Kontakt eine E-Mail zu schreiben. Sie erhalten zunächst eine Abfrage mit welcher App Sie eine E-Mail versenden möchten. Die App *Mail* ist hier schon aufgeführt. Sollten Sie eine andere App zum Schreiben von E-Mails bereits installiert haben, wird diese hier auch zur Auswahl angeboten. Sofern Sie immer

mit der ausgewählten App arbeiten möchten, setzen Sie bei *Immer diese App verwenden* ein Häkchen. Dann entfällt diese Abfrage. Falls mehrere Konten in der App *Mail* hinterlegt sind, Sie also verschiedene E-Mail-Adressen verwenden, wird eine Übersicht eingeblendet, in der Sie die Absender-E-Mail-Adresse auswählen können.

*Bild 12.54 Programm zum Schreiben*

*Bild 12.55 E-Mail-Konto auswählen, über welches die Nachricht versendet wird*

Verwenden Sie *Arbeit zuordnen*, um die Adresse des Kontakts in der App *Karten* anzuzeigen.

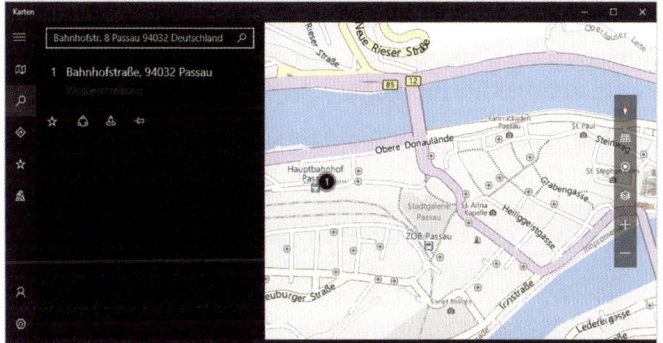

*Bild 12.56 Adresse auf der Karte anzeigen*

Theoretisch könnten Sie auch mit *Mobiltelefon anrufen* eine Verbindung zur angegebenen Rufnummer herstellen. Hier benötigen Sie allerdings eine zusätzliche App, die einen Verbindungsaufbau über Voice-over-IP ermöglicht.

## Kontaktdaten via Mail versenden

**1** Markieren Sie den Kontakt dessen Daten Sie versenden möchten.

**2** Klicken Sie rechts oben *Weitere Infos* an und wählen Sie *Kontakt teilen* aus.

**3** Bestätigen Sie die Freigabe durch Anklicken des Häkchens. Auf der rechten Seite öffnet sich der Bereich *Teilen*. Hier kann die App *Mail* durch Anklicken geöffnet werden.

Weitere Infos - Kontakt teilen

*Bild 12.57 Kontakt teilen*

**4** Das Nachrichtenformular von Mail wird im selben Bereich angezeigt. Der Kontakt ist bereits als vcf-Datei, die von vielen E-Mail-Programmen gelesen werden kann, als Anhang hinzugefügt.

**5** Geben Sie die E-Mail-Adresse des Empfängers und einen kurzen Text ein und klicken Sie auf *Senden*.

*Bild 12.58 Kontakt teilen*

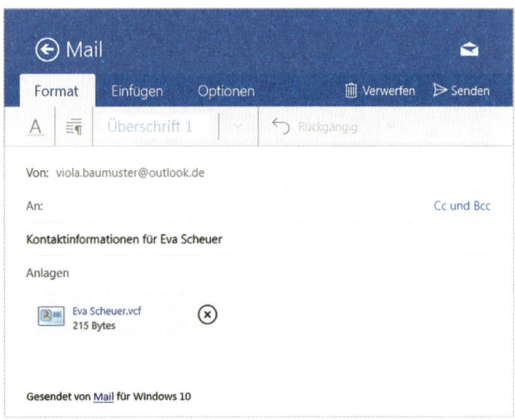

## Kontakte synchronisieren

Wenn Sie einen Kontakt nicht in der App *Kontakte* sondern online im E-Mail-Konto erstellen oder bearbeiten, werden die neuen Informationen zunächst nicht in der App angezeigt. Die hinterlegten E-Mail-Konten müssen mit der App synchronisiert, d.h. der Inhalt abgeglichen und ggf. aktualisiert werden. Das geschieht in der Regel automatisch nach Ablauf eines Zeitraums. Falls Sie hinterlegte Informationen vermissen, kann die Synchronisation auch angestoßen werden. Klicken Sie dazu auf *Weitere Infos* (Dreipunkte-Symbol) ▸ *Einstellungen*. Klicken Sie mit der rechten Maustaste auf das entsprechende Konto und dann auf *Synchronisieren*.

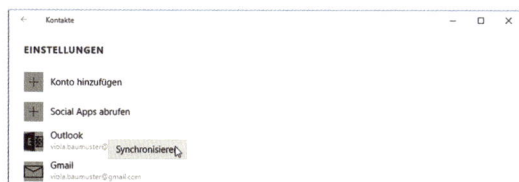

Bild 12.59 E-Mail-Konto synchronisieren

## Kontakte verknüpfen

Wenn Sie mehrere Konten (z. B. ein Outlook- und ein Gmail-Konto) synchronisieren, ist es durchaus möglich, dass der vermeintlich selbe Kontakt in leicht unterschiedlicher Ausführung in beiden Konten hinterlegt ist, z. B. enthält ein Kontakt neben Name und Telefonnummer auch noch die Adresse. Damit der Kontakt jetzt nicht zweimal mit demselben Namen angezeigt wird, werden Kontakte verknüpft und alle Informationen gemeinsam abgebildet. Wenn die Übereinstimmung, wie in unsere Beispiel (derselbe Name und dieselbe Telefonnummer) eindeutig ist, erstellt die App *Kontakte* die Verknüpfung automatisch.

Bild 12.60 automatisch verknüpfter Kontakt

*Die App Kontakte verknüpft Kontakte automatisch sofern der Name übereinstimmt. Das reicht aus.*

# 12 Nützliche Apps

## 12.4 Kalender

Die App *Kalender* dient der Terminverwaltung und erinnert rechtzeitig an Termine, natürlich nur, wenn der PC eingeschaltet ist. Auch diese App erfordert ein Microsoft-Konto. Wenn Sie bereits in der App *Mail* mehrere Konten registriert haben, so werden diese beim ersten Öffnen der App *Kalender* angezeigt. Klicken Sie auf *Bereit* oder auf *Konto hinzufügen*, um weitere Konten zu synchronisieren.

> Falls hier nicht alle Konten angezeigt werden, die Sie in der App Mail hinzugefügt haben, könnte das daran liegen, dass das entsprechende Angebot keine Kalenderverwaltung zur Verfügung stellt.

### Überblick und Ansichten

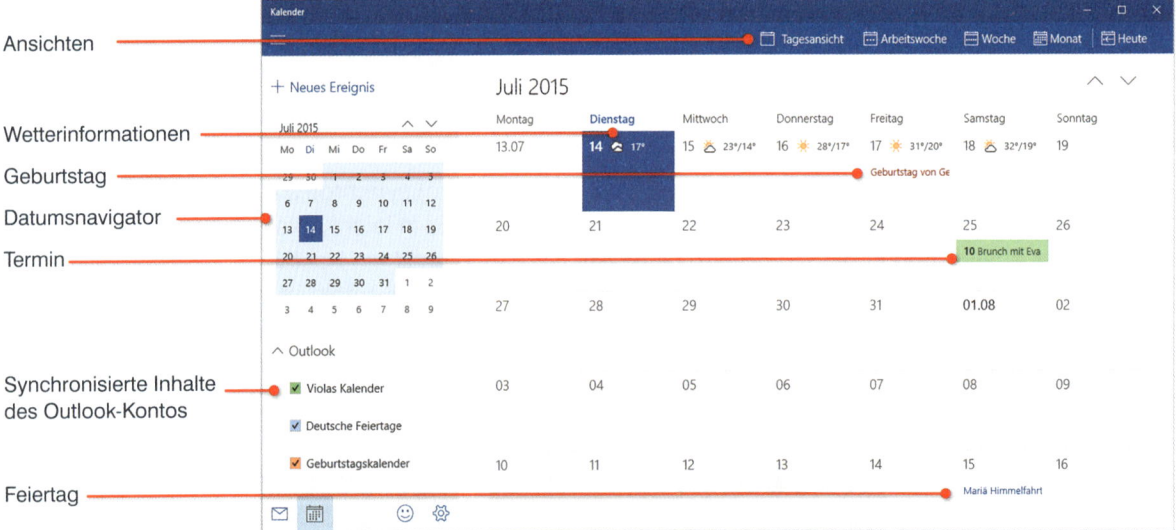

*Bild 12.61 App Kalender verbunden mit Outlook-Konto (Microsoft-Konto)*

### Ansichten

Um die Übersichtlichkeit Ihres Kalenders zu erhöhen, stehen Ihnen verschiedene Ansichten zur Verfügung. Sie finden diese rechts oben in der Bearbeitungsleiste. Durch Anklicken der Schaltflächen ändern Sie den angezeigten Zeitraum:

- In der *Tagesansicht* wird nur das ausgewählte Datum angezeigt.
- Die Ansicht *Arbeitswoche* zeigt die Woche ohne Wochenenden an, sonst wählen Sie die Ansicht *Woche*.
- Mit der Ansicht *Monat* erhalten Sie eine Übersicht des gesamten Monats.

# Nützliche Apps 12

- Die Schaltfläche *Heute* zeigt das aktuelle Datum an. Hier kommt es auch darauf an, in welcher Ansicht Sie sich befinden. In der *Tagesansicht* wechseln Sie zum aktuellen Tag, in der Ansicht *Arbeitswoche* zur aktuellen Woche und in der Ansicht *Monat* zum aktuellen Monat.

**Termine, Geburtstage und Feiertage anzeigen**

Im Beispiel auf der vorherigen Seite ist die App *Kalender* mit einem Outlook-Konto (=Microsoft-Konto) verbunden. Alle Termine und Geburtstage, die in diesem Konto hinterlegt sind, werden mit der App *Kalender* synchronisiert und dort aufgeführt.

Der angezeigte Geburtstag wurde bei den Kontaktinformationen hinterlegt (z. B. in der App *Kontakte*). Dadurch wird das Geburtstagskind automatisch im Kalender angezeigt.

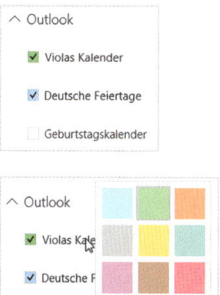

Möchten Sie eine der Informationen nicht im Kalender anzeigen, z. B. die Geburtstage, dann entfernen Sie das Häkchen vor *Geburtstagskalender*.

Mit einem Rechtsklick auf eines der Kalenderelemente, in unserem Beispiel *Violas Kalender*, *Deutsche Feiertage*, *Geburtstagskalender*, kann die Farbe, in der die Informationen im Kalender hinterlegt ist, geändert werden.

*Was und unter welcher Bezeichnung hier angezeigt wird, ist abhängig vom Konto mit dem die App Kalender verbunden wurde.*

**Navigation**

Der Datumsnavigator ermöglicht den schnellen Wechsel zu einem anderen Tag, einer anderen Woche oder einem anderen Monat. Die im Kalender angezeigten Tage sind hellblau, das aktuelle Datum ist dunkelblau hinterlegt. Zum Wechseln klicken Sie auf das gewünschte Datum. Entsprechend der gewählten Ansicht, wird nun der Tag bzw. die Woche oder der Monat angezeigt. Zur Auswahl eines anderen Monats, klicken Sie auf die Dreiecke für den vorigen bzw. kommenden Monat.

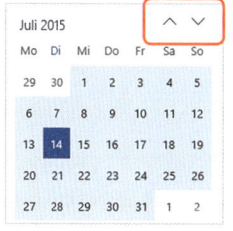

Abhängig von der gewählten Ansicht wechseln Sie zum folgenden Tag, zur folgenden Woche bzw. Monat durch Anklicken der Dreiecke über dem Kalender.

*Falls der Datumsnavigator nicht angezeigt wird, klicken Sie links oben auf , um das Feld zu erweitern.*

311

# 12 Nützliche Apps

**Arbeitszeit, aktuelle Uhrzeit**

Der Kalender ist in helle und dunkle Bereiche unterteilt. Die dunklen Bereiche visualisieren Zeiten außerhalb Ihrer gewöhnlichen Arbeitszeit (in der Regel vor 08:00 Uhr, nach 17:00 Uhr und am Wochenende). Ausnahme bildet hier die Ansicht *Monat*; hier visualisieren die hellen Bereiche den aktuellen Monat und die dunklen Bereiche Vor- bzw. Folgemonat. Die Einstellungen können bei *Kalendereinstellungen* (siehe nächster Seite) geändert werden.

Die aktuelle Uhrzeit ist dunkelblau hinterlegt und je nach Ansicht mit einem blauen Strich zur besseren Orientierung hervorgehoben.

*Bild 12.62 Feierabend und Wochenende in grau*

*Bild 12.63 aktuelle Uhrzeit mit blauer Linie*

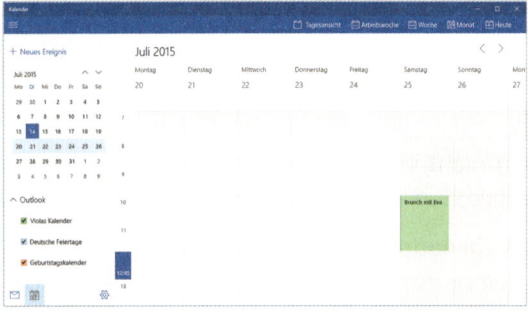
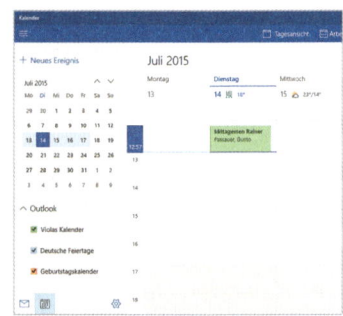

**Wettereinstellungen**

*Bild 12.64 Wetter im Kalender*

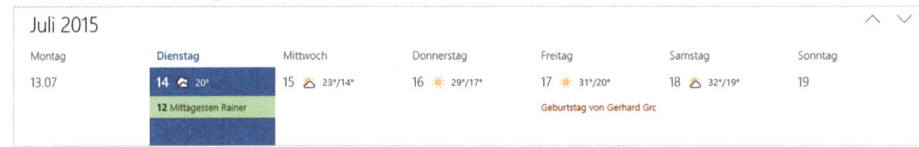

Im Kalender wird das aktuelle Wetter und das der nächsten Tage angezeigt. Wenn Sie keine Wetteranzeige erhalten, hat die App keinen Zugriff auf Ihre Position. Dies konnten Sie beim ersten Start von *Kalender* erlauben bzw. verbieten. Natürlich kann die Erlaubnis auch nachträglich über *Startmenü* ▶ *Einstellungen* ▶ *Datenschutz* ▶ *Position* (siehe Kapitel 10) erteilt werden.

*Bild 12.65 Wettereinstellungen aufrufen mit Schaltfläche zu Einstellungen wechseln*

*Bild 12.66 Zugriff auf Position erlauben beim ersten Öffnen erlauben*

*Bild 12.67 Zugriff auf Position nachträglich erlauben*

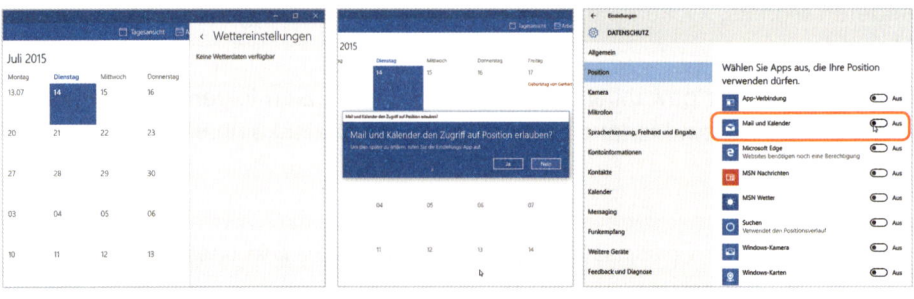

## Nützliche Apps 12

### Kalendereinstellungen ändern

Jede Woche beginnt an einem Montag, die Arbeitswoche dauert von Montag bis Freitag und die Arbeitszeit beginnt um 8:00 und endet um 17:00 Uhr. Diese Standardeinstellungen können verändert werden. Klicken Sie dazu auf die Schaltfläche *zu Einstellungen wechseln* und dann rechts auf *Kalendereinstellungen*. Bei *Wochennummern* können Sie die Kalenderwoche einblenden. Mit Auswahl von *Erste 4-Tage-Woche* verwenden Sie die in Europa gültige Methode.

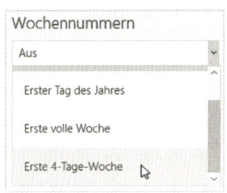

### Termine eintragen

#### Termin über Terminformular festlegen

Um einen neuen Termin einzutragen, gehen Sie wie folgt vor:

1 Klicken Sie auf *Neues Ereignis* links oben.

2 Ein neues Terminformular wird geöffnet, in welches Sie die notwendigen Informationen eintragen:

- Bestimmen Sie Beginn und Ende des Termins oder aktivieren Sie *Ganztägig*
- Entscheiden Sie darunter in welchem Konto der Termin hinterlegt wird. Das ist nur notwendig, wenn die App Kalender mit mehrere Konten verbunden ist.
- Im Feld unten können Notizen zum Termin eingegeben werden.

3 Entscheiden Sie bei *Erinnerung* ob und wie lange vorher Sie an den Termin erinnert werden möchten.

4 Klicken Sie dann auf *Speichern und schließen*.

Tipp! Wenn Sie in der Tagesansicht arbeiten, können Sie im Datumsnavigator ein Datum anklicken. Dieses wird dann gleich im Terminformular übernommen.

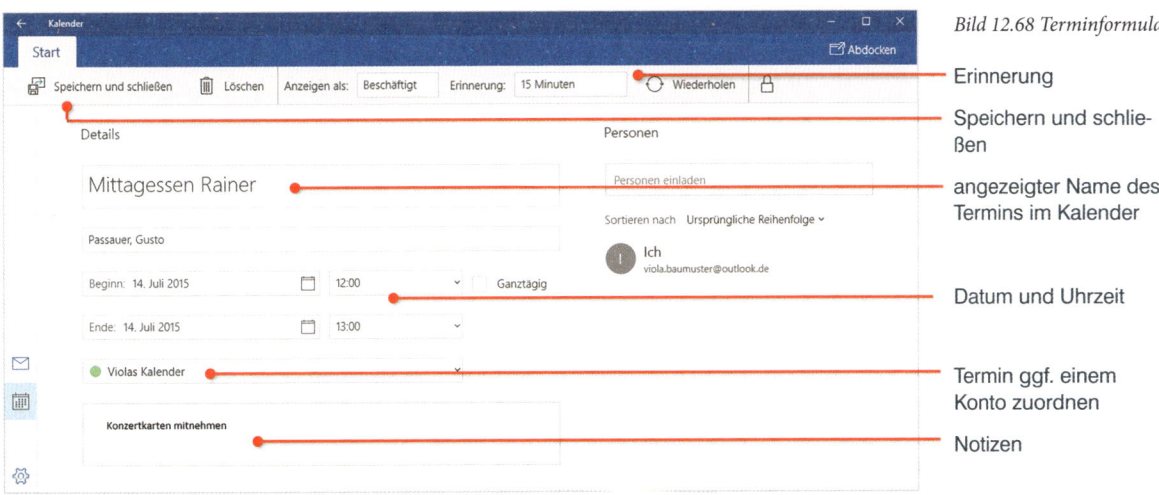

Bild 12.68 Terminformular

Zur nachträglichen Bearbeitung eines Termins klicken Sie diesen doppelt in der Übersicht an.

# 12 Nützliche Apps

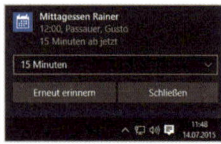

**Erinnerung**

Standardmäßig werden Sie 15 Minuten vor Beginn eines Termins daran erinnert. Sie erhalten auch eine Erinnerung wenn die App nicht geöffnet ist.

**Cortana trägt den Termin ein**

Veranlassen Sie die Sprachassistentin Cortana die wichtigsten Elemente eines Termins abzufragen und diesen im Kalender zu speichern. So geht's:

*Bild 12.69 Cortana ermittelt die Termindetails*

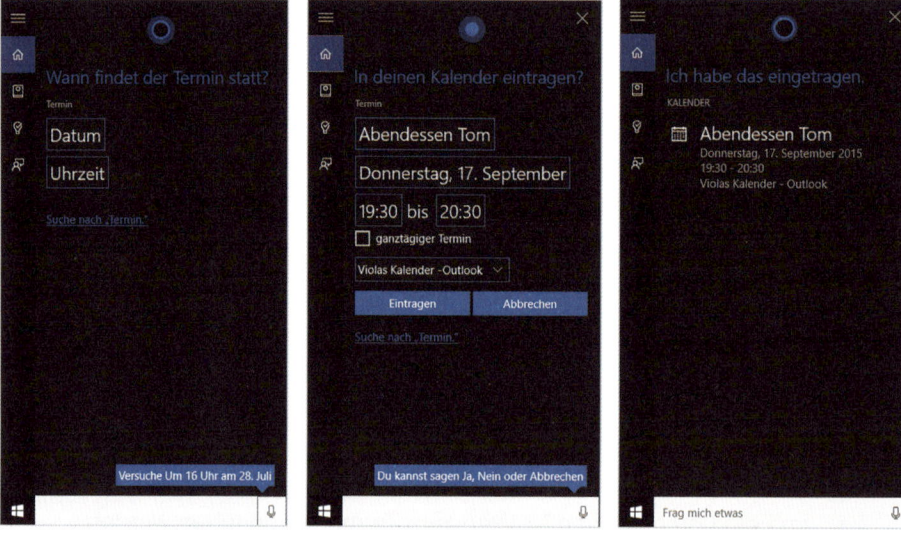

**1** Beginnen Sie mit *Hey Cortana Termin*.

**2** Cortana fragt nun nacheinander die wichtigsten Elemente des Termins ab. Sie antworten einfach auf ihre Fragen:

- *17.9*
- *19 Uhr 30*
- *Abendessen Tom*

**3** Cortana möchte den Termin dann speichern. Bestätigen Sie die Fragen mit *Ja*.

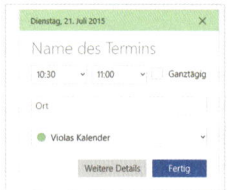

**Schnell einen Termin festlegen**

Alternativ können Sie einen Termin auch erstellen, indem Sie in ein Kalenderfeld klicken. Dadurch wird das Datum gleich übernommen. Wenn Sie in der *Tagesansicht*, Ansicht *Arbeitswoche* oder *Woche* arbeiten können Sie durch Anklicken eines Feldes auch gleich die Uhrzeit übernehmen. Im sich öffnenden Eingabebereich kann dann ein Betreff und ein Ort für den Termin eingeben und mit *Fertig* gleich gespeichert werden. Termindetails fügen Sie hinzu, indem Sie auf *Weitere Details* klicken. Damit öffnen Sie das bekannte Terminformular.

## Teilnehmer einladen

Falls Sie beispielsweise eine Feier organisieren, können Sie einen Termin im Kalender speichern und gleichzeitig Gäste dazu einladen:

Bild 12.70 Terminformular mehrere Personen einladen

– Senden
– Personen einladen
– Gast aus der Gästeliste entfernen
– Notizen für Einladungstext

**1** Öffnen Sie dazu ein Terminformular und tragen Sie die notwendigen Informationen ein.

**2** Im Feld *Personen einladen* tragen Sie die E-Mail-Adressen der Gäste ein und bestätigen diese einzeln mit der Enter-Taste. Falls die Adressen in der App *Kontakte* gespeichert sind, ist es ausreichend die ersten Buchstaben des Namens einzugeben. Dann kann die Adresse durch Anklicken ausgewählt werden.

Falls Sie einen Gast wieder aus der Liste entfernen möchten, zeigen Sie mit der Maus auf den Eintrag und klicken auf das *X*.

**3** Verwenden Sie den Bereich für Notizen, um der E-Mail einen Einladungstext hinzuzufügen.

**4** Sobald Sie mindestens eine Person hinzugefügt haben, erscheint rechts oben anstelle der *Speichern und schließen* Schaltfläche das Symbol *Senden* und die Einladungen können mit der App *Mail* versandt werden. Gleichzeitig wird der Termin im Kalender eingetragen.

Die Eingeladenen erhalten eine E-Mail mit Schaltflächen, über die Sie der Gastgeberin zu- oder absagen können. Die Gastgeberin erhält die Zu- bzw. Absagen automatisch via E-Mail sobald auf eine Schaltfläche geklickt wird.

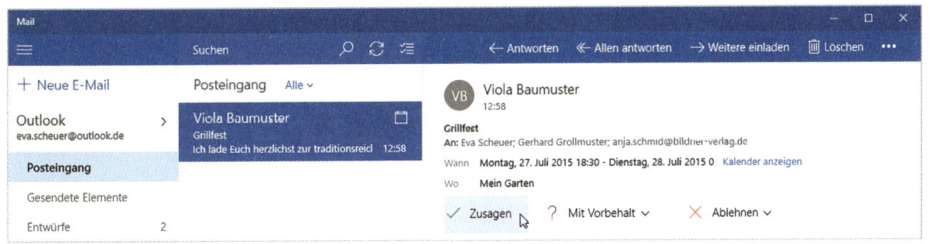

Bild 12.71 Einladung zu einem Termin in der App Mail

# 12 Nützliche Apps

Um sich zu informieren, wer bereits zugesagt hat, öffnet die Gastgeberin den Termin im Kalender mit einem Doppelklick auf den Kalendereintrag.

*Bild 12.72 Für diesen Termin haben Teilnehmer bereits zugesagt*

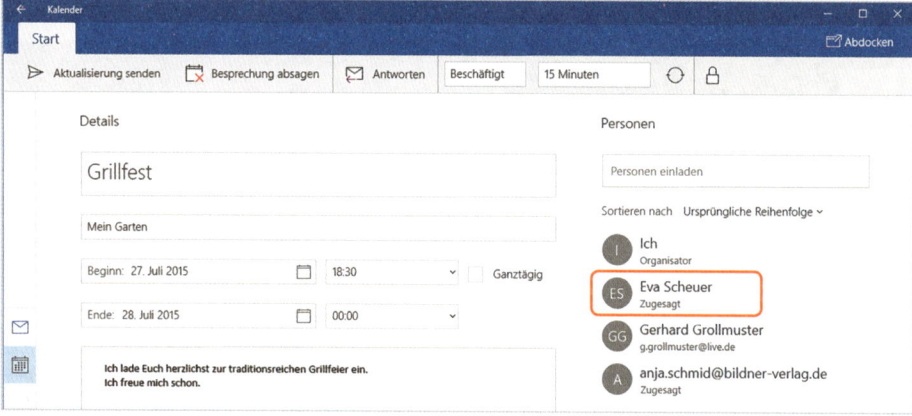

### Termine im Browser anzeigen

Wenn Sie nicht an Ihrem Rechner arbeiten und somit keinen Zugriff auf die App *Kalender* haben, können die Informationen auch im Webbrowser angezeigt werden, in unserem Beispiel über *www.outlook.de* (Eingabe der E-Mail-Adresse und Kennwort). Zunächst wird die E-Mail Oberfläche des Freemail-Angebots *Outlook.de* angezeigt. Klicken Sie diese Schaltfläche ▦ links oben an und wechseln Sie zu *Kalender*. Natürlich werden hier auch Termine angezeigt, die Sie in die App *Kalender* eingetragen haben und Termine automatisch entfernt, die Sie in der App *Kalender* gelöscht haben.

*Bild 12.73 Kalender im Webbrowser anzeigen*

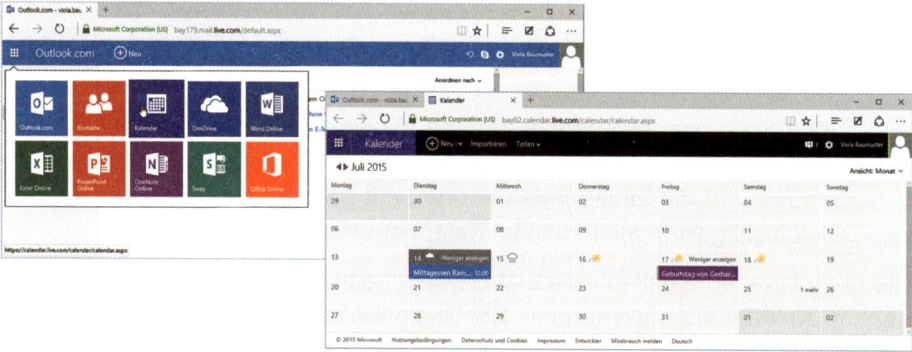

 Tipp: Sollten Termine nicht sichtbar sein, klicken Sie im Kalender auf Mehr.

# Nützliche Apps 12

## Mehrere Konten synchronisieren

Wenn für die Kalender-App gleich mehrere Konten hinterlegt wurden, werden Termine beider Konten im Kalender angezeigt. Im folgenden Beispiel werden die privaten Termine über ein Outlook-Konto organisiert und für eine Vereinstätigkeit wurde ein weiteres Konto bei Gmail angelegt, um dort Vereinstermine und Mitglieder zu organisieren.

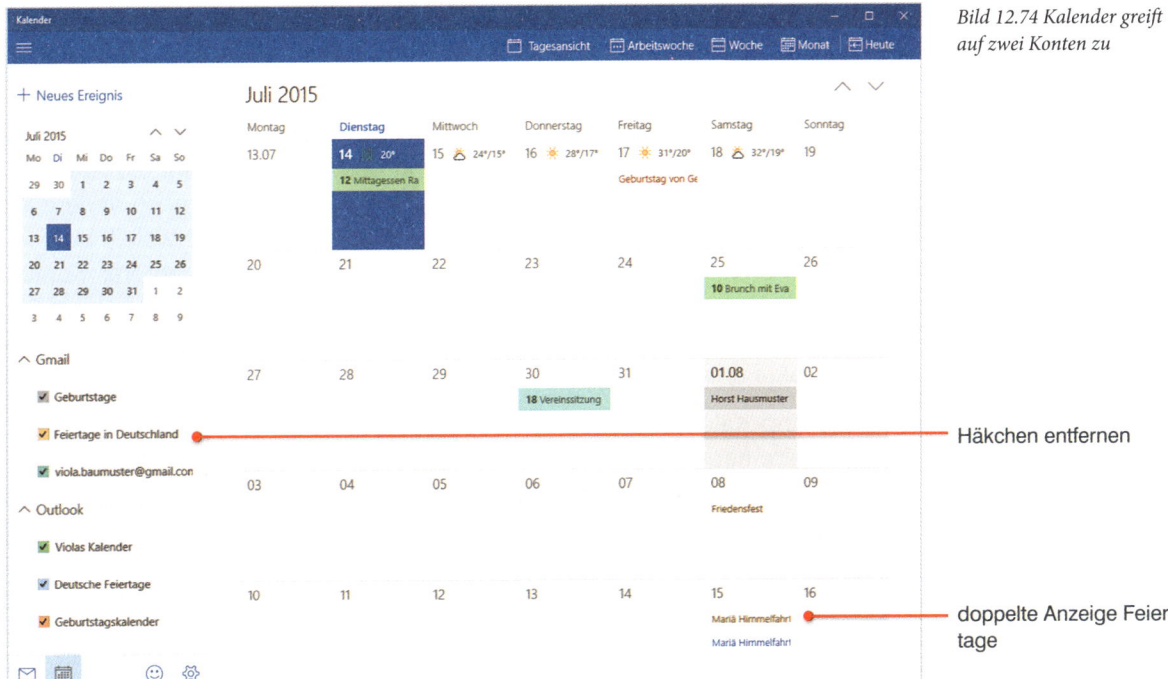

Bild 12.74 Kalender greift auf zwei Konten zu

Was Sie beim Arbeiten mit mehreren Konten beachten sollten:

- An den unterschiedlichen Farben erkennen Sie, welcher Eintrag, welchem Konto zuzuordnen ist.

- Da sowohl Outlook wie auch Gmail Feiertage zur Verfügung stellen, werden diese nun doppelt im Kalender angezeigt. Entfernen Sie eines der beiden Häkchen vor Feiertage

- Wenn Sie einen neuen Termin im Kalender speichern, müssen Sie festlegen, mit welchem Konto dieser synchronisiert wird. In unserem Beispiel oben könnte der Termin entweder in *viola.baumuster@gmail.de* oder in *Violas Kalender* gespeichert werden. Das wählen Sie beim Anlegen des Termins aus.

317

## 12.5 Zusammenfassung

- Microsoft Edge ist ein Webbrowser mit dem Sie Internetseiten anzeigen. Um eine Webseite aufzurufen, geben Sie in das Adressfeld eine Webadresse ein und betätigen die Eingabe-Taste. Für die Navigation zwischen zuvor besuchten Webseiten verwenden Sie die Pfeile der Adressleiste. Tabs erlauben die gleichzeitige Anzeige mehrerer Webseiten. Geöffnete Tabs erscheinen mit dem Namen der Seite oberhalb der Adressleiste und können per Mausklick schnell wieder angezeigt werden. Die Adressen häufig besuchter Webseiten können Sie als Favoriten speichern oder an die Startseite anheften.

- Zum Senden und Empfangen von elektronischer Post steht die App Mail zur Verfügung. Die dazugehörigen E-Mail-Adressen, aber auch andere Informationen können mit der App Kontakte erstellt und verwaltet werden. Falls Sie E-Mails, Kontaktdaten und Kalendereinträge mehrerer Konten z.B. outlook.de und gmail.com synchronisieren möchten, hinterlegen Sie die Daten in der App Mail. Diese gelten automatisch auch für die Apps Kontakte und Kalender.

- Die App Kalender dient zum Eintragen und Verwalten Ihrer Termine. Die Eingabe neuer Termine gestaltet sich einfach. Als zusätzliche Möglichkeit können Sie Personen einladen und anschließend die Einladung mit der App Mail versenden.

# Tastenkombinationen

| | |
|---|---|
| Windows ⊞ | Startmenü öffnen |
| Windows ⊞ + A | Info Center anzeigen (Auf dem Desktop) |
| Windows ⊞ + C | Cortana starten |
| Windows ⊞ + D | Desktop anzeigen |
| Windows ⊞ + E | Explorer öffnen |
| Windows ⊞ + H | Screenshot teilen (In Mail & Onenote) |
| Windows ⊞ + I | Einstellungen anzeigen |
| Windows ⊞ + K | Verbinden (Drahtlosgeräte) |
| Windows ⊞ + L | Sperrbildschirm, Computer sperren |
| Windows ⊞ + M | Alle Apps in Taskleiste minimieren |
| Windows ⊞ + N | Notiz erstellen (OneNote) |
| Windows ⊞ + O | Automatische Drehung |
| Windows ⊞ + P | Projizieren (Multi-Monitor Betrieb / Beamer) |
| Windows ⊞ + Q | Suchen (Cortana) |
| Windows ⊞ + R | Ausführen |
| Windows ⊞ + S | Suchleiste einblenden (Cortana) |
| Windows ⊞ + T | Taskleiste anzeigen und durch Tasks blättern |
| Windows ⊞ + U | Center für erleichterte Bedienung öffnen |
| Windows ⊞ + X | Kontextmenü der Startschaltfläche |

## Tasten und Tastenkombinationen

| Taste | Funktion |
|---|---|
| Windows ⊞ + 1 bis 9 | Apps der Taskleiste starten, Reihenfolge wie in Taskleiste |
| Windows ⊞ + Druck | Screenshot im Ordner Bilder speichern |
| Windows ⊞ + Pfeil links | Bildschirm teilen und die geöffnete App in der linken Fensterhälfte anordnen |
| Windows ⊞ + Pfeil rechts | Bildschirm teilen und die geöffnete App in der rechten Fensterhälfte anordnen |
| Windows ⊞ + Tab | Wechselt zwischen Appsliste und mehreren Desktops |
| Windows ⊞ + Pfeil oben | App maximieren |
| Windows ⊞ + Pfeil unten | App verkleinern und minimieren |
| Windows ⊞ + Leertaste | Eingabesprache wechseln |
| Windows ⊞ + Enter | Einstellungen Sprachausgabe |
| Windows ⊞ + Pause | Basisinfos PC |
| Windows ⊞ + F1 | Starte Windows Hilfe |
| Windows ⊞ + Plus(+) | Bildschirmlupe vergrößern (Zoom) |
| Windows ⊞ + Minus(-) | Bildschirmlupe verkleinern |
| Windows ⊞ + Strg + D | Neuen Desktop erstellen |
| Windows ⊞ + Strg + F4 | Aktuellen Desktop beenden |
| Windows ⊞ + Strg + Pfeil links oder rechts | Zwischen mehreren Desktops blättern |
| Alt + Tab | Wechselt zwischen allen geöffneten Apps |
| Alt + F4 | App schließen |
| Strg + A | Alles markieren (Explorer: Alle Dateien eines Ordners. Textprogramm: Den gesamten Text) |

| Strg + C | Markierten Text (Explorer: Datei oder Ordner) in die Zwischenablage kopieren |
|---|---|
| Strg + X | Markierten Text (Explorer: Datei oder Ordner) in die Zwischenablage ausschneiden |
| Strg + V | Inhalt der Zwischenablage an der aktuellen Stelle einfügen |
| F2 | Dateien und Ordner umbenennen (Explorer) |

Tasten und Tastenkombinationen

# Tastatur

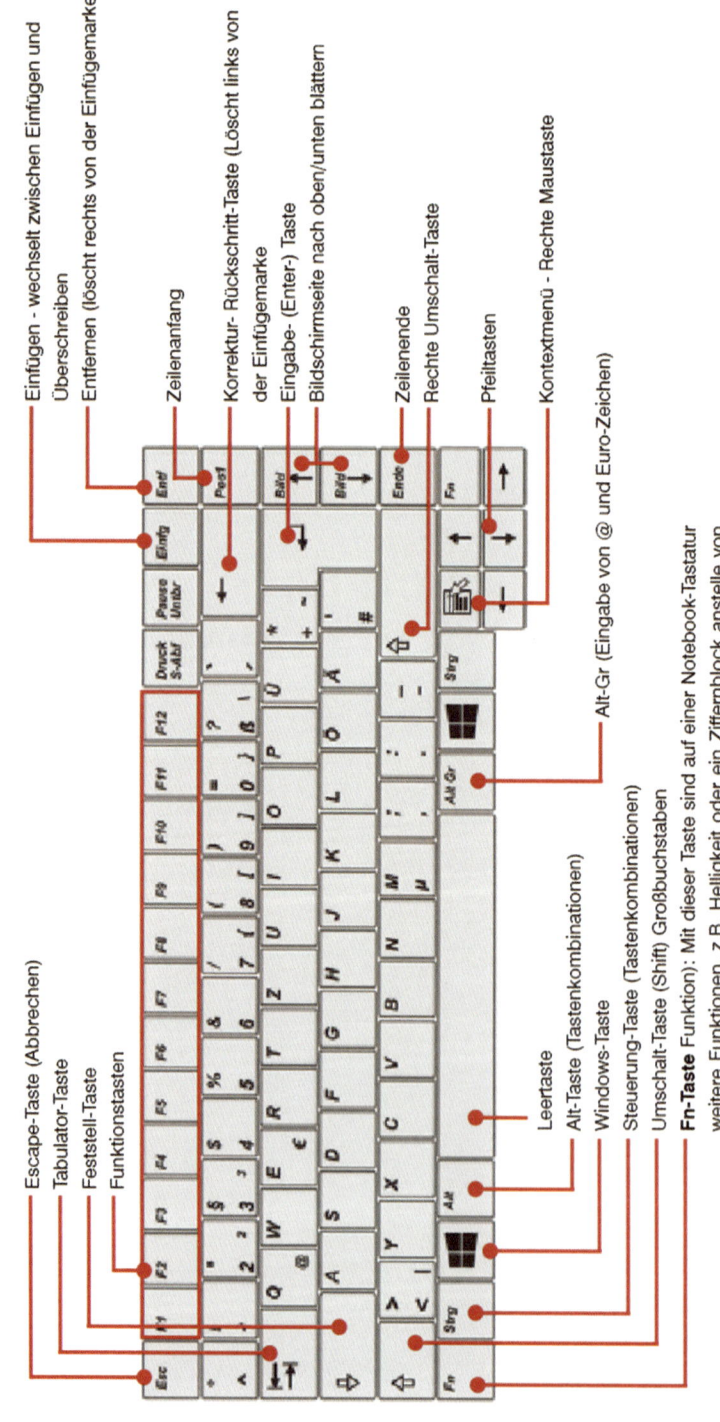

# Glossar

| | |
|---|---|
| Administrator | Benutzer, die als Administrator am System angemeldet sind, verfügen über alle Berechtigungen am Computer und können sämtliche Einstellungen ändern. |
| App | Unter Windows werden alle Anwendungen als Apps bezeichnet. Apps im eigentlichen Sinne sind für die Fingerbedienung optimierte Programme. App ist eine Abkürzung des englischen Begriffs application, der Anwendung bedeutet. |
| Arbeitsspeicher | Der Arbeitsspeicher (RAM) eines Computers (manchmal auch als Hauptspeicher bezeichnet) wird vom Prozessor zum Zwischenspeichern von Daten und Befehlen benötigt. |
| Auflösung | Die Auflösung legt fest, wie viele Pixel (= Bildpunkte) zur Anzeige auf dem Bildschirm verwendet werden. Die Auflösung ist abhängig von der Größe und Bauweise des Monitors. Je höher die Auflösung, umso kleiner erscheinen Schrift und Symbole. |
| Benutzerkonto | Ein Benutzerkonto verwaltet alle individuellen Einstellungen, z. B. Aussehen von Startmenüs und Desktop, außerdem verfügt jeder Benutzer über persönliche Ordner zum Speichern von Dateien. Windows unterscheidet zwischen Standardbenutzern mit eingeschränkten Rechten und Administratorbenutzern. Um ein neues Benutzerkonto anzulegen, sind Administratorrechte erforderlich. Ein Benutzerkonto kann entweder ein Microsoft-Konto oder ein lokales Benutzerkonto sein. |
| Bibliothek | Bibliotheken fassen Inhalte ähnlicher Ordner zusammen und erleichtern so die Suche nach Dateien. Standardmäßig stellt Windows die Bibliotheken Dokumente, Bilder, Musik und Videos zur Verfügung. |
| Bildlaufleiste | Die Bildlaufleiste erscheint automatisch, sobald in einem Fenster nicht mehr der gesamte Inhalt dargestellt werden kann. Durch Drehen des Mausrads oder Wischen mit dem Finger kann der sichtbare Ausschnitt verschoben werden. Alternativ verschieben Sie den Balken der Bildlaufleiste. |

| | |
|---|---|
| Browser | Als Browser (engl. to browse = durchsuchen) bezeichnet man Apps, mit denen Sie im Internet surfen. Neben dem, in Windows 10 integrierten Browser Microsoft Edge, gehören unter anderem Mozilla Firefox, Chrome und Safari dazu. |
| Cloud | Als Cloud-Computing bezeichnet man die Nutzung von Dienstleistungen wie Software und Speicherplatz über ein Netzwerk. Der Begriff „Cloud" (zu deutsch Wolke) rührt daher, dass für die Nutzer der genaue Ursprung und Speicherort nicht nachvollziehbar und undurchsichtig (verhüllt) ist. „In der Cloud speichern" bedeutet somit nichts anderes, als Daten nicht auf der Festplatte des eigenen PCs, sondern irgendwo auf einem anderen Computer im Internet zu speichern. |
| Cookies | Cookies sind kleine Textdateien, die beim Betrachten von Webseiten auf Ihrer Festplatte abgelegt werden. Sie dienen einerseits beim Einkaufen im Internet zum vorübergehenden Speichern des Warenkorbs, andererseits lässt sich daraus auch ein Nutzerprofil zu Werbezwecken erstellen. |
| Copy & Paste | Englisch für Kopieren & Einfügen. Ein Element wird dabei in die Zwischenablage kopiert (beispielsweise mit der Tastenkombination Strg+C) und andernorts eingefügt (beispielsweise mit der Tastenkombination Strg+V). |
| Cursor | Als Cursor bezeichnet man bei der Texteingabe die Einfügemarke oder Schreibposition. |
| Datei | Als Datei bezeichnet man inhaltlich zusammengehörende Daten, die unter einem Namen (Dateinamen) auf einem Datenträger gespeichert sind. Der Begriff wurde gebildet aus den Wörtern Daten und Kartei. Auch Programme sind in Form von Dateien gespeichert. |
| Dateinamenerweiterung (Extension) | Die Dateinamenerweiterung kennzeichnet den Dateityp und legt fest, welche Anwendung zum Öffnen der Datei verwendet wird. Standardmäßig ist die Dateinamenerweiterung nicht sichtbar, sie kann aber im Menüband des Datei-Explorers eingeblendet werden |
| Desktop | Der Desktop ist die Arbeitsoberfläche unter Windows. Hier werden alle Apps in Fenstern geöffnet und angeordnet. |

| | |
|---|---|
| Dialogfenster | Dialogfenster werden verwendet, um Meldungen anzuzeigen oder wichtige Eingaben anzufordern. Änderungen werden meist mit der Schaltfläche OK bestätigt. |
| Dokument | Als Dokument bezeichnet Windows, unabhängig vom Inhalt, alle Dateien, die Texte enthalten. |
| Doppelklick | Zweimaliges Drücken der linken Maustaste schnell hintereinander. Die Maus darf dazwischen nicht bewegt werden. |
| Drag & Drop | Englisch für Ziehen & Fallenlassen, eine Bezeichnung für das Ziehen und Verschieben bei gedrückter linker Maustaste. |
| DVD | Digital Versatile Disc. Eine DVD verfügt mit etwa 4,7 Gigabyte Speicherkapazität über wesentlich mehr Speicher als eine herkömmliche CD mit etwa 700 Megabyte Speicherkapazität. Noch ein Vielfaches mehr Speicherkapazität als eine DVD bietet die Blu-ray Disc. |
| Energiesparplan | Windows stellt verschiedene Energiesparpläne bereit, die je nach Computernutzung ausgewählt bzw. eingerichtet werden können. Die entsprechenden Einstellungen werden in den Energieoptionen vorgenommen. |
| Esc-Taste | Die Escape-Taste (Englisch to escape = entkommen) dient dem Abbrechen von Befehlen. |
| Fn-Taste | Mit der Fn-Taste nutzen Sie auf der Tastatur eines Notebooks die Ziffernbelegung und weitere Tastaturfunktionen. |
| Hot Spot | Als Hot Spot bezeichnet man einen öffentlichen, für jedermann über Funk zugänglichen Internetzugriffspunkt (WLAN). Hot Spots sind zum Beispiel in Flughäfen, Bahnhöfen oder Hotels zu finden, manchmal auch kostenpflichtig. |
| Indizierung | Windows verfügt über einen Index, der die schnelle Suche nach Dateien und Ordnern ermöglicht. Der Suchindex beinhaltet standardmäßig lediglich die Inhalte des eigenen Benutzerordners, er kann jedoch um weitere Speicherorte erweitert werden. |
| Infobereich | Der Infobereich befindet sich im rechten Bereich der Taskleiste und enthält neben Datum und Uhrzeit Symbole für verschiedene Einstellungen und Anwendungen. |

| | |
|---|---|
| Kachel | Im benutzerdefinierten Bereich des Startmenüs werden Apps und Anwendungen in Form von Kacheln dargestellt. Einige können Inhalte in Echtzeit anzeigen, man spricht in diesem Zusammenhang von Live-Kacheln. |
| Kontextmenü | Das Kontextmenü wird über die rechte Maustaste geöffnet. Alle Befehle beziehen sich ausschließlich auf das mit der rechten Maustaste angeklickte Objekt. |
| Laufwerk | Als Laufwerke werden alle angeschlossenen Datenträger eines Computers bezeichnet. Allen Laufwerken wird ein Buchstabe zugewiesen. Beim Öffnen und Speichern von Dateien, sowie im Datei-Explorer kann auf die Laufwerke zugegriffen werden. |
| Link | Ein Link ist ein Verweis auf eine andere Stelle im Dokument oder auf eine andere Datei. Am bekanntesten sind Links im Internet, wenn von einer Webseite auf Inhalte anderer Webseiten verlinkt wird. |
| Microsoft Office | Eine Sammlung von Büroprogrammen. Sie enthält unter anderem die bekannten Programme Word (Textverarbeitung), Excel (Tabellenkalkulation), PowerPoint (Präsentationen) sowie Outlook (Personal Information Manager). |
| Multitasking | Multitasking bezeichnet die Fähigkeit, mehrere gleichzeitig geöffnete Anwendungen zu verwalten. |
| Ordner | In Ordnern werden zusammengehörende Dateien gespeichert. Ordner können vom Benutzer beliebig angelegt werden. Meist bilden Ordner eine Ordnerhierarchie. |
| PDF-Dateiformat | PDF ist die Abkürzung für Portable Document Format, ein Dateiformat in dem alle Bilder und Formatierungen beibehalten werden. Die Inhalte können unabhängig vom Betriebssystem auf jedem Computer gelesen werden, dazu wird nur ein kostenlos erhältliches Leseprogramm, z. B. Adobe Reader benötigt. Nachträgliche Änderungen am Inhalt sind dagegen nur mit spezieller Software möglich. |
| Pfad | Der Pfad oder Suchpfad bezeichnet den genauen Speicherort einer Datei oder eines Ordners und enthält den Laufwerksbuchstaben sowie die Namen der übergeordneten Ordner. Beispiel: D:\Briefe\Geschäftlich\Maier.docx. |

| | |
|---|---|
| Pixel | Als Pixel bezeichnet man die Bildpunkte, die zur Darstellung auf dem Bildschirm verwendet werden. |
| Pulldown-Menü | Als Pulldown-Menüs bezeichnet man Menüs, die sich auf einen Mausklick hin nach unten öffnen. Manche Pulldown-Menüs werden erst vollständig angezeigt, wenn auf einen Doppelpfeil am Ende des Menüs geklickt wird. |
| RAM | Random Access Memory. Gängige Abkürzung für den Arbeitsspeicher des Computers. |
| Router | Router regeln in einem Netzwerk mit mehreren Computern die korrekte Übermittlung der Daten und verbinden das Netzwerk mit dem Internet. Aus Sicherheitsgründen sollte jeder Router mit einem Kennwort gesichert werden. |
| Scrollen | Als Scrollen bezeichnet man das Verschieben des Bildschirmausschnitts, beispielsweise durch Drehen des Mausrads. |
| Software | Als Software bezeichnet man die nicht-physischen Bestandteile eines Computers, also Betriebssystem, Apps und Anwendungen. |
| Startmenü | Über das Startmenü starten Sie Programme und erhalten Zugriff auf die wichtigsten Einstellungen Ihres Computers. Zudem befindet sich hier auch der Ein/Aus-Schalter. |
| Task-Manager | Der Task-Manager überwacht alle laufenden Anwendungen und Prozesse und erlaubt es, störende Prozesse zu beenden und die Systemleistung zu überwachen. Sie starten den Task-Manager über das Kontextmenü der Taskleiste oder mit der Tastenkombinaton Strg+Umschalt+Esc. |
| Taskleiste | Die Taskleiste befindet sich standardmäßig am unteren Rand des Bildschirms und zeigt alle geöffneten Fenster an. Häufig benötigte Programme können an die Taskleiste angeheftet werden. Ist die Taskleiste nicht fixiert, so kann ihre Größe mit der Maus geändert werden. |
| Tastaturlayout | Als Tastaturlayout bezeichnet man die länderspezifische Anordnung und Codierung der Tasten auf einer Computertastatur. Im deutschen Sprachraum ist dies die sogenannte QWERTZ-Tastenbelegung. |

| | |
|---|---|
| Tastenkombination | Tastenkombinationen werden verwendet, um bestimmte Befehle schnell aufzurufen, häufig in Verbindung mit den Tasten Windows, Strg und Alt. |
| Textmodus | Im Textmodus können im Datei-Explorer Elemente umbenannt werden. |
| Textverarbeitungsprogramm | Programme, mit denen Texte geschrieben und anschließend gestaltet (formatiert) werden können, bezeichnet man als Textverarbeitungsprogramme. Dazu gehören beispielsweise die Programme Microsoft Word, WordPad und Writer (LibreOffice). |
| Touchpad | Als Touchpad bezeichnet man die kleine berührungsempfindliche Fläche, die in die Tastatur von Notebooks integriert ist und als Alternative zur Maus verwendet werden kann. |
| Touchscreen | So bezeichnet man berührungsempfindliche Bildschirme, die insbesondere bei Tablet-PCs zum Einsatz kommen. Befehle werden statt mit einer Maus direkt durch Berührungen des Bildschirms erteilt. |
| Treiber | Treiber (Gerätetreiber) sind kleine Programme, die von Windows für die korrekte Ansteuerung von Geräten benötigt werden. |
| UEFI | Unified Extensible Firmware Interface. In einen Computer integrierte Software, die sich unterhalb des Betriebssystems befindet und erst das Laden desselben ermöglicht. Nachfolger des BIOS (Basic Input Output System). |
| Update | Unter Update versteht man ganz allgemein die regelmäßige Aktualisierung von Programmen und Apps. Auch für Windows 10 werden regelmäßig und automatisch Updates durchgeführt. Updates beinhalten Verbesserungen und schließen Sicherheitslücken, sie sollten daher unbedingt durchgeführt werden. |
| USB | Universal Serial Bus. Der wichtigste Anschluss der meisten Computer. An ihn werden Maus, Tastatur, USB-Speicherstick, Kartenlesegerät, Drucker und viele weitere Geräte angeschlossen. |

# Glossar

| | |
|---|---|
| Verknüpfung | Eine Verknüpfung ist eine Datei, die einen Verweis (Link) zu einer Datei oder einem Ordner an einem beliebigen Speicherort enthält. Verknüpfungen werden unter anderem verwendet, um Programme schnell vom Desktop aus zu starten. |
| Warteschlange | Beim Drucken wird ein Druckauftrag zuerst an eine Warteschlange gesendet und von dort zum Drucker weitergeleitet. Die Druckerwarteschlange kann geöffnet werden, um Druckaufträge zu löschen bzw. vorübergehend anzuhalten. |
| Webseite | Dokument, das im Internet, genauer: im World Wide Web, geladen und in einem Browser dargestellt wird. |
| WiFi | WiFi wird als Synonym für WLAN benutzt, siehe WLAN. |
| WLAN | Wireless Area Network. Ein drahtloses lokales Netzwerk, das die kabellose Verbindung eines Computers mit anderen Computern und Geräten ermöglicht. |
| Zwischenablage | Ausgeschnittene oder kopierte Elemente werden in der Zwischenablage abgelegt und können von dort beliebig oft solange wieder eingefügt werden, bis das nächste Element ausgeschnitten oder kopiert wird. Die Zwischenablage wird auch von Anwendungen genutzt, mit ihrer Hilfe lassen sich Daten aus einer Anwendung, zum Beispiel ein Bild aus einem Zeichenprogramm in den Text eines Schreibprogramms einfügen. |

# Index

## Symbole
@ .................................................................29
64-Bit-Betriebssystem ...................................19

## A
Abmelden ......................................................60
Abwesenheitsmeldung ................................297
Administrator ..............................................213
Adressfeld ...................................................100
Adressleiste ..........................................99, 279
Akku ..............................................................47
Alben ...........................................................262
Alt Gr-Taste ...................................................28
Alt-Taste ........................................................28
Anlage, E-Mail ............................................296
Anmeldung ............................................42, 201
   *Bildcode* ..................................................*203*
   *PIN* .........................................................*202*
Ansichten ....................................................105
Antivirensoftware ........................................234
Anwendung ...................................................50
Anzeigebereich ..............................................94
App ................................................................50
   *Beenden* ....................................................*52*
   *Details* ...................................................*249*
   *Installieren* ............................................*250*
   *Kalender* ................................................*310*
   *Kontakte* ................................................*301*
   *Mail* .......................................................*289*
   *Update* ...................................................*252*
Arbeitsspeicher .............................................17
Ausdruck von Fotos ....................................267
Ausführbare Dateien .....................................90
Ausrichten
   *Foto* .......................................................*270*
Ausschalten ............................................45, 59
Automatische Antworten ............................297
Automatische Verbesserung .......................265
Automatische Wiedergabe ..................103, 228
Autostart .......................................................84

## B
Backslash ....................................................101
Backspace .....................................................28
Bedienoberfläche ..........................................17
Benutzer
   *Abmelden* ................................................*60*
   *Wechseln* .................................................*60*
Benutzerkontensteuerung ...........................236
Benutzerkonto ...............................................42
   *Anlegen* .................................................*214*
   *Entfernen* ..............................................*216*
   *Familienmitglied* ...................................*214*
   *Kinder* ...................................................*214*
   *Kontotypen* ............................................*213*
   *Lokales Konto* .......................................*215*
   *Rechte* ...................................................*213*
   *Systemsteuerung* ....................................*217*
Benutzername ...............................................44
Betriebssystem ..............................................16
Bibliotheken .........................................91, 171
   *Anzeigen* ...............................................*171*
   *Erstellen* ................................................*173*
   *Ordner hinzufügen* ................................*172*
Bildcode ......................................................203
Bildlaufleiste .................................................66
Bildschirmhelligkeit ......................................48
Bildschirmlupe ............................................223
Bildschirmschoner ......................................199
Bildschirmtastatur ................................31, 223
Bildtools ...............................................95, 275
bing .............................................................280
BIOS .............................................................17
Booten ...........................................................17
Browserverlauf ...........................................282

## C
CD ...............................................................102
   *Brennen* ................................................*159*
   *Wiedergabe* ...........................................*159*
CD/DVD-Player ..........................................159
Cloud ............................................................92
Cortana ..............................52, 54, 227, 281
   *Datenschutz* ............................................*55*
   *Einstellungen* ....................................*54, 58*
   *Frage stellen* ..........................................*56*
Cursor .....................................................29, 33

## D
Datei .............................................................90
   *App auswählen* .....................................*120*
   *Eigenschaften* .......................................*123*
   *Ersetzen* ................................................*142*
   *Komprimieren* .......................................*151*
   *Kopieren* ...............................................*137*
   *Löschen* ................................................*148*
   *Öffnen* ............................................*95, 118*
   *Speichern* ..............................................*114*

# Index

*Suchen* ..................................................... *158*
*Symbol* ............................................. *90, 104*
*Umbenennen* ........................................ *135*
*Verschieben* ......................................... *135*
*Vorschau* .............................................. *108*
*Wiederherstellen* ................................. *149*
Dateiname ..................................... 114, 116
Dateinamenerweiterung ...................... 122
Dateipfad ............................................... 101
Dateipfad öffnen ................................... 154
Dateityp ........................................ 116, 122
Dateiversionsverlauf ............................ 239
Datennamenerweiterung .................... 133
Datenschutz ..................................... 55, 77
  *Allgemeine Optionen* ....................... *224*
  *Cortana* .............................................. *227*
  *Werbung* ............................................ *225*
Datensicherung
  *Erstellen* ............................................ *239*
  *Wiederherstellen* .............................. *241*
Datenträger abmelden ........................ 104
Datenträgerformat ............................... 159
Datum und Uhrzeit ........................ 46, 220
Deinstallieren ............................... 187, 254
Designs .................................................. 182
Desktop ................................................... 43
  *App verschieben* ................................. *70*
  *Einstellungen* ...................................... *72*
  *Hintergrundbild* ................................. *181*
  *Hinzufügen* .......................................... *70*
  *Programmverknüpfung* .................... *185*
  *Schließen* ............................................. *71*
  *Symbole* ............................................. *183*
  *Tastenkombinationen* ........................ *72*
  *Verknüpfung* ..................................... *146*
Desktop anzeigen ................................... 68
Detailansicht ......................................... 110
Detailbereich ........................................ 108
Dialogfenster .......................................... 81
Diashow .......................... 182, 197, 264
  *App Fotos* .......................................... *264*
  *Datei-Explorer* .................................. *275*
  *Windows-Fotoanzeige* ..................... *275*
Dieser PC ................................................ 97
Diskette ................................................... 92
Doppelklick ............................................ 25
Download ............................................. 139
  *Programm* ........................................ *254*
Downloads .............................................. 99
Drag & Drop ......................................... 135
Drehen ............................................ 31, 265
Drittbelegung ......................................... 28

Dropbox .................................................. 93
Drucken ................................................ 124
  *Druckauftrag löschen* ....................... *233*
Drucker
  *Eigenschaften* ................................... *233*
  *Installieren* ........................................ *231*
  *Standarddrucker* .............................. *232*
Druckvorschau ..................................... 125
DVD ....................................................... 102
  *Brennen* ............................................. *159*
  *Wiedergabe* ....................................... *159*

# E

Effekte ................................................... 272
Einfügemodus ........................................ 30
Einfügen ............................................... 141
Einstellungen
  *Öffnen* ....................................... *180, 210*
E-Mail
  *drucken* ............................................ *295*
  *kennzeichnen* ................................... *295*
  *löschen* ............................................. *294*
  *verschieben* ...................................... *295*
E-Mail-Signatur .................................... 297
Energiesparmodus ........................ 58, 199
Energiesparpläne ................................ 218
Energieverbrauch ................................ 217
Entf .......................................................... 34
Entpacken ............................................ 152
Entwürfe ............................................... 290
Erinnerung ........................................... 314
Esc ........................................................... 28
exe ........................................................ 123
Explorer .................................................. 93
  *Adressfeld* ......................................... *100*
  *Adressleiste* .................................. *94, 99*
  *Ansichten* .......................................... *105*
  *Anzeigebereich* ................................... *94*
  *Anzeigen* ............................................. *93*
  *Datei öffnen* ...................................... *119*
  *Detailbereich* .................................... *108*
  *Drucken* ............................................ *126*
  *Menüband* .......................................... *95*
  *Navigationsbereich* ...................... *94, 96*
  *Ordneransichten* .............................. *207*
  *Schnellzugriff* .................................... *145*
  *Schnellzugriff anzeigen* ................... *205*
  *Start* .................................................. *205*
  *Suchen* .............................................. *153*
  *Titelleiste* ............................................ *94*
  *Vorschaufenster* ............................... *108*
Express-Einstellungen .......................... 38

# Index

Extrahieren .................................................. 152

## F

Farbe ........................................................... 272
Farben .......................................................... 182
Favoriten ....................................................... 285
Fenster .................................................... 52, 64
   *Andocken* ................................................. 73
   *Anordnen* .................................................. 75
   *Schließen* ................................................. 52
   *Titelleiste* ............................................... 64
   *Verschieben* ............................................ 66
Fenstergröße ................................................ 65
Festplatte ..................................................... 92
Feststelltaste .............................................. 28
Filter ........................................................... 271
Filtern .......................................................... 111
Fingergesten ................................................. 31
Firewall ................................................ 234, 235
Flugzeugmodus ..................................... 48, 243
Formulare ..................................................... 28
Foto
   *ausrichten* .............................................. 270
   *drehen* ................................................... 265
   *drucken* ................................................. 266
   *importieren* ............................................ 259
   *markieren* .............................................. 266
   *retuschieren* ......................................... 270
   *teilen* ..................................................... 266
   *vergleichen* ........................................... 274
   *zuschneiden* .......................................... 269
Freigabe ..................................................... 176
Freigabelink ............................................... 170
Funktionstasten .......................................... 27

## G

Geburtstag ................................................. 311
Gerätetreiber ............................................... 16
Gesendete Elemente ................................. 290
gif ............................................................... 122
Google Drive ................................................ 93
Gruppieren ................................................. 109

## H

Hardware entfernen ................................... 104
Heimnetzgruppe ................................. 97, 174
   *Beitreten* ............................................... 175
   *Kennwort* ............................................... 177
Herunterfahren ............................................ 58
Hintergrund-Apps ....................................... 227
htm ............................................................. 122

Hub ............................................................ 282
Hyperlink ................................................... 278

## I

Import Fotos .............................................. 259
Index .......................................................... 156
Infobereich ................................................... 46
Info-Center .......................................... 47, 236
InPrivate .................................................... 283
Installieren
   *App* ........................................................ 250
   *Software* ................................................ 252

## J

JPEG .......................................................... 258
jpg ............................................................. 122
Jugendschutz ............................................ 214

## K

Kacheln ........................................................ 45
Kalender ............................................. 226, 310
Kalenderansichten ..................................... 310
Kamera ...................................................... 226
Karten, App ................................................. 77
Kennwort .................................... 40, 42, 244
Klicken ......................................................... 25
Komprimieren ............................................ 151
Konflikte .................................................... 142
Kontakt
   *löschen* .................................................. 306
   *neu* ........................................................ 302
   *verknüpft* ............................................... 309
Kontakte .................................................... 226
Kontextmenü ....................................... 25, 79
Kontoeinstellungen ............................ 61, 199
Kontrast ..................................................... 223
Kopieren .................................................... 138
Korrekturtaste ............................................. 34

## L

Laufwerke .................................................... 92
   *Abmelden* .............................................. 104
Laufwerksbuchstabe ................................... 92
Lautstärke ................................................... 47
Leseansicht ............................................... 283
Leseliste .................................................... 287
Licht .......................................................... 271
Link ........................................................... 278
Linkshänder .............................................. 223
Live-Kacheln ............................................. 188
Live-Vorschau ............................................. 45

333

# Index

Lokales Konto .................................................215
Löschbestätigung .........................................149
Löschen ..........................................................148

## M

Markieren ...............................................34, 130
   *Mehrfachmarkierung* ..................................*131*
Maus ..................................................................24
   *Rechtsklick* .................................................*25*
Mauszeiger ............................................26, 185
Megapixel .....................................................258
Meldungsfenster ...........................................81
Menü .................................................................78
Menüband ...............................................79, 95
   *Anzeigen* .....................................................*80*
   *kontextbezogene Register* ..........................*95*
   *Register* .......................................................*80*
Menüleiste .....................................................75
Menüsymbol ..................................................75
Menü-Symbol ................................................45
Microsoft-Konto .................................39, 216
   *Kennwort ändern* .....................................*202*
   *Synchronisieren* ........................................*204*
   *Verwalten* .................................................*200*
Mikrofon ...............................................56, 222
mp3 .................................................................123

## N

Navigationsbereich ......................................96
   *Anzeigen* .....................................................*98*
Netzlaufwerke .............................................174
Netzwerk ...............................................47, 97, 174
Neuer Ordner ..............................................132
Neu starten ....................................................60

## O

Öffnen ...........................................................118
OneDrive .......................41, 92, 97, 139, 163
   *Alben* .........................................................*167*
   *Browser* ....................................................*165*
   *Fotos* .........................................................*167*
   *Freigabe* ...................................................*169*
   *Link erstellen* ............................................*169*
   *Synchronisieren* ........................................*163*
   *Teilen* ........................................................*168*
Ordner .............................................................91
   *Ansichten* .................................................*105*
   *freigeben* ..................................................*176*
   *Gruppieren* ...............................................*109*
   *Komprimieren* ..........................................*151*
   *Kopieren* ...................................................*137*

   *Löschen* ....................................................*148*
   *Namen* ......................................................*133*
   *Neu erstellen* ............................................*132*
   *Öffnen* ........................................................*96*
   *Sortieren* ..................................................*109*
   *Suchen* .....................................................*158*
   *Symbole* ...................................................*104*
   *Verschieben* .............................................*135*
   *Wiederherstellen* ......................................*149*
Ordneransichten ........................................207
Ordneroptionen ..........................................205

## P

Papierkorb ............................................43, 79, 148
   *Leeren* ......................................................*150*
   *Speicherplatz* ...........................................*230*
Papierkorb, Mail .........................................290
PC-Einstellungen
   *Benutzerkonto* .........................................*214*
   *Dateiversionsverlauf* ................................*239*
   *Windows Update* ......................................*238*
PDF ................................................................122
PDF-Datei .....................................................126
Pfad kopieren .............................................101
Pfeiltasten .......................................................27
PIN .........................................................40, 202
Pin-Symbol ..................................................145
Positionserkennung ..................................225
Positionsermittlung .....................................77
Postausgang ...............................................290
Posteingang ................................................290
Profilbild .......................................................200
Prozesse .........................................................83

## R

RAM .................................................................16
Register ....................................................79, 80
   *kontextbezogene* ......................................*95*
Registerkarte ...............................................284
Registerkarten .............................................284
Retuschieren ...............................................270
Ribbon ............................................................79
Rote Augen entfernen ..............................270
rtf ...................................................................122
Rückgängig ...........................................81, 143
Rückschritt-Taste ..........................................28

## S

Sammlung ...................................................261
Schnellzugriff ................................................97
Schnellzugriffsleiste ...........................81, 144

# Index

Scrollen ................................................. 66, 224
Scroll-Rad ..................................................... 25
Selektiver Fokus ........................................ 273
Shift-Taste ..................................................... 27
Shortcuts ...................................................... 30
Sicherheitsmeldungen ............................. 236
Signatur ...................................................... 297
Snap .............................................................. 73
Sommerzeit ............................................... 220
Sortieren ..................................................... 109
Spalten ....................................................... 111
Speicherkarte ................................... 103, 258
Speichern ................................................... 117
Speicherort ................................................ 116
Speicherplatz ............................................ 230
Sperrbildschirm .................................. 42, 197
   *Statusinfos* ........................................... *198*
Sperren ........................................................ 60
Spracheingabe ............................................ 54
Spracherkennung ..................................... 222
Sprunglisten
   *Startmenü* ........................................... *190*
   *Taskleiste* ............................................ *193*
Standardanwendung ............................... 120
Standardbenutzer .................................... 213
Standarddrucker ....................................... 232
Standardordner ........................................... 99
Standardspeicher .............................. 41, 229
Start ............................................................. 46
Startmenü .......................................... 44, 186
   *Alle Apps* .............................................. *44*
   *Anzeigen* ............................................... *44*
   *App hinzufügen* ................................. *186*
   *Größe* .................................................. *188*
   *Kachelgröße* ...................................... *188*
   *Kacheln anordnen* ............................ *187*
   *Meistverwendet* .................................. *44*
   *Sprunglisten* ...................................... *190*
   *Tabletmodus* ........................................ *45*
   *Vollbildmodus* .................................... *191*
Startseite ..................................................... 76
Statusleiste .................................................. 94
Store ........................................................... 248
Strg-Taste .................................................... 28
Stromsparmodus ...................................... 219
Suchbegriff ................................................ 280
Suchen ......................................................... 52
   *Dateien* ............................................... *158*
   *Index* .................................................... *156*
Suchfeld ....................................... 46, 52, 279
Suchpfad .................................................... 101
Suchtools ................................................... 155

Surfen ......................................................... 278
Symbole ..................................................... 104
Symbolleisten ..................................... 78, 196
Synchronisationseinstellungen ............... 204
Synchronisieren ........................................ 163
Systemdateien .......................................... 207
Systemdatum ............................................ 220
Systemsteuerung ..................................... 210
   *Automatische Wiedergabe* ............. *103*
   *Benutzerkontensteuerung* ............. *236*
   *Navigation* ......................................... *212*

## T

Tab .............................................................. 284
Tabletmodus ................................................ 49
   *Anzeigen* ............................................... *48*
   *Fenster* ................................................. *65*
   *Startmenü* ............................................ *45*
Tab-Taste ..................................................... 28
Taskansicht .................................................. 69
Taskleiste .............................................. 46, 68
   *Apps* .................................................... *192*
   *Eigenschaften* ................................... *194*
   *Infobereich* ......................... *46, 104, 195*
   *Position* .............................................. *195*
   *Sprunglisten* ...................................... *193*
   *Symbole* ............................................... *68*
   *Symbolleisten* ................................... *196*
Taskmanager .............................................. 82
Tastatur ....................................................... 27
Tastatursprache ........................................ 221
Tasten .......................................................... 24
Tastenkombinationen ................................ 30
Teilen
   *OneDrive* ............................................ *168*
Temporäre Dateien .................................. 230
Terminformular ......................................... 313
Texteingabe ................................................. 34
Titelleiste ..................................................... 64
Touchpad .................................................... 24
Touchscreen ............................................... 31
Trefferliste ................................................. 280
Treiber ......................................................... 16

## U

Überschreiben .......................................... 142
Überschreibmodus ............................. 30, 34
UEFI ............................................................. 17
Uhrzeit ....................................................... 220
Umbenennen ............................................ 134
Umschalt-Taste ........................................... 27

# Index

Unterordner .................................................. 98
Untertitel .................................................... 223
Update ................................................ 19, 238
Upload ....................................................... 139
USB-Speicherstick ..................................... 102

## V

Verbessern ................................................ 265
Verbesserung ............................................ 265
Vergleichen ............................................... 274
Verknüpfung .............................................. 145
Verlauf ....................................................... 282
Verschieben .............................................. 135
Vignette ..................................................... 272
Virtuelle Desktops ....................................... 70
Vorschaufenster ........................................ 108

## W

Webadresse .............................................. 279
Webbrowser .............................................. 278
Webseite
   *Speichern* .............................................. *285*
   *Suchen* .................................................. *280*
Webseitennotiz .......................................... 287
Wechseldatenträger .................................. 103
Weichzeichnung ........................................ 273
Werbung .................................................... 290
Wettereinstellungen, Kalender ................... 312
Wiederherstellen ....................................... 149
Windows
   *Versionen* ................................................ *18*
Windows Defender .................................... 234
Windows SmartScreen .............................. 238
Windows Store .......................................... 248
Windows-Taste ............................................ 28
Windows Update ....................................... 238
WLAN ........................................... 39, 48, 243
   *Freigeben* .............................................. *245*
   *Optimierung* ........................................... *245*
   *Verbindungen* ........................................ *243*
WordPad ..................................................... 50

## X

Xbox ........................................................... 22

## Z

Zahlungsmethoden .................................... 250
Zeigen ......................................................... 25
Zeitumstellung .......................................... 220
Zeitzone .................................................... 220
Ziehen ......................................................... 25

Ziffernblock ................................................. 29
ZIP ............................................................ 151
Zoomen ................................................ 26, 31
Zwischenablage ................................ 101, 140
   *Tastenkombinationen* ............................ *141*